Das Buch

Der österreichische Psychiater Leo Navratil ist durch seine Arbeit mit schizophrenen Patienten weit über Fachkreise hinaus bekannt geworden: Literatur und bildende Kunst verdanken ihm wichtige Erkenntnisse über den künstlerischen Schaffensprozeß. Die jahrzehntelange Betreuung und Förderung künstlerisch begabter Schizophrener brachte ihn zu der Überzeugung, daß die Psychose nicht nur eine seelische Störung und Behinderung ist, sondern auch ein schöpferischer Zustand, der zu literarischen Leistungen befähigen kann. Er zeigt dies an Friedrich Hölderlin, der einige seiner berühmtesten und schönsten Gedichte unter dem Einfluß der beginnenden Schizophrenie geschrieben hat. Navratil stellt dann Texte seiner schizophrenen Patienten vor, die alle einen jeweils unterschiedlichen Aspekt von Seelenstörung und dichterischer Produktion beleuchten. Zu seinen »prominentesten« Patienten gehören Ernst Herbeck (Alexander) und Edmund Mach, die beide den sozialen Status eines Schriftstellers erreicht und Bücher veröffentlicht haben. »Was uns die Kunst der Patienten zu zeigen vermag, ist ›das Schizophrene‹, das in uns allen ist, in der Gesellschaft und in jedem einzelnen: das Paradox, die Widersprüchlichkeit, die scheinbar unvereinbaren Gegensätze – und auch die Sehnsucht, das Bemühen und den oft scheiternden Versuch, den Widerspruch im eigenen Inneren und in der Welt zu überwinden.«

Der Autor

Leo Navratil, geboren 1921 in Türnitz/Niederösterreich, Dr. med. et phil., ist seit 1959 Abteilungsleiter im Niederösterreichischen Landeskrankenhaus für Psychiatrie und Neurologie Klosterneuburg-Gugging. Er ist Entdecker und Förderer der Guggninger Künstler und Initiator des »Hauses der Künstler«, das 1981 im dortigen Krankenhaus gegründet wurde. Er veröffentlichte u. a.: ›Schizophrenie und Kunst‹ (1965); ›Schizophrenie und Sprache‹ (1966); ›Über Schizophrenie und Die Federzeichnungen des Patienten O. T.‹ (1974); ›Zwischen Wahn und Wirklichkeit. Kunst – Psychose – Kreativität‹ (1976, mit Alfred Bader); ›Johann Hauser. Kunst aus Manie und Depression‹ (1978); ›Die Künstler aus Gugging. Zustandsgebundene Kunst‹ (1983).

dtv dialog und praxis

Bruno Bettelheim: Kinder brauchen Bücher (15000)
Jerome D. Frank: Die Heiler (15001)
Arnold Lazarus/Allen Fay: Ich kann, wenn ich will (15002)
Erich Fromm: Psychoanalyse und Ethik (15003)
Rudolf Dreikurs/S. Gould/R. J. Corsini: Familienrat (15004)
Elise Freinet: Erziehung ohne Zwang (15005)
Erich Fromm: Psychoanalyse und Religion (15006)
Bruno Bettelheim: So können sie nicht leben (15007)
Walter Kempler: Grundzüge der Gestalt–Familientherapie (15008)
Katharina Zimmer: Sie wollten nur mein Bestes (15009)
Bruno Bettelheim: Kinder brauchen Märchen (15010)
Erich Fromm: Über den Ungehorsam (15011)
Carl-Heinz Mallet: Kennen Sie Kinder (15012)
Carl-Heinz Mallet: Das Einhorn bin ich (15013)
Eva Jaeggi: Wir Menschenbummler (15014)
Jean Piaget: Das moralische Urteil beim Kinde (15015)
Arno Gruen: Der Verrat am Selbst (15016)
Erich Fromm: Sigmund Freuds Psychoanalyse (15017)
Erich Fromm: Über die Liebe zum Leben (15018)
Harriet S. Schiff: Verwaiste Eltern (15019)
Leo Navratil: Schizophrenie und Dichtkunst (15020)
Jean Piaget/B. Inhelder: Die Psychologie des Kindes (15021)
Rudolf Dreikurs/E. Blumenthal: Eltern und Kinder (15022)
Peter Schellenbaum: Das Nein in der Liebe (15023)

Leo Navratil:
Schizophrenie und Dichtkunst

Mit 29 Abbildungen

Deutscher
Taschenbuch
Verlag

Originalausgabe
Juli 1986
© 1986 Deutscher Taschenbuch Verlag GmbH & Co. KG, München
Umschlaggestaltung: Boris Sokolow
Gesamtherstellung: C. H. Beck'sche Buchdruckerei, Nördlingen
Printed in Germany · ISBN 3-423-15020-3

Inhalt

Vorwort 7

I Schizophrenie und Dichtkunst – eine Einführung 13
  Lazarettpoesie 15
  Wortanfälle 17
  Das Zungenreden 24
  ›Über die poetische Ekstase im fieberhaften Irreseyn‹
  (Carl Hohnbaum) 31
  ›Genie und Irrsinn‹ (Cesare Lombroso) 33
  ›Die Dichtkunst bei Geisteskranken in ihren
  Beziehungen zu der Frage Genie und Irresein‹ (Binder) ... 41
  ›Über Beziehungen zwischen Spracheigentümlichkeiten
  Schizophrener und dichterischer Produktion‹
  (Alexander Mette) 45
  ›Über das Rhythmisch-Ornamentale im
  Halluzinatorisch-Schöpferischen‹ (Roland Fischer) 48
    Das physiopsychologische Modell 48
    *Intensität des Evidenzerlebens und Verlust des
    rationalen Sinnes* 52
    Schwinden des Ich-Bewußtseins und Stereotypie ... 52
    Zustandsgebundenheit 54
    Zustandsgrenzen 55
    *Kunst – ein zustandsgebundenes Mittel der
    Kommunikation* 58
    Kalte Ekstasen: ein rebound-Phänomen 58
  Die kreativen Grundfunktionen 63
  Bemerkungen zum Begriff »psychisch krank« 72
  Die schizophrene Psychose 88
    Die Störung 88
    Die Behinderung 90
    Das Leiden 91
    Die unbekannte Ursache 92
    Die Behandlung 96

II Der größte Lyriker deutscher Sprache: Friedrich Hölderlin 99
  Friedrich Hölderlin und Susette Gontard 101
  Beginn und Entwicklung der schizophrenen Psychose 109
  Hölderlin im Lichte seiner Biographen:
  Sein Zeitgenosse Wilhelm Waiblinger 111
  Pierre Bertaux: Ein Kampf gegen Windmühlen 116

Die schizophrenen Symptome bei Hölderlin 120
Die Psychose Hölderlins im Zusammenhang
mit seiner Kreativität 126
Die spätesten Gedichte Hölderlins 138

III Die Psychose als schöpferischer Zustand
Texte schizophrener Patienten 147
Theobald P. – Der Philosoph 151
Karl R. – Alles sagen 159
Otto Prinz – Mein Lied 167
Walter W. – Das Gelenktwerden 171
Friedrich Franz H. – Projektskizzen 182
Karl G. – Alles oder nichts 191
Walter Schultz-Fademrecht – Die blaue Distel 201
Karl Z. – »Haikus« 211
Oswald Tschirtner – Frieden 214
Artur – Talent und Genie 223
Johann Garber – Das »Zerreißen der Menschen« 233
August Walla – Die »andere« Welt 239
Fritz Koller – Ein freundlicher Mensch 250

IV Die Dichter Edmund Mach und Ernst Herbeck 255
Edmund Mach – Buchstaben Florenz 259
Ernst Herbeck (Alexander) – Kunst-Psychotherapie 270

Anmerkungen 295

Dieses Buch widme ich
meinem Sohn Walter

Vorwort

Schizophrenie und Dichtkunst ist eine von mir völlig neu bearbeitete Fassung des schon 1966 zum ersten Mal erschienenen Bandes ›Schizophrenie und Sprache‹. Zum besseren Verständnis dieser Neufassung möchte ich hier die Entstehungsgeschichte des ersten Buches kurz schildern. Als sich der Leiter des Deutschen Taschenbuch Verlages, Heinz Friedrich, vor rund zwanzig Jahren entschlossen hatte, mein Buch ›Schizophrenie und Kunst‹ herauszugeben, habe ich ihm ein weiteres Manuskript vorgelegt, welches ich ›Schizophrene Lyrik‹ nannte: Mein Patient Ernst Herbeck (er ist unter dem Pseudonym Alexander bekannt geworden), der in dem erstgenannten Buch als Zeichner vertreten ist, hatte auch Gedichte geschrieben. Es waren Texte, die jeweils nur aus wenigen Zeilen bestanden und die von Herbeck auf meinen Wunsch und nach Themaangabe verfaßt worden sind.

Ernst Herbeck lebte damals schon viele Jahre im Krankenhaus. Er war durch eine angeborene Gaumenspalte, die mehrfach operativ behandelt worden war, im Sprechen behindert, und er war sehr unzugänglich. Die prompte Erfüllung meines Wunsches, daß er ein Gedicht schreiben solle, überraschte mich, zumal Herbeck früher nie gedichtet hatte. Man konnte die Situation als eine psychiatrische Untersuchung auffassen, und die Worte, die Herbeck schrieb, als Ausdruck seiner schizophrenen Psychose:

Der Morgen

Im Herbst da reiht der
        Feenwind
da sich im Schnee die
Mähnen treffen.
Amseln pfeifen heer
im Wind und fressen.

Ich war jedoch von dem lyrischen Gehalt dieser Zeilen stark berührt und vielleicht noch stärker von der Art der Kommunikation, die auf diese Weise zustande kam. Nun bat ich nämlich Herbeck immer wieder, etwas zu schreiben – viele Jahre hindurch. Es war eine sehr persönliche Beziehung, die so zwischen uns entstand.

In dem Buch ›Schizophrene Lyrik‹ wollte ich darlegen, daß gerade

»das Schizophrene« den Texten Herbecks die lyrische Qualität verleiht. Dann wollte ich zeigen, daß viele sprachliche Formen und Figuren, die schon in der antiken Rhetorik und auch in der modernen Poetik als Kunstgriffe beschrieben werden, in diesen Texten unbeabsichtigt, wie von selbst entstanden sind. Schließlich hatte ich das starke Gefühl, daß die Gedichte Ernst Herbecks unabhängig von einzelnen Merkmalen, als Ganzes genommen, aufgrund seiner Persönlichkeit und seiner sprachlichen Begabung einzigartig sind.

Heinz Friedrich war mit meinem Vorschlag, diese Texte in einem Buch herauszugeben, einverstanden. Er wünschte jedoch eine thematische Erweiterung. Es sollten die Veränderungen der Sprache in der Psychose mehr allgemein behandelt, und es sollten auch noch andere schizophrene Dichter vorgestellt werden, auch ein kurzer Rückblick auf Friedrich Hölderlin sollte gegeben werden. Dieser meinem Buch ›Schizophrenie und Kunst‹ nachfolgende Band erhielt den Titel ›Schizophrenie und Sprache‹. Das Buch ist im Jahre 1966 in erster Auflage und 1968 in zweiter Auflage erschienen. Es wurde 1976, mit ›Schizophrenie und Kunst‹ zu einem Band zusammengefaßt, noch einmal herausgegeben, hat ebenfalls zwei Auflagen erlebt und ist seit 1981 vergriffen.

›Schizophrenie und Kunst‹ konnte von mir in meinem Buch ›Die Künstler aus Gugging‹, das im Medusa Verlag erschienen ist und als Katalog eine Wanderausstellung (1983–1985) begleitet hat, neu bearbeitet werden. Dieser Katalog stellt sozusagen eine Neufassung des dtv-Bandes dar. Ich bin sehr froh darüber, daß ich auch den Band ›Schizophrenie und Sprache‹ nahezu zwei Jahrzehnte nach dem Entstehen der ersten Fassung, neu bearbeiten und umgestalten konnte, um ihn im Deutschen Taschenbuch Verlag wieder herauszubringen. Ich glaube, diese Neuausgabe ist deshalb berechtigt, weil ich das große Glück hatte, mit meinen künstlerisch und schriftstellerisch begabten Patienten bis heute ohne Unterbrechung arbeiten zu dürfen. Dadurch konnte das, was ich in den sechziger Jahren in den ersten beiden dtv-Bänden in den Grundzügen dargelegt habe, in der weiteren Praxis fortgesetzt und erprobt werden. Seit 1970 haben wir laufend Ausstellungen veranstaltet und Texte einzelner Patienten unter literarischem Gesichtspunkt publiziert. Die Erfahrungen mit Ernst Herbeck hatten mich ermutigt, auch andere Patienten zum Schreiben anzuregen.

Natürlich interessierte ich mich auch für jene sprachlichen und vor allem schriftlichen Produktionen der Kranken, die spontan entstanden sind, Briefe und andere Texte. Ich bewahre auf, was mir von literarischem Interesse schien. Eine Zusammenstellung verschiedener Schriften ist 1971 unter dem Titel ›a + b leuchten im Klee. Psychopathologische Texte‹ im Carl Hanser Verlag erschienen.

In ›Schizophrenie und Sprache‹ nahmen die Texte Alexanders und der dazugehörige Kommentar den halben Umfang des Buches ein. Obwohl auch in diesem Buch Ernst Herbeck gebührend Raum findet – von ihm ist ja alles ausgegangen –, konnte dieser Abschnitt doch kurz gefaßt werden, da die Texte Ernst Herbecks in der Zwischenzeit mehrfach publiziert worden sind und Ernst Herbeck eine Auswahl seiner Gedichte im Jahre 1982 im Salzburger Residenz Verlag selbst herausgegeben hat.

Ich konnte bei der Neufassung ›Schizophrenie und Dichtkunst‹ jedoch auf manches zurückgreifen, was in den vergangenen zwanzig Jahren entstanden und in Zeitschriften, Büchern und Katalogen veröffentlicht worden ist. Der weitgehenden Umgestaltung des Buches entspricht auch der neue Titel, der das Thema enger faßt und den jetzigen Inhalt des Buches genauer trifft.

Der erste Teil des Buches führt in die Thematik »Psychose und Dichtkunst« ein. Nach einem Rückblick auf die Begriffe Klassik und Romantik und einer Schilderung von Sprachphänomenen in Zuständen veränderten Bewußtseins kommen einige Autoren zu Wort, die sich zu diesem Thema geäußert haben, und zwar in chronologischer Reihenfolge, vom Beginn des vorigen Jahrhunderts bis heute. Dabei schien es mir nötig, die Ansichten Cesare Lombrosos etwas ausführlicher wiederzugeben, da dieser bedeutende Autor in der deutschsprachigen Literatur häufig einseitig interpretiert oder sogar ignoriert worden ist.

Für mein Verständnis der Zusammenhänge zwischen Psychose und Kreativität verdanke ich viel dem amerikanischen Neurophysiologen und Psychopharmakologen Roland Fischer. Fischer ist der Ansicht, daß den psychotischen Phänomenen eine veränderte »arousal«-Reaktion, d. h. eine in bestimmter Weise veränderte Erregungskonstellation im Zentralnervensystem zugrunde liegt. Dieser Theorie habe ich ein eigenes Kapitel gewidmet; die vorausgehenden historischen Betrachtungen über Psychose und Dichtkunst scheinen mir in gewisser Hinsicht zu der Theorie Roland Fischers hinzuführen.

In einem kurzen Kapitel erläutere ich dann meine eigene Theorie, die besagt, daß den zahlreichen »Merkmalen schizophrener Bildnerei« drei schizophrene Gestaltungstendenzen zugrunde liegen, nämlich die Tendenz zur Physiognomisierung, zur Formalisierung und zur Symbolisierung. Diese Gestaltungstendenzen, welche die schizophrene Bildnerei charakterisieren, sind jedoch nichts spezifisch Schizophrenes. Es handelt sich dabei nach meiner Ansicht um die »kreativen Grundfunktionen« des Menschen schlechthin, die in der schizophrenen Psychose deutlicher als im gewöhnlichen Leben zum Vorschein kommen. Die gleichen »schizophrenen Gestaltungstendenzen« die sich im bildnerischen Bereich zeigen, finde ich auch im sprachlichen Bereich; darauf gehe ich in diesem Kapitel etwas näher ein.

Da das »medizinische Modell« seelischer Störungen und der Begriff der psychischen Krankheit heute umstritten sind und da mich die künstlerischen Äußerungen meiner Patienten veranlaßt haben, über den Krankheitsbegriff in der Psychiatrie immer wieder nachzudenken, habe ich auch zu dieser Problematik einige Gedanken beigetragen. Dieser erste Teil des Buches endet mit einer Darstellung des Schizophreniebegriffs, hauptsächlich in der Sicht von Manfred Bleuler, und mit der Schilderung eigener Erfahrungen im therapeutischen Umgang mit chronisch schizophrenen Patienten.

Hierauf folgt in einem zweiten Teil ein längeres Kapitel über Friedrich Hölderlin. Es schien mir nötig, zu den Anschauungen des französischen Germanisten Pierre Bertaux Stellung zu nehmen, da Bertaux in einer groß angelegten Untersuchung die bisher im Falle Hölderlins kaum angezweifelte Schizophrenie-Diagnose in Abrede stellt. Sein Hölderlin-Buch hat mich außerordentlich beeindruckt. Alle Informationen und Anregungen, die ich daraus entnommen habe, bestärkten mich jedoch in der Auffassung, daß Hölderlin nicht nur an einer schizophrenen Psychose litt, sondern daß auch sein Rang als Lyriker und die Rezeption seiner Lyrik im 20. Jahrhundert mit dieser Veränderung seines seelischen Zustandes in engem Zusammenhang stehen.

Im dritten Teil des Buches stelle ich dreizehn schizophrene Patienten vor, deren literarische Äußerungen mir bemerkenswert schienen. Im Gegensatz zu Friedrich Hölderlin, der schon vor dem Ausbruch der Psychose ein bedeutender Dichter war, waren diese Personen vorher niemals schriftstellerisch tätig, sie haben auch keine Beziehung zur Literatur, haben keine literarischen Vorbilder und beschäftigen sich nicht mit literarischen Problemen, mit einer einzigen Ausnahme: Walter W. besaß Kenntnisse über moderne Literatur und Kunst; dadurch ist vielleicht der »schizophrene Stil« mancher seiner Gedichte mitbedingt. Ich glaube, daß bei allen anderen dieser Patienten der Einfluß der Psychose in den verfaßten Schriften deutlich zu erkennen ist; gleichzeitig wird man aber feststellen, daß die sprachlichen Ausdrucksmöglichkeiten und die Inhalte der Mitteilungen außerordentlich verschieden sind. Diese Unterschiede sind nicht auf die Psychose, sondern auf die verschiedene Veranlagung und die verschiedenen Lebensumstände der einzelnen Autoren zurückzuführen. Die schizophrenen Menschen haben eine je nach ihren Begabungen verschiedenartige und verschieden große Fähigkeit zu literarischen und künstlerischen Hervorbringungen. Das kreative Moment verdanken sie dabei jenem Zustand veränderten Bewußtseins, den wir als Psychose bezeichnen und dem wir Krankheitswert zuschreiben.

Mit diesen Vorbemerkungen wollte ich auch zum Ausdruck bringen, daß die Beispiele für die »Dichtkunst« schizophrener Patienten, die in diesem Buch gebracht werden, keineswegs generell als literarisch bedeutende Werke zu betrachten sind. Manche Beispiele wurden nur deshalb gebracht, weil sie einen bestimmten Aspekt der Beziehung zwischen dieser Seelenstörung und dichterischer Produktion beleuchten; sie beanspruchen, für sich genommen, keinen literarischen Wert. Manches mag aus diesem oder jenem Grund auch literarisch interessant sein, je nach subjektivem Ermessen. Einzelne Texte, so hoffe ich zumindest, werden als literarische Schöpfungen, die man denjenigen bedeutender Dichter zur Seite stellen kann, erhalten bleiben. Diese Texte haben nichts Psychopathologisches, nichts »Krankhaftes«, an sich, auch wenn ihre Autoren schizophrene Kranke gewesen sind, ihre Kreativität aus der Psychose bezogen haben und ihr Werk »schizophrene Merkmale« trägt. Diese scheinbar paradoxe Feststellung wird im folgenden ebenfalls näher begründet werden.

Ernst Herbeck und Edmund Mach habe ich den vierten Teil des Buches gewidmet: Ich habe sie bewußt aus der Gruppe der übrigen schizophrenen Patienten herausgehoben und als Dichter bezeichnet. Sie haben Bücher herausgegeben, sind Mitglieder einer Schriftstellervereinigung geworden und werden zu Lesungen eingeladen. Sie haben sozusagen den sozialen Status des Schriftstellers erreicht. Über den literarischen Rang ihrer Werke wird die Zukunft entscheiden. Für die beiden Patienten ist es nicht unerheblich, daß sie als Schriftsteller anerkannt worden sind. In dem Kapitel über Ernst Herbeck spreche ich deshalb auch über Kunst-Psychotherapie.

Im Gegensatz zu meinem Buch ›Schizophrenie und Sprache‹, das zahlreiche der Literatur entnommene Beispiele enthält, waren nahezu alle Autoren, die in diesem Buch zu Wort kommen, meine Patienten (ausgenommen Walter Schultz-Fademrecht, der in der Bundesrepublik lebt); einige davon sind es noch immer; sie leben jetzt im Haus der Künstler des Niederösterreichischen Landeskrankenhauses für Psychiatrie und Neurologie Klosterneuburg-Gugging.

Ich hoffe, daß es mir gelungen ist, ein Buch zu schreiben, das zwar von ›Schizophrenie und Sprache‹ seinen Ausgang genommen hat, die jetzt enger gefaßte Thematik aber etwas ausführlicher behandelt und unter einigen neuen Aspekten zeigt. Ich möchte betonen, daß Ernst Herbeck dabei für mich immer noch die Hauptrolle spielt. Sein lyrisches Werk scheint mir von besonderer Ausstrahlung, und die Erfahrungen, die ich durch ihn gewinnen durfte, sind die Grundlage des ersten und dieses Buches.

Gugging, 1986   Leo Navratil

I
Schizophrenie und Dichtkunst – eine Einführung

Lazarettpoesie

Johann Wolfgang Goethe hat den Ausdruck »Lazarettpoesie« erfunden; nicht, um die Dichtkunst im psychiatrischen Krankenhaus damit zu bezeichnen, die damals noch nicht entdeckt war, sondern die seiner Zeitgenossen. Während eines gemeinsamen Ausfluges sagte er zu Eckermann: »Die Poeten schreiben alle, als wären sie krank und die ganze Welt ein Lazarett ...«, und er meinte dann, daß uns die Poesie doch eigentlich gegeben sei, um die kleinen Zwiste des Lebens auszugleichen und den Menschen mit der Welt und seinem Zustand zufrieden zu machen. »Ich habe ein gutes Wort gefunden«, sagte er, »um diese Herren zu ärgern. Ich will ihre Poesie die Lazarettpoesie nennen ...« Goethe war schon sehr alt und selbst bereits Mystiker – er arbeitete damals intensiv am zweiten Teil des ›Faust‹ –, im Alltag, wie ihn Eckermann aufgezeichnet hat, nahm er aber den Standpunkt des Klassikers ein.

Novalis dagegen, der ein anthropologisches Studium auch der schlechten und mittelmäßigen Schriften verlangte und sich daraus neue Einsichten und Anregungen versprach, schrieb über künftige Literatur: »Erzählungen ohne Zusammenhang, jedoch mit Assoziationen, wie Träume. Gedichte – bloß wohlklingend und voll schöner Worte – aber auch ohne allen Sinn und Zusammenhang – höchstens einzelne Strophen verständlich – sie müssen wie lauter Bruchstücke aus den verschiedenartigsten Dingen sein.«

Leibniz hielt unsere Welt für die beste aller denkbaren Welten und bewunderte ihre prästabilierte Harmonie. Die »qualvollste aller denkbaren Welten« nannte sie Gottfried Benn. Goethes Zeitgenosse, Matthias Claudius, der keineswegs beunruhigen wollte, bezeichnete die Welt als ein Krankenhospital, darin die Menschen bis zu ihrer Genesung verpflegt werden.

Arnold Hauser[1] hat die Beziehung der Romantiker zum Krankhaften, ja zum Schizophrenen, sehr deutlich gesehen. Er nannte die Romantik eine Psychose. Wie Goethe konnte er diese Einstellung zur Welt und zum Leben aber nicht gutheißen. Er erblickte darin eine Flucht vor der Wirklichkeit, die rational nicht bewältigt werden kann, einen Vorwand, sich den Pflichten des Alltags zu entziehen. In seinem Sinn wären die Romantiker eine Art Drückeberger gewesen.

Nach meiner Ansicht kann der Romantiker wie der Psychotiker die Wirklichkeit deshalb nicht rational bewältigen, weil diese (soziale) Wirklichkeit weder glaubwürdig noch vernünftig ist. Viktor von Weizsäcker[2] nannte sie »verlogen«. Die Verlogenheit der Wirklichkeit, das ist ihre Neurose. Es ist auch ihre Normalität. Der psychotische

Mensch ist an ihr zerbrochen. In der Phase der Restitution konstruiert er selbst eine Welt, setzt sie in Funktion und belebt sie mit eigenen Geschöpfen, und sie ist für ihn wirklicher als die Alltagswelt, obwohl er diese aus Lebensnotwendigkeit weiter mit den anderen teilt. Nun aber empfindet er seine Gespaltenheit, und sie wird auch nach außen hin sichtbar, weil seine Innenwelt eine Privatwelt ist, ein privater Wahn, wogegen der kollektive Wahn der Normalen – wegen deren Konformismus – nicht als Wahn erkannt, sondern als Realität oder gar als Wahrheit bezeichnet wird.

Die allgemein verbreiteten wahnhaften Überzeugungen sind jedoch nicht der Grund für die schizophrene Psychose einzelner. Es sind vielmehr die neurotischen Strategien der Gesunden dafür verantwortlich, ihre Unehrlichkeit. Das von den Psychologen so strapazierte »double bind« (Verunsicherung durch die Diskrepanz zwischen Reden und Tun der Mitmenschen) ist – leider – überall anzutreffen. Der Normale kann einfach nicht immer so handeln, wie er (ver-)spricht; sonst wäre er nicht normal. Das stimmt überein mit der Auffassung meines Patienten Theobald P., der nach mehr als fünfzigjähriger schizophrener Krankheit schrieb: »Wenn ich nicht so wahr wäre, wäre ich nicht so lange in einer Anstalt. Wenn ich nicht krank wäre, wäre ich diplomatischer.«

Wortanfälle

In einem kurzen Essay mit dem Titel ›Wortanfälle‹ berichtet Elias Canetti,[3] daß er während seiner Emigration in England zeitweise den Drang hatte, alle deutschen Worte, die ihm einfielen, wahllos niederzuschreiben. »Plötzlich kam es wie ein Furor über mich«, schreibt er, »und ich bedeckte einige Seiten blitzrasch mit Worten.« Es war eine Spielerei, die ihm pathologisch vorkam, er schämte sich ihrer und verbarg die Zettel vor seiner Frau.

»Wenn ich spürte, daß ein solcher Anfall bevorstand«, schreibt Canetti dann weiter, »sperrte ich mich wie zur Arbeit ein.« Außerdem gibt er an, er habe sich bei dieser »privaten Narretei« besonders glücklich gefühlt.

Elias Canetti hat in der Emigration weiter deutsch geschrieben. Er meinte, daß den einzelnen Wörtern eine besondere Kraft innewohne, daß sie mit einer Art Leidenschaft geladen seien, die in einer fremdsprachigen Umgebung noch stärker als sonst hervortrete und die diese seltsame Erscheinung bei ihm bewirkt habe: Er nannte sie »Wortanfälle«.

Die Schilderung Canettis interessierte mich deshalb, weil ich auch bei meinen Patienten sprachliche Äußerungen beobachtet habe, die man als »Wortanfälle« bezeichnen könnte, und weil die Wortanfälle Canettis mit denen meiner Patienten gewisse Ähnlichkeiten haben. Ich möchte damit keineswegs diese Phänomene als identisch erklären, sondern ich möchte bloß den von Canetti geprägten Begriff aufgrund der Analogien auf meine Beobachtungen übertragen.

Josef B. war kaufmännischer Angestellter, er begann nebenher Medizin zu studieren, konnte das Studium aber nicht beenden, weil er an Schizophrenie erkrankte. Er verlor seinen Beruf und arbeitete vorübergehend auf einer Baustelle. Im Krankenhaus bemerkte ich, daß Josef B. oft sehr schnell vor sich hin redete und dabei einzelne Wörter aneinanderreihte. Er habe sich dieses Sprechen auf der Baustelle angewöhnt, sagte er mir, es sei für ihn eine Übung. Hier eine Probe nach einer Tonbandaufzeichnung. Josef B. spricht schnell und psalmodisch:

Leukocyten, Lymphocyten, Thrombocyten, Histiocyten, Ödem, Kapillaren, Delirium, Meningen, Dura, Pleura, Liesing, Atzgersdorf, Traiskirchen, Mödling, Grammat-Neusiedl, Stix-Neusiedl, Groß-Neusiedl, Brot, Rahm, Käse, Marmelade, Tee, Butter, Whisky, Eier, Wien eins, zwei, drei, vier, Mariahilferstraße, Kärntnerstraße, Rotenturmstraße, zweiter Bezirk, dritter Bezirk, Eiweiß, Kohlehydrate,

Fette, Bor, Rela, Universale, China, Weizen, Hafer, Gerste, Zuckerrübe, Kartoffel, Mais, anorganisch, organisch, Wurzeln, Bakterien, Wasser, Luft, Licht, Wärme, Temperatur, Siebenhirten, Vösendorf, Brot, Käse, Endokard, Myokard, Perikard, Aschoff-Tawara, Ziegel, Zement, Sand, Kalk, Mischmaschine, Bagger, Kran, Aufzug, Wilcek, Hirschfeld, Megrelle, Stummvoll, Eiweiß, Kohlehydrate, Fette, Elektronen, Protonen, Uranium, Blei, Zink, Kupfer, Ödem, Meningen, Nucleus caudatus, Dura, Pleura, Cyste, Scharlach, Masern, Keuchhusten, Endokard, Myokard, Eiweiß, Kohlehydrate, Fette, Ödem, Mangan, Chlor, Ziegel, Zement, Kalk, Mischmaschine, Eiweiß, Kohlehydrate, Weizen, Hafer, Gerste, Zuckerrüben, Kartoffeln, Mais ...

Ein anderer schizophrener Patient, aus der Landwirtschaft stammend, hatte die Gewohnheit, Tiernamen aneinanderzureihen und diese Wortreihe sehr schnell und rhythmisierend aufzusagen:

Spatzen, Maden, Tolken, Amseln, Hendel, Enten, Anten, Eulen, Geier, Gansel, Specht, Star, Rabe, Käfer, Gelsen, Bienen, Fliegen, Reiher, Kuckuck Eier ... Decken, Schnecken, Fuchsen, Dachsen, Marder, Iltis, Igel, Reh, Hirschen, Küh, Roß, Sau, Elefanten ...

Wieder ein anderer hatte die Bedeutung von Verkehrszeichen auswendig gelernt und sprach diese Worte, besonders wenn er alleine war, außerordentlich schnell und litaneiartig vor sich hin:

Gefahrenzeichen, Linkskurve, Rechtskurve, Kreuzung, Kreuzung mit Vorrang, Bahnübergang, Fußgänger-Übergang, Kinder Achtung, Tiere, Wildwechsel, Vorrang beachten ... 240, 240, 160, 180 Meter, unbeschrankter Bahnübergang, eingleisig, mehrgleisig, Haltesignal beachten, Blinklicht beachten ...

Canetti hat einen eigenen Ausdruck geprägt für eine Erscheinung, die er an sich selbst beobachtet hatte. Warum sprach er von »Anfällen«? Das klassische Anfallsleiden ist die Epilepsie. Der Epileptiker stürzt oft mitten im Alltag bewußtlos zusammen und wird hierauf von Krämpfen geschüttelt. Im Altertum glaubte man, dieses Anfallsleiden käme von einer göttlichen Macht. Die Epilepsie hieß deshalb »heilige Krankheit«. Oft geht dem epileptischen Anfall eine Aura voraus. Man versteht darunter bestimmte kurzdauernde Empfindungen oder Gefühle, die beim einzelnen Kranken in stets gleicher Weise wiederkehren. »Aura« heißt wörtlich »Lüftchen«: Manche Patienten spüren einen Hauch an der Stirn, bevor sie das Bewußtsein verlieren. Diese epileptische Aura zeigt zumindest im ursprünglichen Wortsinn eine gewisse Verwandtschaft mit dem Begriff der »Inspiration«: Auch die

Verfasser der Heiligen Schrift und später die Dichter bedurften eines göttlichen Hauches, einer Berührung durch das Übernatürliche.

Es scheint deshalb nicht so abwegig, daß der Psychiater und Gerichtsmediziner Cesare Lombroso, dessen Buch ›Genie und Irrsinn‹ 1887 auf deutsch erschienen ist, auf den Gedanken kam, Genie und Epilepsie könnten miteinander in Beziehung stehen.[4] Lombroso hielt die Inspiration für ein epileptisches Äquivalent. Nach heutiger Auffassung besteht zwischen einer schöpferischen geistigen Leistung und epileptischen Manifestationen kein Zusammenhang. Wie sehr Lombroso dabei auch geirrt haben mag, in einer Hinsicht hat er doch recht gehabt: Es gibt Erlebnisweisen, die anfallsartig auftreten und sich dadurch vom normalen Erleben und Verhalten abgrenzen. Elias Canetti hat dafür – ohne direkten Bezug zur Lehre Lombrosos – ein Beispiel gegeben.

Anfallsartig nennen wir also ein psychisches Geschehen, das unabhängig von unserem Willen plötzlich einsetzt und den normalen Tagesablauf unterbricht. Die sozialen Bezüge sind dabei gelockert, der rationale Sinn fehlt, dafür ist die subjektive Bedeutung oft erhöht; die ständige Wiederholung ist dabei kennzeichnend.

Wortanfälle zeigen alle Übergänge vom reinen Automatismus bis zu scheinbarer Absichtlichkeit. Die Freiheitsgrade, die wir normalerweise besitzen, sind dabei aber stets vermindert. Es gibt soziokulturell festgelegte Bahnen für Wortanfälle, zum Beispiel beim Fluchen oder Schimpfen, aber auch manche Formen des Betens oder Dichtens gehören hierher. Denn Wortanfälle müssen keineswegs aus einzelnen unzusammenhängenden Wörtern bestehen. Im weiteren Sinn ist jedes dranghafte Bedürfnis zu sprechen ein Wortanfall. Wir alle kennen Menschen, die im Gespräch zu Wortanfällen neigen und ihre Zuhörer dabei oft äußerst langweilen und ermüden, ohne es selbst zu bemerken. Man sagt dann, sie haben einen Redefluß, eine Logorrhoe.

Wortanfälle brauchen sich also vom konventionellen Reden äußerlich nicht besonders zu unterscheiden. Die Wörter können den grammatischen Regeln folgen und verständliche, ja geschliffene Sätze ergeben. Wortanfälle können sich in wissenschaftlichen Referaten äußern. Eine Ansprache, eine Predigt können Wortanfälle sein.

Ich gebe als Beispiel einen Ausschnitt aus einer Weihnachtsansprache des Patienten Josef B. wieder. Obwohl er hier nicht einzelne Wörter aneinanderreiht, so wirkt seine Ansprache dennoch wie ein Automatismus mit ständigen Wiederholungen, bei erhöhtem Pathos und Sprachgestus. Aber sie erinnert doch auch wieder sehr an die eingeschliffenen Wendungen im Fluß vieler Reden, die oft auf weite Strecken hin gedanklich leerlaufen:

Wenn wir in der Stabilisation des Lebens, wenn wir den Kreislauf des Geschehens beobachten, finden wir, daß die Suggestion in dieser kreistherapeutischen Grundlage der Manifestationen unserer Zeit aufgefunden haben. Wenn wir im Leben draußen, wenn wir in der Einheit der Suggestion, wenn wir die Kraft brauchen, dann dringen wir weit hinaus in das Leben. Wir suchen dann mit diesem Dasein das zu finden, was in der Einheit des bleibenden Wertes einer suggestiven Darreichung bedarf. Wenn wir in den bleibenden Werten dieser Suggestionen Kräfte brauchen, wenn wir die Kräfte finden, so daß dieses Bestreben, so daß diese Einheiten in der gefundenen Darreichung aufgezogen würden, müßten wir weit in der Suggestibilität, müßten wir in der eingenommenen Tatsache, der von Jesum Christum, dem Herrn, der von der katholischen und evangelischen Kirche gefundenen Tatsachen zu widerstreben. Wenn wir weit hinausgehen in das Land, wenn wir die Fabriken und Suggestionen in den Arbeitsbereichen befürworten, so finden wir, daß all diese Geschehnisse zwar vorhanden sind, aber immer wieder dem gesteigerten Bedürfnis obliegen kann oder muß, weil diese Kraftausdrücke heute in den Werten des Lebens der Publikation Einteilung gefunden haben und daß diese Werte dann stabilisiert werden ...

Manche Wortanfälle sind vom Inhalt her schwer verständlich. Deshalb verglich schon Lichtenberg die Dichter mit Nachtigallen und Kanarienvögeln und meinte, ihr Gesang gefalle vielleicht gerade deswegen, weil man keinen Sinn darin finde.

Dann aber gibt es Wortanfälle, bei denen die Sprache grammatikalisch deformiert und neologistisch wird und schließlich den Charakter einer fremden, unverständlichen Sprache annimmt. Solche Wortanfälle können in religiös-ekstatischen Zuständen auftreten: Man denke an das Pfingstwunder, die Glossolalie, also das Zungenreden.

Glossolalien kommen auch bei schizophrenen Kranken vor. So sagte mein Patient W., er könne in vielen Sprachen reden oder auch in einer »gemischten Sprache«. Die folgende Äußerung nannte er zum Beispiel »Englisch«:

bosnot baneunot bunot not bosnot
basnot bisnot
bosnot basbosnot
entnot baneunot
schonot baninot leg banonot ninot sonot
eina binot
legnot banzguzon legonot bonot baneunot
entbonot banunot baneunotni
bosnot bonot entnotnit
bonobosnot entbogonot ...

W. war nicht in der Lage anzugeben, wovon er in der fremden Sprache geredet hat, wie es für die Zungenrede typisch ist. Er meinte, er selber könne nicht so gut Englisch, es würde aber bestimmt Leute geben, die seine Rede verstünden. Die schizophrene Glossolalie tritt wie die religiöse zunächst nur in einem Zustand veränderten Bewußtseins auf, später auch bei ruhiger Affektlage und auf Wunsch.

Ein anderer schizophrener Patient, Friedrich Franz H., behauptete, er könne Japanisch. Er müsse sich nur sehr konzentrieren und sich in den Geist dieser Sprache hineinversetzen. Bei ihm war der willentliche und bewußte, ja imitative und demonstrative Charakter seiner Sprachschöpfung sehr deutlich, und doch handelte es sich dabei um eine schizophrene Zungenrede. Friedrich Franz H. sprach in einem singenden Tonfall rasch hintereinander einige einsilbige oder zweisilbige Wörter, machte eine kurze Pause und setzte dann mit einigen ähnlich lautenden Wörtern fort. Er hatte einige Zeit in Australien gelebt und – damals schon psychisch krank – im Radio japanische Sender gehört.

hua huang   heiho hei em
hing huang si   hoja hei ho pang so
hei tu hai cho
ipang tu pet hei sichu
pancho
henk hu hink ha hinc pancho
henc hanc hunc   hancho
pencho   pencho pencho

Jedenfalls sind Wortanfälle, ob sie nun aus verständlichen oder unverständlichen Wörtern bestehen, keine umgangssprachlichen Mitteilungen, keine sachlichen Feststellungen, keine rationalen Verhaltensweisen. Wortanfälle außerhalb der konventionellen Bahnen werden leicht für pathologisch gehalten, wie das Beispiel Canettis zeigt, und sie können auch tatsächlich, wie wir gesehen haben, psychotischen Ursprungs sein.

Es ist eine verbreitete Ansicht, daß jene verschiedenartigen Sprachäußerungen, die ich als Wortanfälle bezeichnet habe, autistische, narzißtische, solipsistische Phänomene sind. Gottfried Benn meinte, daß auch der Dichter monologisiere, im Grunde nur mit sich selbst spreche. Ich halte diese Ansicht für ergänzungsbedürftig. Wie weit sich nämlich der Mensch von den normalen Formen des sprachlichen Umgangs auch entfernt, wie sehr er dabei auch eine private und persönliche Welt errichtet, so stark ist dabei sein Bedürfnis nach Mitteilung. Je betonter die Ablehnung der Zusammengehörigkeit, desto größer der Wunsch danach, der sich dahinter verbirgt. Und als je unzulänglicher die normale Verständigung empfunden wird, desto stärker wird sich das Bedürfnis nach indirekten Mitteilungsformen äußern. Man darf daher wohl annehmen, daß auch die Wortanfälle Canettis einem Mangel an Fühlungnahme in der vertrauten Sprache und einem vermehrten Verlangen danach entsprungen sind. Andernfalls hätte er wahrscheinlich auch später nicht darüber berichtet.

Gar nicht so selten kommt es vor, daß ein Mensch infolge eines Schlaganfalls, einer Blutung oder Durchblutungsstörung in bestimmten Teilen des Gehirns, das Sprachverständnis verliert. In einem solchen Fall besteht oft ein vermehrter Sprechantrieb, die Sprachäußerungen können dabei jedoch völlig unverständlich werden, da dem Patienten die Kontrolle über seine Sprachäußerungen fehlt. Er merkt diesen Defekt jedoch nicht und glaubt – ähnlich wie ein Zungenredner –, ohnehin richtig zu sprechen und verstanden zu werden. Es geht ihm wie einem Klavierspieler, der sein eigenes Spiel nicht hört und deshalb ganz falsch spielt, dabei aber dennoch glaubt, ein Stück richtig wiederzugeben. Das Gehör ist bei Patienten mit jener Form zerebraler Sprachstörung (sensorischer Aphasie) jedoch intakt. Oft ist auch der Gefühlsausdruck der Sprache sehr lebhaft sowie der mimische und gestische Ausdruck, und es besteht eine stärkere emotionale Gebundenheit an den Zuhörer und die Gesprächssituation. Infolge des vermehrten Sprechantriebes und der fehlenden Kontrolle wissen diese Patienten manchmal nicht, wann sie zu reden aufhören sollen. Es entsteht dabei nicht selten etwas wie eine Sprache ohne Worte, wobei der Zuhörer aus den begleitenden Mienen und Gesten und dem Gefühlsausdruck in der gegebenen Situation manches erraten kann und der Sprecher ohnehin glaubt, daß man einander versteht.

Einer meiner aphasischen Patienten sprach etwa das folgende in einen Telephonhörer:

etetetetetetо
       huuuuuu   huuuu
ete ete naaaaa
hooooo huto hutooo
tititi tata tata tuuuuu
u u u u u uto   too too   muta
ute uto utaaa   u u u ota
ute tuta   uti ute buto
u u   u u u   tu tu ta
ute rota   u ! o o o ho ho
tu tu tu ! tu !
hu do do dada   huuuu
huuuu
otata duduto
na na na na na na   naaaa   na

Wortanfälle entstehen also aus einem verstärkten Mitteilungsbedürfnis in einem seelischen Ausnahmezustand. Sie sind der Versuch, eine Beziehung zu einem ähnlich gestimmten Adressaten herzustellen. Meist ist der Adressat imaginär, in der unmittelbaren Umgebung nicht vorhanden, der Versuch deshalb zum Scheitern verurteilt. Eine Verständigung kann jedoch zustande kommen, wenn es Zuhörer gibt, die sich in einer entsprechenden Empfangsbereitschaft befinden. Solche Rezipienten können dann Gedichte verstehen, mit denen die meisten anderen Menschen nichts anzufangen wissen. Sogar rational völlig Unverständliches, wie etwa das Zungenreden, kann von gleichgestimmten Zuhörern verstanden werden. Man könnte auf den Gedanken kommen, daß Verstehen überhaupt ein empathischer Vorgang ist, auf Einfühlung, auf einer vorübergehenden Aufhebung der Ich-Grenzen beruht und daß das rationale wie das umgangssprachliche Verstehen nur Sonderfälle des Verstehens sind – wie das normale Bewußtsein ein für die Erhaltung des Lebens zwar äußerst wichtiger, ja unentbehrlicher, aber nicht der für uns einzig mögliche seelische Zustand ist.

Das Zungenreden

Die Apostelgeschichte, ein Werk des Evangelisten Lukas, in den frühen sechziger Jahren des ersten Jahrhunderts n. Chr. in Rom geschrieben, enthält die Pfingsterzählung (2: 1–13):
»Als das Pfingstfest kam, waren alle beisammen. Plötzlich erhob sich vom Himmel her ein Brausen, wie wenn ein gewaltiger Sturm daherfahre, und erfüllte das ganze Haus, in dem sie versammelt waren. Es erschienen ihnen Zungen wie von Feuer, die sich verteilten und auf jeden von ihnen niederließen. Alle wurden mit dem Heiligen Geiste erfüllt und begannen in fremden Sprachen zu reden, wie der Geist ihnen das Wort dazu verlieh.
In Jerusalem wohnten damals gottesfürchtige Juden aus allen Völkern unter dem Himmel. Als sich nun dieses Brausen erhob, strömte die Menge zusammen und wurde bestürzt; denn jeder hörte sie in seiner Muttersprache reden. Außer sich vor Verwunderung sagten sie: ›Sind nicht alle, die da reden, Galiläer? Wie kommt es, daß ein jeder von uns seine Muttersprache hört? Wir Parther, Meder und Elamiter, wir Bewohner von Mesopotamien, von Judäa, Kappadozien, von Pontus und Asien, von Phrygien und Pamphylien, Ägypten und den Landstrichen Libyens gegen Cyrene hin, wir Pilger aus Rom, wir Juden und Proselyten, Kreter und Araber: wir hören sie in unsern Sprachen die Großtaten Gottes verkünden.‹ Alle waren voll Staunen und Verwunderung und sagten zueinander: ›Was soll dies bedeuten?‹ Andere dagegen spotteten: ›Sie sind voll süßen Weines.‹«
Im folgenden tritt Petrus auf und hält eine Ansprache. Er redet nicht mehr in »fremden Zungen«. Er weist den Vorwurf der Trunkenheit zurück und spricht von einer Ausgießung des Heiligen Geistes durch Jesus Christus, den Gott von den Toten auferweckt und erhöht hat.
Auch bei der Rede, die Petrus in Cäsarea auf Einladung des Hauptmannes Cornelius hielt, kam der Heilige Geist auf einige der Zuhörer herab, und man hörte sie »in Sprachen reden und Gott lobpreisen« (Ap. 10: 46, 47).
Eine merkwürdige rabbinische Überlieferung besagt, daß am Berge Sinai nicht bloß dem Volke Israel das Gesetz gegeben worden sei, sondern auch allen Heidenvölkern, indem der Schall der göttlichen Stimme bis zu den Grenzen der Erde drang: dabei spaltete sich die Stimme Gottes in siebzig Sprachen.[5]
Sogar in der buddhistischen Tradition findet sich eine Parallele zu der biblischen Pfingsterzählung: Ein herrlicher Abend vereinigte die Hörer der ersten Predigt Buddhas. Alles strömte zusammen zu einer

endlosen Versammlung. Es herrschte eine Stille wie auf einem wellenlosen See. Und da glaubte jeder der zahllosen Hörer, der Weise blicke auf ihn und spreche zu ihm in seiner eigenen Sprache.[6]

Für den unbefangenen Zuhörer ist die glossolale Äußerung meist unverständlich, ein unmittelbares, rein gefühlsmäßiges Verstehen ist jedoch möglich. Befinden sich die Zungenredner und ihre Zuhörer in einem ekstatischen oder enthusiastischen Zustand, dann wird das tatsächlich Gesprochene irrelevant: »Dort kann chinesisch gesprochen, hier kann hebräisch gehört werden«, wie Rust drastisch sagt.[7]

Wenn die Zungenrede nicht in einem sozialen Kontext, sondern bei einzelnen Personen auftritt, kann sie, wie wir bereits dargelegt haben, auch Symptom einer schizophrenen Psychose sein. Manche Schizophrene werden vorübergehend in eine ekstatische, unverständliche Rede hineingerissen und bewegen sich außerhalb dieser Episoden in einer fast normalen sprachlichen Kommunikation. Sie sind meist geordneter und klarer als jene Kranken, die stets zur Zerfahrenheit neigen und in deren Sprache nur hin und wieder Neologismen eingestreut sind. Spoerri[8] hat die folgenden glossolalen Äußerungen einer schizophrenen Kranken aufgezeichnet:

... ich habe Ihnen das ja schon oft gesagt, Herr Doktor, ich kann ja man ja rimenja, jorioton soro poscha kajoramatschala dabala jata, kanjoremenda nekeschekredojamatja, mrekredo kalaju tswitedju rininamajatalaman, amemoramamedetschi krano lobroschenkro ebenojuri nanjeprikalabadja. Onobusche danulumuna nadropa, hab ich nie gesprochen, allo romone, alles von meinem himmlischen Vater, er spricht durch meinen Mund.

Eine andere schizophrene Patientin schrieb das folgende Gedicht,[9] welches ein fremdsprachliches Idiom nachahmt und an das Lateinische anklingt:

Méntus núdros nuáchtus mágna
Móntos tóndros tándras téctra
Dión i ált aktón doládor,
Vilón sitónht, dinónnomál.
Illó valpi aván tolés
Lerón tonté avánt taránt
Issón sansélium ássim sélta
Ardénitum idónton télta.

Nach Rust ist das Zungenreden, die Glossolalie, eine Erscheinung, die bei allen Menschen unter bestimmten Umständen auftreten kann. Rust berichtet von der großen Versammlung der »Pfingstgemeinde«, die vom 14. bis 30. September 1910 in Zürich stattfand. Es handelte sich um eine religiös-ekstatische Bewegung, die von Topeka ihren Ausgang genommen hatte, in Los Angeles zu Erweckungen geführt und hierauf die Vereinigten Staaten, England, Britisch-Indien, Norwegen, Deutschland und die Schweiz überschwemmt hatte; bald wurden gegen fünfzigtausend Anhänger gezählt. Unter ihnen nahm der deutsche Pastor Paul eine führende Stellung ein. Er hat die beiden folgenden Gedichte niedergeschrieben:[10]

Schua ea, schua ea
O tschi biro tira pea
akki lungo ta ri fungo
u li bara ti ra tungo
latschi bungo ti tu ta.

Ea tschu ra ta
u ra torida
tschu ri kanka oli tanka
bori tori ju ra fanka
kulli katschi da
u ri tu ra ta !

Diese automatisch entstandenen Gedichte sind Beispiele religiöser Glossolalie. Sie erinnern an eine fremde Sprache, ohne sich aber an eine wirkliche Fremdsprache anzulehnen. Ihr Urheber versteht den Sinn seiner Worte nicht. Bei genauerem Zusehen erkennt man aber, daß diese Zungendichtungen nach dem Vorbild deutscher geistlicher Lieder gebaut sind, so »Schua ea« nach »Laßt mich gehn« und »Ea tschu« nach »Jesu, geh voran«. Pastor Paul wollte die Zungenrede bewußt erlangen und fühlte sich begnadet, als sich sein Wunsch erfüllt hatte.

Oskar Pfister, Pfarrer und Psychoanalytiker in Zürich, schildert in seinem 1912 erschienenen Buch über die religiöse Glossolalie[11] eine Familie, die unter dem Einfluß der Pfingstbewegung stand. Er hatte zunächst Gelegenheit, den dreiundzwanzigjährigen Simon kennenzulernen und dessen Zungenreden zu analysieren. Die einfachen Eltern des jungen Mannes hielten ihren Sohn für einen neuen Messias; besonders die Mutter drängte ihn unaufhörlich in diese Rolle hinein. Kurze Zeit nach seinem ersten Zusammentreffen mit Simon stattete Pfister der Familie einen Besuch ab, um die glossolale Hausandacht kennenzulernen. Er erzählt darüber:

»Ich traf die Mutter, eine etwa sechzehnjährige Schwester Lina und eine zirka fünfundvierzigjährige Freundin, Frau T. Die Erstgenannte besitzt die Zungengabe seit zwei Jahren und redet in mancherlei Dialekten, spricht aber bescheiden von ihrem Charisma ... Lina redet gleichfalls fleißig in Zungen, was sie aber ganz besonders auszeichnet, ist die Gabe der von Gott eingegebenen Auslegung. Alle sind einig, daß sie aus eigener Kraft so schöne Gedanken und Worte nicht finden könnte. Am meisten Gewicht auf die Glossolalie legt Frau T., welche behauptet: Der Heiland reinigt uns durch die Zungensprache.

Meine Bitte um Glossolalie stößt zuerst auf Widerstand. Dann entschließt sich die Hausmutter zu einem Gebet. Alle knien, und ich schreibe am Tisch nach. In sehnsüchtigen, gezogenen Tönen betet die Führerin der Gruppe, indem sie die Anwesenden dem Herrn übergibt und um Empfang seiner Person, um seine eigene Rede fleht. Frau T. seufzt beständig. Kaum ist das Amen gesprochen, so beginnt sie zu flüstern. Ich verstehe die immer wiederkehrenden Worte: Santa matona matina, daneben vereinzelt: messak, laskona, esperantina usw.

Ich wage zuerst keine Unterbrechung; sowie die Rednerin schweigt, wünsche ich eine Wiederholung, die als unmöglich erklärt wird. Darauf bitte ich die Erlaubnis aus, die Worte der Zungenrednerin nachzusprechen, um sie richtig nachschreiben zu können. Es wird freundlich gewährt. Anscheinend stört es auch nicht im geringsten. Frau T. gerät wiederum in religiöse Erregung (eigentliche Ekstase war es nicht) und beginnt zu sprechen. So erhalte ich die Gelegenheit, nachzuschreiben:
Tschina wastóra matina to –
elewatina w(m?)atina watò –
wesperantina wastóra waitó –
elegantina wastóra waitó –
tira wastóna tina waito –
elegatóna wastína to –
o santa matóna.

Kaum hatte sie ihre stark skandierten Verse beendet, als Lina sich vernehmen ließ:
›Heidufon eindugostik – holein du sti – hoi du gostin – o lin di stik – o fein du stok – ein du sthoid – holin stigo – hei du gothi – hoi du fang schik – hoidu gothi – höf du stoi do – oi du goithi – ei of an naschik – hoi du goid – hei logostik – a la main dog – u fein du de – ha fain dög – e lim i niste – o lin di stög – o leib du stög – o ni li fi – hei lo stik – ho lo mein dö – o lin di stei – o sea a no tscho – a ra mein töko – e sein theik.‹

Der Vater tritt hinzu und bezeugt, daß ihm diese Geistesgabe große Freude bereite, wiewohl er sie selbst nicht besitze. Frau H. belehrt mich, daß man selten seine eigenen Reden auslegen könne; es gelinge überhaupt nur, wenn man ganz beim Herrn sei und nicht das Geringste störe. So bekam ich denn leider keine Auslegung zu genießen. Dafür entschloß sich die Mutter zu einem noch innigeren Gebet um eine Zungenrede. Darauf begann sie:

›O sela pei – o giti sila bei gei la bei gohe si (Lücke) gu sall bagató – e ti la pa ga la bagató – o si (Lücke) se la pa sela – bagatona – le ta pei se la pei go – hi se la bagata – o se la pei sela bei gotona – o me si la selo to.‹ (Erschöpft). ›Ich kann nicht mehr. Es muß ein Gebet gewesen sein. Den Inhalt kenne ich aber nicht. Ich spürte des Herrn Nähe. Ich leide heute an Kopfschmerzen wegen der Kämpfe, die ich mit finstern Mächten führen muß.‹«

Das Hauptmerkmal der Zungenrede ist ihr automatischer Charakter. Sie gleicht in dieser Hinsicht einem schizophrenen Automatismus. Der Sinn der glossolalen Äußerung ist dem Redner unbekannt. Rust rechnet auch das Sprechen in der Muttersprache, in Mundarten oder fremden Sprachen, sofern es automatisch erfolgt, zur Glossolalie. Stuchlik[12] unterteilt die sogenannten Neoformationen der Sprache in Lalien, Glossien und Phasien. Bei seiner Einteilung spielt nur die Erscheinungsform, nicht aber die Entstehung der neuen Sprache eine Rolle. Nach Ansicht dieses Autors sind die Glossolalien Lautäußerungen ohne Sinn, die bloß den Eindruck kohärenter Sprachen erwecken.

Die Neoglossien sind dagegen Umformungen und Abwandlungen wirklicher Sprachen ohne wesentliche Veränderung von Grammatik und Wortschatz. So kann etwa das gemeinsam gesprochene »Vater unser« durch monotones rhythmisch-chorisches Sprechen und Dialekteinfluß bis zur Unverständlichkeit deformiert werden. Kinder und Primitive haben noch ein starkes Gefühl für die rhythmischen Werte der Sprache. Sie kennen Gedichte und Zaubersprüche, deren Worte im Lauf der Zeit ganz unverständlich geworden sind. Müller-Freienfels[13] führt den folgenden Abzählvers als Beispiel einer solchen Entstellung an:

Ännche Gedännche Gedútzmannéh
Ríwwele Ráwwele Sóndernéh
Äckerbrót Sóndernót
Dútzend

In Australien gehen Lieder von Stamm zu Stamm und werden dabei so entstellt, daß niemand mehr ihren Sinn begreift.

Pfister[14] bezeichnet diese neoglossen Produkte als »Verzerrungssprache«. Ein Beispiel dafür bietet die Zungenrede Linas. Sie ist verzerrtes Deutsch, vor allem Zürcherdeutsch mit Anklängen an andere von Lina gehörte Sprachen. Ihre Rede ließ sich besonders leicht entziffern. Sie sprach von ihrem eigenen Aufstieg zum Himmel:

eindugostik = ein du gehst, steigst
hoi du gostin = hui, du gehst ein
o lin di stik = o Lina, du steigst
o fein du stok = o fein steigst du
hei du gothi = heim zu Gott hin
ha fein dog = hast feine Tage usw.

Unter Neophasien versteht Stuchlik neugebildete Sprachen mit ausgearbeiteter Grammatik und festgelegtem Vokabular, Kunstsprachen (auch Neologien genannt), die mit einem entsprechenden Code dechiffriert werden können. Stuchlik beschrieb einen Schizophrenen, der sechzehn neue Sprachen mit einem Wortschatz von je zehntausend Wörtern konstruiert hat. Gauner- und Geheimsprachen sind Parallelen im normalen Bereich. Solche Kunstsprachen werden von klaren Kranken mit Absicht und nach einem System entwickelt.

Pfister hat auch die scheinbar sinnlosen glossolalen Äußerungen mit der psychoanalytischen Methode zu enträtseln versucht. Nachdem er diese sprachlichen Erzeugnisse schriftlich festgehalten hatte, bat er seine Probanden, im nachhinein alles zu sagen, was ihnen zu den verschiedenen Redeteilen einfiel. Er glaubte, in der zunächst verwirrenden Fülle von Assoziationen allmählich ein geordnetes Ganzes und einen mehrschichtigen Sinn zu erkennen. Eine große Zahl von Erinnerungen schien durch einen meist charakteristischen knappen Ausdruck repräsentiert, wobei jede syntaktische Ordnung fehlte und die Sprachähnlichkeit rein äußerlich war.

Anstelle der grammatischen Struktur zeigten die glossolalen Gebilde einen Aufbau, der mit der Struktur des Traumes, des hysterischen Symptoms und überhaupt der neurotischen Phänomene übereinstimmte. Oft waren es sexuelle Vorstellungen, die auf diese Weise verschleierten Ausdruck fanden, so daß sich den in der Wirklichkeit unbefriedigten Wünschen und Bedürfnissen in der Phantasie Befriedigung bot. Das Material war fast immer der Kinderzeit entnommen, wie ja auch die Ausdrucksform selbst kindliches Gepräge hat: »Gestaute sexuelle Libido flutet in infantile Bahnen zurück«.[15]

Die Glossolalie tritt anfänglich nur in enthusiastischer Stimmung auf, später auch bei ruhiger Affektlage und auf Wunsch. Bei den Gesunden spielt die Suggestion eine große Rolle. Die Abhängigkeit von der Bibel, vom Pfingstwunder und von Persönlichkeiten, die bereits mit der Zungenrede begabt sind, ist ganz augenscheinlich. Die große Rolle, die ein veränderter Bewußtseinszustand dabei spielt, beweisen die bei Schizophrenen vorkommenden Fälle von spontaner Glossolalie.

Der Dadaismus brachte eine umfangreiche glossolale Literatur zustande. Die Dadaisten bemühten sich wie die Surrealisten um das automatische Schreiben unter Ausschaltung des reflektierenden Verstandes. Es ist vielleicht nicht ohne jeden Bezug, daß Hugo Ball im Jahre 1916 das »Cabaret Voltaire« als Sitz der Schweizer Dada-Bewegung in Zürich gegründet hat, in jener Stadt, in der sechs Jahre zuvor die »Pfingstgemeinde« getagt hatte. Wie weit den Dadaisten eine automatische Schreibweise gelungen ist, muß allerdings dahingestellt bleiben.

Als Beispiel eines dadaistischen Lautgedichtes sei das folgende von Hugo Ball hier wiedergegeben.[16]

Wolken

elomen elomen lefitalominai
wolminuscaio
baumbala bunga
acycam glastula feirofim flinsi
elominuscula pluplubasch
rallalalaio
endremin saxassa flumen flobollala
feilobasch falljada follidi
flumbasch
cerobadadrada
gragluda gligloda glodasch
gluglamen gloglada gleroda glandridi

elomen elomen lefitalominai
wolminuscaio
baumbala bunga
acycam glastala feirofim blisti
elominuscula pluplusch
rallabataio

Ob es sich hier um ein glossolales Gebilde im Sinne von Rust handelt, ist fraglich. Nach diesem Autor ist ja das wesentliche Merkmal der Zungenrede ihr automatischer Charakter. Das automatische Sprechen wird entweder als Eingebung in einem Zustand veränderten Bewußtseins erlebt oder als Zwang bei normaler Bewußtseinslage. Zwangshandlungen werden im Gegensatz zu Inspirations- und Beeinflussungserlebnissen nicht als ich-fremd empfunden, obwohl sie dem Betroffenen oft sinnlos scheinen; man muß sie ausführen, weil sonst eine innere Unruhe auftritt.

Im Sinne von Stuchlik wäre das zitierte Gedicht Hugo Balls auf jeden Fall eine glossolale Äußerung, da es Stuchlik nicht auf die Entstehung eines solchen Gebildes, sondern nur auf dessen Erscheinungsform ankommt: eine Lautäußerung ohne Sinn, die den Eindruck einer kohärenten Sprache erweckt.

›Über die poetische Ekstase im fieberhaften Irreseyn‹
(Carl Hohnbaum)

Wie ein Arzt zur Zeit der deutschen Romantik die Beziehung zwischen Psychose und Dichtkunst sah und beurteilte, können wir einem Aufsatz entnehmen, der in der ›Zeitschrift für psychische Ärzte‹ aus dem Jahre 1820 abgedruckt ist.[17] Der Hofrat und Leibarzt Dr. Carl Hohnbaum schildert darin Beobachtungen an einem Mann und an einer Frau, die beide im Verlauf einer tödlich endenden fieberhaften Erkrankung und einer damit einhergehenden Geistesstörung ununterbrochen in Versen redeten.

Hohnbaum berichtet von einem jungen Mann, der während seiner Studentenzeit literarisch tätig war, später aber Geschäftsmann und Beamter wurde. Als dieser Mann mit einer rotlaufartigen Entzündung im Gesicht und hohem Fieber erkrankte, wurde er unruhig und begann, verwirrt zu reden; bei zunehmender Erregung schlug er wild um sich und stieß unzusammenhängende Worte aus. Am folgenden Tag wurde der Kranke ruhiger, schlief ein wenig, und als er erwachte, redete er wieder, nun aber nicht in einzelnen Worten, sondern in Sätzen, die einen Sinn hatten, wenngleich der Zusammenhang dieser Rede ein sehr lockerer war. Fortwährend sprach er in Reimen, nur wenn ihm kein Reim einfiel, begnügte er sich mit einer Assonanz oder auch mit einem Wort, das keinen Sinn hatte, wenn es sich nur reimte. Mitunter sagte er einige prosaische Worte, gleichsam in Parenthese, dabei senkte er die Stimme, die sonst einen deklamatorischen Charakter hatte. Gegen Abend ermattete er, die Sprache stockte, der Kranke starb.

Hohnbaum berichtet weiter von einer vierzigjährigen Hausfrau, die an einer fieberhaften Erkrankung starb und wenige Tage vor ihrem Tod in eine poetische Ekstase geriet, wobei sie Tag und Nacht redete, immer in Reimen und in einer gehobenen Sprache. Diese Frau hatte vor ihrer Erkrankung keinerlei poetische Neigungen gezeigt. In ihren Visionen sah sie goldene Totenköpfe und ihre drei abwesenden Söhne mit Trauerflören und schwarzen Stäben an der Türe stehen.

Ich halte diesen Bericht deshalb für bemerkenswert, weil es sich in den beiden von Hohnbaum beschriebenen Fällen um Psychosen handelt, die infolge körperlicher Krankheit, wahrscheinlich einer fieberhaften Infektionskrankheit, aufgetreten sind. Diese »körperlich begründeten« oder »symptomatischen Psychosen« gehen meist mit einer Trübung des Bewußtseins einher, wogegen bei den sogenannten endogenen Psychosen (Schizophrenie und manisch-depressive Krankheit) eine so schwere Bewußtseinsstörung nicht vorhanden ist. Die

Beobachtungen Hohnbaums zeigen somit, daß sogar Zustände getrübten Bewußtseins eine Neigung zu rhythmischem Sprechen und zur Reimbildung hervorrufen können.

Hohnbaum weist dann auch darauf hin, daß manche Menschen im Alkoholrausch zu Dichtern werden, sich in gehobener Sprache ausdrücken und mitunter zu Reimereien neigen. In ähnlicher Weise nehme bei fieberhaften Erkrankungen die Sprache manchmal einen von der Umgangssprache verschiedenen, poetischen Charakter an, so daß man glauben könnte, es spreche ein anderer Mensch aus dem Kranken, oder er sei in den Besitz von Kräften gelangt, die er vorher im gesunden Zustand nicht hatte. Tiefsinn und Unsinn würden sich in solchen Äußerungen dann seltsam mischen, und diese Veränderungen zeigten sich oft bei Menschen, die im gewöhnlichen Leben keine Spur von dichterischer Veranlagung erkennen ließen.

Hohnbaum hielt die Neigung zu dichterischer Ausdrucksweise für eine seelische Disposition, die bei manchen Menschen latent vorhanden ist und die unter gewissen Bedingungen, welche die normale Funktion des Gehirns beeinträchtigen, hervortreten kann. Eine weitere Analogie zwischen psychotischen und genialen Menschen erblickte Hohnbaum in deren innerlicher Entfernung vom Alltagsleben und in der Festlegung aller ihrer Interessen auf einen einzelnen Gegenstand, unter Außerachtlassung aller anderen Umstände, welche die Existenz sichern und für das Leben notwendig sind.

›Genie und Irrsinn‹ (Cesare Lombroso)

Cesare Lombroso wurde 1835 in Verona, das damals wie das übrige Venetien und die Lombardei zu Österreich gehörte, geboren. Er studierte in Pavia, Padua und Wien und wurde 1858 zum Doktor der Medizin promoviert. Schon als Student publizierte er eine Pathographie des Naturforschers und Arztes Geronimo Cardano. Im Jahre 1862 wurde Lombroso Dozent für Psychiatrie an der Universität Pavia. Sein meistgelesenes und in viele Sprachen übersetztes Werk ›Genio e follia‹ erschien bereits 1864, die deutsche Übersetzung ›Genie und Irrsinn‹ 1887.[18]

1871 wurde Lombroso außerordentlicher Professor für Psychiatrie und Direktor der psychiatrischen Anstalt in Pavia. Lombroso legte auch den Grundstein zur Kriminalanthropologie und -psychologie. Im Jahre 1876 berief man ihn als Professor für gerichtliche Medizin nach Turin.

Lombroso war ein großer Gelehrter und ein Vertreter einer streng naturwissenschaftlich ausgerichteten Medizin. Er führte viele statistische Untersuchungen durch, stützte sich allerdings oft auch auf Einzelbeobachtungen und Mitteilungen anderer Gelehrter, mitunter zitierte er sogar volkstümliche Anschauungen. Nach Lange-Eichbaum[19] war er in der Geniefrage »einer der größten Anreger aller Zeiten«. Seinem leidenschaftlichen Eifer und seinen »Übertreibungen« sei es zu verdanken, daß in der Folgezeit eine große Menge an Literatur über dieses Thema entstanden ist. Trotzdem ist Lombroso häufig mißverstanden, aus Unkenntnis und Mißverständnis abgelehnt worden. Seine Erkenntnisse über das künstlerische Schaffen der psychiatrischen Patienten haben heutige Auffassungen in mancher Hinsicht vorweggenommen und sind in der deutschsprachigen Literatur zu wenig gewürdigt worden.

In dem zitierten Werk weist Lombroso darauf hin, daß künstlerische Neigungen bei psychotischen Menschen sehr häufig sind. Unter hundertsieben künstlerisch tätigen Patienten aus verschiedenen Anstalten hatten sich sechsundvierzig mit Malerei, zehn mit Bildhauerei, elf mit Kupferstechen und Gravieren, acht mit Musik, fünf mit der Baukunst und siebenundzwanzig mit der Dichtkunst beschäftigt. Lombroso fand, daß für die Art der künstlerischen Tätigkeit eines Patienten oft der frühere Beruf maßgebend war. Ein Maschinist zeichnete Maschinen, zwei Matrosen bauten kleine Schiffe, ein Kapitän befaßte sich mit der malerischen Darstellung von Meeresszenen, ein Koch zeichnete Tische, auf denen Früchte pyramidenartig aufgehäuft waren, die Kunsttischler schnitzten und die Berufsmaler stellten Gemälde her. Alle diese Menschen zeigten in der Psychose einen großen Schaffensdrang, so daß sie sogar Mauern und Tische, ja den Fußboden mit ihren Zeichnungen bedeckten.

Lombroso stellte jedoch ebenfalls fest, daß noch häufiger solche Personen in der Psychose zu Künstlern und Dichtern werden, die sich in ihrem früheren Leben niemals mit Zeichnen oder Schreiben befaßt hatten.

Bei professionellen Künstlern sei folgendes zu beobachten: Eine akute, vorübergehende Geistesstörung beeinflusse deren Können in der Regel nicht. Bei chronischen Erkrankungen würden die meisten Berufskünstler in der Psychose ihre künstlerischen Fähigkeiten verlieren oder zumindest Einbußen erleiden. Bei einem Bildhauer zeigte es sich zum Beispiel, daß seine Werke vom Tage der Erkrankung an keine richtigen Proportionen mehr aufwiesen. Ein Maler bevorzugte in der Psychose so sehr die rote Farbe, daß die dargestellten Personen wie Betrunkene aussahen. Ein anderer meinte nach seiner Genesung, die von ihm in der Anstalt geschaffenen Werke seien bejammernswert.

Lombroso gelangte zu dem Schluß, daß die gleiche Krankheit, die gewisse Fähigkeiten im Menschen unterdrücke und zerstöre, andere Kräfte in ihm entstehen lassen könne. Es sei häufig zu beobachten, daß Menschen, denen vor ihrer Erkrankung künstlerische oder schriftstellerische Tätigkeit völlig fremd waren, durch eine Psychose zum Malen oder Schreiben veranlaßt werden und daß diese Neigung bei akuter Steigerung ihres krankhaften Zustandes besonders stark werde.

Lombroso geht dann auf die Eigentümlichkeiten in den Werken seiner Patienten näher ein. Seine Aufzählung dieser Besonderheiten sei hier gekürzt wiedergegeben:

1. Die Wahl des Gegenstandes der Darstellung steht mit den krankhaften Ideen in Zusammenhang.
2. Die Psychose verleiht Originalität und Erfindungsgabe. Der Grund dafür liegt in dem Zurücktreten des klaren berechnenden Verstandes im Hinblick auf die Wirkung des geschaffenen Werkes auf andere und in der Entfesselung der Einbildungskraft.
3. Eine weitere Eigentümlichkeit ist die Seltsamkeit und Absonderlichkeit der künstlerischen Äußerungen.
4. Es besteht eine Neigung, Schrift und Zeichnungen miteinander zu verbinden, Symbole und Embleme zu bilden. Diese Neigung beruht auf dem Bedürfnis, dem geschriebenen Text oder der Zeichnung zu Hilfe zu kommen, den Ausdruck des einen durch das andere zu verstärken und anschaulicher zu machen, da Schrift oder Zeichnung allein die Affektgeladenheit oder Wichtigkeit eines Gedankens nicht genug deutlich machen. In den Abwandlungen und Neubildungen der Schrift und der Sprache sieht Lombro-

so eine Folge des Ungenügens der gebräuchlichen Mitteilungsweisen. Es scheint dem Patienten nicht mehr möglich, seine wunderbaren und neuen Gedanken anderen Menschen in der Umgangssprache verständlich zu machen. Lombroso stellt auch Vergleiche der schizophrenen Abwandlungen von Schrift und Sprache mit kulturhistorischen Erscheinungen an.
5. Während in den Schöpfungen mancher Patienten eine chaotische Unordnung herrscht, zeigen andere eine besondere Vorliebe für Ornamente und Arabesken.
6. Die Schöpfungen mancher Kranker sind durch schamloseste Obszönitäten gekennzeichnet.
7. Eine weitere Eigentümlichkeit sieht Lombroso darin, daß viele Arbeiten der Kranken keinen nützlichen Zweck verfolgen. »Die Eigenheit der Irrsinnigen besteht darin, daß sie Zeit und Mühe an völlig unnütze Dinge verschwenden.«
8. Zuweilen werden allerdings auch brauchbare Gegenstände angefertigt (Schlüssel, Bestecke etc.).
9. Eine besonders hervorstechende Eigenheit in den Schöpfungen der Kranken ist das Abgeschmackte, das Absurde. Es finden sich ungeheure Disproportionen, Simplifizierungen und Auslassungen. Oft halten die Kranken ihre kindischen Schöpfungen für höchst vollkommene Werke.
10. Eine der vorhergehenden gerade entgegengesetzte Eigentümlichkeit liegt in der übergroßen Sorgfalt, mit der manche Kranke unbedeutende Nebensächlichkeiten behandeln, daß sie zum Beispiel in einer Landschaft jeden Grashalm einzeln zeichnen, dabei aber die Perspektive nicht berücksichtigen.
11. Die Nachahmung naturalistischer Darstellungen und die ständige Wiederholung des gleichen führt Lombroso schließlich als weitere Merkmale an.

Lombroso geht auch auf die poetischen und literarischen Schöpfungen der Kranken ausführlich ein. Er führt witzige und treffende Bemerkungen der Kranken an. So sagte ein Patient, das Wort medico (Arzt) sei die Umkehrung der Buchstaben des lateinischen Wortes oc(c)idem (ich werde töten). Er erzählt von einer Frau, die während ihres Aufenthaltes in der Anstalt zur Dichterin wurde, und die, als sie geheilt wieder nach Hause kam, wieder die prosaische Hausfrau war.

Lombroso zitiert den folgenden Vers, den ein Kranker in der Anstalt Bicêtre geschrieben hat:

Ah ! Le poète de Florence
N'avait pas, dans son chant sacré,
Rêvé l'abime de souffrance
De tes murs, Bicêtre exécré.

Ach ! Der Dichter von Florenz
Hat in seinen heiligen Gesängen
Nicht an die Leiden gedacht,
Welche man innerhalb deiner Mauern
leidet, verwünschtes Bicêtre.

Diejenigen, welche glauben, daß in den Geisteskranken die Kraft des Geistes schwinde, befänden sich in einem großen Irrtum, schreibt Lombroso; die Geistesstörung trage im Gegenteil sehr oft und in der sonderbarsten Weise zur Erhöhung dieser Kraft bei. Jene Patienten, die in der psychiatrischen Anstalt zu Dichtern werden, hätten in der Regel vor ihrer Erkrankung keine literarische Bildung erworben. Es sei die Psychose, die sie in den Zustand der Begeisterung versetze und dadurch zur Hervorbringung dichterischer Werke veranlasse. Ihre literarischen Arbeiten seien jedoch durch den Widerspruch zwischen höchst gelungenen Textstellen und deren Übergang zu albernem, grammatisch fehlerhaftem Geschwätz gekennzeichnet.

Lombroso bringt zahlreiche Beispiele von Dichtungen psychisch Kranker, deren manche sogar in der Übersetzung einen poetischen Reiz nicht entbehren lassen. Er gibt jedoch nur solche Texte wieder, bei denen Gedankengang, Satzbau und Grammatik völlig oder doch weitgehend geordnet sind, die sich also von Gedichten gesunder Personen nicht besonders unterscheiden.

An einen Vogel im Hofe

Vom Strauch zum Felsen,
Vom Felsen zum Hügel
Trägt dich dein Flügel.
Du ruhest oder ziehest weiter
Bei Tag wie bei Nacht.

Wir, besessen von unserem Ehrgeiz,
Wie Räder auf eisernen Zapfen,
Ermüden in unaufhörlichem Kreislauf.
Unausgesetzt irren wir umher,
Und nimmer rücken wir von der Stelle.

Der Verfasser dieser Verse lebte bereits zwanzig Jahre in einer psychiatrischen Anstalt. Er hielt sich für einen Ritter und Fürsten und sah in allem ein Geheimnis. Er schrieb viele Gedichte, die meist recht mittelmäßig waren, und er stellte Zeichnungen her; sie waren immer Anspielungen auf geheimnisvolle Dinge, die ihn beschäftigten.

Lombroso gibt auch eine lange autobiographische Denkschrift seines Patienten Farina wieder, eines armen Schuhmachers, der seit seiner Kindheit an Wahnideen und Halluzinationen litt und der eine Frau mit einem Messerstich ermordet hatte; sie war die Mutter jenes Mädchens, das von ihm in »stummer Liebe« verehrt wurde; sie war, wie er sich einbildete, die Anführerin seiner Verfolger und Feinde. Auch in dieser Autobiographie ist der Gedankengang und dessen sprachliche Wiedergabe ungestört, und Lombroso bewundert die Beredsamkeit und Ausdruckskraft des völlig ungebildeten Mannes. Er hebt die Gedächtnistreue hervor, die es dem Kranken erlaubt hat, Unterredungen, Orte und Namen zu verzeichnen und kleinste Einzelheiten genauestens wiederzugeben, viele Dinge, die dem Gedächtnis eines normalen Menschen sehr leicht entfallen. Er hebt mit Recht die Klarheit der Darstellung und die Lebhaftigkeit der Erinnerung hervor, die sich in diesem Ausmaß bei gesunden Menschen nur selten finden. Lombroso nimmt an, daß diese Fähigkeiten seines Patienten mit dessen Psychose in Zusammenhang stehen. Er betont die Verständigkeit dieses Patienten und sein kritisches Urteil, sogar in bezug auf die Tragweite seiner Tat, obgleich er diese unter dem Einfluß paranoid-halluzinatorischen Erlebens begangen hatte.

Im allgemeinen findet Lombroso bei den literarisch tätigen Patienten eine Neigung zu Wortspielen, Epigrammen, zu Alliterationen, Assonanzen und Reimen. Ein Kranker, der nicht redete, beantwortete Fragen, die man ihm stellte, schriftlich, wobei er immer Reime bildete. Die Originalität der psychotischen Dichter gehe leicht in das Abgeschmackte über. Es finden sich außerordentliche Widersprüche in Stil und Inhalt bei dem gleichen Verfasser, nicht selten ein kindischer Satzbau und zusammenhanglose Sätze. Auffällig ist auch die Verwendung von Worten, die für den Patienten eine ganz eigene, nur ihm bekannte Bedeutung haben, sowie die häufige Wiederkehr der gleichen Worte oder ganzer Sätze, die mit unbarmherziger Eintönigkeit, gleich Bibelsprüchen oder Koranstellen wiederholt werden.

Auf der anderen Seite werden die Kranken oft zu Philosophen, wobei sie die Grundsätze mancher philosophischer Systeme neu erfinden. Oft durchschauen sie psychologische Zusammenhänge schneller als Gesunde. Gerne sprechen sie von sich selber. Im Vergleich mit den literarischen Schriften, die in Gefängnissen entstehen, finden sich bei den Kranken mehr Natürlichkeit des Ausdrucks, mehr Originalität und Schöpferkraft. »Das Charakteristische dieser vom Wahnsinn geschaffenen Dichter liegt meistens in einem Geistesfluge, der durchaus in Widerspruch steht mit ihrer früheren Lebensstellung und Bildung«, schreibt Lombroso. Den Schriften der Patienten fehlt oft die Glätte, die nur bei sorgfältiger Überarbeitung eines Textes entstehen kann, dafür haben sie eine Schärfe und Kraft des Ausdrucks, die derjenigen in Ruhe überdachter, sozusagen kalkulierter Kunstwerke manchmal überlegen ist.

Wie schon Hohnbaum erwähnt auch Lombroso, daß im Alkoholrausch bei manchen Menschen poetische Neigungen auftreten, und er schließt daraus, daß die gebundene rhythmische Sprache besser als die Umgangssprache dazu geeignet sei, eine abnorme psychische Erregung auszudrücken. »Ich schreibe Ihnen in Versen, nehmen Sie daran keinen Anstoß. In Prosa kann ich meine Gedanken nicht ausdrücken.« Mit diesen Worten entschuldigte sich ein psychisch Kranker.

Lombroso vertritt die Ansicht, daß durch die Vernunft Illusionen und Halluzinationen unterdrückt und dadurch dem gesunden, normalen Menschen Quellen künstlerischer und dichterischer Schöpfungskraft verschlossen würden. Die poetischen Schöpfungen der Kranken kämen dadurch zustande, daß ihre Einbildungskraft keine Grenzen kenne. Lombroso verweist auf Byron, der behauptete, daß die Poesie ein Ausdruck der Leidenschaft sei und mit der Größe der Erregung an Kraft zunehme. Manchmal wirke allerdings an deren Stelle auch ein gewisser automatischer Impuls bei der Hervorbringung der Werke.

Lombroso entwirft in seinem Buch auch ein sehr buntes Bild der damaligen Patienten, ihrer absonderlichen Einfälle und ihres eigenwilligen Treibens. Ein ehemaliger Priester begann aus Karton Tempel und Amphitheater zu bauen. Ein Schmied und ein Gerber bildeten aus Kreide Männerköpfe, Blätter und Blumen. Ein Patient grub Bilder in Kohlestücke ein, ein anderer stellte ein Lied als plastisches Gebilde dar. Eine Patientin verwendete Jahre auf die Bearbeitung von Eier- und Zitronenschalen. Ein Kunsttischler bildete alle Ecken der Möbel in der Form des männlichen Gliedes. Ein Genueser Schiffskapitän zeichnete Szenen, wie sie in Freudenhäusern vorkommen. Zwei Künstler, der eine aus Turin, der andere aus Reggio, hatten die gleiche Wahnidee: Beide hielten sich für Gott und schufen die Welt, indem sie diese aus ihrem Mastdarm hervorgehen ließen. Einer der beiden malte ein Bild, in welchem er sich eben im Schöpfungsakt befindet. Lombroso erwähnt einen Patienten, der sich während des Verlaufes seiner Krankheit in einem »musikalischen Delirium« befand. Er ahmte die Laute verschiedenster Instrumente mit allen Zeichen der höchsten Begeisterung nach. Ein Patient, der sich als Dichter und Maler betätigte, komponierte auch, bei der Aufzeichnung seiner Musikstücke verfuhr er jedoch nach einer Methode, die nur ihm allein verständlich war. Eine Frau, die sich für die Kaiserin von Frankreich hielt, begleitete den Marsch ihres Heeres mit Trommelschlägen auf den Tisch und ohrenbetäubendem Gesang. Ein anderer Patient sang Tage hindurch Motive aus Verdis Troubadour ...

Lombrosos Beschreibung so zahlreicher Kranker mit ungewöhnlichen künstlerischen Neigungen, Erfindungen und Tätigkeiten läßt erkennen, wieviel die Normalisierung unsere heutigen Patienten an Phantasie und Lebensäußerungen gekostet hat. Das psychiatrische

Krankenhaus sah damals freilich anders aus: »Übrigens werden alle, welche auch nur flüchtig ein Irrenhaus besuchen«, schreibt Lombroso, »sogleich auf das häufige Singen und Schreien in allen Tönen und auf das Gepolter aufmerksam werden.«

Die heute verwendeten Psychopharmaka haben eine scheinbare Normalisierung der Kranken bewirkt, und die Antipsychiatrie-Bewegung sowie die sogenannte Psychiatriereform unserer Tage wären vor Beginn der psychopharmakologischen Ära nicht denkbar gewesen. Den »Krankenhauscharakter« haben unsere psychiatrischen Anstalten durch die Psychopharmaka erhalten. Die Ruhe in den Sälen, die ausdruckslose Starre vieler Patienten, die mit Neuroleptika behandelt werden, ihre Symptomenarmut, natürlich auch ihre geringe Produktivität in künstlerischer oder literarischer Hinsicht, verdanken wir diesen Medikamenten.

Es gibt heute kaum Psychiater, die bei psychotischen Erkrankungen auf die Anwendung solcher Mittel ganz verzichten könnten, ein sparsamer Gebrauch dieser Medikamente sollte aber gefordert werden. Es hat sich gezeigt, daß bei chronisch Kranken auch heute noch ein künstlerisches Schaffen möglich ist, es bedarf dazu aber oft der äußeren Anregung und einer größtmöglichen Zurückhaltung bei der medikamentösen Behandlung.

Man muß Lombroso zugestehen, daß er über die künstlerischen und literarischen Neigungen seiner Patienten eine Fülle treffender Beobachtungen gemacht hat. Auch seine Schilderung der ungewöhnlichen Eigenarten von berühmten Personen und anderen, die im öffentlichen Leben stehen, sind höchst bemerkenswert. Infolge seiner großen Kenntnis psychischer Störungen und seines einfühlenden Verständnisses war er imstande, alle Anklänge daran im normalen Bereich, vor allem auf den Gebieten der Wissenschaft und Kunst, aufzuspüren und anschaulich darzulegen. Sein Fehler war, daß er aufgrund ähnlicher Verhaltensweisen und vor allem ähnlicher literarischer Äußerungen zu schnell den Schluß gezogen hat, daß derjenige, der sich wie ein psychisch Kranker äußert, selbst krank ist, eine Schlußfolgerung, die sich in der Bewertung der Kunst des zwanzigsten Jahrhunderts durch das Publikum erhalten und schlimme Folgen gezeitigt hat. Lombroso war kein Romantiker, sondern ein Aufklärer, für ihn hatte die Vernunft allein Geltung, und alles, was der Vernunft widersprach, schien ihm krankhaft oder an der Grenze zur Krankheit zu sein.

Für Lombroso war es keine Frage, daß Tasso, Pascal, Newton, Swift, Rousseau, Schopenhauer und viele andere psychisch Kranke waren; er schloß es aus dem, was über sie oder von ihnen geschrieben worden war. Schon eine Vorliebe für Arabesken und Grotesken schien ihm zum Beispiel bei Poe und Baudelaire ein Symptom ihrer Verrücktheit zu sein. »Walt Whitman war zuverlässig wahnsinnig«, meint er, »als er schrieb: daß in seinen Augen die Angeklagten ebensoviel Wert hätten als die Ankläger, die Richter ebensoviel als die Schuldigen; als er in seinen Gedichten erklärte, er könne nur der Tugend einer einzigen Frau huldigen, und diese war – eine öffentliche Buhlerin; – als er laut aussprach: ›In mir verlängert sich die Breite, und die Länge breitet sich; in mir sind Meere, der Raum, der Umfang, die Materie, Afrika, Polynesien usw.‹« Unzureichend begründete wissenschaftliche Systeme, mit allzu großer Sicherheit vorgetragen, die Neigung, anstelle der Logik paradoxe Formulierungen zu gebrauchen, Epigramme zu setzen anstelle vernünftiger Begründungen, kurze Sätze zu schreiben, viele Worte zu unterstreichen, in rascher Aufeinanderfolge das gleiche Wort zu verwenden, das alles lasse bereits an psychische Krankheit denken. Die Homöopathen und Vegetarier gehörten zu den medizinischen Narren.

Dabei vertrat Lombroso keineswegs die Auffassung, daß alle Genies psychisch krank seien. Dante, Spinoza, Galilei, Kepler, Kolumbus, Michelangelo, Napoleon, Voltaire hätten trotz vieler Unglücksfälle, die sie zu ertragen hatten, niemals das leiseste Anzeichen einer Geistesstörung gezeigt.

Nach der Ansicht Lombrosos gibt es also Ähnlichkeiten zwischen dem gesunden Genie und dem psychotisch Kranken. Es gibt Kranke mit genialen Begabungen und Genies, die krank sind. Es gibt aber auch viele Genies, die niemals Anzeichen psychischer Krankheit zeigten. Dagegen hätten aber alle »verrückten Genies« besondere und ihnen eigentümliche Merkmale. Diesen Merkmalen maß Lombroso, wie wir heute wissen, zu Unrecht pathologische Bedeutung bei. Zu viele hervorragende Persönlichkeiten hielt er deshalb für Kranke.

›Die Dichtkunst bei Geisteskranken in ihren
Beziehungen zu der Frage Genie und Irresein‹ (Binder)

Am 14. April 1893 hat ein gewisser Dr. Binder, Sekundararzt an der Königlichen Heil- und Pflegeanstalt Schussenried, in der Versammlung des Bezirksvereins Ravensburg zu Aulendorf einen Vortrag über die Dichtkunst bei Geisteskranken gehalten. Seine Ausführungen sind an schwer zugänglicher Stelle veröffentlicht worden.[20]

Binder erzählt zunächst, wie auffallend häufig er von Patienten seiner Anstalt mit Gedichten beschenkt worden ist. Die von ihm als Beispiele wiedergegebenen Gedichte sind allerdings literarisch uninteressant. Binder hat nämlich aufgrund bestimmter ästhetischer Ansprüche eine Auswahl getroffen und die einzelnen Gedichte nur auszugsweise wiedergegeben. Es ging ihm darum, nur »einigermaßen vernünftige Dichtungen«, ohne gröbere Absonderlichkeiten in Grammatik und Wortschatz festzuhalten; dadurch rückte er das Konventionelle in den Vordergrund. Dem Besten unter seinen Dichtern schreibt er eine schrankenlose Phantasie und eine hochgradige Unordnung seiner Gedanken zu; sie sei so weit gegangen, »daß unter vielen Dutzenden seiner Gedichte kaum ein einziges sich findet, das, so wie der Dichter es niedergeschrieben hat, den ästhetischen Anforderungen einigermaßen genügen könnte; die vielen durch Striche ausgedrückten nötig gewordenen Auslassungen in den zitierten Proben sind Zeuge dafür...«

Eines läßt Binders Untersuchung jedenfalls deutlich erkennen: daß nämlich die Psychose an sich einen höheren Rang oder auch nur Eigenart und Selbständigkeit künstlerischer Hervorbringungen nicht gewährleistet. Viele poetische Schöpfungen der Kranken sind genauso banal wie die entsprechenden Produkte Gesunder.

Binder hat seine Patienten gelegentlich auch aufgefordert, ein Gedicht zu schreiben. Er hat diese Methode allerdings nur selten angewendet und keine vielversprechenden Erfahrungen damit gemacht. Er schreibt: »Da kann man zum nächsten Besten, am ehesten zu einem chronisch Verrückten mit etwas gehobenem Selbstgefühl sagen, er solle einem ein Gedicht über irgend welches Thema machen und das Gedicht wird gemacht.«

Binder betont, daß man bei psychiatrischen Patienten sehr häufig eine Neigung finde, die Worte in eine dichterisch gebundene Form zu kleiden. Wenn der Ablauf der Vorstellungen abnorm beschleunigt und ihr Zusammenhang gelockert ist, dann werden die Vorstellungen nicht logisch miteinander verbunden, sondern nach Klang und Rhythmus aneinander gereiht. So ist die manische Ideenflucht voll von Klangassoziationen, Assonanzen und Alliterationen. Auch Binder hat in einigen Fällen einen stärkeren Antrieb, längere Zeit hindurch in Versen zu sprechen, beobachtet; dabei sei der Ton der Rede ein gehobener, die Sprache Hochdeutsch gewesen. Er beschreibt einen zwanzigjährigen Bauernburschen, der während des Militärdienstes plötzlich an einer Geistesstörung erkrankte. Er wurde im Jahre 1884 in die Anstalt eingewiesen, wo er nach viermonatigem Aufenthalt an hochgradiger Erschöpfung starb. Die ganze Zeit hindurch war er schwer erregt, redete mit überlauter, oft singender Stimme, wobei er unausgesetzt reimte. Es sei wie ein unaufhörlich fortlaufendes Gedicht gewesen. Die Sprache sei rhythmisiert gewesen, und in der Regel hätten sich Verse erkennen lassen. Noch kurz vor seinem Tode deklamierte der Kranke.

Weiter berichtet Binder von einer jungen Frau, die an halluzinatorischer Verwirrtheit litt und während einer Zeit von zwei Monaten fast unaufhörlich reimte. Folgende in die Krankengeschichte eingetragene Bemerkung wird von ihm zitiert: ». . . sie kleidet alle ihre Gedanken in Reime; sie reimt mit wahrer Leidenschaft und wird von einem wirklich dichterischen Feuer hingerissen; ihre Stimme ist pathetisch, und sie begleitet ihre Verse mit Gesten, reckt den Arm aus, stampft auf den Boden, schaut grimmig drein . . .«

Ein Mann, der an progressiver Paralyse litt, geistig schon stark abgebaut und völlig verwirrt war, reagierte auf alle Fragen mit einem stereotypen »Ja, ja!« Eines Tages begann er, in überschwenglichem Ton in Versen zu sprechen; seine Mienen waren dabei ganz verklärt; und es war immer dieselbe Vorstellung, die er mit nahezu gleichen Worten in endloser Wiederholung ausdrückte:

O die Lieb' ist wunderschön
Das ist eben recht,
O mein lieber Herr so gut,
Das ist schön und gut.

Freu' dich, das ist wunderschön,
Das ist schön und gut,
Und die Lieb' ist wunderschön,
Das ist schön und gut.

Der Kranke redete mehrere Tage hindurch so vor sich hin, dann verlor sich sein Rededrang allmählich. Wenn man ihm jedoch Worte wie »wunderschön« oder »eine schöne Frau« vorsagte, zeigte er ein verklärtes Lächeln.

Binder lieferte mit diesem Bericht ein schönes Beispiel für »Zustandsgebundenheit« im Sinne von Roland Fischer,* nämlich für das Phänomen, daß durch einen bestimmten Erlebnisinhalt ein Gefühl, eine Stimmung, ein ganz bestimmter Zustand des Bewußtseins, der früher mit diesem Erlebnis verbunden war, gleichsam wie durch Knopfdruck herbeigeführt werden kann; äußerer Reiz und Bewußtseinszustand sind aneinander gekoppelt.

Die folgende Beobachtung Binders demonstriert dagegen das Phänomen der »Zustandsgrenzen«: Ein Mann, der während einer psychotischen Erkrankung ein längeres Gedicht verfaßt hatte, welches er die ›Süddeutsche Nationalhymne‹ nannte, ließ dieses Werk gelb und blau umrändert drucken, versandte es an verschiedene Personen und schickte sogar Seiner Majestät dem König ein Exemplar. Bald darauf kam er in die Anstalt und dichtete auch dort einiges. Sein Zustand besserte sich jedoch allmählich, der Patient gewann Krankheitseinsicht, und nun fand er es geradezu unbegreiflich, wie er dazugekommen sei, seine Hymne zu dichten, und er schämte sich auch ihrer sehr. In dieser Reaktionsweise des wieder genesenen Patienten äußern sich die zwischen verschiedenen Zuständen des Bewußtseins bestehenden »Zustandsgrenzen«.

Durch eine psychotische Störung kann aber nicht nur ein Drang zu rhythmischem Sprechen und zur Bildung von Reimen ausgelöst werden, Binder hebt auch die Steigerung der Phantasie in psychotischen Zuständen hervor, und zwar besonders bei jenen psychischen Störungen, die wir heute als Schizophrenien bezeichnen würden. (Binder spricht von Paranoia, den Schizophreniebegriff gab es damals noch nicht.) Diese Kranken seien fast alle Dichter, wenn auch häufig Dichter in Prosa, und bei ihnen könne man so recht sehen, wie Leute, die in ihrem früheren Leben nie ans Dichten gedacht haben, auch ungebildete Personen, wenn die Krankheit sie erfasse, von dichterischer Phantasie übervoll würden.

Die Paranoia (gemeint ist also die Schizophrenie) sei die Krankheit der Phantasie schlechthin. In meist ganz allmählicher Weise bringe hier die Phantasie, sich mit Sinnestäuschungen verbindend, eine Umwandlung der geistigen Persönlichkeit zustande. Der Paranoiker lebe in einer anderen Welt, in einer Welt der Einbildung. Kein Dichter von Tausendundeiner Nacht vermöchte märchenhaftere Situationen zu ersinnen. Diese Krankheit habe etwas Treibendes und Schöpferisches an sich. Unter diesen Kranken fänden sich die meisten Dichter. Begünstigend wirke die oft gute Intelligenz der Kranken, auch ihre angeborenen Talente kämen ihnen zugute. Charakteristisch sei bei ihnen die Vorliebe für eigene Wortbildungen und die meist stark hervortretende Ichbezogenheit.

* Vgl. dazu in diesem Buch: ›Über das Rhythmisch-Ornamentale im Halluzinatorisch-Schöpferischen‹ (Roland Fischer), S. 48.

Zum Schluß beschäftigte sich Binder noch mit der Frage »Genie und Irresein«; dabei schwenkte er in die bald aufgekommene kritische Einstellung der Fachwelt gegenüber Lombroso ein: Wenn auch so manche bedeutende Dichter geisteskrank gewesen seien, so sei doch eine noch größere Zahl von ihnen sicher nicht krank gewesen; und von den Schöpfungen krank gewesener Dichter seien die bedeutendsten nicht in der Geisteskrankheit entstanden, vielmehr habe gerade die einbrechende Geistesstörung bei vielen die poetische Gabe gänzlich zerstört. Daraus ergibt sich aber auch in bezug auf die Schöpfungen der Patienten die vielfach bis heute geltende landläufige Ansicht: »Pathogene Agentien, d. h. diejenigen Ursachen, welche in der Geisteskrankheit Dichtungen hervorrufen, erzeugen auch pathologische, jedenfalls keine gesunden Produkte ... Gesunde dichterische Leistungen entspringen physiologischen, nicht aber pathogenen Agentien.«

Da Binder ja auf dem Standpunkt der klassischen Ästhetik stand und nur einigermaßen logische und vernünftige Texte als Dichtung anerkannte, konnte er die erfinderische Originalität seiner psychotischen Patienten, die sich eben häufig in inkonsistenten und inkohärenten Texten äußert, nicht entsprechend würdigen. Er schrieb deshalb der Dichtkunst seiner Patienten keine literarische Bedeutung zu.

›Über Beziehungen zwischen Spracheigentümlichkeiten
Schizophrener und dichterischer Produktion‹ (Alexander Mette)

Im Jahre 1928 ist ein siebenundneunzig Seiten starkes Buch erschienen mit dem Titel ›Über Beziehungen zwischen Spracheigentümlichkeiten Schizophrener und dichterischer Produktion«.[21] Autor des Buches war der Berliner Nervenarzt Alexander Mette. Es ist der Grundgedanke des inhaltsreichen, aber keineswegs sehr bekannt gewordenen Buches, daß eine Ähnlichkeit in der seelischen Gesamtverfassung des Dichters und des Schizophrenen ein ähnliches Verhältnis zur Sprache begründe. Mette trifft die bemerkenswerte Feststellung, daß – abgesehen von den Sprachwissenschaftlern – auf Dichter und Schizophrene die häufigste und eifrigste Beschäftigung mit Wort- und Sprachproblemen entfalle, und er führt das Wichtignehmen der Sprache auf ein ebensolches Wichtignehmen der subjektiven Erlebnisse und ihrer Bedeutungsgehalte zurück. Mette ist der Ansicht, daß die ungewöhnlich hohe Gefühlsamplitude des Schizophrenen mit der erhöhten Emotionalität des Dichters verwandt oder identisch sei. Das besondere Verhältnis zur Sprache ergebe sich nun daraus, daß dem Dichter und dem Schizophrenen alles an der adäquaten Wiedergabe ihrer subjektiven Gefühle liege, wobei – vor allem der Kranke, mitunter aber auch der Dichter – die Aufgabe der verständlichen Mitteilung manchmal völlig aus den Augen verliere.

Während bis heute die Ansicht vorherrscht, daß die Bildschöpfungen das bedeutendste Material bieten, um künstlerische Gestaltungsmerkmale an den Ausdrucksleistungen der schizophrenen Kranken zu demonstrieren, machte Mette mit Recht darauf aufmerksam, daß in den Sprachäußerungen dieser Patienten ein weitaus reicheres, ja unerschöpfliches und noch leichter verfügbares Material vorliege und daß es gerade die Sprache erlaube, Eigentümlichkeiten der Äußerungsweise zu erkennen, die in den bildlichen Darstellungen keinen oder nur sehr geringen Raum einnehmen.

Mette übersieht nicht die Fehlgriffe, Entgleisungen, die floskelhaften und unpassenden Wendungen, die an eine Herabsetzung der Aufmerksamkeit, eine Erschwerung der Wortfindung, und an die Traumsprache erinnern, sein Interesse richtet sich jedoch auf die sprachkünstlerischen Momente in den von ihm zitierten Texten und mündlichen Äußerungen, und er findet einen auffälligen Reichtum an ungewöhnlichen Bildungen.

In der Durchbrechung der Konventionen und der Eindringlichkeit des Ausdrucks sieht er die spezifischen Äußerungsweisen erhöhter Gefühlserregung. Die so häufige bildliche, metaphorische, uneigentliche Ausdrucksweise sei ein weiteres Argument für die gesteigerte Emotionalität der Kranken. Mette sieht keinen wesentlichen Unterschied zwischen der schizophrenen und der dichterischen Metaphorik. Dem Einwand, daß die Metaphernbildung bei den Schizophrenen nicht beabsichtigte Kunstleistung sei, begegnet er mit dem Hinweis, daß auch dem Dichter die Doppelbedeutung metaphorischer Ausdrücke nicht immer bewußt sei, ja daß es, aus dessen Perspektive gesehen, beinahe falsch sei, von »uneigentlichen« Bezeichnungen zu sprechen, da eben diesen Bildern in seinem Erleben erhöhte Prägnanz und Wesentlichkeit zukomme. Mette ist der Ansicht, daß die Metaphernbildung hier und dort schlechthin Ausdruck starker innerlicher Erregung sei. Ähnlich wie in der Metaphorik sieht er in der Rhythmisierung der Sprache bei Dichtern und Schizophrenen eine Folgeerscheinung der erhöhten Gefühlsamplitude.

Mette spricht von einer besonderen Empfindlichkeit des sprachlichen und logischen Gewissens der Kranken, einem Drang nach unmittelbarer Wiedergabe des Gefühls und einem Bedürfnis nach scharfer, prägnanter Darstellung. Er erwähnt das Nackte, Hüllenlose der Sprache und zitiert Marcel Réjà,[22] den französischen Vorläufer von Hans Prinzhorn, der den Schizophrenen »simplicité délicieuse« und »sincérité« zugeschrieben hat. Er spricht von einer charakteristischen Kürze und Knappheit der Darstellung und einer oft bis an die Grenzen des Möglichen gehenden Schlichtheit des Ausdrucks. Man findet mitunter eine Direktheit, als ob der Kranke die Tendenz hätte, seine Sache auf dem denkbar einfachsten und gradlinigsten Weg vorzubringen. Dann allerdings zeige sich wieder das Bedürfnis zu definieren, zu erklären und zu komplementieren, ein Streben nach Endgültigkeit und Vollständigkeit.

Die erhöhte Emotionalität und die Steigerung des subjektiven Erlebens disponiere die Schizophrenen auch zu der Beschäftigung mit bestimmten geistigen Inhalten. Das Psychologische, Philosophische, das Erotische und Religiöse nehme in ihrem Denken einen bevorzugten Platz ein. Mette meint, daß manche Äußerungen Schizophrener eine emotionale Tiefe und eine Höhe der Erkenntnis verraten, die uns Bewunderung abverlange. Die Behauptung, daß dieser Anspruch zu Unrecht erhoben werde, weil das sonstige Verhalten der Kranken damit nicht in Einklang stehe, läßt er nicht gelten. Man lege einen falschen Maßstab an und übersehe das Wesentliche, wenn man für eine entsprechende Würdigung dieser geistigen Leistungen die Geordnetheit des Gesunden verlange.

Die Vorliebe der schizophrenen Kranken für das Psychologische hebt Mette besonders hervor. Er gesteht ihnen eine den normalen Durchschnitt übertreffende Feinheit und Intuition im psychologischen Schließen zu und ein Verständnis für kausale Zusammenhänge im Seelischen, das den Gesunden sehr oft fehle. In diesem Zusammenhang zitiert er aus dem Buch Prinzhorns[23] den Patienten Sell, der auf den Umstand hinweist, daß er von Jugend auf »Furcht vor dem anderen Geschlecht« gehabt habe und diese Furcht als den »lebensüberdrüssigsten aller Fehler« hinstellt, bei dessen Vorhandensein man »besser im Narrenhaus aufgehoben sei«. Oft sei eine erstaunlich weitgehende schonungslose Selbstkritik bei den Schizophrenen zu beobachten, die wahrscheinlich mit dem erhöhten Interesse für subjektive Innenvorgänge in Beziehung stehe, eine besondere Fähigkeit, sich dem eigenen Erleben gleichsam als unbeteiligter Zuschauer gegenüberzustellen. »Ich bin nicht schwermütig, nicht vernunftlos«, sagte ein Kranker, »es fehlt mir nur das eigene Wollen, der eigene Trieb.«

Zum Schluß formuliert Mette mit einer gewissen Vorsicht, daß in der Sprache mancher Schizophrener dichtungähnliche und in der mancher Dichter ganz dem Schizophrenen ähnliche Ausdrucksmerkmale und Gestaltungsformen anzutreffen seien. Eine ganz besonders nahe innere Verwandtschaft bestehe zwischen den Sprachäußerungen Schizophrener und den Dichtungen des extremen Expressionismus, etwa eines Arp, Nebel oder Schwitters. In beiden Fällen komme es zu einer Verselbständigung der Sprache und einer Art Loslösung der Wortsphäre vom übrigen seelischen Geschehen.

Dem Nervenarzt Alexander Mette lag natürlich nichts ferner, als seine schizophrenen Patienten für gesund zu erklären, er kannte ihre Störungen und Leiden, und er hat die Dichtungen der Gesunden entschieden höher gewertet als die ihm bekannten Sprachschöpfungen schizophrener Kranker. Er war jedoch der Ansicht, daß die Psychose von sich aus eine Steigerung der Ausdrucksfunktionen und das besondere Verhältnis zur Sprache hervorrufen könne, ohne daß man das Hinzukommen eines besonderen Talentes voraussetzen müßte. Und er ist so weit gegangen, zwischen dem Dichter und dem Kranken – im Hinblick auf das Poetische – letztlich nur einen soziologischen Unterschied zu sehen: Während der gesunde Dichter aktiver Teilnehmer an einem bestimmten kulturellen Geschehen ist, hat der schizophrene Kranke kein literarisch interessiertes Publikum im Auge und will keine Wirkung auf ein solches Publikum ausüben.

›Über das Rhythmisch-Ornamentale im
Halluzinatorisch-Schöpferischen‹ (Roland Fischer)

Schon Lombroso meinte, es wäre nicht unmöglich, daß ein näheres Studium der künstlerischen Schöpfungen unserer Patienten in deren geheimnisvolle Krankheiten etwas mehr Licht bringen könnte. Es ist auffällig, daß viele der von uns zitierten Autoren die Psychose als einen übermäßig gesteigerten Erregungszustand betrachteten und daß sie Kreativität mit einem solchen Zustand in Beziehung setzten. Diese vorwissenschaftliche, aber unvoreingenommener Beobachtung entsprungene Anschauung verlor man mehr und mehr aus den Augen, einerseits infolge des zunehmenden und dann nahezu ausschließlichen Interesses an den Fragen der Klassifikation, Ätiologie und Behandlung seelischer Störungen, andererseits infolge des Bestrebens, den Kunstbegriff mehr soziologisch-kulturhistorisch und rationalistisch zu verstehen und aus dem romantischen Psychologismus herauszulösen. Die arousal-Theorie der Psychose und der Kreativität des amerikanischen Neurophysiologen und Psychopharmakologen Roland Fischer führt uns in gewisser Weise zu dieser früheren Sicht der Dinge wieder zurück.[24]

Das physiopsychologische Modell

Fischer, der ausgedehnte Erfahrungen mit halluzinogenen Drogen und den damit hervorzurufenden Modellpsychosen besitzt, hat ein Kartogramm der verschiedenen Bewußtseinszustände entworfen (Abb. 1). Es zeigt schöpferisches, psychotisches und ekstatisches Erleben als Stufen auf einem Wahrnehmungs-Halluzinations-Kontinuum. Durch Mittel wie Meskalin, LSD und Psilocybin können bei gesunden Versuchspersonen schöpferische und psychotische Zustände ausgelöst werden. Die Stufe der Kreativität befindet sich auf dem Wahrnehmungs-Halluzinations-Kontinuum zwischen Normalität und Schizophrenie; sie kann von diesen beiden Zuständen her erreicht werden.

Die general arousal reaction oder allgemeine Weckreaktion ist ein zentralnervöser Erregungszustand, der durch die Sinnesreize, aber auch durch biochemische Vorgänge, zum Beispiel bei gewissen Krankheiten, oder durch Drogen ausgelöst und verändert werden kann. Diese allgemeine Weckreaktion nimmt von gewissen Formationen des Hirnstammes ihren Ausgang und beeinflußt die kognitiven, emotionalen, vegetativen und motorischen Funktionen des zentralen Nervensystems. Fischer stellt sich vor, daß die stufenweise Steigerung und stufenweise Dämpfung des arousal-Zustandes mit jeweils verschiedenen Zuständen veränderten Bewußtseins (altered states of consciousness) gekoppelt ist. Ein normaler Grad zentralnervöser Erregung mit geringen Schwankungen ist die biologische Grundlage des normalen Bewußtseins, welches uns befähigt, die Aufgaben des Alltags zu bewältigen, die aber auch Ruhe und Entspannung ermöglicht. Die normale Erregungslage kann nun kontinuierlich in verschiedene Zustände, die Fischer als »aroused«, »hyperaroused« und »ecstatic« bezeichnet, übergehen. Diesen neurophysiologischen Erregungszuständen entsprechen zum Beispiel folgende Zustände veränderten Bewußtseins: als mehr oder weniger »aroused states« nennt Fischer Sensitivität, Kreativität und Angst; »hyperaroused« sind nach Fischer akute schizophrene und katatone Zustände; der höchsten Erregungsstufe entsprechen gewisse mystisch-ekstatische Erlebnisse. Dem Kontinuum zunehmender zentralnervöser Erregung liegt ein Kontinuum zunehmender Dämpfung der allgemeinen Weckreaktion gegenüber, welches bei der normalen Relaxation beginnt und dessen aufeinanderfolgende Stufen Fischer »tranquil« und »hypoaroused« nennt; ihnen sind außergewöhnliche Versenkungszustände (Zazen, Yoga samadhi) zugeordnet.

Auf sensorischem Gebiet entspricht einer normalen arousal reaction die normale Wahrnehmung, einer abnorm gesteigerten arousal reaction entspricht halluzinatorisches und einer abnorm gedämpften arousal reaction meditatives Erleben. Fischer spricht daher im Hinblick auf die möglichen Veränderungen der allgemeinen Weckreaktion und die damit verbundenen Veränderungen der Sinneserlebnisse von einem »Wahrnehmungs-Halluzinations-Meditations-Kontinuum«.

Zu einer im Normbereich liegenden arousal reaction, einer damit verbundenen normalen Wahrnehmung und einem normalen Zustand des Bewußtseins gehört auch ein normales Ich-Bewußtsein. In der mystischen Ekstase und in der buddhistischen Versenkung schwindet das Ich des Alltags. Der Mensch kommt dadurch – nach der Auffassung der Mystiker und der Yogi – seinem Selbst näher. Fischer nennt deshalb das Wahrnehmungs-Halluzinations- und das Wahrnehmungs-Meditations-Kontinuum auch Ich-Selbst-Kontinua.

Schließlich ist zu vermerken, daß die Steigerung der arousal reaction auf dem Wahrnehmungs-Halluzinations-Kontinuum mit zunehmender sympathischer (ergotroper) Erregung, die Dämpfung der arousal reaction auf dem Wahrnehmungs-Meditations-Kontinuum mit zunehmender parasympathischer (trophotroper) Erregung einhergeht. Ein intensiver ergotroper hyperarousal-Zustand kann in einen entsprechend intensiven trophotropen hypoarousal-Zustand umkippen und umgekehrt; das ist durch die Schleife, die Ekstase und Yoga samadhi verbindet, symbolisiert.

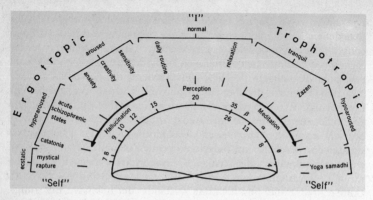

Abb. 1: Das Roland-Fischer-Modell. Auf einem Wahrnehmungs-Halluzinations-Kontinuum zunehmender ergotroper Erregung und auf einem Wahrnehmungs-Meditations-Kontinuum zunehmender trophotroper Erregung sind verschiedene Grade von »arousal« und verschiedene Zustände des Bewußtseins eingezeichnet. Die Schleife, welche die beiden »Self« verbindet, symbolisiert die Möglichkeit des »Kipp-Phänomens«, wodurch aus einer ergotropen Erregungslage eine entsprechende trophotrope entstehen kann und umgekehrt. Die Zahlen und griechischen Buchstaben, die auf der halben Ellipse des Modells angegeben sind, weisen auf elektroencephalographische Befunde hin, die bei veränderten Zuständen des Bewußtseins erhoben wurden.
Aus: Science 174 (1971), S. 898. Dort findet sich auch die vollständige Erklärung des Schemas.

Damit wäre das physiopsychologische Modell der menschlichen Bewußtseinszustände von Roland Fischer kurz beschrieben. Im folgenden möchte ich seine Theorie ausführlicher erläutern.

Das normale Bewußtsein ist das kollektive Bewußtsein, das Bewußtsein des Alltags, der Routine des Alltags. Seine biologische Grundlage ist ein normales Gehirn mit einem normalen Erregungsniveau und mäßigen Erregungsschwankungen.

In diesem Bewußtseinszustand vermitteln uns die Wahrnehmungen eine »konstante« Welt, sie stimmen mit den Wahrnehmungen der anderen Menschen überein und sind überprüfbar, d. h. sie können durch motorische Akte verifiziert werden. Das gegenständliche, logisch-rationale Denken und das damit korrespondierende Ich-Bewußtsein gehen darauf zurück; denn das Ich wird ebenso wie ein Gegenstand von seiner Umgebung abgegrenzt und konstant bleibend erlebt. Auf Überprüfbarkeit beruhen auch die operationell definierten Begriffe der modernen Naturwissenschaft. Das normale Bewußtsein ermöglicht ein vernünftiges Verhalten, das in den Gefahrensituationen des Alltags unser Leben sichert. Auch ein möglichst reibungsloses Zusammensein, das Funktionieren sozialer Ordnungen wird durch diese Bewußtseinslage gewährleistet. Solange sich ein Mensch in seelischem Gleichgewicht befindet (solange die Erregung seines zentralen Nervensystems gewisse Pegel nicht über- oder unterschreitet), ist er fähig, seine Meinung zu ändern, Kompromisse zu schließen, innerhalb seiner geistig-kulturellen Grenzen zu lernen und Hindernisse zu überwinden. Die Freiheit des Denkens und Handelns ist in diesem Bewußtseinszustand – an äußeren Kriterien gemessen – am größten, das Individuum besitzt die meisten Wahlmöglichkeiten.

Je weiter wir am Wahrnehmungs-Halluzinations- oder am Wahrnehmungs-Meditations-Kontinuum vorwärtsschreiten, um so mehr verändern sich die »Konstanten« unserer Wahrnehmung. Zunächst tritt eine Neigung auf, die Dinge verzerrt zu sehen, auch verdoppelt oder vervielfacht. Die visuellen Halluzinationen, die unter dem Einfluß von Drogen entstehen, sind nicht selten geometrisch-ornamental. Gleichzeitig geht das aristotelisch-logische Denken allmählich in ein symbolisches über und endet in einem abstrakt-geometrisch-rhythmisch-ornamentalen Erleben.

Mit zunehmender zentralnervöser Erregung verringert sich die von außen kommende Information schrittweise, am Höhepunkt der Ekstase ist jede Sinneswahrnehmung erloschen. Mit dem Ansteigen der Erregung verringern sich die Freiheitsgrade, es stellen sich Halluzinationen und Stereotypien ein und der Glaube, nicht mehr Herr seiner selbst zu sein, sondern durch fremde Mächte gelenkt zu werden. Mit zunehmender Unfreiheit des Erlebens steigert sich dessen subjektive Bedeutung.

Mit dem Vorwärtsschreiten am Wahrnehmungs-Halluzinations- oder am Wahrnehmungs-Meditations-Kontinuum entfernt sich der Mensch vom Ich des Alltags und wendet sich einer geistigen Dimension zu. Zunächst überwiegt bloß das Innenleben über das Handeln. Mit weiterer Innenschau hört aber jedes Schaffen auf. Der Mensch ist dann nicht mehr fähig, seine Wahrnehmungen motorisch zu verifizieren, die »Flut inneren Erlebens« nimmt immer mehr zu, die Körperbewegungen sind blockiert. In diesen Zuständen treten Halluzinationen auf. Halluzinationen sind Wahrnehmungen einer inneren Wirklichkeit. Die »normalen« Wahrnehmungen sind dagegen sozialisierte und den Zwecken des Überlebens angepaßte Halluzinationen, denn von der »Realität«, wie sie ohne unser Zutun ist, wissen wir ja nichts.

Der physikalische Raum, der sich während der Kindheit in immer weiter werdenden Zirkeln bildet, zieht sich mit zunehmender zentralnervöser Erregung immer mehr zusammen und verschwindet schließlich, während sich das »Ich« der äußeren Welt zum »Selbst« der geistigen Dimension hin bewegt. Das »Selbst« der mystischen Ekstase und das »Selbst« der buddhistischen Versenkung sind ein und dasselbe Selbst. Das Vorwärtsschreiten auf den beiden Kontinua geht mit einem Verlust an äußerer Freiheit einher, aber – nach Ansicht der Mystiker – mit einem Gewinn an Wesentlichkeit. Denn der kategorische Imperativ des Meister Eckart lautete: »Gib dein Ich preis!«

Intensität des Evidenzerlebens und Verlust des rationalen Sinnes

Je größer die zentralnervöse Erregung ist, um so bedeutsamer werden dem Menschen seine Bewußtseinsinhalte. Was wir bloß mit dem Verstande erkennen, berührt uns nie so tief wie unsere gefühlsbetonten Erlebnisse und Erkenntnisse. »Ich würde es vergeblich versuchen, mit Worten auszudrücken, was ich empfinde«, schreibt Lichtenberg, »wenn ich an einem stillen Abend ›In allen meinen Taten‹ recht gut pfeife und mir den Text dazu denke.«[25] Die Diskrepanz zwischen subjektiver und objektiver, persönlicher und interpersoneller Bedeutung unseres Erlebens geht aus dieser Bemerkung hervor. Das mythisch-magische Denken, die Ideologie, die überwertige Idee und der individuelle Wahn sind Ergebnisse höherer zentralnervöser Erregung, eines veränderten Bewußtseinszustandes. Inspirations- und Konversionserlebnisse gehen mit tief empfundener subjektiver Bedeutung einher. Die Ekstase und die Versenkung vermitteln die höchsten und tiefsten Bedeutungserlebnisse, wenngleich diese Erlebnisse am wenigsten verstehbar und mitteilbar sind. Der intensive Bedeutungsgehalt psychotischen Erlebens wird von der Umgebung des Betroffenen meist nicht geteilt. Man spricht deshalb von einem abnormen Bedeutungserleben in der Psychose.

Mit zunehmender Intensität des Evidenzerlebens wird der Bedeutungsgehalt der Erlebnisse dunkler. An die Stelle rationaler Eindeutigkeit treten Ambiguität, Paradoxie und Vieldeutigkeit der Symbole. Schließlich verlieren die Äußerungen in veränderten Bewußtseinszuständen ihren rationalen Sinn. »Mir ist alsdann schon oft ein Mann wie eine Einmaleins-Tafel vorgekommen, und die Ewigkeit wie ein Bücherschrank.« – »Er müßte vortrefflich kühlen, sagte ich, und meinte damit den Satz des Widerspruchs, den ich ganz eßbar vor mir gesehen hatte«, schreibt Lichtenberg über seine Erlebnisse im Fieber.[26]

Schwinden des Ich-Bewußtseins und Stereotypie

Ein weiteres Merkmal schizophren-psychotischer, aber auch inspirierter und ekstatischer Zustände ist das Berührt- und Ergriffensein des Ichs von irgend etwas außerhalb des Ichs Stehendem – einem geistigen Prinzip oder einem Du –, das das Ich in seiner Freiheit einschränkt, in seiner Identität gefährdet oder verändert. Der Psychiater Hermann Lenz spricht von einem »Berührtsein-Syndrom«.²⁷ Es kommt zu einer Auflösung der Ich-Grenzen, zu einer Depersonalisation in vielen veränderten Bewußtseinszuständen. »Meine Hand ganz Werkzeug eines fernen Willens«, notierte einmal Paul Klee. Ernst Herbeck sagte: »Ich werde ferngelenkt.« »Es wird bestimmt über mich«, sagte Oswald Tschirtner. Und Karl Z. schrieb:

Das Ich lebt von Phantasie
und von Reue und von
überlassenen Bewegungen.

Die Auflösung der Ich-Grenzen in gewissen psychotischen Zuständen kann sich zum Beispiel darin äußern, daß ein Mensch glaubt, er höre die Gedanken anderer Leute in seinem Kopf, und er wisse ganz sicher, daß es nicht seine eigenen Gedanken seien.

Der schon erwähnte Psychiater Binder beschrieb eine schizophrene Frau, die zu gewissen Zeiten Gedichte, Novellen, Romane, die sie in Büchern fand, mit aller Bestimmtheit als ihre eigenen Produkte erklärte; sie schilderte genau, wie sie auf den Gedanken kam, diese Dichtungen zu verfassen, und welche Personen und Ereignisse sie sich zum Vorbild genommen hatte, wie schwer ihr dieser oder jener Vers gefallen sei, wie sie ursprünglich habe anders dichten wollen, sich dann aber doch zu der endgültigen Fassung entschlossen habe. Nach einiger Zeit versank sie wieder in einen anderen Bewußtseinszustand, in dem sie sich für die Dichtkunst nicht mehr interessierte, sondern von Halluzinationen und Träumereien völlig eingenommen war. In diesem Zusammenhang erwähnte Binder auch die Gedächtnisstörung eines englischen Dichters des siebzehnten Jahrhunderts: Wenn man Wicherley, als er in höherem Alter stand, am Abend vor dem Schlafengehen Gedichte vorlas, so schrieb er sie am nächsten Morgen nieder, ohne zu ahnen, daß sie nicht von ihm selber waren.

Das Ich ist die wichtigste Konstante unseres gewöhnlichen Bewußtseins; sie lockert sich und schwindet in Zuständen veränderten Bewußtseins: im Traum, im Rausch, im Orgasmus, in der Ekstase, in psychotischen und in künstlerisch kreativen Zuständen. Das zustandsgebundene Kommunikationsbedürfnis des Künstlers ist deshalb auch nicht so sehr auf bestimmte Menschen gerichtet, es weist über die Ich-Grenzen hinaus, über die räumliche Nähe und sogar über die Zeit. Der englische Essayist Logan Pearsall Smith (1865–1946) »sendet mit winkender Hand, über den Abgrund der Zeit, einen Gruß...«²⁸

Kennzeichnend für veränderte Zustände des Bewußtseins ist auch die Stereotypie, die Wiederholung des Gleichen. Die rhythmisch-ornamentalen Tendenzen in Poesie und bildender Kunst sind damit verwandt, die religiösen Riten, Gebetsformeln und Litaneien. Die Neigung zu stereotyper Wiederholung findet sich in der Psychose auf allen Gebieten des Erlebens und Verhaltens.

Die frühen Gedichte von Ernst Herbeck zeigen eine hochgradige Stereotypie:

Eine zarte Hand

Eine zarte Hand stört
Eine zarte Hand ist schön
Eine zarte Hand rauscht
Eine zarte Hand raucht.

Eine zarte Hand ist im Himmel
Eine zarte Hand ist leicht
Eine zarte Hand zierlich
Eine zarte Hand begehrlich.

Zustandsgebundenheit

Bestimmte Bewußtseinsinhalte sind an bestimmte Erregungslagen des zentralen Nervensystems gebunden. Ein bedeutungsvolles Erlebnis entsteht durch die Koppelung einer Wahrnehmung oder eines Verhaltens mit einem besonderen Erregungsniveau. Die Erinnerung daran bedarf gerade dieses Erregungsniveaus. Man kann es zum Beispiel durch die Anwendung chemischer Mittel wieder herbeiführen oder durch einen Bestandteil der Wahrnehmung, der für das Erlebnis charakteristisch war. Auf diese Weise erklärt sich, wie irgendeine Einzelheit, ein Bild, eine Melodie, ein Geruch oder Geschmack Erinnerungen wachzurufen vermag, die mit dem Erlebnis tief empfundener Bedeutung einhergehen.

Fischer zitiert als eine der ältesten Beschreibungen dieses Phänomens einen Bericht von Juan Luis Vives aus dem Jahre 1583: »Als ich ein Knabe war in Valencia, erkrankte ich an Fieber; während meine Geschmacksempfindung darniederlag, aß ich Kirschen; noch viele Jahre später, wenn ich von diesen Früchten kostete, erinnerte ich mich nicht nur an das Fieber, sondern glaubte es wieder zu erleben.« Marcel Proust beschreibt in seinem Roman »Auf der Suche nach der verlorenen Zeit«, wie der Genuß eines Stückchens Kuchen, in Tee getaucht, ihn nicht nur plötzlich an seine Kindheit erinnert, sondern ein unbeschreibliches Glücksgefühl in ihm hervorruft und ein ganzes Kapitel seines früheren Lebens in seinem Bewußtsein aufsteigen läßt. Durch den Geruchs- und Geschmackssinn kann man besonders leicht in einen Zustand des Bewußtseins versetzt werden, der zu einem früheren Zeitpunkt mit ähnlichen Sinneserlebnissen verbunden war.

Künstlerische Produktivität bedarf einer gewissen Disposition, eines bestimmten seelischen Zustandes. Manche Künstler verwenden bestimmte Tricks, um sich in jenen Bewußtseinszustand zu versetzen, den sie zum Produzieren brauchen. Einerseits kann durch chemische Mittel jener Grad von Erregung und jene Bewußtseinslage hervorgerufen werden, die künstlerisches Schaffen ermöglicht. Der Konsum von Alkohol, Kaffee, Tee, Tabak, aber auch stärkerer Gifte ist sehr verbreitet. Der Haschischgenuß Baudelaires ist bekannt. Maupassant gestand, daß er jede Zeile von ›Pierre et Jean‹ unter Ätherwirkung geschrieben habe. Auch an die Meskalinzeichnungen von Henri Michaux sei in diesem Zusammenhang erinnert.

Viel häufiger wird der kreative Zustand jedoch auf psychischem Weg, durch bestimmte Erlebnisinhalte herbeigeführt. Die meisten Künstler und Schriftsteller geraten in diesen Zustand, sobald sie sich in eine bestimmte Situation begeben, in der sie immer arbeiten. Der Raum und dessen Einrichtung, scheinbar unbedeutende Details spielen dabei eine wichtige Rolle, der Sitzplatz, die Körperhaltung, Atmosphärisches, Geruch, Geschmack ... Es fällt einem ein, daß Schiller eine Vorliebe für den Geruch fauler Äpfel hatte; es ist aber auch an jene Wiener Literaten zu denken, die nur im Caféhaus Ideen hatten und schreiben konnten. Andere Künstler benötigen zu ihrer Arbeit dagegen völlige räumliche Abgeschiedenheit von anderen Menschen und sind höchst empfindlich gegenüber Störungen, die sie in das Alltagsleben zurückrufen. Von Jacopo da Pontormo wird erzählt, daß die Tür zu seinem Atelier nur mit Hilfe einer Leiter erreichbar gewesen sei, er pflegte sie hinter sich hochzuziehen, wenn er sich seiner Arbeit widmete. Der Maler Ku Chun-Chin, der tausend Jahre früher im Fernen Osten lebte, benützte den Dachboden seines Hauses als Werkstatt. Wenn er malen wollte, stieg er auf seinen Boden, »zog die Leiter hinter sich hinauf, und Frau und Kinder sahen ihn sobald nicht wieder«.

Zustandsgrenzen

Die Zustandsgebundenheit (state-boundness) des Erlebens und Verhaltens zeigt sich auch in dem Phänomen der sogenannten Zustandsgrenzen (state-boundaries). Wir verstehen darunter die Amnesie (Erinnerungslosigkeit), die für das Erleben in anderen Bewußtseinszuständen besteht, wenn man sich in einem bestimmten Bewußtseinszustand befindet. So können wir unsere Träume nach dem Erwachen oft nicht mehr rekonstruieren.

Als ein weiteres Beispiel für Zustandsgrenzen zitiert Fischer aus dem Brief eines Mitgliedes des amerikanischen Vereines »Alcoholics

Anonymous«: »Früher einmal habe ich getrunken. Ich kannte eine Dame in San Antonio. Ich fand ihr Haus, wenn ich betrunken war; wenn ich nüchtern war, konnte ich es nicht finden.« Als ein anderes Beispiel für Zustandsgrenzen verwendet Fischer gerne einen Teil der Handlung aus dem Film ›City Lights‹. In diesem Film rettet Charlie Chaplin einem betrunkenen Millionär, der im Begriffe ist, Selbstmord zu begehen, das Leben und wird dadurch sein guter Freund. Wenn der Millionär nüchtern ist, erinnert er sich aber nicht mehr an Charlie. Er bleibt aber nicht lange nüchtern. Sobald er wieder betrunken ist, erkennt er Charlie und behandelt ihn wie einen lange verlorenen Freund. Er nimmt ihn mit nach Hause, aber am Morgen, wenn er wieder nüchtern ist, vergißt er, daß Charlie sein Gast ist, und läßt ihn vom Butler hinauswerfen.

Das Bewußtsein setzt sich also von einem Rausch zum anderen fort, es besitzt ebenfalls Kontinuität innerhalb der nüchternen Zeiten, aber es besteht eine völlige Amnesie zwischen den diskontinuierlichen Zuständen der Nüchternheit und der Trunkenheit. Eine große Zahl von Versuchspersonen konnte die während eines Alkoholrausches erlernten Folgen sinnloser Silben am folgenden Tag in nüchternem Zustand sehr schlecht oder gar nicht reproduzieren; wieder in betrunkenem Zustand verbesserte sich ihr Erinnerungsvermögen signifikant. Versuchstiere können ohne Droge nicht wiedergeben, was sie unter Drogeneinfluß gelernt haben, und umgekehrt (state-dependent learning). Was man gewöhnlich als »Erinnerungsvermögen« bezeichnet, ist zum Teil die Fähigkeit, Bewußtseinsinhalte und dazugehörige Erregungsphasen zu koordinieren.

Alle diese Erfahrungen führten Fischer zu der Anschauung, daß es nicht *ein* Unbewußtes gäbe, sondern daß jeder Mensch über so viele »unbewußte« Schichten verfüge, wie er bedeutungsvolle Erlebnisse auf verschiedenen Erregungsstufen des Zentralnervensystems hatte – wobei der Ausdruck »unbewußt« eben die Amnesie kennzeichne, welche diese Bewußtseinslagen voneinander trennt. Die vielen verschiedenen Ebenen unseres individuellen Bewußtseins erinnern an den Kapitän, sagt Fischer, der in vielen Häfen Freundinnen hat, deren keine von der Existenz der anderen weiß und deren jede nur von einem Besuch zum nächsten (d. h. von Zustand zu Zustand) existiert. Aus diesem Grund können Menschen, deren Bewußtseinsinhalte an verschiedenste Erregungsphasen gebunden sind, mehrfach existieren: sie leben von einem Wachzustand zum anderen; von Traum zu Traum; von einer Narkoanalyse zur nächsten; von einem LSD-Erlebnis zum nächsten; von epileptischer Aura zu epileptischer Aura; von einer kreativen, künstlerischen, religiösen oder psychotischen Inspiration zum nächsten kreativen, künstlerischen, religiösen oder psychotischen Erleben; von Trance zu Trance; und von Träumerei zu Träumerei.

Es ist interessant, daß der amerikanische Schizophrenieforscher H. S. Sullivan,[29] Begründer der »interpersonellen Theorie«, von ganz anderen Voraussetzungen her zu einer ähnlichen Formulierung gelangte: »Menschen haben so viele Persönlichkeiten, wie sie bedeutsame Beziehungen mit wichtigen Menschen in ihrem Leben hatten.« Nicht immer sind verschiedene Zustände des Bewußtseins durch eine völlige Amnesie voneinander getrennt. Oft ist es so, daß der Mensch von den Inhalten veränderter Bewußtseinszustände bloß nichts wissen will, sie sind ihm fremd geworden, er will nicht mehr davon sprechen. Man erzählt in der Regel seine Träume nicht, auch wenn man sich ihrer erinnert, spricht nicht von seinen sexuellen Erlebnissen oder über eine zurückliegende Psychose. Die meisten Patienten teilen auch aktuelles psychotisches Erleben nicht gerne mit, was nicht immer auf absichtlichem Verheimlichen- und Irreführenwollen (Dissimulation) beruht. Das Erleben in anderen Bewußtseinszuständen ist oft in unserer Umgangssprache nicht ausdrückbar, »so wenig wie die Flecken auf meinem Tisch zum Abspielen auf der Geige« (Lichtenberg).

Es wäre hier auch zu erwähnen, daß Menschen, die sich mit geistigen Dingen beschäftigen, zur Zeit dieser Beschäftigung und oft noch darüber hinaus, für die Ereignisse des Alltags taub sind, davon nicht berührt sein wollen. Auch die Tatsache, daß viele Künstler über ihr Werk und über die näheren Umstände ihrer Arbeit nur ungern sprechen, gehört hierher. Nicht so selten leiden Künstler an der Befürchtung, daß sie nicht mehr produktiv sein können. Auch daran läßt sich die zu überwindende Grenze zwischen dem gewöhnlichen Bewußtseinszustand des Alltags und dem Zustand des künstlerischen Produzierens erkennen.

Zu den großen Feiertagen erhalte ich seit Jahren Glückwunschkarten mit der Unterschrift »von einem Ihrer ehemaligen Patienten«. Der Schreiber bleibt konsequent in der Anonymität. Er erinnert sich wohl seines Krankheitszustandes und seines Spitalaufenthaltes, fühlt sich mit dem, der er damals war, aber doch nicht mehr ganz identisch.

Verdrängung und Verleugnung konstituieren Zustandsgrenzen wie das Vergessen. Wahrscheinlich entspringt die Verdrängung einem geringeren, die Verleugnung einem höheren Grad zentralnervöser Erregung (einem höheren Grad von arousal). Diese Annahme macht es verständlich, daß die Verleugnung der Realität für die Psychose, die Verdrängung eigener Wünsche, Bedürfnisse und Vorstellungen dagegen für die Neurose, die leichtere und weiter verbreitete psychische Störung, charakteristisch ist. Der Neurotiker verleugne die Realität nicht, er wolle bloß nichts von ihr wissen, sagt Freud, der Psychotiker verleugne sie und suche sie zu ersetzen.

Kunst – ein zustandsgebundenes Mittel der Kommunikation

Mit dem intensiven Bedeutungserleben in psychotischen Zuständen verbindet sich oft eine gesteigerte Ausdrucksgebärde. Während die Umgangssprache unserer gewöhnlichen Bewußtseinslage zugehört, entspringen die gebundene Rede, das rhythmische Sprechen, der Reim, einem Zustand höherer Erregung des zentralen Nervensystems. Die Neigung zu poetischen Hervorbringungen ist zustandsgebunden. Die erhöhte Empfindsamkeit für äußere Eindrücke, überhaupt die gesteigerte Affektivität, die Tendenz zur Wiederholung und Formalisierung und das intensivierte Bedeutungserleben in der Psychose erklären die Beziehung zwischen Schizophrenie und Kunst.

Kunst ist aber nicht nur eine zustandsgebundene Äußerung, sie dient auch einem zustandsgebundenen Kommunikationsbedürfnis, und zwar bei psychisch Kranken und Gesunden. Menschen, die Kunst produzieren, sind oft in der Kommunikation auf der Ebene des gewöhnlichen Bewußtseins schwerfällig oder behindert. Sie suchen deshalb mitmenschlichen Kontakt auf anderen Wegen – falls ihnen solche Möglichkeiten zur Verfügung stehen.

Ich möchte hier einen Fall ausgesprochen zustandsgebundenen Schreibens aus meiner eigenen Beobachtung anfügen.* Ein Mann, der wiederholt psychotisch erkrankt war, schrieb in seinen kranken Zeiten viele Briefe mit Gedichten und nahm diese Tätigkeit sehr wichtig. Er adressierte seine Briefe an die geistlichen Schwestern unserer Kinderabteilung und erbat sich deren Weiterleitung an die Mutter Gottes. Nach seiner völligen Genesung berichtete der Patient, daß sein Dichten ein Krankheitssymptom sei. Sobald er sich hinsetze, um zu schreiben, wisse seine Frau, daß eine neuerliche Krankheitsphase im Anzug sei, und bei ihm selbst stelle sich die Ahnung ein, daß er nun bald wieder ins Krankenhaus müsse. Es existiere nichts von seiner schriftstellerischen Produktion, da er alles verbrenne, wenn er wieder gesund sei. Was er geschrieben habe, interessiere ihn dann nicht mehr.

Kalte Ekstasen: ein rebound-Phänomen

Handlungen, Gedanken, Erlebnisse erhalten erst dadurch subjektive Bedeutung, daß sie mit einem bestimmten Grad von arousal gekoppelt sind. Vom Grad der Erregung ist die Höhe des Affektes abhängig, welcher den Bewußtseinsinhalt begleitet.

---

* Vgl. dazu auch die von Binder geschilderte Beobachtung; in diesem Buch: ›Die Dichtkunst bei Geisteskranken in ihren Beziehungen zu der Frage Genie und Irresein‹ (Binder), S. 43.

Unserem gewöhnlichen Bewußtsein entspricht eine mittlere Erregungslage des zentralen Nervensystems, das Erleben und Verhalten ist von mehr oder minder lebhaften Gefühlen getragen, das Gefühlsleben ist jedoch kontrolliert, die Vernunft herrscht vor. In veränderten Zuständen des Bewußtseins, die mit höherer zentralnervöser Erregung einhergehen, treten anstelle zarter oder kräftiger Gefühlstönungen ungewöhnliche Emotionen, Stimmungen, Affekte auf: Angst, Glücksgefühl, Allmachtsgefühl, Schuldgefühl, Taedium vitae, das Gefühl des Klarsehens, der Erleuchtung, Begnadung, Sendung; diese Gefühle verleihen dem Erlebnisinhalt eine besondere, entsprechend der Höhe des jeweiligen Erregungszustandes intensive subjektive Bedeutung.

Roland Fischer spricht von »hyper«- und »hypoaroused states« und rechnet zu den »untererregten« Zuständen solche der Entspannung, der Meditation und der verschiedenen Grade der Versenkung. Er kennt zwar das Umschlagen eines ergotrop hyperaroused state in einen entsprechenden trophotrop hypoaroused state (rebound-Phänomen), er spricht von »zusammengesetzten Zuständen« (composite states), mißt dem Wechsel von hyper- und hypoarousal bei schöpferischen und psychotischen Zuständen meines Erachtens aber doch noch zuwenig Bedeutung bei.

Ich möchte annehmen, daß Über- und Untererregung bei kreativen und psychotischen Prozessen eine besondere Rolle spielen. Nach der gefühlsbetonten Phase der Inspiration »kühlt« die Emotion »ab«, das heißt aber nicht, daß sie gleich völlig schwindet, sondern daß sie sich zunächst gleichsam in ihr Gegenteil verkehrt. Diese negative Phase einer hochgespannten Emotion ist für das künstlerische Schaffen unentbehrlich. Thomas Mann spricht von den »kalten Ekstasen unseres verdorbenen, unseres artistischen Nervensystems«. In der Gefühlskälte, das heißt in der negativen Phase der hohen Gefühlsamplitude beziehungsweise einem dem übererregten entsprechenden untererregten Zustand, sehe ich die Voraussetzung für den künstlerischen und den schizophrenen Formalismus, ja für jede schöpferische Formgebung.

Helmut Selbach[30] hat betont, daß eine Erregung des Sympathicus oder des Parasympathicus stets eine Miterregung des antagonistisch wirkenden Partners zur Folge hat (»Induktive Tonussteigerung« des Parasympathicus bei sympathischer Erregung und umgekehrt). Infolge der gleichzeitigen Erregung beider vegetativer Teilsysteme kommen hyper- oder hypoarousal als jeweiliger »Differenzeffekt« durch das Überwiegen eines der beiden Antagonisten zustande. Die Tatsache, daß bei einer ergotropen (sympathischen) Erregung das trophotrope (parasympathische) System stets in etwas geringerer Intensität miterregt ist, ermöglicht das rebound- oder Kipp-Phänomen: die sympathische kann in eine parasympathische Erregungslage umschlagen, aus einem hyperaroused ein hypoaroused state entstehen.

Ich stelle nun die Hypothese auf, daß dieses Umschlagen sehr häufig erfolgt und daß vielen psychischen Prozessen ein solcher Kippvorgang zugrunde liegt, und zwar immer dann, wenn ein affektiv geleitetes Geschehen »formal« kontrolliert, bearbeitet, gestaltet wird, wie es etwa beim künstlerischen Schaffensvorgang, aber auch bei der Entstehung eines Wahnes der Fall ist. Auf dem Affekt beruht die (anfängliche) Ekstase, auf dem rebound die (nachfolgende) Kühle, von der Thomas Mann gesprochen hat.

Ich bin nicht in der Lage, auf eine experimentelle Bestätigung dieser Ansicht hinzuweisen, ich kann nur die Selbstbeobachtung nennen und auf den denkbaren Zusammenhang mit der arousal-Theorie, wie sie Roland Fischer vertritt, hinweisen. Ich möchte jedoch noch eine andere Stelle aus der Literatur zitieren, die man als eine Beschreibung dieses psychologischen Phänomens betrachten kann. In Lessings Drama ›Nathan der Weise‹ gesteht Recha, die angenommene Tochter Nathans, ihrer Gesellschafterin nach dem Besuch des Tempelherrn, den sie glühend erwartet hatte, daß es sie selbst befremde, wie auf einen solchen Sturm in ihrem Herzen »so eine Stille plötzlich folgen kann. Sein voller Anblick, sein Gespräch, sein Tun ...« Daja, die Gesellschafterin, wundert sich über ihre Kälte. Darauf Recha: »Was Kält'? Ich bin nicht kalt. Ich sehe wahrlich nicht minder gern, was ich mit Ruhe sehe.«

Dieses Kipp-Phänomen kann kurze oder langdauernde Phasen von Über- und Untererregung voneinander trennen. Man hat oft auf eine Zweiphasigkeit kreativer Leistungen hingewiesen. Die Phase der Inspiration und die Phase der Elaboration entsprechen zwei verschiedenen Zuständen des Bewußtseins. Die Psychose ist ein Zustand, der vor allem zur Inspiration disponiert, ohne jedoch die Elaboration (besonders in chronischen Verläufen) völlig auszuschließen. Richtig ist, daß technische Erfindungen und schriftstellerische Werke, die ein hohes Maß rationaler Elaboration erfordern, in der Regel nicht von Psychotikern geschaffen werden. Der psychisch nicht gestörte Mensch ist zur Elaboration besser geeignet als der Mensch, der an einer Psychose leidet; dafür fehlt es ihm oft an Inspiration.

Die negative Phase einer hohen Gefühlsamplitude wird in psychotischen Zuständen oft als beängstigend, als eine Gefühlsentleerung, eine Entseelung, als ein Verlust aller Erlebnismöglichkeiten und jeglicher Innenwelt empfunden. Von einem jungen Mann, der in einen solchen Zustand geraten war, erhielt ich das folgende Schreiben:

Werter Herr Doktor! Ich bin 19 Jahre, leide seit 2 Jahren laut Rorschach-Test an Morbus Bleuler. Im Moment habe ich affektive Verödung, die Sie leider sehr kurz in Ihrem Buch ›Schizophrenie und Kunst‹ beschreiben. Ganz ist die Affektivität nicht zugrunde gegangen. Aber ich habe in der Woche, wenn es hoch kommt, 5 Emotionen, bei besonderen Anlässen, Stimmungen habe ich nie. Es ist, als würde ich nicht mehr existieren, ich habe keine Erlebnismöglichkeiten mehr, es gibt für mich keine Innenwelt mehr. Ich bitte Sie, Herr Doktor, sobald es Ihre Zeit erlaubt, auf meinen Brief zu antworten und mir endlich die Auskunft zu geben, die mir bisher kein Psychiater geben konnte. Wie heilt man die ›Affektsperre‹, wie bekomme ich wieder Emotionen, wie werde ich wieder beseelt? Ist es ein Morbus-Bleuler-Defekt? Ich habe keine Wahnideen, keine Kopfschmerzen, also keine M. B.-Symptome, nur die Affekte fehlen. Ich kann klar und logisch denken, nur kein seelisches Gefühl. Ist dies das Endstadium der Schizophrenie? Herr Doktor, Sie sind meine letzte Hoffnung, bitte antworten Sie mir.

In dieser Äußerung zeigt sich die formalistische Nüchternheit des jungen Mannes: Er zählt oder schätzt die Zahl seiner wöchentlichen Gefühlsregungen. Die Bewußtseinsklarheit und das hohe Maß an Selbstreflexion sind charakteristisch für die emotionelle Untererregung.

Entsprechend ihrem Schwanken zwischen Über- und Untererregung, findet man bei den schizophrenen Menschen – und bei anderen übersensiblen – sowohl die erhöht gefühlsbetonte Subjektivität als auch eine die Welt und die menschlichen Beziehungen versachlichende, das Persönliche und Gefühlsmäßige ausklammernde, objektivistische Einstellung. Oft ist es ein Drang nach scharfer, prägnanter Wiedergabe, eine Tendenz zur Begründung und näheren Bestimmung, ein Hang zum Definieren, zu erklärender und ausführender Beschreibung, was den schriftlichen Äußerungen dieser Patienten eine literarische Note gibt. Alexander Mette hat auf die Empfindlichkeit des sprachlichen und logischen Gewissens schizophrener Personen und ihre oft bis an die Grenze des Möglichen gehende Schlichtheit des Ausdrucks aufmerksam gemacht.*

Auch dieses Streben mancher schizophrener Patienten nach Objektivität hat seine Wurzeln in einem unterkühlten Affekt, einem hypoaroused state. Viele der frühen Gedichte Ernst Herbecks sind von einem solchen Drang nach präziser Sachlichkeit erfüllt:

---

* Vgl. dazu in diesem Buch: ›Über Beziehungen zwischen Spracheigentümlichkeiten Schizophrener und dichterischer Produktion‹ (Alexander Mette), S. 46.

Rot

Rot ist der Wein, rot sind die Nelken.
...

Rot ist die Fahne, rot der Mohn.
Rot sind die Lippen und der Mund.
...

Das Eigentümliche, Überraschende, manchmal Kindlich-Naive in diesen Texten entsteht dadurch, daß das ursprüngliche Erleben der schizophrenen Menschen (und der wahren Künstler) einem überhöhten Affekt entspringt, wodurch der Erlebnisinhalt ungewöhnlich nahegehend wird. Es erfolgt ein rebound, ein Umschwung in den entsprechend untererregten Zustand, und nun wird dieser Inhalt sprachlich gestaltet – oder auch zurückgedrängt, unterdrückt, durch »Objektives«, durch Rationalisierungen ersetzt.

Die Substitution des affektbesetzten Erlebnisinhaltes in der negativen Phase des Affektes kann auch durch sprachliche Klischees, Banalitäten oder Nonsens erfolgen. So kommt das Komische, der ungewollte Humor mancher schizophrener Äußerungen zustande, auch das sogenannte Vorbeireden. Auf meine Frage: »Gibt es ein Sittengesetz?« sagte Artur: »Das elektronische Urgebäude.« »Ich meine, ein moralisches und ein unmoralisches Verhalten?« Darauf Artur: »Das Zwitter-Ion-Stickstoff-Eiweißgebäude.«

Mit der erhöhten Gefühlsamplitude und deren negativer Phase, der sachlichen Kühle, hängt auch die Direktheit und Offenheit mancher schizophrener (und künstlerischer) Äußerungen zusammen, der Drang zur Aufrichtigkeit. Schizophrene haben ihrer eigenen Person gegenüber oft eine erstaunliche Objektivität:

Josef Schmid
sechzig Jahre
alt schon
dreißig Jahre
krank schon
Schizophrenie
kein Genie

Die kreativen Grundfunktionen

Meine eigenen Untersuchungen[31] nahmen von den Zeichnungen der Patienten ihren Ausgang und dienten zunächst diagnostischen Zwecken. Dabei stellte sich heraus, daß die zahlreichen Merkmale schizophrener Bildnerei auf drei Hauptmerkmale zurückgeführt werden können, die man auch als die schizophrenen Gestaltungstendenzen bezeichnen kann: Physiognomisierung, Formalisierung und Symbolisierung. Diese Gestaltungstendenzen kennzeichnen auch die schizophrene Sprache.

Bei der weiteren Beschäftigung mit den Merkmalen schizophrener Gestaltung wurde es jedoch immer klarer, daß es sich dabei keineswegs um Phänomene handelt, die für die schizophrene Psychose spezifisch sind. Man findet die gleichen Erscheinungen auch bei anderen seelischen Störungen, man findet sie in der psychischen Entwicklung des Kindes, bei Naturvölkern und in fremdartigen Kulturen, aber auch in der europäischen, vor allem in der sogenannten modernen (antinaturalistischen) Kunst. Es ergab sich der Schluß, daß jene Vorgänge, die die schizophrene Symptomatologie auf dem Gebiet des Zeichnens und der Sprache hervorbringen, nichts anderes als die kreativen Grundfunktionen des Menschen sind. Man braucht das Wort »Grundfunktionen« nicht in einem mechanistischen Sinne zu verstehen. Man kann die kreativen Vorgänge auch als verschiedene Aspekte eines ganzheitlichen Geschehens, eines Entwicklungsvorganges oder eines Abbau- und Restitutionsvorganges betrachten.

Der Mensch wird schöpferisch durch einen Verlust oder einen Mangel. Das Kind entwickelt ganz von selbst das Bedürfnis, die Sprache zu erlernen. Das ist dem Kind aber nur soweit möglich, wie es physiognomisch erleben, formal bewältigen, rational erfassen kann. Das Lernen erfordert nämlich ebenfalls Kreativität, nicht nur die Neuschöpfung. Der schizophrene Kranke ist bereits im Besitz der Sprache und kann sie zu verschiedenen Zwecken des täglichen Lebens verwenden, ohne dabei besonders kreativ zu sein. Durch den veränderten Zustand seines Bewußtseins, durch die Psychose, kann dieses Kommunikationsmittel seiner Verfügung jedoch mehr oder weniger entgleiten, dem normalen Gebrauch entzogen werden. Nun muß an die Stelle des Verlorengegangenen, wie beim Kind, wieder seelische Eigentätigkeit treten. Wenn dem schizophrenen Menschen die volle Wiederanpassung an die soziale Realität nicht gelingt, wenn also keine Heilung eintritt, dann führen physiognomisierende, formalisierende und symbolisierende Tendenzen zu Veränderungen, Entstellungen und Neubildungen der Sprache.

Das Kind und der urtümliche Mensch leben in einer physiognomischen Welt. Man versteht unter Physiognomisierung eine Vermenschlichung, Verlebendigung, Beseelung der äußeren Dinge. In dieser Ausdruckswelt haben die Gegenstände nicht bloß sachliche Qualitäten, sondern Eigenschaften, die man an nahestehenden Menschen erlebt hat, eben seelische Eigenschaften: ein Berg kann drohen, die Sonne lachen, eine Bank zum Sitzen einladen. In dieser ursprünglichen Erlebnisweise hat auch die Sprache physiognomischen Charakter. Wenn die Sachen selbst nicht rein sachlich wahrgenommen werden, werden auch ihre Namen nicht bloß als Bezeichnungen aufgefaßt; sie haben den Ausdruckswert der Dinge und werden selbst als Dinge betrachtet. Aber nicht nur Kinder und Primitive, auch die erwachsenen Kulturmenschen verbinden mit bestimmten Wörtern mehr oder weniger physiognomische Erlebnisse. Eine besonders intensive Physiognomisierung der Sprache findet in der Lyrik und in der schizophrenen Psychose statt.

Durch Physiognomisierung wird die ursprüngliche Welt belebt, beseelt, noch ehe die Gegenstände klar voneinander abgegrenzt sind und ihre gleichbleibende Identität besitzen, noch ehe sich ein konstantes Ich gebildet und sich den Dingen gegenübergestellt hat. Diese ursprünglich gegebene physiognomische Welt wird in einem darauf folgenden Entwicklungsschritt durch Bewegungen und Handlungen, die zu den Existenzbedingungen des Erwachsenen gehören, neu geordnet. Durch das Zusammenwirken unserer Sinneseindrücke mit unserem Handeln entstehen die Gegenstände; deren sachliche Qualitäten schließen das Physiognomische zunächst aus. Die Ordnung, die durch unsere Bewegungen und unser Handeln hervorgerufen wird, tritt als Formalisierung in Erscheinung; und Formalisierung bedeutet Entseelung, »Entphysiognomisierung«; ihr Auftreten ist eine Begleiterscheinung der Subjekt-Objekttrennung und der genauen Erfassung des Gegenständlichen. Formalisierung ist die Voraussetzung von »Objektivität«. In weiterer Folge können die Objekte allerdings wieder physiognomisiert werden, wodurch sie neben ihrer sachlichen Bedeutung auch wieder eine physiognomische Valenz für uns erhalten.

Die Lautäußerungen des Menschen sind zunächst nur Kundgabe und Appell, Wunsch- und Gefühlsausdruck; sie sind aber auch ein psychomotorischer Akt, ein Bewegungsgeschehen; dadurch werden sie allmählich verfestigt, gegliedert, geordnet und willentlich reproduzierbar gemacht. Regelmäßige und monotone Lautäußerungen haben ähnlich wie entsprechende Körperbewegungen eine beruhigende Wirkung; man denke an gewisse Formen des Betens, Zuredens, In-den-Schlaf-Singens; Affekte können dadurch gedämpft, Angst kann unterdrückt werden.

Formalisierung bedeutet deshalb auch im sprachlichen Bereich – und im Bereich vorsprachlicher Lautäußerungen – »Entphysiognomisierung«. Die Namen und Worte müssen aber bald wieder physiognomisiert, mit Affekten besetzt werden, und die neuerliche Formalisierung beginnt, wenn die Sprache rein sachlichen Charakter und ausschließlich rationale Bedeutung erhält.

Eine weitere Erscheinungsweise schöpferischer Eigentätigkeit des Menschen, die dritte Grundfunktion der Kreativität, besteht in dem Erleben und Erkennen von Bedeutungen, in der Symbolschöpfung oder Symbolisierung. Im Laufe des Lebens muß man die Bedeutung vieler Symbole erlernen. Man vergißt sie wieder, wenn das Lernen dabei mehr mechanisch erfolgt und das Erlernte im Leben keine Anwendung findet. Das mechanische Lernen unterscheidet sich von dem intuitiven, gefühlsmäßig bestimmten Erahnen und Erkennen von Zusammenhängen, von dem lebendigen Lernen, das immer ein kreatives Lernen ist.

Die Symbolisierung ist von Physiognomisierung und Formalisierung wohl abhängig, durch die neue Kategorie der Bedeutung aber doch eine weitere Stufe im Bereich des Seelischen. Die Physiognomisierung verleiht Ausdruck, die Symbolisierung schafft Bedeutung. Ausdruck wird erlebt, Bedeutung wird bewußt. Physiognomisches Erleben und Bedeutungsbewußtsein liegen auf verschiedenen Ebenen des Bewußtseins.

In aufeinander folgenden Stadien der Entwicklung des menschlichen Geistes haben Symbole zunächst eine geheimnisvolle (mythische) und dann eine rätselhafte (magische) Bedeutung; schließlich können sie rationale Bedeutung erlangen. Von der geheimnisvollen Atmosphäre des Symbolischen – die noch dem ursprünglichen physiognomischen Erleben nahesteht – bis zur Festlegung einer rationalen Bedeutung ist es jedoch ein weiter Weg. Rationale Bedeutung setzt einen Bedeutungsträger und damit ein gut funktionierendes Gegenstandsbewußtsein voraus. Subjekt und Objekt müssen bereits klar getrennt sein und ihre bleibende Identität besitzen.

Ein Bedürfnis, sich wieder in die geheimnisvolle Atmosphäre des Symbolischen zu begeben, entsteht dann, wenn das rationale Beziehungsgefüge gelockert und die Widersprüchlichkeit menschlichen Daseins wieder stärker empfunden wird. Das ist in stärkstem Ausmaß in der Schizophrenie der Fall.

Wie äußern sich nun die kreativen Grundfunktionen in der schizophrenen Sprache? Ich wähle einige Beispiele aus den Gedichten von Ernst Herbeck.[32]

Physiognomisierungen findet man in ganz verschiedenen Schichten der Sprache und des geschriebenen Textes, zum Beispiel in der Aussage: »stumm sehen dich die Augen an. der stumme Blick der Rose.«

Auch wenn die Farben »rufen« und mit »du« angesprochen werden, handelt es sich um eine Physiognomisierung:

Die Farbe war rosarot
da kam blau dazu und rief
viola viola violetta.
violett war schön doch nur am Himmel.
ganz einfach diese Farbe war
schön du violett.
Der Ruf der Farben violett.

Auch wenn es heißt: »Schwarz ist auch dumm«, liegt eine Physiognomisierung vor, ebenso, wenn Ernst Herbeck die Schreibmaschine »brav« nennt und wenn er sagt: »Schreiben möchte ich, dich gerne.« Weitere Beispiele von Vermenschlichung: »der Franc ist gelb. – brünett.« »Der Mann im Monde sieht und grüßt.« »Der Herbst beginnt ein Lied zu lallen.« Einer anderen Sprachschicht, die physiognomischen Charakter hat, gehören die Ausrufe an, die sich in den Texten Herbecks gar nicht so selten finden: Heida, Heij, Ach, Au, Hu.

Noch deutlicher tritt die Physiognomisierungstendenz dann hervor, wenn die Regeln und Konventionen der Sprache ihre Verbindlichkeit mehr oder weniger verloren haben. Der Grund dafür liegt meist darin, daß sich im Erleben des Kranken die Wirklichkeit verändert hat, das Unwirkliche wirklich und das Wirkliche unwirklich geworden ist. Wenn die Welt ihre Konstanz verliert, betrifft dieser Konstanzverlust manchmal auch die Sprache. Herbeck sagt es selber: »Der Götze ... macht immer das verkehrte von dem was ist. sitzt er z. B. am Wagen so läuft er hin und her.« Deshalb macht Ernst Herbeck, wenn er spricht oder schreibt, auch häufig das Verkehrte von dem, was sein soll. Die Befreiung von gewissen Normen und Zwängen der Sprache gibt ihm jedoch neue Möglichkeiten. Er hält sich zum Beispiel nicht mehr an die Regeln der Groß- und Kleinschreibung. Herbeck nimmt sich gerne die Freiheit, nach einem Punkt den folgenden Satz mit kleinem Anfangsbuchstaben zu beginnen. Die Buchstaben können dadurch aber wieder eine physiognomische Valenz erhalten. Wenn etwa ein klein zu schreibendes Wort durch stärkere Betonung hervorgehoben werden soll, wird es von Herbeck nicht selten groß geschrieben: »es Lebe die Liebe«; »und Jeder hat ein Gesicht«; »Die Maske ist Sehr schön«.

Auch manche Wortneubildungen Herbecks lassen sich nur physiognomisch verstehen, aufgrund ihres Anmutungswertes, ihrer Sphäre, der Assoziationen, die sie im Kontext anklingen lassen: »panzte sich das Schwert heran. nein leider weiter geht es nicht. als bis zu mir herein« ... das »liebe«, »Heij heilige Schwert«, welches »mit Willen tief geprangert ist.« Auch das Wort »tränig« ist eine Physiognomisierung: »Der Regen ist tränig.« Die Worte »Gott«, »Vers« und »ebnen« sind zwar keine Neologismen, im Text, den Herbeck damit herstellt, aber auch nur physiognomisch zu verstehen:

Alexander ist ein Prophet des Mittelalters.
der es ermöglicht Gottes Vers
    zu ebnen. –
Landen in der See des Südens Italia.

Als die am meisten ursprüngliche Formalisierung, als die früheste Ordnungstendenz, ist die Wiederholung zu betrachten. Die Wiederholung des gleichen bringt etwas Festes, Dauerhaftes hervor, sie gibt einen inneren Halt; sie liegt den primitiven Tänzen, Gesängen, dem Ritual, dem Mythos, der Sprache zugrunde. Eine Neigung zu stereotyper Wiederholung tritt in Zuständen veränderten Bewußtseins deutlich hervor, besonders auch in der schizophrenen Psychose.

Unter Stereotypie versteht man eine Wiederholung, die mechanisch und ermüdend wirkt; sie wird meist mit einem negativen Werturteil versehen und mit psychischen Störungen in Zusammenhang gebracht. Der mechanischen Regelmäßigkeit, der stereotypen Wiederholung, stellt man gerne den lebendigen Rhythmus gegenüber. Es spricht jedoch manches dafür, daß die Lebendigkeit des Rhythmus einerseits etwas sehr Subjektives, andererseits etwas Sekundäres ist, eine sekundäre Physiognomisierung, und daß die Wiederholung, je urtümlicher sie ist, um so gleichmäßiger, regelmäßiger, stereotyper ist. Ich betrachte deshalb auch die stereotype Wiederholung als eine kreative Grundfunktion und sehe keine Schwierigkeit darin, weil ich der Kreativität als solcher einen biologischen, aber keinen unmittelbar künstlerischen Wert beimesse. Eine künstlerische Leistung bedarf zwar der Kreativität, aber keinesfalls ist jede kreative Leistung auch eine künstlerische.

In den Texten Herbecks ist die Tendenz zu allen möglichen Arten der Wiederholung sehr ausgeprägt, daneben findet sich aber auch eine Neigung zur Variation, zu nuancierender oder kontrastierender Abwandlung, und sowohl zu verhaltenem Gefühlsausdruck wie zu emotionsgeladener Rhythmisierung. In dem Gedicht ›Die Wolken‹ wird die gesamte erste Zeile zweimal unverändert wiederholt. Es ist wie die Ruhe vor dem Eintritt eines Gewitters, welches sich im zweiten Teil des Gedichtes in rhythmischen Kaskaden entlädt:

Die Wolken

die wolken so groß und weit
die wolken so groß und weit
die wolken so groß und weit
   die am felsen wie aufgesprossen/
   ein vorhang wie der osten so groß/und
   der widerhall im tal/war gut und schön/
   der partzifall wollte aufblicken/auf /
   und sah/sah auch/auf sie/die da hernieder-
   prasseln/wie schnee und eis/die regentropfen.*

Auch in dem folgenden Gedicht steht dreimal hintereinander der gleiche Satz:

Die Uhr

Sehr Schön sieht man auf die Uhr.
   Sie besteht aus mehreren Teilen.
   Sie besteht aus mehreren Teilen.
   Sie besteht aus mehreren Teilen.
   aus dem Ziffernblatt
   Schön Titelblatt und aus dem Uhrwerk,
   Schön sieht man auf die Uhr.

In dem Gedicht ›Grün‹ wird der Satz »Grün sind die Wälder« unverändert wiederholt, dann erfolgt eine geringfügige Abwandlung: »Grün sind die Blätter«. Den Schluß bildet ein harter Kontrast: »grün ist schön. Neben Mist.«

Grün

Grün ist die Farbe der Wiesen.
die Farbe grün, grün sind die Wälder.
Grün sind die Wälder.
Grün sind die Blätter.
Die grüne Farbe befindet sich im Behälter.
der Silo muß hellgrüne Farbe haben.
grün ist schön. Neben Mist.

In dem aus zwei Vierzeilern aufgebauten Gedicht ›Der Traum‹ beginnen drei Zeilen mit dem gleichen Wort, zwei Zeilen enden damit, und den Schluß des Gedichtes bildet das gleiche Wort, mit dem es beginnt:

---

* Die Schrägstriche entsprechen den Pausen, die Herbeck beim Vorlesen dieses Gedichtes macht. Die durchgehende Kleinschreibung stammt von Ernst Herbeck, hängt jedoch damit zusammen, daß er dieses Gedicht ausnahmsweise nicht mit der Hand, sondern mit der Schreibmaschine geschrieben hat.

Der Traum

Der Traum ist ein Papier
der Traum ist zur Nacht
da kam der Pförtner
der die Tore aufmacht.

der Traum ist klares Licht
der *Tod* ist die Frau
der Der Tag ist der Traum
und der Baum ist der Traum

Für den Endreim hat Herbeck keine Vorliebe, sehr häufig findet sich in seinen Gedichten aber die Wiederholung gleich klingender und ähnlich klingender Wörter sowie die älteste Form der Sprachbindung, der Stabreim: »Ehe man die Ehe spann.« »Ich bin schön meine ich; meine Sorge.« »Schwarz ist der Tag Täglich sehe ich Schwarz.« »Je wenn es kälter wird die rote Sichel rundet sich. Der Mond das Monat ältert sich.«

In dem neun Zeilen langen Gedicht ›Das Leben‹, welches dreißig Hebungen enthält, alliterieren fünfzehn mit dem Anlaut l und sechs mit dem Anlaut h:

Das Leben

Das Leben der Hühner ist rot.
Das Beben der nächstenliebe ist rot.
Das leben ist schön.
Beben der Herzen im Leibe der Hunde.
Das Leben der Herzen ist lieb.
Das Leben macht den Himmel heer.
Das Leben möchte länger sein.
langsamer es Lebe die Liebe.
langsames Leben ist lang.

Die Wiederholungstendenz Herbecks ist ein Symptom seiner Psychose. Man darf aber nicht übersehen, daß der gleiche verbale Automatismus ein ursprünglicher Impuls der dichterischen Sprache ist. Die Wiederholung ist die einfachste Art einer Ordnungsstiftung. Wiederbringung und Abwandlung beruhigen und beleben, rufen Gleichklang und Übereinstimmung, Überraschung und Erregung hervor.

Eine formalistische Tendenz verrät auch die ungewöhnliche Fülle der Satzzeichen, die Ernst Herbeck teils treffend, teils scheinbar willkürlich verwendet: »da hieß es nur ein Anfang nit ›die‹ Liebe – liebe ist es nicht.« Oder: »Ja da brechen wir zusammen, wenn der – ›Mensch‹ – die Menschen sieht.« Eigentümlich auch die Parenthesen: »und weinend jeder Morgen bricht die Frau. (Ahn).« »Das Augenlicht die Farbe auch. (Hu).« Gerade an diesem letzten Beispiel läßt sich das Wirken von Physiognomisierung *und* Formalisierung erkennen: »Hu« ist Ausruf, Affektäußerung. Und dieses Emotionell-Expressive wird eingeklammert! Die Satzzeichen sind Elemente der Ordnung, die den chaotischen Ablauf der Empfindungen und Gedanken kontrollieren, eindämmen sollen.

Der Formalismus dient der Affektabwehr; ebenso das betonte Streben nach Objektivität, die Flucht in die Objektivität, der Objektivismus. Diesem sonderbaren Drang nach Präzision und Sachlichkeit begegnen wir in vielen Gedichten Herbecks. Das Gedicht ›Der Regenbogen‹ zeigt Ernst Herbecks übergroße Scheu vor der Äußerung unkontrollierter Gefühle, ein nüchternes, rein deskriptives Gebilde, aber doch mit poetischen Qualitäten:

Der Regenbogen

Der Regenbogen hat fünf Farben.
Der Regenbogen ist rund oval
Der Regenbogen besitzt die Farbe
    gelb, rot, grün
Der Regenbogen hat auch blau und
    violett.
Der Regenbogen dauert fünfund-
    zwanzig Minuten

Die gefühlsstarke Bildverschmelzung ist der ursprünglichste Vorgang der Symbolbildung. In den Zeichnungen der Schizophrenen findet man Mischwesen und Monstren wie in der Vorstellungswelt der primitiven und archaischen Menschen, aber auch andere »surreale« Bildzusammenstellungen und -agglutinationen. Was im visuellen Bereich das Symbol ist, ist im sprachlichen die Metapher. Wie das Symbol kommt die ursprüngliche Metapher durch Bildagglutination zustande. »Du Schlange!« ist kein abgekürzter Vergleich, sondern gefühlstarke Bildverschmelzung. Die absurde Metapher wirkt besonders schizophren. Das vorher zitierte Gedicht ›Der Traum‹ besteht aus einer Kette absurder Metaphern: »Der Traum ist ein Papier«, »der Traum ist klares Licht«, »der *Tod* ist die Frau«, »Der Tag ist der Traum« und »der Baum ist der Traum«. Andere seltsame Metaphern Herbecks: »ein Hase war ein lieber Kuß.« »Der Mund einer Dame am Himmel stand.«

Man findet in den Texten Herbecks aber nicht nur ungewöhnliche Metaphern, die rätselhafte Verwendung mancher Worte erfolgt bei ihm auch nach metonymischen Prinzipien: »da sich im Schnee die Mähnen treffen« (Pferde?); »und nichts im Knie der Dame war« (?).

Die Verkoppelung von Widersprüchen bringt die Widersprüchlichkeit der Welt und die innere Widersprüchlichkeit Ernst Herbecks zum Ausdruck: »Die Hoffnung ist schwarz. Die Hoffnung ist immer weiß.« Es bedarf immer wieder der Bestätigung, daß A gleich A ist: »Die rote Farbe ist rot«, weil es im nächsten Augenblick heißt: »Rot sind manche Blaue Blätter.« In paradoxen und metaphorischen Wendungen stellt Herbeck sich selber dar, reflektiert er seinen seelischen Zustand, seine Ausgeschlossenheit und seine Gespaltenheit: »Der Mond die Sirene im Walde einst war«; »Die erste Tat vor dem Mond. Da ich noch darunter stand«; »da war es aus mit drum und dran. Die Welt sah anders aus.«

Das Gedicht ›Die Maske‹ beginnt mit den Worten: »Die Maske ist Lieb, ach wenn sie mir nur blieb«. Hierauf nennt Herbeck die Maske echt, sehr schön und dicht, und am Schluß heißt es: »Die Maske Blieb ihm«:

Die Maske

Die Maske ist Lieb, ach wenn sie mir nur blieb
Die Maske ist rund Die Maske Ist rund, Die
Maske ist rot Die Maske ist echt
Die Maske ist Sehr schön. Die Maske dient zum aufsetzen. Die Maske sie ist auch dicht
Die Maske dient für einen Ball Die Maske Blieb ihm.

Bemerkungen zum Begriff »psychisch krank«

Die Unterscheidung zwischen körperlichen und psychischen Krankheiten scheint heute selbstverständlich. Das war nicht immer so. Die Frage, ob es *psychische* Krankheit überhaupt gibt, stellte sich mir im Zusammenhang mit der Problematik des Begriffs »psychopathologische Kunst«. Im Jahre 1955 erschien das Buch ›L'art psychopathologique‹ des französischen Psychiaters Robert Volmat.[33] Die Bezeichnung »psychopathologische Kunst« hat in der darauffolgenden Zeit große Verbreitung gefunden, vor allem durch die von Volmat und anderen Psychiatern gegründete internationale Gesellschaft zur Erforschung der Psychopathologie des Ausdrucks (Société International de Psychopathologie de l'Expression) und ihrer zahlreichen Tochtergesellschaften.

Die Bezeichnung »psychopathologische Kunst« wurde in der Hauptsache als ein Euphemismus für die früher gebräuchlichen Worte »Irrenkunst« und »Bildnerei der Geisteskranken« geprägt. Der Begriff der Kunst war dabei weit gefaßt; gemeint war vor allem das Zeichnen und Malen psychiatrischer Patienten, von einer Beurteilung der künstlerischen Qualität hielt man sich eher fern. Man sah eine der Hauptaufgaben darin, Krankheitssymptome, das heißt diagnostisch relevante Merkmale in den Arbeiten der psychisch Kranken zu entdecken.

In meinem Buch ›Schizophrenie und Kunst‹[34] habe ich die These vertreten, daß die Stilmerkmale schizophrenen Gestaltens mit jenen Merkmalen, die Hocke[35] den manieristischen Epochen in der Geschichte der Kunst zugeschrieben hat, identisch sind. Ich hatte bei meinen Patienten Zeichentests im Behandlungs- und Heilungsverlauf von Psychosen durchgeführt und hatte dabei festgestellt, daß es schizophrene Merkmale gibt, die in den Zeichnungen schwanden, sobald bei dem Patienten eine Besserung oder Heilung eintrat. Ich mußte jedoch gleichfalls feststellen, daß es nicht möglich ist, aufgrund einer einzelnen Zeichnung bei deren Schöpfer eine Psychose zu diagnostizieren. Jede Zeichnung, wenn sie auch noch so »schizophren« auf uns wirkte, konnte ebensogut von einem Gesunden wie von einem schizophrenen Kranken hervorgebracht worden sein.

Mit Recht hatte Rennert[36] geschrieben, daß zeitgenössische Künstler im Hinblick auf Anzahl und Ausprägung »psychopathologischer Merkmale« in ihren Werken die schizophrenen Patienten mühelos übertreffen. Der Psychologe Maran[37] legte seinen Versuchspersonen – er hatte dazu lauter Kenner auf dem Gebiet der bildenden Kunst ausgewählt – Bildwerke moderner Künstler und solche künstlerisch unausgebildeter schizophrener Patienten vor und fand, daß jene nicht in der Lage waren, zwischen den Werken der Kranken und der Gesunden zu unterscheiden. Während jedoch die öffentliche Meinung und auch die Meinung mancher Experten vor nicht allzu langer Zeit – ähnlich der Ansicht Lombrosos* – noch dahin ging, daß Künstler, die wie psychisch Kranke zeichnen, malen, schreiben oder sich verhalten, selbst psychisch krank seien und »entartete Kunst« produzierten, bestand in unserer Zeit eigentlich kein Zweifel mehr daran, daß die gleichen Merkmale, die man in den Äußerungen psychotischer Menschen findet, in den Werken völlig gesunder Künstler ebenfalls vorkommen. Die Übereinstimmung psychopathologischer Merkmale mit Merkmalen der Kinderkunst, der archaischen und primitiven Kunst sowie der Kunst exotischer Kulturen führte uns schließlich zu der Ansicht, daß es einen eigenständigen »schizophrenen Stil« nicht gibt, daß es sich dabei vielmehr um eine allgemeinmenschliche Stilmöglichkeit handelt, die man als anti- oder pränaturalistisch, als manieristisch, als vorgestalthaft-halluzinatorisch bezeichnen und einem gegenständlich-figuralen, klassisch-naturalistischen Stil gegenüberstellen kann, der den Wahrnehmungskonstanten des normalen Erwachsenen weitgehend entspricht.

Die Frage, ob die aus psychischer Krankheit hervorgegangenen und die Merkmale der Psychose tragenden Ausdrucksweisen unserer Patienten »krank« oder »krankhaft« seien oder eben bloß gewissen allgemeinmenschlichen Ausdrucksmöglichkeiten entsprechen, spitzte sich noch mehr zu, als wir die Werke einzelner psychotischer Menschen als Kunst gewertet haben wollten. Wir waren der Meinung, daß die Kunst psychisch Kranker keine kranke Kunst (und deshalb minderwertige Kunst) sei und daß auch die Merkmale der Psychose in den Kunstwerken eines Wölfli, eines Hauser, eines Tschirtner Merkmale allgemeinmenschlicher Kunstäußerung und nicht spezifische Krankheitsmerkmale seien.

Unmittelbar nach dem Zweiten Weltkrieg begann der französische Maler Jean Dubuffet Bildwerke psychiatrischer Patienten und anderer künstlerisch unausgebildeter und wenig informierter Menschen zu sammeln. Dubuffet nahm aber nur solche Werke in seine Sammlung auf, die einen stark erfinderischen Charakter hatten und aus einer inneren Notwendigkeit so und nicht anders entstanden waren. Er legte einen strengen künstlerischen Maßstab an und nannte diese Arbeiten »Art brut« (rohe, ursprüngliche Kunst). Dubuffet definierte Art brut als eine Kunst von Menschen, die der kulturellen Kunst fernstehen, die ihre Werke oft mit den ärmlichsten Mitteln schaffen und die sich oft gar nicht für Künstler halten. Etwa die Hälfte der von

---

* Vgl. dazu in diesem Buch: ›Genie und Irrsinn‹ (Cesare Lombroso), S. 39f.

Dubuffet gesammelten Werke stammt von Patienten psychiatrischer Anstalten, die andere Hälfte von Menschen, die mit der Psychiatrie nicht in Berührung gekommen sind, von kulturellen und meist auch sozialen Außenseitern.

Hatten die Psychiater mit ihren Studien einer Psychopathologie des Ausdrucks und ihrem Begriff einer psychopathologischen Kunst alle Äußerungen ihrer Patienten, seien sie künstlerisch oder unkünstlerisch, ihrem Arbeitsbereich vorbehalten wollen, so bestritt Dubuffet diese Kompetenz. Er fand, daß die von den Patienten geschaffenen Kunstwerke ehrlich, vital und gesund seien und daß der Begriff einer psychopathologischen Kunst falsch sei. Diesen Eindruck hatten vor Dubuffet auch schon andere Künstler, die Surrealisten, vor allem Breton, auch Alfred Kubin, der sagte, daß die Kunst der Geisteskranken Geistesfrische ausstrahle. Dubuffet hat in jahrzehntelanger Arbeit seine umfangreiche Sammlung aufgebaut, er hat Ausstellungen veranstaltet und eine Publikationsreihe mit dem Titel ›L'Art Brut‹ herausgegeben, die laufend fortgesetzt wird. Seine »Collection de l'Art Brut« hat Dubuffet als Stiftung der Stadt Lausanne überlassen, die ein eigenes Museum dafür errichtet hat. Art brut, obgleich zum Teil von psychiatrischen Patienten geschaffen, wird heute von vielen Menschen als eine ursprüngliche Kunst anerkannt und ist dank dem kämpferischen Einsatz Dubuffets der Sphäre der Psychiatrie und dem Geruch des Krankhaften weitgehend entrückt.[38]

Bei voller Anerkennung und Würdigung dieser Leistung Dubuffets, die ja einer sozialen Rehabilitierung unserer Patienten gleichkommt, ergab sich für mich eine Schwierigkeit durch die Tatsache, durch die sich immer wieder neu bestätigende Erfahrung, daß die künstlerische Kreativität unserer Patienten gerade an jene psychischen Zustände gebunden ist, in denen wir Psychiater die Krankheit der Patienten sehen, nämlich vor allem an psychotische Zustände, und daß in den relativ normalen Zeiten eines Patienten, also in den Zeiten größerer seelischer Ausgeglichenheit und innerer Ruhe oder nach dem Abklingen einer Psychose, diese künstlerische Fähigkeit schwindet.

Die nächstliegende Erklärung für dieses Phänomen, die den Widerspruch zwischen der Ansicht Dubuffets und der psychiatrischen Erfahrung aufheben oder zumindest mildern könnte, schien nun darin zu liegen, daß man die kreativen Vorgänge in der Psychose als restitutive Tendenzen innerhalb des Krankheitsgeschehens verstand. Schon Freud hatte in den produktiven Symptomen der Psychose, vor allem in den halluzinatorischen und wahnhaften Erscheinungen, einen Restitutionsversuch gesehen. Er meinte, dem Psychotiker sei primär ein Stück der Realität verlorengegangen, das er durch die Erschaffung einer privaten Wirklichkeit zu ersetzen suche. Dieser zweite Schritt sei ein Heilungsversuch. Die Ersatzrealität sei jedoch eine Pseudorealität, eine Wahnwelt, und die restitutive Tendenz erreiche nicht ihr Ziel, sondern vertiefe die Krankheit nur. Eine Heilung erfolge nur dann, wenn der vor dem Ausbruch der Psychose vorhandene Realitätsbezug wieder eintrete.[39] Wie das Fieber bei einer körperlichen Krankheit wohl Symptom der Krankheit, aber gleichzeitig ein Abwehrvorgang ist, also ein Heilungsversuch, so könnte auch die künstlerische Kreativität in der Psychose darauf beruhen, daß die kreativen Grundfunktionen des Menschen mobilisiert werden, wenn der psychische Apparat geschädigt, der normale Zustand seines Bewußtseins beeinträchtigt worden ist.

Diese Erklärung ist jedoch insofern unbefriedigend, als dabei die Bezeichnung »psychopathologische Kunst« doch wieder gerechtfertigt wäre, denn Wahn und Halluzinationen, die schizophrene Stereotypie, das erhöhte Bedeutungsbewußtsein, die Deformationen und Neubildungen der Sprache, wenn auch als Versuch eines Ausgleichs des Realitätsverlustes verstanden, sind doch immer noch Symptome der Krankheit; eine Krankheitserscheinung bliebe auch die aus der Psychose hervorgegangene Kunst.

Will man die Kunst unserer Patienten jedoch als eine solche verstehen, die sich von der Kunst gesunder Menschen nicht wesentlich unterscheidet, die also nichts Krankhaftes (und deshalb Minderwertiges) an sich hat, obwohl sie von Menschen stammt, die an seelischen Störungen leiden und deren Kunst diese seelische Veränderung widerspiegelt, dann ist eine radikalere Wandlung unserer Begriffe erforderlich. Ich möchte zu diesem Zweck vorschlagen, daß wir den Begriff der *psychischen* Krankheit fallen lassen, zumindest aber nur mehr mit Vorbehalt verwenden.

Seelische Störungen, Behinderungen und Leiden können durch körperliche Erkrankungen hervorgerufen werden, sie können zum Beispiel die Folge einer Erkrankung des Gehirns sein oder einer anderen Krankheit, die das Gehirn in Mitleidenschaft zieht. Die progressive Paralyse, eine syphilitische Erkrankung des Gehirns, die zu schweren psychischen Veränderungen führt, ist keine psychische, sondern eine körperliche Erkrankung. Die senile oder arteriosklerotische Demenz ist ein vorwiegend intellektueller Abbau infolge einer organischen Veränderung des Gehirns. Auch das Delirium tremens bei chronischem Alkoholismus ist eine körperliche Krankheit.

Seelische Störungen, Behinderungen und Leiden können allerdings auch als Reaktion auf äußere Ereignisse auftreten, zum Beispiel nach schweren Enttäuschungen, beim Verlust eines nahestehenden Menschen oder auch als seelische Reaktion auf eigenes Mißgeschick, etwa auf körperliche Krankheit und Invalidität. Hierher gehören vor allem die zahlreichen leichteren seelischen Störungen, die sogenannten Neurosen, möglicherweise aber auch die sogenannten endogenen Psychosen, die Schizophrenien und manisch-depressiven Erkrankungen. Man stellt sich heute vor, daß diese seelischen Störungen durch das Zusammenwirken einer ererbten Konstitution und der seelischen Verarbeitung ungünstiger äußerer Umstände im Laufe des Lebens entstehen können.

Ein kurzer geschichtlicher Rückblick[40] macht vielleicht verständlich, wie es zu dem Begriff der psychischen Krankheit kam, welche Beweggründe für seine Erschaffung und Beibehaltung sprachen, aber auch inwiefern dieser Begriff heute problematisch und irreführend ist.

Die griechisch-römischen Ärzte waren extreme Somatiker. Sie betrachteten alle Geistesstörungen als körperliche Erkrankungen, obwohl sie keine rechten Vorstellungen über die körperlichen Ursachen dieser Zustände hatten. Der Krankheitslehre des Hippokrates und des Galen lag die Viersäftetheorie zugrunde. Krankheiten entstünden durch Störungen des Säftegleichgewichtes. Auch die vier Temperamente führten sie auf das Überwiegen eines dieser Säfte zurück: sanguinisch – Blut, cholerisch – gelbe Galle, melancholisch – schwarze Galle, phlegmatisch – Schleim. Abgesehen von ihrer spekulativen Ursachenlehre waren die Ärzte des Altertums jedoch Empiriker, sie wendeten sich gegen religiöse Krankheitserklärungen und traten für natürliche Behandlungsmethoden ein. Auf das Wissen und die Beobachtungen der griechisch-römischen Ärzte stützte sich die Medizin der folgenden Jahrhunderte und ihre empirisch-rationale Methode wurde zur Grundlage der modernen naturwissenschaftlichen Medizin.

Im Mittelalter ist diese naturalistische Auffassung der Geistesstörungen verlorengegangen, es erfolgte ein Rückfall auf frühere Kulturstufen. Die Geisteskranken waren nun wieder vom Teufel und bösen Geistern Besessene oder Hexen, die durch Zauberei alle möglichen Übel herbeiriefen. Exorzismus und Hinrichtung waren die Behandlungsmethoden. An manchen Orten ist die antike Tradition allerdings erhalten und weiter gepflegt worden. So wurden vor allem in arabischen Städten Spitäler für Menschen mit psychischen Störungen gegründet, zu Beginn der Neuzeit auch in Spanien und hierauf in anderen europäischen Städten.

Während des ganzen Mittelalters sind viele Teufel ausgetrieben, aber wahrscheinlich nicht so viele Hexen verbrannt worden wie im fortschrittlichen fünfzehnten und den zwei darauf folgenden Jahrhunderten. Die moralisch-ideologische und ökonomisch-politische mittelalterliche Gesellschaft war in Auflösung begriffen. Das mag der Grund dafür gewesen sein, daß gleichzeitig mit dem Protest, der sich nun aus humanistischer Gesinnung und wissenschaftlicher Haltung zu erheben begann, der kollektive Wahn einen Höhepunkt erreichte. Der

›Hexenhammer‹ der Dominikaner Heinrich Krämer und Jakob Sprenger ist 1486 erschienen. Aufgrund dieses Handbuches der Inquisition war jeder eine Hexe oder ein Hexenmeister, der nur im geringsten von der Norm abwich und als Außenseiter galt.

Das Erwachen einer humanen Gesinnung gegenüber den Menschen mit psychischen Störungen ging mit dem Zweifel an den übernatürlichen Ursachen dieser Erscheinungen einher. In den Schriften über Geisteskrankheit tauchte der Begriff der »Imaginatio«, der Einbildungskraft auf. Diese Imaginatio ist mit unserem heutigen Begriff der Suggestion verwandt. Sie ist eine Kraft, die körperliche Krankheiten und seelische Störungen hervorrufen, aber auch heilen kann.

Viele Ärzte jener Zeit, die natürliche Erklärungen menschlichen Verhaltens suchten, glaubten allerdings weiter an Hexerei und an Besessenheit, sie vertraten jedoch die Ansicht, daß es sich dabei um seltene Vorkommnisse handelt und daß die meisten Hexen und Besessenen Kranke seien und einer ärztlichen Behandlung bedürften. Das mutige Eintreten für die wegen Hexerei Verfolgten hat den Trägern dieser »ersten psychiatrischen Revolution« bei der Nachwelt Ruhm, durch ihre Zeitgenossen aber auch Angriffe und Haß eingetragen. Es verdient erwähnt zu werden, daß auch die große spanische Mystikerin, die heilige Theresa von Ávila (1515–1528), ihre hysterischen Ordensschwestern vor der Inquisition in Schutz genommen hat, indem sie erklärte, daß diese Frauen krank seien.

Erst gegen Ende des siebzehnten Jahrhunderts wurde in Frankreich durch königliches Dekret die Todesstrafe für Hexen abgeschafft. Andere Länder folgten später. Von einer medizinischen Behandlung der Tobenden, halluzinatorisch Erregten und Verwirrten war man aber auch dann noch weit entfernt. Man betrachtete diese Menschen als unheilbar, sie wurden in Gefängnisse gesperrt und befanden sich in der Regel außerhalb des ärztlichen Bereichs. Die Ärzte hatten sogar das Recht, die Behandlung Geisteskranker abzulehnen. Nur selten wurden diese Unglücklichen so menschlich behandelt, wie in einigen Institutionen, die der heilige Vinzenz von Paul (1576–1660), der Begründer der neuzeitlichen katholischen Caritas, ins Leben gerufen hatte. Manchmal wurden geistig gestörte Menschen auch in Spitäler aufgenommen, viel anzufangen wußte man dort mit ihnen allerdings nicht. In den Aufnahmebüchern des Julius-Spitals in Würzburg aus den Jahren 1598 bis 1628 finden sich als Diagnosen die folgenden Krankheitsbezeichnungen: »Etwas verrückt«, »verrückten Hauptes«, »seiner Vernunft beraubt«, »ganz sinnlos«, »ein unbesunnenes und sinnloses Weib«, »unbesunnen und besessen«, »unbesunnen und im Sinne zerrüttet«, »wahnwitzig«, »besessen und durch Reverendum patrem Gerhardum exorciert«, »nit bei Sinnen«, »eine angefochtene Magd«, »mit Unsinnigkeit beladen«, »ein Besessener mit dem bösen

Feind«, »mit Zauberei behaftet«, »von vielen Dämonen besessen«, »eine narrete und unbesunnene Frau« usw.[41]

Während die Ärzte des siebzehnten Jahrhunderts mit der Behandlung psychotischer Menschen praktisch nichts zu tun hatten, hat sie ein anderes Gebiet, das man heute der Psychiatrie zuzählt, in ihren Sprechstunden bereits sehr beschäftigt. Sie klagten darüber, daß die Hypochondrie im Ansteigen sei, und der berühmte englische Arzt Thomas Sydenham (1624–1689) meinte, daß die Hälfte seiner nicht fiebernden Patienten hysterisch sei.

Eine entscheidende Wendung in der Auffassung der Geistesstörungen brachte erst das achtzehnte Jahrhundert mit der Philosophie der Aufklärung. An die Stelle der unsterblichen Seele trat nun das an den lebenden Organismus gebundene Seelische. Dem Somatismus gesellte sich der Psychologismus zu. Im achtzehnten Jahrhundert wurde die Bedeutung des Nervensystems für das Seelenleben erkannt. Von dem englischen Arzt Cullen wurde der Ausdruck »Neurose« geprägt. Die Erforschung des Nervensystems führte dazu, daß psychische Störungen, die man bis dahin auf »Säfteverderbnis« zurückgeführt hatte, nun mit dem Nervensystem in Beziehung gesetzt wurden. »Erst seit dem 18. Jahrhundert kann man ›nervös‹ sein«, schreibt Ackerknecht.[42]

Zu Beginn des neunzehnten Jahrhunderts nannten sich die Ärzte, die in den Irrenanstalten arbeiteten, »psychische Ärzte«, der Ausdruck »Psychiater« wurde erst später gebräuchlich. Es war die Zeit der romantischen Medizin. Es kam zu einer neuerlichen Mystifizierung der Geistesstörungen. Zahlreiche damals führende Mediziner betrachteten jede Krankheit als ein Resultat der Sünde. Ihr prominentester Vertreter auf psychiatrischem Gebiet war Johann Christian August Heinroth (1773–1843). Für ihn war Geistesstörung eine Erkrankung der Seele und im wesentlichen »Unfreiheit«. Der Sünder sei von Gott mit dem Verlust seines freien Willens bestraft worden. Dennoch sei der Geisteskranke für seine Taten verantwortlich, da ja die Sünde Ursache seiner Krankheit sei. Justinus Kerner, Arzt und Dichter (1786–1862), und andere Ärzte dieser Zeit haben wieder an die Besessenheit geglaubt und den Exorzismus empfohlen.

Um die Mitte des vorigen Jahrhunderts erschien dann Wilhelm Griesingers Buch ›Die Pathologie und Therapie der psychischen Krankheiten‹, welches zur Grundlage der deutschen naturwissenschaftlichen Psychiatrie wurde.[43]

Im Paragraph 1 von Griesingers Lehrbuch heißt es: »Das Irresein ... ist ein Symptom; die Aufstellung der ganzen Gruppe der psychischen Krankheiten ist aus einer symptomatologischen Betrachtungsweise hervorgegangen ... Der erste Schritt zum Verständnis der Symptome ist ihre Lokalisation. Welchem Organ gehört das Phänomen des Irreseins an? – Welches Organ muß also überall und immer notwendig erkrankt sein, wo Irresein vorhanden ist? – Die Antwort auf diese Frage ist die erste Voraussetzung der ganzen Psychiatrie.« »Zeigen uns physiologische und pathologische Tatsachen, daß dieses Organ nur das Gehirn sein kann, so haben wir vor allem in den psychischen Krankheiten jedesmal Erkrankungen des Gehirns zu erkennen.« Griesinger war sich bewußt, daß er eine Einteilung der psychischen Krankheiten – die für ihn also körperliche Krankheiten waren – nach den zugrundeliegenden Gehirnveränderungen, die er generell postuliert hatte, noch nicht geben konnte. Wie die ganze Klasse der Geisteskrankheiten nur eine symptomatologisch gebildete sei, meinte er, so würden sich auch ihre verschiedenen Arten nur durch verschiedene Symptomenkomplexe charakterisieren lassen. Statt des anatomischen Einteilungsprinzips müsse vorläufig ein funktionelles, physiologisches herangezogen werden, das im Falle der geistigen Störungen ein psychologisches sei.

Griesinger war Internist. Sein berühmtes Buch über die psychischen Krankheiten hat er in jungen Jahren nach nur zweijähriger Tätigkeit in der Heil- und Pflegeanstalt Winnenthal geschrieben. Erst in seinen letzten Lebensjahren hatte er den neu gegründeten Lehrstuhl für Psychiatrie und Neurologie in Berlin inne. In Würdigung seines Einflusses auf die heutige Psychiatrie schreibt Ackerknecht: »Wie Marx für sich beanspruchte, Hegels Philosophie zwar verwertet, aber gleichzeitig ›auf die Füße gestellt‹, d. h. materialistisch interpretiert zu haben, so hätte auch Griesinger von sich sagen können, daß er die romantische Psychiatrie ›auf die Füße gestellt habe‹.«[44]

In der zweiten Hälfte des neunzehnten Jahrhunderts machten die Hirnanatomie und -physiologie große Entdeckungen; so fand Paul Broca im Jahre 1861 in der linken unteren Stirnwindung das sogenannte »Sprachzentrum«, eine Stelle, an der das Sprechvermögen lokalisiert zu sein schien. Lokalisationen anderer psychischer Funktionen folgten, so daß man sich in der Ansicht, geistige Störungen seien Gehirnkrankheiten, bestärkt fühlte. Auch die Erkenntnis der syphilitischen Verursachung der progressiven Paralyse, einer zu den verschiedenartigsten psychischen Störungen führenden Gehirnerkrankung, stützte diese Auffassung. Bei den Neurosen und den sogenannten endogenen Psychosen (Schizophrenie und manisch-depressive Krankheit) konnten allerdings – bis heute – die postulierten Hirnkrankheiten nicht nachgewiesen werden.

Schon in den siebziger Jahren des achtzehnten Jahrhunderts begann der Wiener Arzt Franz Anton Mesmer (1734–1815) mit einer Methode, die er »tierischen Magnetismus« nannte, bei neurotischen Patienten außerordentliche Heilerfolge zu erzielen. Er glaubte, daß ein magnetisches Fluidum von seiner Hand oder einem mit magnetischer Kraft geladenem Stab auf den Patienten übergehe. Im Jahre 1778 übersiedelte Mesmer wegen dauernder Anfeindungen von Wien nach Paris, wo er durch seine Heilungen sogleich wieder eine große Anhängerschaft gewann, aber auch heftigen Anklagen wegen Scharlatanerie ausgesetzt war. Nachdem seine Methode von einer königlichen Kommission, der auch Lavoisier, Bailly und Franklin angehörten, abgelehnt worden war, zog er sich an den Bodensee ins Privatleben zurück. Der Mesmerismus breitete sich jedoch infolge seiner großen therapeutischen Erfolge in zahlreichen Ländern weiter aus. Allmählich erkannte man, daß es nicht magnetische, sondern psychologische Phänomene seien, welche die Heilwirkungen entfalteten. Schließlich prägte der englische Chirurg James Braid um die Mitte des neunzehnten Jahrhunderts die Ausdrücke Hypnose und Suggestion.

An der Salpêtrière in Paris lehrte der durch seine Entdeckungen auf dem Gebiet der Neurologie berühmte Jean Martin Charcot (1825–1893). Seine Beschäftigung mit Hysterie und Hypnose erregte weltweites Interesse, obwohl Charcot schwerwiegende Irrtümer unterliefen. So betrachtete er den »Ovarialdruckschmerz« als ein außerordentlich spezifisches Merkmal der Hysterie und sanktionierte auf diese Weise die operative Entfernung der Ovarien bei Tausenden von Frauen, deren Hysterie man so zu heilen suchte. Auf einer mehr rationalen Grundlage wurde die Suggestionstherapie vor allem von Liébeault und Bernheim in Nancy erforscht und ausgearbeitet.

Der junge Sigmund Freud besuchte 1885 Charcot in Paris und reiste 1889 nach Nancy. Er hatte Werke von Charcot und Bernheim ins Deutsche übersetzt. Freud war der erste, der auch Geistesstörungen psychologisch zu interpretieren wagte, ohne dabei die Basis naturwissenschaftlichen Denkens zu verlassen. Er meinte, aus der schmerzlichen Wirklichkeit würden manche Menschen in die Wunscherfüllung eines Wahnes flüchten. Der Wahn sei Verzweiflung, Trost und Selbstheilung zugleich. Freud beschäftigte sich jedoch selbst nicht mit der Behandlung solcher Störungen, das versuchten erst seine Schüler. Freud war ja weder an einer Klinik, noch in einer psychiatrischen Anstalt tätig, hatte also wenig Beziehung zu psychotischen Patienten, als er psychoanalytisch zu arbeiten begann. Sein Forschungsfeld waren die Neurosen, an denen jene Menschen litten, die in die Sprechstunde des Nervenarztes kamen.

Ackerknecht schreibt, daß Sigmund Freud in der ersten Hälfte des zwanzigsten Jahrhunderts zum berühmtesten Arzt seiner Zeit geworden ist. Die außerordentliche Verbreitung, die die Psychoanalyse fand, sei jedoch weniger auf Freuds theoretische Konzeptionen als auf ihre therapeutischen Erfolge zurückzuführen, und dabei sei es gut möglich, daß diese Heilerfolge immer noch auf den im Grunde unverstandenen Phänomenen der Beichte und der Suggestion beruhten, die schon der Medizinmann so erfolgreich verwendet habe.

Historisch gesehen, lassen sich die Wurzeln der Psychoanalyse über Hypnose-, Suggestionsbehandlung und Mesmers »tierischen Magnetismus« bis zu den Exorzismus-Ritualen der katholischen und evangelischen Kirche zurückverfolgen.[45] So hatte sich Mesmer mit einem berühmten Exorzisten seiner Zeit auseinanderzusetzen, wobei er demonstrierte, daß er die gleichen Erscheinungen wie jener zustandebringe. Er war der Ansicht, daß auch der Exorzist mit »tierischem Magnetismus« heile. Beim Exorzismus sprechen aus dem Besessenen die Teufel und Dämonen und bringen die Wahrheit an den Tag. Im magnetischen Schlaf, in der Hypnose, in der Narkoanalyse spricht der Patient in einem veränderten Zustand des Bewußtseins, dabei erfolgt eine Abreaktion gestauter Affekte, eine Reinigung. In der Psychoanalyse wurde an die Stelle dieses Sprechens die »freie Assoziation« gesetzt. Nun wurde durch sie die heilende Erkenntnis gefördert, die beim Besessenen der Teufel ausgesprochen und offenbart hatte. Roland Fischer bezeichnete die Psychoanalyse scherzhaft als eine »folie à deux«, die unter glücklichen Umständen in einer »Erleuchtung zu zweit« gipfle.

Schon dieser kurze Rückblick auf die Geschichte der Psychiatrie zeigt, daß psychische Krankheit etwas völlig anderes als körperliche Krankheit ist. Wenn man seelische Störungen nicht als Symptom einer körperlichen Krankheit auffassen kann, dann handelt es sich im Grunde darum, daß Menschen nicht imstande sind, ihre Lebensschwierigkeiten zu bewältigen, daß sie deshalb leiden, in ihrem Erleben und Verhalten gestört und behindert sind, es handelt sich um psychologische und soziale Probleme selbst dann, wenn sich diese Menschen krank fühlen oder sogar infolge ihrer seelischen Störungen körperliche Symptome bei ihnen auftreten.

Es war sicherlich eine große Errungenschaft, als man zu Beginn der Neuzeit und in den folgenden Jahrhunderten die geistesgestörten Menschen nicht mehr als Besessene und Hexen, sondern als Kranke betrachtete. Es bedurfte dazu eines leidenschaftlichen und nicht ungefährlichen Kampfes der humanistisch gesinnten und auf die Vernunft vertrauenden Ärzte gegen die mächtigen kirchlichen Institutionen und Traditionen. Und es ist nur zu gut verständlich, daß in der Erinnerung an diese jahrhundertelangen Auseinandersetzungen der Begriff des psychischen Krankseins von den Ärzten festgehalten und verteidigt worden ist.

Und noch ein anderer Umstand hat die Bezeichnung »psychisch krank« nahegelegt, der nicht so sehr idealistisch als vielmehr pragmatisch ist. Die vielen Patienten, die seit dem siebzehnten Jahrhundert und wahrscheinlich auch schon früher in die ärztlichen Ordinationen kamen und über die mannigfaltigsten Beschwerden klagten, mußte man sie nicht »krank« nennen? Dazu hatte man ja die Ausdrücke Hypochondrie, Hysterie, Neurose erfunden. Als sich jedoch immer deutlicher herausstellte, daß es sich dabei nicht um körperliche Krankheiten, sondern bloß um ängstliche Befürchtungen, »Einbildungen«, seelische Komplexe handelt, bot sich der Begriff der *psychischen* Krankheit an. Es wäre ja auch mit der Aufgabe und dem Gewissen des Arztes nicht zu vereinbaren gewesen, hätte man behauptet, daß diese Menschen grundlos kämen und daß sie sich ohne Grund krank fühlten.

Es gibt psychogene Krankheiten, das heißt körperliche Krankheitserscheinungen, die durch seelisches Erleben verursacht oder mitbedingt sind. Man denke an psychogene Lähmungen oder an die sogenannten psychosomatischen Krankheiten, wie zum Beispiel das Magengeschwür, Colitis (Dickdarmentzündung) oder Asthma bronchiale. Und es gibt seelische Störungen, die als Folgeerscheinung und als Symptom körperlicher Krankheit auftreten; in diesem Sinn sprach Griesinger von »psychischen Krankheiten«. Heute sind wir der Ansicht, daß die meisten neurotischen und wahrscheinlich auch manche psychotische Störungen (etwa die Schizophrenien) keine körperlichen Krankheiten sind, sondern Störungen des Erlebens und Verhaltens, die bei manchen Menschen auftreten, und zwar infolge einer besonders verletzlichen psychischen Konstitution und einer besonderen Anhäufung schwieriger Lebensbedingungen. Diese Menschen sind nicht krank im eigentlichen Sinne, man muß sie allerdings oft wie Kranke behandeln. Sie verhalten sich so, »als ob« sie krank wären, »psychisch krank« heißt in diesen Fällen »sozusagen krank«. Dieser Begriff des psychischen Krankseins sollte aber heute nicht mehr wie ein Pendant zu körperlicher Krankheit verwendet werden. Dennoch wird die Beziehung dieser seelisch gestörten Menschen zur Medizin auch in Zukunft nicht gänzlich verlorengehen. Besonders für jene Menschen, die an psychotischen Störungen leiden, wird der Arzt in erster Linie zuständig bleiben, und zwar aus folgenden Gründen:

1. Eine Störung des Erlebens und Verhaltens, die wie eine Schizophrenie, eine Manie oder eine Depression aussieht, kann Folge und Symptom einer körperlichen Krankheit sein, eines Gehirntumors, einer chronischen Vergiftung, einer infektiösen Erkrankung, das heißt, es muß bei jeder Psychose eine körperliche Krankheit entweder festgestellt oder ausgeschlossen werden. Schon deshalb sollte die primäre Beurteilung einer seelischen Störung Sache des Arztes sein.
2. Es könnte sein, daß auch in jenen Fällen, in denen eine zugrundeliegende körperliche Krankheit derzeit nicht gefunden werden kann, also zum Beispiel bei den chronischen Schizophrenien, früher oder später doch eine Stoffwechselstörung, eine biochemische Fehlsteuerung entdeckt wird. Es muß deshalb von der Medizin weiter danach geforscht werden.

3. Die Behinderung psychotischer Menschen durch ihre Störung ist so schwer, daß diese in rechtlicher und sozialer Hinsicht den gleichen Schutz und die gleiche Hilfe wie Kranke brauchen.
4. Die medikamentöse Behandlung psychischer Störungen, auf die kein Therapeut heute gänzlich verzichten will, kann nur von Ärzten durchgeführt werden.

Ich würde also vorschlagen, bei jenen Menschen, die sich in unsere Behandlung begeben, weiter von *Patienten* und wegen der Schwere ihrer seelischen Veränderungen, des Krankheitswertes mancher seelischer Störungen und der Notwendigkeit einer medikamentösen Behandlung auch von *Kranken* zu sprechen; der Begriff einer »psychischen Krankheit« und der der »Geisteskrankheit« sollte jedoch nicht mehr verwendet werden.

Er wird oft deshalb fragwürdig, weil die Abgrenzung von Krankheit und Gesundheit im Bereich des Seelischen viel schwieriger und problematischer als im Bereich des Körperlichen ist. Schwere manische und schwere depressive Zustände lassen sich mit ziemlicher Sicherheit als Psychosen, das heißt als seelische Störungen mit Krankheitswert, diagnostizieren. Die leichten manischen und depressiven Zustände gehen jedoch fließend in das Seelenleben des Gesunden über. Es gibt zwar typische Fälle schizophrener Psychosen, bei deren Feststellung eine hohe Übereinstimmung der Untersucher besteht. Neben dieser »Kerngruppe schizophrener Erkrankungen« gibt es jedoch Randerscheinungen, deren Definition unscharf und deren Diagnose unsicher ist. Besonders schwierig ist es zu sagen, wo die Neurose aufhört und die Normalität beginnt, und ich glaube nicht, daß man Menschen mit leichteren neurotischen Störungen als Kranke betrachten soll. Wenn Freud die sogenannten Fehlleistungen (Versprechen, Vergessen, Verlegen usw.) unter dem Titel ›Psychopathologie des Alltagslebens‹ beschreibt, dann liegt hier zweifellos eine unzulässige Ausdehnung des Krankheitsbegriffs vor.

Thomas S. Szasz[46] hat sehr eindrucksvoll die Meinung vertreten, daß durch das Wort »psychisch krank« soziale und psychologische Konflikte, die wir nicht lösen können, kaschiert werden. Der Glaube an psychische Krankheit sei die legitime Erbschaft des Glaubens an Dämonologie und Hexerei. Psychische Krankheit existiere oder sei »real« in genau der gleichen Weise, in der Hexen existierten oder »real« waren. »Wer keinen Sinn für Religion hätte – müßte doch an ihrer Stelle etwas haben, was für ihn das wäre, was anderen die Religion ist«, schreibt Novalis. Vielleicht ist dieses Etwas für uns heute die Ideologie der Gesundheit mit ihren Unterabteilungen Psychische Hygiene und Mental Health. Statt in die Kirche zu gehen, begibt man sich zu einer Analyse, oder man nimmt an einer »Gruppe« teil. Der moderne Glaube besagt, daß das Zusammenleben der Menschen normalerweise friedlich, glücklich und harmonisch ist, wenn die Menschen nach vernünftigen, psychohygienischen Richtlinien leben. Unvernünftige (krankhafte) Abweichungen von diesen Prinzipien müssen durch die Experten für seelische Gesundheit aufgezeigt und korrigiert werden. Dazu hat die Weltgesundheitsorganisation zum Beispiel festgestellt, daß etwa hundert Millionen Menschen an einer klinisch faßbaren Depression leiden und einer Behandlung bedürften.

Die Psychohygieniker sind Idealisten; sie wollen auf die Politiker Einfluß nehmen und glauben an die Möglichkeit, die öffentliche Moral verbessern zu können. Aber was ist »psychische Gesundheit«? In totalitären Systemen fällt die Antwort leicht: Wer mit dem Regime nicht konform ist, ist psychisch krank. In den Demokratien westlicher Prägung gibt man zu, daß es kaum möglich ist, psychische Gesundheit zu definieren. Gesundheit ist ja immer bedroht, sie ist nichts Dauerhaftes. Wir würden alle zuviel von Gesundheit reden, meinte Friedrich Deich,[47] und einige Leute würden uns gerne vorschreiben, was wir zu glauben und zu meinen haben, damit wir das behalten, was man als »psychische Gesundheit« bezeichnet. Es bestehe aber die Gefahr, daß man uns eine fertige psychische Gesundheit liefere, ohne zu wissen, was psychische Gesundheit überhaupt ist. Für Platon gehörte Gesundheit zu den kleineren, menschlichen Gütern, neben Schönheit, Kraft und Reichtum. Unter diesen Werten stand Gesundheit für ihn an erster Stelle. Als die größeren, göttlichen Güter nannte er: Weisheit, Mäßigung, Gerechtigkeit, Tapferkeit.

Zu den bisher aufgezählten Gründen, die gegen den Begriff einer psychischen Krankheit sprechen, kommt der folgende: Es ist seit jeher bekannt, daß es bei völlig gesunden Menschen psychische Ausnahmezustände gibt, Rauschzustände, Trancezustände, meditative und ekstatische Zustände, kreative Zustände. Diesem »Heraustreten aus den Gewißheitsstrukturen des Alltags«, wie Berger[48] solche Ausnahmezustände nennt, sind die psychotischen Zustände oft sehr ähnlich. Es ist richtig, daß der psychotische Mensch in seinem veränderten Bewußtsein für unbestimmte Zeit mehr oder weniger gefangen ist, während der Normale seine Ausnahmezustände besser kontrollieren und mit seinem sozialen Leben besser in Einklang bringen kann. Ist aber deshalb der Begriff der psychischen Krankheit schon gerechtfertigt?

Der Ausdruck »psychopathologische Kunst« macht deutlich, wie sehr man den Begriff des Pathologischen überdehnt hat und wie sehr er dazu dient, Unliebsames auszuschalten. Psychotische Zustände können zu außergewöhnlichen künstlerischen Leistungen disponieren und sind den kreativen Zuständen von Menschen, die in ihrem Alltagsleben unauffällig und nicht gestört sind, in dieser Beziehung weitgehend ähnlich. Das unterscheidet die seelischen Störungen und Leiden wesentlich von Krankheiten. Daß Menschen, die sich in Zuständen veränderten Bewußtseins befinden, manchmal wie Kranke behandelt werden müssen, besagt nicht, daß alles, was sie in diesen Zuständen erleben und tun, pathologisch, krankhaft ist, daß sie in ihrer gesamten Persönlichkeit anders sind als wir; sie sind es besonders dann nicht, wenn man bedenkt, daß sich auch die anderen Menschen manchmal in Zuständen veränderten Bewußtseins, psychischen Ausnahmezuständen befinden.

Während es für die Menschen früherer Jahrhunderte sicherlich von Vorteil war, nicht mehr als Besessene oder mit dem Teufel Verbündete, sondern als Kranke angesehen zu werden, so ist doch auch die Bezeichnung »geisteskrank« bis in unsere Zeit oft mit schlimmen Folgen verbunden gewesen. Die »Geisteskranken« wurden in Gefängnissen, im Narrenturm, in Irrenanstalten verwahrt, mit Strafen (»moralisch«), mit Schocks und Gehirnschnitten behandelt. Wenn man an ihre »Behandlung« während des Zweiten Weltkrieges in Deutschland denkt, erging es den »Geisteskranken« nicht besser als den Hexen früherer Zeiten. Deshalb ist das Wort »geisteskrank« mit so negativen Konnotationen behaftet. Die bloße Etikettierung mit diesem Wort ist mit einem schwerwiegenden Verlust des sozialen Ansehens und der Selbstachtung verbunden und meist auch mit einer Freiheitsberaubung; desgleichen aber auch die Aufnahme in ein Spital, in dem »Geisteskranke« behandelt werden, also in eine psychiatrische Anstalt oder Klinik. »Erst allmählich wurde es mir klar«, schrieb der schizophrene Patient Josef Schmid, »daß das, was gegen mich so sprach, psychiatrische Behandlung war.«

Die Psychiater sind immer bemüht, glimpflichere Bezeichnungen, Euphemismen zu bilden: so sagte man nicht mehr »geisteskrank«, sondern »psychisch krank«. Dieser Begriff hat allerdings einen weiteren Umfang und schließt die leichteren seelischen Störungen, die Neurosen mit ein, wogegen das Wort »geisteskrank« genauer durch »psychotisch« zu ersetzen wäre. Beide Ausdrücke haben jedoch etwas Depravierendes an sich.

Die Beschäftigung mit der psychiatrischen Terminologie wurde mir auch durch das Zusammensein mit den Patienten, wie es sich in unserem Haus der Künstler ergibt, besonders nahegelegt. Wir empfangen dort viele Besucher, die einzeln oder in Gruppen kommen, machen sie mit den Patienten bekannt, sitzen oft mit Besuchern und Patienten zusammen und sprechen über die künstlerische Tätigkeit der Patienten, über ihr Leben und manchmal auch über den Grund ihres Hierseins. In einer solchen Gesprächsrunde empfindet man sehr deutlich, daß gewisse Worte aus dem Sprachgebrauch der Psychiatrie und der Öffentlichkeit im nahen Umgang mit den Menschen, die sich in unserer Behandlung befinden, nicht angebracht sind. Ich habe dann das Gefühl, daß es für meine Patienten nicht nur verletzend wäre, würde ich sagen, daß sie »psychisch krank« seien, sondern daß dies überhaupt nicht zutrifft. Auch jene Patienten, die wegen chronischer Schizophrenie schon jahrzehntelang hospitalisiert sind, fühlen sich ja oft lange Zeiträume hindurch recht wohl und verhalten sich nicht wie Kranke; und selbst dann, wenn sie von Halluzinationen geplagt und in ihrem Denken gestört sind, wollen sie nicht als Kranke gelten.

Ich will damit nicht sagen, daß die ältere Psychiatrie die Behinderung und das Leiden schizophrener Menschen nicht richtig beurteilt hat, aber sie hat es mit zu abträglichen, zu herabsetzenden Worten beschrieben, zu schwarz gemalt, und sie hat den seelisch gestörten Menschen zu sehr als einen solchen »objektiviert«. Nach sechzehnjähriger Hospitalisierung und ohne jede Kenntnis psychiatriekritischer Tendenzen unserer Zeit, ganz aus persönlichem Erleben und eigenem Denken heraus schrieb Ernst Herbeck:[49]

Der Arzt zieht die Nummer dann
dem Patienten eine neue Seele an,
der im neuen Geiste einer Krankheit
immer weiterziehen soll.

Wir sehen heute den schizophrenen Patienten anders, weil wir ihn anders behandeln und anders zu ihm eingestellt sind. Wir erkennen immer deutlicher, daß die schizophrenen Menschen nicht so sehr verändert sind, wie es früher schien: auch bei chronischen Verläufen tritt ja nach Jahren meist eine erhebliche Besserung ein, die Intelligenz geht nicht verloren, das Gefühlsleben erlischt nicht, wenngleich auch beides nicht immer in normaler Weise zur Verfügung steht, der Schizophrene sehnt sich nach einer Beziehung mit einem anderen Menschen, er ist zu künstlerischen und anderen geistigen Leistungen fähig.

Zum Schluß möchte ich eine Überlegung anführen, die mir für unsere Einstellung zu seelischen Störungen noch mehr Gewicht zu haben scheint. Körperliche Krankheit hängt mit dem Umstand zusammen, daß der Mensch ein Lebewesen ist, das geboren wird, reift, altert und stirbt. Man wird niemals sämtliche Krankheiten aus der Welt schaffen können, trotz aller erfreulichen Fortschritte der Medizin. Daß der Mensch depressiv, manisch und schizophren sein kann, hängt jedoch mit seinem Menschsein zusammen. Wie notwendig es auch ist, bei schweren Formen dieser Störungen und Leiden den davon betroffenen Menschen zu helfen, so schlimm wäre es, könnte man die Neigung zu solchem Erleben völlig beseitigen. Der Mensch würde dadurch wahrscheinlich für ihn Konstitutives, sein Menschliches verlieren, denn Manie, Melancholie und Schizophrenie sind doch nur extreme Ausprägungen allgemeinmenschlicher Erfahrungen und Zustände. Hätte der Mensch nicht die Fähigkeit zur Melancholie, dann hätte er vielleicht auch keinerlei Empfindung bei dem Verlust eines ihm nahestehenden Menschen, die Möglichkeit, sich schuldig zu fühlen, klein und unbedeutend gegenüber dem Leben in seiner Gesamtheit, gegenüber der Natur, gegenüber Gott ginge ihm vielleicht verloren. Der manische Zustand ist der Bewußtseinszustand der Immanenz. Der Maniker lebt in der Gegenwart, er ist der Mensch der Praxis. Das Gefühl der Geborgenheit in dieser Welt, Humor und Hoffnung gäbe es vielleicht nicht ohne die Grundbefindlichkeit der Manie. Und gäbe es keine Schizophrenie, fehlte auch »das Schizophrene im Gesunden«, wie Manfred Bleuler[50] jene allgemeinmenschliche Befindlichkeit nennt, welche auch das Erkranken an einer Psychose ermöglicht; dann wäre der Mensch kein Forscher, kein Künstler, kein Philosoph, kein transzendentales und religiöses Wesen. Ich glaube, daß auch von diesem Gesichtspunkt aus jene Menschen, die das Menschliche in extremer Weise erleben und erleiden, nicht als psychisch krank bezeichnet werden sollten.

Die schizophrene Psychose

Die Störung

Die akute Psychose ist ein Zustand veränderten Bewußtseins. Die Konstanten unserer Wahrnehmung und unseres Denkens schwinden, das Ich und die Objekte verlieren ihre Identität, die Handlungsfähigkeit wird eingeschränkt, das logisch-rationale Denken geht verloren. Der Mensch wird von seinem Innenleben beherrscht, die Rückkoppelung mit der Umgebung fehlt oder ist doch weitgehend vermindert. Ähnlich wie der Traum führt die Psychose zu einer Destrukturierung des Erlebnisfeldes.

Man wird sich fragen, was die Ursache eines solchen Strukturverlustes ist. Der Vergleich mit dem Traum legt eine Antwort nahe. Wie der Traum durch den physiologischen Vorgang des Schlafes ausgelöst wird, so müssen auch jener Bewußtseinsveränderung, die wir Psychose nennen, Vorgänge in unserem Nervensystem, also körperliche Vorgänge zugrundeliegen. Dafür spricht auch die Tatsache, daß durch Vergiftungen und körperliche Erkrankungen nicht nur Schlaf und schlafähnliche Zustände, sondern auch Psychosen, ja sogar schizophrene Psychosen verursacht werden können. Unter Umständen kann allerdings auch durch Erlebnisse eine Psychose entstehen: Affekte können jene Erregungskonstellation des zentralen Nervensystems hervorrufen, die einer psychotischen Störung zugrundeliegt.

Jeder Strukturverlust unseres normalen Wachbewußtseins hat Kompensations- und Restitutionsvorgänge, das heißt Neustrukturierungen zur Folge. So entstehen die veränderten Zustände des Bewußtseins mit deren spezifischen Qualitäten: der Traum, der Rausch, die Ekstase, künstlerisch kreative Zustände und viele andere nichtnormale Bewußtseinszustände.

Die Destrukturierung des normalen Bewußtseins entbindet die kreativen Grundfunktionen: Physiognomisierung, Formalisierung und Symbolisierung. Die produktive Symptomatologie der Psychosen läßt sich auf das Hervortreten und die Wirksamkeit dieser kreativen Grundfunktionen zurückführen: physiognomische Qualitäten erhalten ein Übergewicht gegenüber sachlichen Wahrnehmungen und logisch-rationalen Gegebenheiten. Durch die Physiognomisierung wird die umgebende Welt belebt, als lebendig empfunden; sie ist der ursprünglichste Versuch einer Kontaktfindung; wenn ihr in der äußeren Wirklichkeit nichts entspricht, kann sie als Halluzination erlebt werden. Die formalisierenden, rekonstruierenden Kräfte der Psychose bestehen in Bewegungsstereotypien, Geometrisierungen, Schematisierungen, Rationalisierungen. Die dritte kreative Grundfunktion, die in der Psychose als eine ursprüngliche seelische Eigentätigkeit wieder in Erscheinung tritt, ist die Symbolisierung; sie äußert sich als intensiviertes Bedeutungserleben, als Symbolbedürfnis und Symbolschöpfung. Die mythisch-magischen Symbole sind von einer Sphäre des Geheimnisvollen und Rätselhaften umgeben, das rationalisierte Bedeutungserleben führt dagegen zu dem Erlebnis des Klarsehens. Auch am Wahn läßt sich die Wirksamkeit der kreativen Grundfunktionen erkennen: an physiognomisches Erleben anknüpfend (an das Gefühl des Verfolgtwerdens, des Geliebtwerdens, des Betrogenwerdens), entstehen formalistische Rationalisierungen mit starkem Bedeutungsgehalt und deshalb von hoher Evidenz. Das Evidenzerleben ist nur bei normalem Bewußtsein von rationalen Faktoren abhängig, in kreativen und psychotischen Zuständen spielt die Gefühlsgeladenheit und damit die Intensität der Bedeutung eine wichtigere Rolle.

Die Destrukturierung des normalen Bewußtseins führt nicht immer zu einer Neuorganisation auf »niedrigerer« Stufe: in der schizophrenen Psychose kommt es wie in vielen anderen Zuständen veränderten Bewußtseins auch zu Neustrukturierungen, die über das Niveau des normalen Bewußtseins hinausgehen. Das psychotische Geschehen hat wie der künstlerische Prozeß regressive und progressive Züge. Einerseits kann das logisch-rationale Denken verlorengehen und magisch-symbolisches Denken wieder vorherrschen, andererseits können neuartige Weisen der Distanzierung, Objektivierung, Reflexion und Hyperreflexion entstehen.

Der akuten schizophrenen Psychose kann Heilung folgen. Das ist bei mehr als einem Drittel der Patienten der Fall. Geht die Psychose in einen chronischen Verlauf über, dann treten Halluzinationen, Ichstörungen und Wahnvorstellungen oft mehr in den Hintergrund, verlieren an Aktualität für den Kranken, sind aber meist immer noch latent vorhanden und brechen von Zeit zu Zeit heftiger hervor. Es kommt dann zu einer eigentümlichen Kombination eines veränderten und eines normalen Zustandes des Bewußtseins, wobei bald der eine, bald der andere mehr in den Vordergrund treten kann. Die Kontinuität dieses Nebeneinanders verschiedener Zustände mit ihren besonderen Erlebnisinhalten wurde von Eugen Bleuler[51] die »doppelte Buchführung« der Schizophrenen genannt. In gewissem Sinne sind wir alle zu einer solchen doppelten, ja mehrfachen Buchführung fähig; während jedoch beim erwachsenen Kulturmenschen zum Beispiel das Traumleben vom Alltagsbewußtsein klar abgesetzt ist, wirkt beim Schizophrenen das psychotisch veränderte in das normale Bewußtsein in ungewöhnlicher Weise ein oder herrscht sogar vor und verändert dadurch die gesamte Persönlichkeit des Kranken. Zu diesem Phänomen gibt es Analogien im normalen Bereich: wenn Menschen zum Beispiel durch ihre berufsbedingte Vorstellungswelt, durch eine Ideologie oder eine Mission in ihrem ganzen Wesen geprägt und verändert werden.

Chronisch kranke schizophrene Patienten zeigen nicht selten eine gesteigerte Aktivität und sind im häuslichen Bereich oder in der Arbeitstherapie, manchmal – wie etwa Adolf Wölfli – auch auf künstlerischem Gebiet rastlos tätig. Häufiger tritt allerdings ein Verlust an Initiative und Antrieb ein, der Patient kann sich nicht konzentrieren, seine Reaktionsweise ist verlangsamt, er überblickt nicht die gesamte Situation, seine Mitteilungsfähigkeit ist eingeschränkt, er zieht sich von seinen Mitmenschen immer mehr zurück. Diese Veränderung der Persönlichkeit wurde früher als schizophrene »Demenz« und »Verblödung«, dann als »Defekt« und »affektive Verödung« bezeichnet, schließlich hat man Worte wie »dynamische Entleerung«, »Verlust emotionaler Tiefe und intentionaler Kraft«, »Reduktion des psychischen energetischen Potentials«, »Insuffizienz der psychischen Aktivität«, »Potentialverlust des Ichs« und »Ich-Schwäche« zu ihrer Charakterisierung verwendet.

Ich habe die Erfahrung gemacht, daß chronisch schizophrene Patienten, die ganz in sich abgekapselt sind und nicht die geringste Spontaneität besitzen, bei fortgesetzter Anregung zu einer künstlerischen Produktion von hoher Qualität und großer Reichhaltigkeit fähig sein können. Das graphische Werk Oswald Tschirtners und die poetischen Texte Ernst Herbecks sind Beispiele dafür. Ich glaube deshalb, daß die schizophrenen Menschen wohl in ihrem Wesen verändert, aber nicht organisch krank sind. Schizophrene Patienten sind nach jahrzehntelangem Bestehen der Psychose zu differenzierten geistigen Leistungen und zu völlig normalen gefühlsmäßigen Reaktionen fähig. Die Vorstellung, daß es sich bei der Schizophrenie nur um eine Neurose oder um eine Reaktionsweise innerhalb normaler psychophysiologischer Grenzen handeln könnte, ist freilich unrichtig. Jeder Psychose liegen seelische und damit auch körperliche Funktionsstörungen zugrunde, die über das normale Ausmaß von Abweichungen hinausgehen, vom Willen des Betroffenen unabhängig und durch Milieuänderung nicht zu beseitigen sind.

Die Behinderung

Man unterscheidet drei Arten von Behinderung schizophrener Menschen: eine primäre, eine sekundäre und eine präpsychotische Behinderung.[52] Durch den veränderten Bewußtseinszustand, durch die Störung des Erlebnisvollzuges ist der schizophrene Mensch primär behindert. Diese primäre Behinderung betrifft die geistige Leistungsfähigkeit, die berufliche Tätigkeit, die Herstellung sozialer Kontakte, ganz allgemein die Fähigkeit, sich am Leben zu erhalten und im Leben vorwärtszukommen.

Die sekundären Behinderungen entstehen durch die sozialen Auswirkungen der Störung. Durch die Verständnislosigkeit ihrer Umgebung werden die Kranken zusätzlich zu ihrer seelischen Störung und primären Behinderung »demoralisiert«, das heißt, sie werden reaktiv deprimiert und ziehen sich immer mehr zurück.

Die angeborene Gaumenspalte Ernst Herbecks mit der dadurch bedingten Sprechstörung und der äußerlich sichtbaren Hasenscharte ist ein typisches Beispiel für eine präpsychotische Behinderung. Eine solche Behinderung kann im Zusammenwirken mit anderen Faktoren bei der Entstehung einer Psychose von Bedeutung sein, jedenfalls aber verstärken derartige Behinderungen die psychotischen Störungen und erschweren die Rehabilitation. Nicht nur körperliche Fehler, auch mangelnde Intelligenz und andere Persönlichkeitsanomalien sowie soziale Benachteiligungen jeder Art, wie zum Beispiel Armut, fehlende Schulbildung oder Berufsausbildung muß man den präpsychotischen Behinderungen zuzählen.

Das Leiden

Die Schizophrenie ist aber nicht nur eine Störung und eine Behinderung, sondern auch ein Leiden. Die akute Psychose geht oft mit hochgradiger Angst einher, es kann zu Weltuntergangserlebnissen und Selbstmordhandlungen kommen. Bei den chronischen Formen der Psychose ist das subjektive Leiden sehr unterschiedlich. Die Erregungszustände verlaufen dann weniger stürmisch, Kontrollmechanismen haben sich gebildet, Schonhaltungen ermöglichen die weitere Existenz. Patienten mit manischen Phasen oder leicht manischen Dauerzuständen fühlen sich oft recht wohl. Subdepressive Bilder und auch schwerere depressive Phasen mit Lebensüberdruß sind jedoch nicht selten. Alle schizophrenen Patienten haben auch nach jahrzehntelangem Bestehen der Störung noch den Wunsch, wieder so wie vor Beginn ihrer Störungen zu sein. Manche betrachten die Psychose als eine Art Reifungsprozeß, den sie geduldig ertragen müssen, wonach das eigentliche Leben auf sie wartet – auch wenn ihr Leiden bis in das hohe Alter andauert. Dennoch haben schizophrene Menschen alle Erlebnismöglichkeiten, sie sind anregungsbedürftig, sie leben gerne, und ihr Leben ist nicht weniger wert. Oft tritt nach vieljähriger Dauer des Leidens allmählich eine erhebliche Besserung ein. Unser Patient Theobald, der mehr als fünfzig Jahre an Schizophrenie litt (diese Krankheit verkürzt das Leben nicht!), notierte: »Normal reden ist eigentlich angenehm.«

Die unbekannte Ursache

Einer von hundert Menschen, die das Erwachsenenalter erreichen, erkrankt an einer schizophrenen Psychose. Dieser Prozentsatz ist, soweit wir wissen, in allen Kulturen gleich. Eine körperliche Ursache der Schizophrenie ist trotz jahrzehntelanger Forschung bis jetzt nicht entdeckt worden. Die familiäre Häufung dieser psychischen Störung ist allerdings eine gesicherte Tatsache, wenngleich man einen bestimmten Erbgang nicht nachweisen konnte. Wie die Zwillingsforschung und andere Untersuchungen zeigen, spielt die Vererbung bei der Schizophrenie zweifellos eine gewisse Rolle. Für den Einfluß des Lebensschicksals sprechen jedoch ebenfalls viele Beobachtungen. In der Vorgeschichte Schizophrener finden sich vergleichsweise schwerere seelische Belastungen als bei Gesunden. Vor allem sind die Beziehungen zu den nächsten Angehörigen gestört. Diese äußeren Einflüsse allein können die Entstehung der schizophrenen Psychose aber ebenfalls nicht erklären, denn der Mensch, der schizophren wird, ist nicht schwereren Lebensbedingungen ausgesetzt als viele andere Menschen. Trotz zahlreicher Bemühungen konnten familiäre Einflüsse psychischer Art, die für die Vorgeschichte Schizophrener spezifisch wären und die in der Vorgeschichte Nicht-Schizophrener fehlen würden, nicht nachgewiesen werden.

Nach Manfred Bleuler[53] beruht die Schizophrenie aller Wahrscheinlichkeit nach nicht auf einer körperlichen Krankheit. Bleuler ist der Ansicht, daß durch ein ungünstiges Zusammentreffen an sich normaler Erbanlagen eine disharmonische Persönlichkeit entsteht, die auf unspezifische seelische Belastungen mit einer schizophrenen Psychose reagiert. Dabei spielt die dauernde Wechselwirkung von Anlage- und Umweltfaktoren eine Rolle: die ungünstige Umwelt bringt eine ungünstige Anlage zur Entfaltung, und der ungünstig sich entwickelnde Mensch gestaltet sich seine Umwelt noch schwieriger und für ihn ungünstiger. Bleuler beschreibt »Gesundes im Schizophrenen« und »Schizophrenes im Gesunden«. Der schizophrene Kranke ist für ihn gleichzeitig gesund. Beim Gesunden aber äußert sich schizophrenes Leben im Traum und anderen Zuständen veränderten Bewußtseins, in Mythen und Märchen, in der Kunst und – möchte ich hinzufügen – in den Religionen. Beim Ausbruch einer Psychose erfolgt also nur eine Verschiebung der Grenzen unseres Bewußtseins. Was normalerweise hintergründig ist, bricht hervor, an die Stelle unserer ruhigen und geordneten Alltagswelt tritt die von Widersprüchen erfüllte Welt des Schizophrenen.[54]

Im Gegensatz dazu schlägt Glatzel[55] vor, den schizophrenen Psychosen zumindest theoretisch den naturwissenschaftlichen Krankheitsbegriff weiter zu unterstellen. Er meint, man könne die Rede vom

Schizophrenen nicht zuverlässiger von jeder ethisch-moralischen Wertung freihalten, sie nur dadurch gänzlich vom Geruch der Minderwertigkeit befreien, indem man in der Schizophrenie eine Krankheit erblicke, vergleichbar dem Diabetes mellitus oder anderen bekannten Erbleiden. Die These, daß Geisteskrankheiten Gehirnkrankheiten seien, wurde jedoch schon vor mehr als hundert Jahren aufgestellt und konnte im Falle der Schizophrenie nicht bewiesen werden. Es gibt keine spezifisch schizophrene Hirnpathologie, und es ist bisher nicht gelungen, eine bestimmte Stoffwechselstörung oder eine andere »Somatose«, die die Schizophrenie verursachen könnte, nachzuweisen.

Trotz einer gewissen Analogie neurotischer und schizophrener Entwicklungen (konstitutionelle Disposition und Psychogenese) fordert Bleuler aufgrund der Verschiedenheit der Erscheinungsbilder eine Trennung dieser beiden Störungen. Benedetti meint, daß der schizophrenen Psychose, wenn sie auch keine Krankheit im strengen medizinischen Sinne sei, doch ein besonderer »neuropsychologischer« Vorgang zugrundeliege. Manche Forscher nehmen an, daß ein so unerwünschter Zustand wie die Schizophrenie, bei der wahrscheinlich eine erbliche Komponente eine Rolle spielt, durch natürliche Auslese längst verschwunden wäre, gäbe es nicht einige positive, lebenerhaltende Aspekte dieses Prozesses. Man hat vermutet, es sei die Kreativität, die sich bei vielen nicht-psychotischen Trägern schizophrener Veranlagung besonders deutlich äußere, wodurch die entsprechenden Gene in der Population erhalten blieben.[56]

Von den meisten Vertretern jener Bewegung, die den Namen Antipsychiatrie trägt, wird die Schizophrenie auf soziale Ursachen zurückgeführt, das »medizinische Modell« wird verworfen, eine Beziehung zwischen Erbanlagen und Schizophrenie in Abrede gestellt. »Schizophrenie ist ein Etikett, mit dem einige Leute andere Leute in Situationen versehen, wo eine interpersonale Trennung besonderer Art zum Vorschein kommt. Näher kommt man im Moment nicht an so etwas wie eine ›objektive‹ Aussage heran – eine sogenannte«, schreibt Laing.[57] Aus Protest gegen das »Krankheitsmodell« hat der amerikanische Psychoanalytiker Szasz das Schlagwort vom »Mythos der Geisteskrankheit« geprägt. Nach dieser Auffassung treiben Psychiater, Familienangehörige und überhaupt die Gesellschaft ein abgekartetes Spiel, wenn sie einen, der schwächer ist, verrückt machen. Dem »Opfer« bleibe dann nichts anderes übrig, als die ihm aufgezwungene Rolle des Geisteskranken zu akzeptieren.

Eine ausschließlich soziale Verursachung der Schizophrenie kann die Wissenschaft aber derzeit nicht annehmen. »Wenn die Schizophrenie ein Mythos ist, dann ist sie ein Mythos mit stark erblicher Komponente«, meint der Schizophrenieforscher Kety.[58] Auf der anderen Seite läßt sich eine soziogene Komponente bei der Entstehung der Schizophrenie nicht leugnen. Soziale Faktoren sind in der präpsychotischen Entwicklung und als Auslöser der Psychose von Bedeutung – und auch in deren weiterem Verlauf; sie sind allerdings unspezifisch. »Ein Mensch, der eine Schizophrenie entwickelt, ist anfälliger als andere für die Belastungen des Alltagslebens.«[59]

In einer Krankengeschichte aus dem Jahre 1897 habe ich als Beilage das folgende Schriftstück gefunden, worin der Patient Eduard Netsch zunächst Vermutungen über Ursache und Entstehung seiner Geistesstörung äußert und dann den Ausbruch der Psychose schildert. Ich glaube, diese Selbstschilderung eines Schizophrenen illustriert sehr schön einiges von dem vorher Gesagten über Konstitution, präpsychotische Entwicklung und den Zustand veränderten Bewußtseins in der akuten Psychose. Der drohende Weltuntergang wurde von Eduard Netsch allerdings weniger mit Angst, eher in verzückter Stimmung erlebt, mit einer gleich darauf folgenden Wiedergeburtsphantasie – zumindest gedachte er nur dieser mehr angenehmen Seite des Erlebens bei dessen schriftlicher Wiedergabe:

Meine Krankheit.
Meine Angehörigen behaupten, daß der Grund dieser Krankheit schon im Mutterleib gelegt worden ist. Meine Mutter litt nämlich schon einige Jahre vor meiner Geburt an Tobsuchtsanfällen. Man erzählte mir, daß sie sich dieses Übel bei einer Überschwemmung durch Verkühlung zugezogen habe. Mein nächstälterer Bruder, der bei dieser Überschwemmung gerade an der Mutterbrust gewesen sein soll, war ebenfalls von der Manie befallen. Mutter und Bruder sind schon von diesem Übel befreit, nämlich durch den Tod in der Irrenanstalt Dobrzan in Böhmen. Andere meinen, die Ursache meiner Anfälle sei Überanstrengung in geistiger Beziehung. Endlich gibt es auch solche Menschen, welche gar an eine Blutvergiftung glauben. Die Schrecken dieser Krankheit aufzuzählen, wäre nicht möglich und auch eine sehr umfangreiche Arbeit. Ich will nur in Kürze in dem nachfolgenden dartun, soweit es sich nämlich mit Worten schildern läßt, welche Erfahrungen ich in meiner dreißigjährigen Lebenszeit gemacht habe.

In frühester Jugend, als ich noch kein Bewußtsein hatte, soll ich von einem Kasten mit dem Kopfe auf einen Fußboden gefallen sein. Die etwas verdickte Haut auf der Mitte der Stirn bestätigt auch diese Mitteilung. Ich hatte immer sehr große Vorliebe für Obst und hielt mich auch meistens auf unseren Kirschbäumen auf. Einmal war ich auf dem größten von allen Kirschbäumen, trat auf einen dürren Ast und fiel haushoch von demselben herab auf das Rückenmark, sodaß ich einige Minuten das Bewußtsein verlor. Bei der Aufnahme in die dortige einklassige Volksschule war ich vor Angst und Aufregung einen halben Tag krank. In Gegenwart fremder Personen litt ich schon seit meiner Schulzeit an Angstgefühlen und Zittern. Besonders bei Anwesenheit des geistlichen Herrn und des Herrn Bezirksschulinspektors war meine Aufregung so groß, daß ich meiner gar nicht mehr mächtig war und keine Antworten geben konnte. Bei der Nacht hatte ich sehr aufregende Träume, sah Männer um den Tisch laufen, erwachte und hielt diese Erscheinung für wahr. Beim Baden im Teiche war ich zweimal in Lebensgefahr. Einmal ging ich zu weit in den Teich hinein, so daß das Wasser über dem Kopf zusammenschlug, das andere Mal in Gesellschaft eines Schulkollegen, wobei ich samt den Kleidern in die Tiefe stürzte. Nur der Geistesgegenwart meines an Geist jedenfalls gesunden Mitschülers ist meine Rettung zuzuschreiben.

Schon frühzeitig wurde ich auf die Unendlichkeit aufmerksam, vielleicht durch die Fenster, die ich vom Bache auf dem Knie nach Hause tragen wollte und in denen sich beim Gehen die Wolken mit dem unendlichen Firmament spiegelten. Ich war nicht imstande, mit den Fenstern so zu gehen, da ich in die Wolken zu gehen glaubte, obwohl ich wußte, daß ich doch auf der Erde gehe und nichts zu fürchten habe. Beim Nachbarn, einem Wagner, lag einst ein langer Baum, den ich gerade als Schwebebaum benützte, als ein Wagen vorbeifuhr. Ich rutschte aus und meine beiden Unterschenkel wurden von den Rädern blau überfahren. Eben bei diesem Wagner hatte ich noch zwei Unfälle zu verzeichnen, einmal biß mich dessen Hund, den ich über den Kopf streichelte, in den Daumen, das andere Mal hackte mich dessen kleiner Sohn in demselben Augenblicke, in dem ich einen Span vom Hackstock nehmen wollte, in den rechten Zeigefinger. Das Studium war mühsam, nämlich das Auswendiglernen, das Verständnis fehlte zwar nicht. Der Herr Professor der Naturwissenschaften sagte mir, ich sollte statt Netsch – Nichts heißen, weil ich nichts kann. Das Wirken als Lehrer war ebenso mühsam. Die Kinder nützten meine Krankheit aus und waren immer unfolgsam. Die Geisteskrankheit meiner seligen Mutter lastete schwer auf mir. Obwohl die Krankheit ein Unglück und keine Schande ist, so schämte ich mich doch und suchte die Fremde auf. Aber auch hier fand ich keine Ruhe. Der Herr Bezirksschulinspektor P. hielt mich für einen sonderbaren Menschen und sagte mir offen und ehrlich ins Gesicht: »Wenn Sie die Kinder nicht ohne Strafe in Disziplin halten können, so sind Sie überhaupt kein Lehrer.«

Der eben genannte Herr Bezirksschulinspektor riet mir einen Stock an, und zwar zum Zeigen. Der Stock war auch bald von den Kindern herbeigeschafft. Dieser Stock hatte vor meiner ersten Transportierung ins Klosterneuburger Krankenspital eine sonderbare wunderbare Eigenschaft. Als ich nämlich die Kinder damit antupfte, gewahrte ich einen Wohlgeruch, der so fein war, daß ich dachte, er sei direkt vom Himmel gestreut worden, diesen Wohlgeruch nahm ich auch wahr, sobald die Kinder die Hände beim Beten falteten, der Baum bei dem Schulfenster war voll von Spatzen, und die Wolken nahmen erst eine drohende Gestalt an und teilten sich dann, und eine Stimme kündigte den Jüngsten Tag an. Die Schulkinder sangen Lieder, und ein Mädchen schritt zum Tisch und las ein Gedicht vom lieben Gott. Bald erschien der Herr Oberlehrer und sagte mir, ich sei krank. Ich verließ das Schulzimmer, zwei Mädchen begleiteten mich unaufgefordert ein Stückchen Weges. Es war mir, als sollte ich in den Himmel fahren, der Körper wurde leicht und eine unbekannte Kraft hob mich. Dieses höchst angenehme Gefühl verließ mich bald, und ich suchte das Bett auf. Hier war mir, als sollte ich neu geboren werden. Die Bewegungen und Stellungen, die ich als Kind im Mutterleib machte, stellten sich ein, es war mir, als würden unter meinem Bette Schätze abgelagert, und fortwährend hörte ich das Gerassel vorbeifahrender Lastzüge. Das Bild des gekreuzigten Heilandes ging mir nicht aus dem Kopf, ich ahmte sehr oft die Stellung des gekreuzigten Heilandes nach. Ich glaubte, dadurch Gesundheit des Körpers zu erlangen. Ich erhoffte von Gott ewiges Leben, nicht bloß der Seele, sondern auch dem Leibe nach.

Die Behandlung

Ich spreche hier nur über die Behandlung jener Menschen, die an einer chronischen schizophrenen Psychose leiden. Die Bemerkung von Szasz,[60] die Dauerhospitalisierung Schizophrener sei ein Verbrechen gegen die Menschlichkeit, ist aufrüttelnd – eine schreckliche Anklage!

Weil das psychiatrische Großkrankenhaus zu einer »totalen Institution« und für viele zum lebenslänglichen Gefängnis geworden war, forderte Franco Basaglia[61] die Beseitigung dieser Anstalten und die Entlassung aller Patienten. Basaglia hat in Triest psychosoziale Zentren gegründet, wo die ehemaligen Anstaltspatienten freiwillig hinkommen und wo ihnen Helfer zur Verfügung stehen. Solche »psychosozialen Dienste« gibt es heute bereits in vielen Ländern, die Zahl der Dauerhospitalisierungen ist dadurch beträchtlich geringer geworden.

Auf der ganzen Welt werden schizophrene Patienten heute viel schneller aus dem Krankenhaus entlassen als in früheren Jahren. Dabei spielen auch die in den fünfziger Jahren entdeckten Medikamente, welche psychotische Angst und Halluzinationen dämpfen, eine wichtige Rolle. Die Bettenzahl in den großen Anstalten hat sich dadurch zusehends verringert, in den USA wurden einige dieser Großkrankenhäuser überhaupt geschlossen.[62] Die Hauptlast der Betreuung tragen jetzt allerdings die Familienangehörigen. Die Errichtung von Wohngemeinschaften, psychosozialen Zentren, geschützten Arbeitsplätzen, Tages- und Nachtkliniken ist als Alternative zu der bisherigen Betreuung gedacht, aber auch als Hilfe und Entlastung für die Angehörigen der Patienten. Diese Ideen sind aber keineswegs überall in ausreichendem Maße verwirklicht worden, selbst in den Vereinigten Staaten nicht, wo der Plan, die psychiatrischen Großkrankenhäuser aufzulassen und an ihrer Stelle eine gemeindenahe Psychiatrie (community psychiatry) einzurichten, vom Staat gefaßt worden ist.[63]

Da die Städte und Gemeinden für die betroffenen Menschen bis jetzt keine angemessenen Einrichtungen geschaffen haben, irren in den USA zwischen siebenhundertfünfzigtausend und eineinhalb Millionen ernstlich geistig gestörter Personen als Obdachlose hilflos auf den Straßen umher und schlafen in Hauseingängen oder auf Luftschächten von U-Bahnen und Klimaanlagen.[64] Nicht viel anders sind die Verhältnisse in Italien. Es ist sehr leicht, die chronisch Schizophrenen zu befreien, wenn man sich nachher nicht mehr um sie kümmert. Man muß bedenken, daß ja nur wenige der chronisch Kranken das Glück haben, bei Angehörigen auf die Dauer wohnen zu können. Und wenn man weiß, wie isoliert schizophrene Patienten in ihren eigenen Familien manchmal leben, wenn jede Hilfe von außen fehlt, dann fragt man sich, ob nicht auch solche Menschen in einer psychiatrischen Anstalt kleineren Ausmaßes und mit heimartiger Atmosphäre manchmal besser untergebracht wären.

Für die Behinderten und Leidenden wird man ja immer geschützte Lebensbereiche, mehr oder weniger künstliche Räume schaffen müssen. Im Jahre 1981 wurde vom Direktor unseres Krankenhauses, Dr. Lois Marksteiner, im Rahmen der Neugestaltung und Modernisierung des Krankenhauses ein kleiner Pavillon jenen künstlerisch tätigen Patienten, mit denen ich viele Jahre gearbeitet hatte, als Wohn- und Arbeitsstätte gewidmet. »Das Haus der Künstler«, eine mir seit langer Zeit vorschwebende Utopie, wurde verwirklicht. Dieses Haus, obgleich eine Station des Krankenhauses, macht nicht den Eindruck einer Krankenhausabteilung. Es liegt auf einem Hügel am äußersten Ende des Krankenhauskomplexes, von Feldern, Wiesen und Wald umgeben, die Fassade ist von den Künstlern bemalt, die Innenräume sind mit Hunderten von Arbeiten der Patienten ausgeschmückt, im Erdgeschoß befinden sich zwei Räume mit einer Verkaufsausstellung. Hier wohnen und arbeiten fünfzehn bis sechzehn Patienten, unter ihnen die Zeichner Johann Hauser, Oswald Tschirtner, die schriftstellerisch tätigen Patienten Ernst Herbeck und Edmund Mach und der vielseitige August Walla; es gehören aber auch zwei Patienten, die weder künstlerisch noch literarisch tätig sind, dieser Hausgemeinschaft an.

Eine Aufgabe, die wir uns selbst gestellt haben und die bereits einen nicht unbeträchtlichen Teil unserer Zeit in Anspruch nimmt, ist der Empfang von Besuchern und die Vermittlung auch eines persönlichen Kontaktes zwischen den Besuchern und unseren Patienten. Die Besucher werden also nicht bloß durch das Haus geführt, sondern sie werden mit jedem einzelnen der gerade im Haus befindlichen Künstler bekannt gemacht. In einer kleineren Runde trinken wir oft Kaffee miteinander, Ernst Herbeck oder Edmund Mach lesen einige ihrer Gedichte vor, auf eine gemütliche, familiäre Atmosphäre legen wir großen Wert. Die Patienten sind es gewöhnt, ihre Werke zu zeigen, anerkannt und bewundert zu werden. Und viele Besucher haben uns bereits bestätigt, daß sie tief beeindruckt sind, nicht nur von den Werken, sondern fast noch mehr von deren Schöpfern und der Atmosphäre dieses Hauses.

Unser Haus der Künstler wird öfters als ein Modell für die Unterbringung und Betreuung chronisch schizophrener Patienten bezeichnet. Bei psychisch behinderten, bereits älteren und alleinstehenden Menschen besteht manchmal keine Möglichkeit mehr, sie in das »normale« Leben zurückzuführen. Wir bemühen uns deshalb, unseren Patienten das Leben in dem geschützten Raum möglichst angenehm zu gestalten und zwischen ihnen und den Menschen draußen möglichst viele positive Kontakte herzustellen. Das gelingt relativ leicht infolge der künstlerischen Leistungen unserer Patienten.

II
Der größte Lyriker deutscher Sprache: Friedrich Hölderlin

# Friedrich Hölderlin und Susette Gontard

Johann Christian Friedrich Hölderlin wurde am 20. März 1770 in Lauffen am Neckar geboren. Er besuchte seit dem sechsten Lebensjahr die Lateinschule in Nürtingen und erhielt ergänzenden Privatunterricht. Er lernte das Klavier- und Flötespielen. Mit vierzehn trat er in die niedere Klosterschule in Denkendorf ein und schrieb die ersten Gedichte. In seinem Gedicht ›Da ich ein Knabe war‹ heißt es: »Ich verstand die Stille des Aethers / Der Menschen Worte verstand ich nie.«

Im Alter von achtzehn Jahren wurde Hölderlin in das Tübinger Stift aufgenommen, wo er gemeinsam mit Hegel und Schelling evangelische Theologie studierte. Die Französische Revolution blieb nicht ohne Einfluß auf die Tübinger Stiftler. Sie waren Revolutionäre dem Geiste nach. Überhaupt Hegel, der Stubengenosse und brüderliche Freund Hölderlins, war ein »derber Jakobiner«, er war »der begeisterte Redner der Freiheit und Gleichheit«, Schelling hat die Marseillaise ins Deutsche übersetzt, und Hölderlin ließ – allerdings zu einem viel späteren Zeitpunkt – in seinem Drama ›Empedokles‹ den Titelhelden ausrufen: »Diß ist die Zeit der Könige nicht mehr!«

Hölderlin war ein großer, kräftig gebauter junger Mann mit männlich-sanften Gesichtszügen, der schon aufgrund seiner äußeren Erscheinung und seines Auftretens von den Freunden bewundert und von Frauen umworben wurde. Auf den Reisen und Wanderungen, die er häufig unternahm, legte er tagelange Fußmärsche mühelos zurück. Er dichtete auch im Gehen. Schon früh hatte er seine ungewöhnliche dichterische Begabung erkannt und er wurde sich bewußt, daß er zum Dichter geboren war. »Sein Ehrgeiz war ein ungeheurer, einige werden meinen: er ging bis zur Hybris. Damit wäre er einverstanden gewesen«, schreibt Bertaux.[1]

Der Psychoanalytiker Helm Stierlin[2] meint, daß dem Schicksal, schizophren oder ein großer Dichter zu werden, eine ähnliche, angeborene Disposition zugrundeliege. Er vermutet, daß eine Tendenz zur Selbstzerstörung bei Lyrikern stärker ausgeprägt sei als bei anderen Künstlern. Der Versuch der Selbstrettung durch das dichterische Schaffen gehe auf Kosten aller anderen lebenswichtigen Interessen, bringe den Menschen in ungünstige äußere Verhältnisse, zwinge ihn, sich immer wieder der Ungewißheit und dem Risiko auszusetzen, und führe selbst bei Gelingen des Werkes meist nicht zu dem Erfolg, der für die lebenslangen Enttäuschungen einen Ausgleich bieten könnte. Das Schicksal Hölderlins scheint diese Auffassung zu bestätigen.

Nach dem Abschluß seiner Studien im Jahre 1793 erhielt Hölderlin durch Vermittlung Schillers eine Hofmeisterstelle bei Charlotte von Kalb. Gedichte von Hölderlin waren damals bereits im Druck erschienen. Vom Privatunterricht in der Stellung eines Hofmeisters zu leben (für Kost und Quartier und ein kleines Jahresgehalt) war für jene Absolventen des Tübinger Stiftes, die den geistlichen Beruf nicht ergreifen wollten, eine naheliegende Alternative – so auch für Hegel und Hölderlin.

Das Jahr 1794 verbrachte Hölderlin in Waltershausen bei der Familie von Kalb. Er arbeitete an dem ›Hyperion‹ und schickte einen Teil dieses Werkes an Schiller, der das Manuskript veröffentlichte. Im Januar 1795 nahm Hölderlin Abschied vom Hause von Kalb und ging nach Jena, wo er bei Fichte Vorlesungen hörte und Gelegenheit hatte, den von ihm sehr verehrten Schiller öfters zu besuchen. Nach wenigen Monaten reiste Hölderlin jedoch unerwartet und ohne nähere Begründung in die Heimat ab. Im gleichen Jahr entschloß er sich, in Frankfurt eine Hofmeisterstelle anzutreten.

Am Silvesterabend 1795 machte Hölderlin seinen Antrittsbesuch im Hause des Bankiers Jakob Friedrich Gontard, wo er den achtjährigen Sohn Henry unterrichten sollte. Der Dame des Hauses war Hölderlin als der Dichter des Hyperion-Fragmentes, welches in der Neuen Thalia erschienen war, bereits bekannt. Susette Gontard war sechsundzwanzig Jahre alt – um fünf Jahre jünger als ihr Mann – und Mutter von vier Kindern, und sie war eine umworbene Schönheit der besten Frankfurter Gesellschaft; der fünfundzwanzigjährige Hölderlin war ein hochgebildeter und attraktiver junger Mann. »Eh es eines von uns beeden wußte, gehörten wir uns an.« Mit diesen Worten wird – in einer späteren Fassung – Hyperions Schilderung seiner Liebe zu Diotima beginnen.

Im Hause Gontard wurde viel musiziert. Hölderlin ließ sich aus Nürtingen seine Flöte nachschicken. Frau Gontard spielte Klavier und sang. Herr Gontard lebte seinen Geschäften, war viel in seinem Club und kam abends erst spät nach Hause. Im März 1796 schreibt Hölderlin an seinen Freund Neuffer: »Mir geht es so gut, wie möglich. Ich lebe sorgenlos, und so leben ja die seligen Götter.« Und im Juni wiederum an Neuffer: »... Lieber Freund! es gibt ein Wesen auf der Welt, woran mein Geist Jahrtausende verweilen kann und wird ...«[3]

Auf der Flucht vor den Franzosen reiste die Familie Gontard mit Hölderlin als Begleiter am 10. Juli 1796 nach Kassel ab, nur der Hausherr blieb zurück; von Kassel ging es nach Bad Driburg. Auf dieser Reise dürften Hölderlin und Susette Gontard die glücklichste Zeit ihrer Liebe erlebt haben. Anfang Oktober ging es zurück nach Frankfurt. Der Bankier Gontard, der – wie es hieß – mit seiner Frau nur mehr eine »konventionelle« Ehe führte, nahm an deren Umgang mit Hölderlin lange Zeit keinen Anstoß. In Frankfurt fühlte sich Hölderlin jedoch nicht mehr recht wohl, er litt unter dem sozialen Abstand zwischen seiner Stellung als Hofmeister und der großbürgerlichen Gesellschaft, deren Angestellter er war.

Im April 1797 war der erste Band des ›Hyperion‹ erschienen. Schiller hatte versucht, Hölderlin mit Goethe bekannt zu machen. Er hatte die beiden Hölderlinschen Gedichte ›An den Aether‹ und ›Der Wanderer‹ an Goethe gesandt. Darüber schrieb Goethe an Schiller: »... Ich möchte sagen in beyden Gedichten sind gute Ingredienzien zu einem Dichter, die aber allein keinen Dichter machen. Vielleicht thäte er am besten, wenn er einmal ein ganz einfaches Idyllisches Factum wählte und es darstellte.« Darauf schrieb Schiller: »Es freut mich, daß Sie meinem Freunde und Schutzbefohlenen nicht ganz ungünstig sind. Das Tadelnswürdige an seiner Arbeit ist mir sehr lebhaft aufgefallen ...«, im weiteren Text des Briefes sucht Schiller Hölderlin zu verteidigen, indem er eine Ähnlichkeit zwischen seiner eigenen Dichtung und der Hölderlins hervorhebt. Darauf antwortet Goethe wieder, daß die Hölderlinschen Gedichte »weder die Fülle, noch die Stärke« noch die Tiefe« der Schillerschen Arbeiten hätten.[4]

Als sich Goethe vorübergehend in Frankfurt aufhielt, besuchte ihn Hölderlin auf Anraten Schillers. Über dieses Zusammentreffen schrieb Goethe am 23. August 1797 an Schiller: »Gestern ist auch Hölderlin bei mir gewesen, er sieht etwas gedrückt und kränklich aus, aber er ist wirklich liebenswürdig und mit Bescheidenheit, ja mit Ängstlichkeit offen ... Ich habe ihm besonders gerathen kleine Gedichte zu machen und sich zu jedem einen menschlich interessanten Gegenstand zu wählen.« Goethe sah vermutlich damals schon in Hölderlin einen »kranken« Dichter. Mit Recht spricht jedoch Bertaux[5] von dem »unausstehlich überheblichen Ton« dieses Briefwechsels zwischen Goethe und Schiller.

Am 12. Februar 1798 schreibt Hölderlin an seinen Bruder: »Ist doch schon mancher untergegangen, der zum Dichter geboren war. Wir leben in dem Dichterklima nicht. Darum gedeiht auch unter zehn solchen Pflanzen kaum eine.« Und weiter: »Weißt Du die Wurzel alles meines Übels? Ich möchte der Kunst leben, an der mein Herz hängt, und muß mich herumarbeiten unter den Menschen, daß ich oft so herzlich lebensmüde bin. Und warum das? Weil die Kunst wohl ihre Meister, aber den Schüler nicht nährt.« Und an den Freund Neuffer schreibt Hölderlin, im Juni 1798: »Ach! Lieber! es sind so wenige, die noch Glauben an mich haben, und die harten Urtheile der Menschen werden wohl so lange mich herumtreiben, bis ich am Ende, wenigstens aus Deutschland fort bin.«

Man weiß nicht genau, wie die plötzliche Trennung vom Hause Gontard im September 1798 zustandegekommen ist. Es ist aber wahrscheinlich, daß Hölderlins unangemessene Reaktion auf eine Bemerkung des Hausherrn zu einem so endgültigen Bruch geführt hat, daß Hölderlin das Haus verließ, ohne sich von dem Bankier zu verabschieden, und sich dadurch selbst die Möglichkeit nahm, die Familie je wieder zu besuchen.

Bertaux meint, der Bankier Gontard habe sich zu sehr als »Aristokrat« gefühlt, und seine Frau habe ihm bereits zu wenig bedeutet, um auf einen Hofmeister, einen »Bediensteten« eifersüchtig zu sein. Ihm sei es hauptsächlich um sein Prestige gegangen.[6]

Hölderlin und Susette blieben miteinander in Verbindung, obgleich nur ein heimlicher Austausch von Briefen und ein ganz seltenes Wiedersehen, meist aus der Ferne, möglich waren. Es sind siebzehn Briefe erhalten, welche Susette zwischen 1798 und 1800 Hölderlin geschrieben hat; daraus können wir von dieser ungewöhnlichen jungen Frau und ihrer innigen Beziehung zu Hölderlin ein Bild gewinnen.[7] In einem ihrer Briefe schreibt sie: »Schon oft habe ich es bereut, daß ich Dir beim Abschied den Rat gab, auf der Stelle Dich zu entfernen. Noch habe ich nicht begriffen, aus welchem Gefühl ich so dringend Dich bitten mußte. Ich glaube aber, es war die Furcht vor der ganzen Empfindung unserer Liebe, die zu laut in mir wurde bei diesem gewaltigen Riß, und die Gewalt, welche ich fühlte, machte mich gleich zu nachgiebig. Wie manches, dachte ich nachher, hätten wir noch für die Zukunft ausmachen können, hätte noch unser Auseinandergehen nicht diese feindselige Farbe angenommen; niemand hätte Dir den Zutritt in unser Haus wehren können.«

Hölderlin und Susette Gontard waren sich von Anfang an darüber im klaren, daß ihre Liebe ein tragisches Ende nehmen mußte. Susette scheint aber von ihrem Mann schwer gekränkt worden zu sein, denn sie schreibt: »Man begegnet mir, wie ich vorhersah, sehr höflich, bietet mir alle Tage neue Geschenke, Gefälligkeiten und Lustpartien an; allein von dem, der das Herz meines Herzens nicht schonte, muß die kleinste Gefälligkeit anzunehmen mir wie Gift sein, solange die Empfindlichkeit dieses Herzens dauert.« »Jetzt wo denn alle Wege der Mitteilung uns abgeschnitten sind und ich dadurch sehr empört bin ...«, schreibt sie.

Wie sie unter der Abwesenheit des Freundes leidet, kann man dem folgenden entnehmen: »Komm ich aber wieder nach Hause, ist es nicht mehr wie sonst; sonst wurde es mir so wohl, wieder in Deine Nähe zu kommen, jetzt ists als ginge ich in einen großen Kasten mich einsperren zu lassen.« Und am 14. März 1799 schreibt sie: »Ich ging zwei Tage nach Deiner Abwesenheit noch einmal in Dein Zimmer, wollte mich da recht ausweinen und mir einige liebe Reste von Dir sammeln, ich schloß Deinen Schreibpult auf, fand noch einige Stückgen Papier, ein wenig Siegellack, einen kleinen weißen Knopf, und ein hartes Stück Schwarzbrot, ich trug das alles lange wie Reliquien bei mir. Eine Schublade vom Comode war in's Schloß gesprungen, ich konnte sie nicht aufbringen. Ich bin zurück, vor der Türe begegnete mir Henry, er sagte wehmütig ›aus diesem Zimmer hast Du schon viel verloren! erst Deine Mutter, und dann auch Deinen Hölder! Du magst es gewiß nicht mehr leiden!‹«

Zwei Tage nach Hölderlins jähem Abgang hatte der elfjährige Henry an ihn geschrieben: »Lieber Hölder! Ich halte es fast nicht aus, daß Du fort bist. Ich war heute bei Herrn Hegel, dieser sagte, Du hättest es schon lange im Sinn gehabt, als ich wieder zurück ging, begegnete mir Herr Hänisch, welcher den Tag Deiner Abreise zu uns kam, und ein Buch suchte; er fand es, ich war gerade bei der Mutter, er fragte die Jette, wo Du wärest, die Jette sagte, Du wärst fort gegangen, er wollte eben auch zu Herrn Hegel gehn, und nach Dir fragen, er begleitete mich, und fragte, warum Du fort gegangen wärst, und sagte, es schmerzte ihn recht sehr. Der Vater fragte bei Tische, wo Du wärst, ich sagte, Du wärst fort gegangen, und Du ließt Dich ihm noch empfehlen. Die Mutter ist gesund, und läßt Dich noch vielmals grüßen, und Du möchtest doch recht oft an uns denken, sie hat mein Bett in die Balkonstube stellen lassen und will alles, was Du uns gelernt hast, wieder mit uns durchgehn. Komm' bald wieder bei uns, mein Hölder; bei wem sollen wir denn sonst lernen. Hier schick ich Dir noch Tabak und der Herr Hegel schickt Dir hier das 6te Stück von Posselt's Annalen. Lebe wohl, lieber Hölder. ich bin Dein Henri.«[8]

Susette ermahnt Hölderlin auch: »Handele nur nie aus dem falschen Begriff, Du müßtest mir Ehre machen, und alles was Du im Verborgenen treibst und wirkest, wäre mir nicht so lieb. Du müßtest lauter meine Neigung zu Dir rechtfertigen. Deine Liebe ehrt mich genug und wird mir immer genügen, und nach das, was man Ehre nennt, verlange ich nicht.«

Wovon wollte Hölderlin nun leben, nachdem er sich im September 1798 vom Hause Gontard getrennt hatte? Ein Jahr später schrieb er das folgende Gedicht:

An die Parzen

Nur Einen Sommer gönnt, ihr Gewaltigen!
  Und einen Herbst zu reifem Gesange mir,
    Daß williger mein Herz, vom süßen
      Spiele gesättiget, dann mir sterbe.

Die Seele, der im Leben ihr göttlich Recht
  Nicht ward, sie ruht auch drunten im Orkus nicht;
    Doch ist mir einst das Heil'ge, das am
      Herzen mir liegt, das Gedicht, gelungen,

Willkommen dann, o Stille der Schattenwelt!
  Zufrieden bin ich, wenn auch mein Saitenspiel
    Mich nicht hinabgeleitet; Einmal
      Lebt' ich, wie Götter, und mehr bedarfs nicht.

Er schrieb darüber am 8. Juli 1799 an seine Mutter: »Das Gedichtchen hätte Sie nicht beunruhigen sollen, theuerste Mutter! Es sollte nichts weiter heissen als wie sehr ich wünsche einmal eine ruhige Zeit zu haben, um das zu erfüllen, wozu mich die Natur bestimmt zu haben schien.«[9]

Hölderlin war jedoch gezwungen, sich seine Existenz zu sichern. Deshalb trug er sich mit dem Gedanken, eine literarische Zeitschrift zu gründen, und hoffte, damit seinen Lebensunterhalt bestreiten und als Schriftsteller größere Publizität gewinnen zu können. Solche Zeitschriftengründungen waren auch damals bereits üblich, nur, die Zeitschriften hielten sich meist nicht lange. »Ich werde allen meinen Mut und Fleiß und meine Kräfte aufbieten, um diese Zeitschrift gangbar und rühmlich zu machen.«[10] Sein Freund Neuffer stellte die Verbindung zu dem Verleger Steinkopf in Stuttgart her. Der Verleger sagte zu, aber er wünschte bekannte Namen als Mitarbeiter der Zeitschrift.

Sechs Wochen nach dem Empfang eines Briefes von Hölderlin antwortete Schiller: »Die Erfahrungen, die ich als Herausgeber periodischer Schriften seit 16 Jahren gemacht, da ich nicht weniger als 5 verschiedene Fahrzeuge auf das klippenvolle Meer der Literatur geführt habe, sind so wenig tröstlich, daß ich Ihnen als ein aufrichtiger Freund nicht rathen kann, ein Ähnliches zu tun...«[11] Es existiert der Entwurf eines Briefes Hölderlins an Goethe. Man weiß jedoch nicht, ob ein solcher Brief abgesandt wurde, auch von einer Antwort Goethes ist nichts bekannt. Aber auch der um fünf Jahre jüngere Freund Schelling, er war bereits ein berühmter Mann, als sich Hölderlin an ihn wandte, antwortete ausweichend. Der Plan scheiterte. Das Resümee für Hölderlin: »... ich hatte einen sicheren anspruchslosen Plan entworfen; mein Verleger wollte es glänzender haben; ich sollte eine Menge berühmter Schriftsteller, die er für meine Freunde hielt, zu Mitarbeitern engagieren... Die Berühmten..., deren Theilnahme mir armen Unberühmten zum Schilde dienen sollten, diese ließen mich stehen, und warum sollten sie nicht?«[12]

Noch entmutigender war die Niederlage, die Hölderlin bei seinem zweiten Plan erlitt. Es schwebte ihm vor, an der Universität Jena als Privatdozent Vorlesungen über griechische Dichtung zu halten. Schelling war dort mit dreiundzwanzig Jahren bereits außerordentlicher Professor der Philosophie. Schiller, Goethe hatten an der Universität einen großen Einfluß. Und Hölderlin glaubte, daß Schiller ihm helfen könne. Zwei Briefe an Schiller in dieser Angelegenheit sind bekannt, keiner wurde beantwortet. Nun wandte sich Hölderlin in einem ausführlichen Schreiben, vom 23. Juni 1801, an Immanuel Niethammer, einen Studienkollegen und Freund, welcher Professor der Theologie in Jena war. Auch er antwortete nicht. Man kann sich vorstellen, wie demoralisierend es für Hölderlin gewesen sein muß, als er Woche um Woche auf Antwort wartete und weder eine positive noch eine negative eintraf.

Auch die Idee Hölderlins, sich als Dramatiker einen Namen zu schaffen, war unrealistisch. Das einzige von ihm geschriebene Drama ›Empedokles‹ blieb unvollendet.

Der wiederholte Rat der Mutter, in den Dienst der Kirche zu treten, war für Hölderlin unannehmbar. Um leben und dabei weiter schreiben zu können, blieb ihm daher nichts anderes übrig, als sich wieder nach einer Hofmeisterstelle umzusehen, nun aber nicht mehr in Deutschland, sondern – wie es in solchen kritischen Lebenssituationen öfters vorkommt – im Ausland. Eine solche »Flucht ins Ausland« erfolgt oft vor dem Ausbruch einer Psychose.

Am 15. Januar 1801 trat Hölderlin eine Hofmeisterstelle bei der Familie Gonzenbach in Hauptwil in der Schweiz an, am 11. April des gleichen Jahres erhielt er eine höfliche Kündigung, worauf er »in fröhlicher Stimmung« in seine schwäbische Heimat zurückkehrte. Am 10. Dezember 1801 brach er von Nürtingen auf nach Bordeaux. Dort trat er am 28. Januar 1802 bei dem hamburgischen Konsul und Weinhändler Meyer wieder eine Hofmeisterstelle an.

Susette Gontard hatte den Schmerz der Trennung nicht überwinden können. Sie hatte sich eingebildet, Hölderlin vor dem Hause zu sehen, hatte geträumt, ihn in irgendeiner Gesellschaft, auf einem Spaziergang zu treffen, hatte sich den Kopf darüber zerbrochen, ob es nicht möglich wäre, in der wirklichen Welt, auf eine natürliche, gute Art, mit ihm wieder zusammenzukommen. »... und ich meinte dann, wenn Du nur da wärest, würde ich wohl wieder gesund sein.« »Ich fühlte es lebhaft, daß ohne Dich mein Leben hinwelkt und langsam stirbt ...«
»Meine Gesundheit ist übrigens gut«, heißt es an anderer Stelle, »nur fehlet es mir an Mut und Tätigkeit, ich bin ein wenig gelähmt, und ich möchte nur immer so hin sitzen. Träumen möchte ich auch!« »Denn der Keim der Liebe liegt tief und unaustilgbar in meinem Wesen.« »Wenn es mir nur nicht so schwer würde, Dir zu schreiben ..., ich fürchte Unsinn zu schreiben. Dann sind mir meine Worte wieder zu prosaisch, und mischt sich meine Phantasie mit ein, denke ich, es wäre nicht so wahr was ich sagte, am Ende möchte ich alles wieder zerreißen. Du verstehst mich wohl besser, wie ich selbst, und fühlst auch noch was ich nicht sage. – –« »Selbst durch meine tiefsten Gedanken finde ich nichts Wünschenswertes, als die innigste Beziehung der Liebe. Denn was kann uns leiten durch dies zweideutige

Leben und Sterben...« »Fühlte ich nicht mehr, wäre die Liebe aus mir verschwunden..., ich würde in Nacht und Tod hinabsinken. So lange Du mich liebst, kann ich mich nicht verschlimmern... Habe Glauben an mich und baue fest auf mein Herz.«[13]

Schon nach drei Monaten gab Hölderlin seine Stelle in Bordeaux wieder auf und trat die Rückreise an. Er traf Ende Juni oder Anfang Juli erschöpft und erregt bei Bekannten in Stuttgart und hierauf bei der Mutter in Nürtingen ein. Am 22. Juni starb Susette Gontard in Frankfurt während einer Rötelepidemie, die ihre Kinder glücklich überstanden hatten. Sie hatte seit längerer Zeit an einer Lungenerkrankung mit einem »gefährlichen Husten« gelitten, ihre Widerstandskraft war durch das Zusammentreffen der beiden Krankheiten gemindert.

Bertaux stellt die kühne Hypothese auf, daß Hölderlin vor ihrem Tode Susette noch gesehen haben könnte.[14] Die Möglichkeit ist nicht undenkbar, sichere Anhaltspunkte gibt es dafür nicht. Anfang März 1799 hatte Hölderlin an Susette den zweiten Band des ›Hyperion‹ geschickt. In dem Begleitbrief hieß es: »Hier *unsern* Hyperion, Liebe! Ein wenig Freude wird diese Frucht unserer seelenvollen Tage Dir doch geben. Verzeih mirs, daß Diotima stirbt. Du erinnerst Dich, wir haben uns ehmals nicht ganz darüber vereinigen können. Ich glaubte, es wäre der ganzen Anlage nach notwendig.« In dem gleichen Brief war von Susettens Krankheit die Rede. Und am Schluß: »... dieser ewige Kampf und Widerspruch im Inneren, der muß Dich freilich langsam töten...«[15]

Beginn und Entwicklung der schizophrenen Psychose

Als Hölderlin, aus Bordeaux zurückkommend, zu Hause eintraf, wurden akut psychotische Veränderungen zum erstenmal manifest. Bertaux spricht von Depressionszuständen: Hölderlin hatte sich am Tode Susette Gontards schuldig gefühlt;[16] in der ersten Fassung seines Gedichtes ›Der Abschied‹ heißt es: »Trennen wollten wir uns? wähnten es gut und klug? / Da wirs thaten, warum schrökte, wie Mord, die That?«[17] Hölderlin litt aber bei seiner Heimkehr auch an heftigen Erregungszuständen. Mehreren Personen, die ihn sahen, schien er völlig verstört.

Im Herbst desselben Jahres, in Hölderlins Befinden war wieder eine gewisse Beruhigung eingetreten, lud Isaac von Sinclair, ein Freund, den er schon in Jena kennengelernt hatte, Hölderlin zu einem gemeinsamen Aufenthalt in Regensburg ein. Dort lernte der Landgraf von Homburg, in dessen diplomatischen Diensten Sinclair stand, Hölderlin kennen. Der Landgraf, ein »durch die Plage des Stotterns früh nach innen gekehrter« und selbst literarisch tätiger Mann, gab Hölderlin den Auftrag, ein religiöses Zeitgedicht zu schreiben. Wieder bei der Mutter in Nürtingen, entstand innerhalb von drei Monaten die Hymne ›Patmos‹. Sie wurde dem Landgrafen am 30. Januar 1803 zum 55. Geburtstag überreicht.

In Nürtingen nahm Hölderlin seine Arbeit an den Übersetzungen des Sophokles wieder auf. Und 1804 erschienen bei Wilmans in Frankfurt die ›Trauerspiele des Sophokles‹.[18] Über diese Übersetzungen schrieb Varnhagen von Ense am 29. Dezember 1808, sie seien ihm »ziemlich toll« vorgekommen, »aber nur litterarisch toll, worin man bei uns sehr weit gehen kann, ohne gerade wahnsinnig zu sein, oder dafür gehalten zu werden...«[19]

Im Jahre 1804 verschaffte Sinclair seinem Freund Hölderlin die Stelle eines Hofbibliothekars in Homburg. Hölderlin hatte in dieser Funktion nichts zu tun. Er konnte in Homburg wohnen und war dadurch unabhängig von der Mutter. Er erhielt ein kleines Gehalt, wofür Sinclair aufkam.

Isaac von Sinclair war jedoch in die Pläne revolutionärer Kreise in Württemberg eingeweiht oder sogar selber verstrickt, Komplotte waren geschmiedet und ein Anschlag auf den Kurfürsten war geplant worden. Im Jahre 1805 wurde Sinclair verhaftet und nach Stuttgart gebracht, wo man einen Hochverratsprozeß gegen ihn einleitete. Ebenso erging es einigen seiner Freunde. Gegen Hölderlin wurde keine Anklage erhoben, und zwar aufgrund eines Gutachtens des Homburger Arztes Dr. Müller, welches besagte, daß Hölderlins

Wahnsinn in Raserei übergegangen sei. Im Zusammenhang mit dieser politischen Affäre soll der kranke Hölderlin ausgerufen haben: »Ich will kein Jakobiner sein!«

Im Jahr 1806 wieder aus der Haft entlassen, sah sich Sinclair gezwungen, Hölderlin aus Homburg abholen zu lassen und wandte sich deshalb an dessen Mutter. Hölderlin wurde nun, sechsunddreißig Jahre alt, wegen Anfällen von Tobsucht in das Autenriethsche Klinikum in Tübingen eingeliefert. Aber schon im nächsten Sommer übergab man ihn einer Pflegefamilie, bei der er sein ganzes weiteres Leben blieb. Es war die Familie des Tischlermeisters Ernst Zimmer, der in einem ehemaligen Turm der Stadtmauer von Tübingen am linken Neckarufer seine Wohnung und Werkstätte hatte. Hölderlin wurde in einem Erkerzimmer mit schöner Aussicht untergebracht.

Hölderlin im Lichte seiner Biographen:
Sein Zeitgenosse Wilhelm Waiblinger

Hölderlin lebte bereits viele Jahre dort, betreut vom Tischler und dessen Töchtern, als Wilhelm Waiblinger 1822 nach Tübingen kam. Wie einst Hölderlin sollte er im Stift Theologie studieren. Waiblinger hat während seines Tübinger Aufenthaltes eine ungewöhnliche Beziehung zu Hölderlin angeknüpft. Er besuchte ihn in dessen Turmzimmer, nahm ihn zu einsamen Spaziergängen mit, hörte ihm beim Vorlesen aus seinem ›Hyperion‹ und beim Klavierspielen zu. Er hielt keine Stunde für verloren, schreibt er, die er bei dem kranken Hölderlin verbrachte, während die wenigen seiner früheren Freunde, von denen nur selten einer kam, nicht länger als ein paar Augenblicke zu bleiben vermochten.

Wer war dieser Wilhelm Waiblinger und welche Voraussetzungen brachte er für seinen Umgang mit dem kranken Hölderlin und die spätere Abfassung seines Berichtes mit? Im Jahre 1804 in Heilbronn geboren, absolvierte er das Gymnasium in Stuttgart und kam dann nach Tübingen. Er war schon früh literarisch tätig und erhielt durch die Vermittlung seines Lehrers Gustav Schwab von dem Verleger Cotta ein Reisestipendium für einen Aufenthalt in Italien. Waiblinger gründete einen italienischen Almanach, dessen erste Jahrgänge in Berlin erschienen, schrieb einen Roman (›Phaethon‹) und ein Drama (›Anna Bullen‹), Reiseberichte und Gedichte. Im Jahre 1830 starb er arm und vereinsamt in Rom an Tuberkulose, der »Krankheit der Romantik«. Seine Beobachtungen und Erfahrungen mit dem kranken Hölderlin hielt er in dem Buch ›Friedrich Hölderlins Leben, Dichtung und Wahnsinn‹[20] fest. Die Schilderungen der Zusammenkünfte zwischen dem achtzehnjährigen Waiblinger und dem zweiundfünfzigjährigen Hölderlin, der schon fünfzehn Jahre, von aller Welt abgeschlossen, im Turm gelebt hatte, haben mich schon bei meiner ersten Beschäftigung mit Hölderlin tief beeindruckt. In Waiblingers Buch wird über Hölderlin mehr ausgesagt als in einer ärztlichen Schilderung jener Zeit; sie ersetzt vollkommen die fehlende Krankengeschichte aus dem Tübinger Klinikum, wo Hölderlin sieben Monate verbracht hatte, bevor man ihn in private Pflege gab. Im folgenden nun möchte ich einiges aus der Beschreibung des kranken Hölderlin durch Wilhelm Waiblinger wiedergeben.

Hölderlin stand zeitig in der Früh auf und verließ sofort das Haus, um im Stadtzwinger spazierenzugehen. Dieser Spaziergang dauerte oft vier bis fünf Stunden. Dabei schlug er mit einem Schnupftuch auf die Zaunpfähle oder rupfte das Gras aus. Was er fand, und war es nur ein Stück Eisen oder Leder, steckte er ein. Er sprach immer mit sich selbst, fragte und antwortete sich, bald mit ja, bald mit nein, häufig mit beidem; er verneinte gerne.

Oft nahmen ihn der Tischler oder dessen Angehörige in die Gärten und Weinberge mit, wo er sich dann auf einen Stein setzte und wartete, bis man wieder nach Hause ging. Man mußte ihn wie ein Kind behandeln, wollte man ihn nicht störrisch machen.

Hölderlin aß alleine in seinem Zimmer. War er mit dem Essen fertig, dann duldete er das Geschirr keinen Augenblick, sondern stellte es sogleich vor die Tür auf den Boden. Der Nachmittag verging mit Selbstgesprächen und Auf- und Abgehen in seinem Zimmer.

In Begleitung durfte Hölderlin auch Spaziergänge machen. Wenn er dann gewaschen und angekleidet war, wollte er nicht vorausgehen. Er drückte den Hut tief in die Stirn und ging hinter seinen Begleitern her. Und die Leute in der Stadt, die ihn kannten, sagten: »Ach, wie gescheit und gelehrt war dieser Herr, und jetzt ist er so närrisch!«

Besuche empfing Hölderlin nur ungern. Oft war schon vor der Tür seine Stimme zu hören, weil er viel mit sich selbst redete. Klopfte man an, dann rief er laut: »Herein!« Beim Betreten des Zimmers verneigte er sich tief und hörte nicht auf, Komplimente zu machen. Während man einige einleitende Worte sprach, lief ein Zucken über sein Gesicht und seine Schultern, und seine Finger verkrampften sich. Hierauf wurde man mit den verbindlichsten Verbeugungen und einem Schwall von Worten, dem man nicht folgen konnte, bedacht. Nach einer Pause empfand Hölderlin, daß er jetzt dem Gast etwas Freundliches sagen oder eine Frage an ihn richten müsse. Man vernahm einige verständliche Worte, die aber meist nicht beantwortet werden konnten. Hölderlin selbst erwartete auch keine Antwort und verwirrte sich noch mehr, wenn der Besucher sich bemühte, ein Gespräch anzuknüpfen. Mit den Titeln »Eure Majestät«, »Eure Heiligkeit«, »gnädiger Herr Pater« redete er den Fremden an. Er wurde dabei immer unruhiger, begann bald für den Besuch zu danken, sich abermals zu verbeugen, und es war dann gut, wenn man nicht länger blieb.

Länger hielt sich auch keiner bei ihm auf, schreibt Waiblinger. Selbst seine früheren Bekannten fanden eine solche Unterhaltung zu unheimlich, zu drückend, zu sinnlos. Gerade ihnen gegenüber war der Herr Bibliothekar – Hölderlin ließ sich gerne so titulieren – nämlich am wunderlichsten. Als ihn einmal Friedrich Haug aufsuchte, der ihn seit langem kannte, wurde auch er Königliche Majestät und Herr Baron geheißen. Obwohl der alte Freund versicherte, daß er nicht geadelt sei, ließ sich Hölderlin nicht davon abbringen, ihm jene Titel zu verleihen.

Waiblinger konnte Hölderlin oft nur schwer bewegen, mit ihm das Haus zu verlassen. Er hatte dann allerlei Ausreden; er sagte: »Ich habe keine Zeit, Eure Heiligkeit, ich muß auf einen Besuch warten«, oder er gebrauchte die Wendung: »Sie befehlen, daß ich hier bleibe.« Gesellten sich ihnen Fremde zu, dann schien Hölderlin stets unvernünftiger, als wenn er mit Waiblinger allein war. Dem Philologen Conz küßte er beim Abschied aufs eleganteste die Hand.

Einmal traf Hölderlin Conz, der gerade Äschylos übersetzte, beugte sich über ihn und las einige Verse; hierauf schrie er mit einem krampfhaften Lachen: »Das versteh' ich nicht! Das ist Kamalattasprache!« Waiblinger schreibt, es gehörte zu Hölderlins Eigenheiten, neue Wörter zu bilden.

Mit seinem ›Hyperion‹ konnte sich Hölderlin stundenlang beschäftigen. Immer wieder deklamierte er daraus mit lauter Stimme. Sein Pathos war groß, und der ›Hyperion‹ lag beinahe immer aufgeschlagen auf einem Tisch. Sobald er Waiblinger ein Stück vorgelesen hatte, rief er unter heftigen Gebärden aus: »O schön, schön, Eure Majestät!« Las er wieder, dann konnte er plötzlich hinzusetzen: »Sehen Sie, gnädiger Herr, ein Komma!« Las er aus einem anderen Buch vor, dann schien er meist zu zerstreut, um dem Gedankengang zu folgen; stets lobte er aber das Buch über alle Maßen.

Wenn ihm Waiblinger sagte, daß sein ›Hyperion‹ neu gedruckt worden sei und daß Uhland und Schwab seine Gedichte gesammelt hätten, dann verbeugte sich Hölderlin tief und sagte: »Sie sind sehr gnädig, Herr von Waiblinger! Ich bin Ihnen sehr verbunden.« Versuchte Waiblinger, auf eine vernünftige Antwort zu dringen, dann geriet Hölderlin bald in heftige Erregung und brachte einen kunterbunten Wortschwall hervor.

Vergnügen bereitete es Hölderlin, wenn ihn Waiblinger in sein Gartenhaus auf den Österberg mitnahm. Er führte ihn im Sommer des öfteren dorthin. Oben angelangt, verneigte sich Hölderlin, sobald er ins Zimmer trat, und empfahl sich der Gunst und Gewogenheit des Gastgebers. Dann öffnete er das Fenster, setzte sich in dessen Nähe und begann die Aussicht zu loben, wie es ihm überhaupt besser ging, wenn er im Freien war. Er redete dann weniger mit sich selbst und war klarer. Mit großem Genuß schnupfte und rauchte er. Und er saß ruhig am Fenster, während Waiblinger las.

An Störungen des Gedächtnisses litt Hölderlin nicht. Er erinnerte sich an alles, was er einmal gehört hatte, und erkannte auch alle wieder. Er erinnerte sich gerne an Schiller; sooft Waiblinger aber den Namen Goethe erwähnte, sagte Hölderlin, er kenne Herrn von Goethe nicht. Waiblinger hielt das für einen Ausdruck feindlicher Gesinnung und schloß daraus, daß die Beziehung Hölderlins zu Goethe nicht die beste gewesen sein dürfte.

Hölderlin vergaß nie, daß Waiblinger Dichter war, und fragte ihn unzählige Male, was er gearbeitet habe und ob er auch fleißig gewesen sei. Dann aber setzte er gleich hinzu: »Ich, mein Herr, bin nicht mehr von demselben Namen, ich heiße nun Killalusimeno. Oui, Eure Majestät: Sie sagen so, Sie behaupten so! es geschieht mir nichts.«

Dieses »es geschieht mir nichts« vernahm Waiblinger oft von ihm; es war, als ob er sich damit selbst beruhigen wollte. Er schien überhaupt äußerst furchtsam und schreckte bei dem geringsten Geräusch zusammen. Im Sommer plagte ihn die Unruhe oft so, daß er nächtelang im Hause auf und ab wanderte.

Waiblinger fiel auf, daß Hölderlin im Gespräch auf Themen nicht einging, die ihm früher viel bedeutet hatten. Von Frankfurt, Diotima, Griechenland, von seinen Poesien wollte er nichts wissen.

Ungemein freute es ihn, als man ein Sofa in sein Zimmer stellte. Er verkündete es mit Entzücken, und indem er Waiblinger die Hand küßte, sagte er: »Ach, sehen Sie, gnädiger Herr, nun hab' ich ein Sofa.« Der Gast mußte gleich darauf Platz nehmen, und auch Hölderlin benutzte es später oft.

Als Waiblinger ihn scherzhaft einlud, mit ihm nach Rom zu gehen, lächelte Hölderlin liebenswürdig und sagte: »Ich muß zu Hause bleiben und kann nicht mehr reisen, gnädiger Herr!«

Zuweilen gab er Antworten, über die man fast lachen mußte, zumal er sie mit einer Miene gab, als ob er wirklich spottete. So fragte ihn Waiblinger einmal, wie alt er sei, und er versetzte lächelnd: »Siebzehn, Herr Baron.«

Zu einem klaren und richtigen Denken schien Hölderlin unfähig geworden zu sein. Waiblinger erblickte darin aber eher einen Zustand der Schwäche und der Erschöpfung als den der Verwirrung. Alle Ruhe, alles Stete und Feste, um zu erfassen, was undeutlich vor ihm schwebte, fehlte ihm, und er hatte nicht die Kraft, sich auf einen bestimmten Gedanken zu konzentrieren. Wollte er ein bejahendes Urteil bilden, so verneinte er es im gleichen Augenblick, denn die ganze Welt war für ihn Nebel und Schein. Sagte er zum Beispiel zu sich selbst: die Menschen sind glücklich, so widerrief er alsbald und sagte: die Menschen sind unglücklich. Es war ein fortwährender Widerstreit in ihm, der seine Gedanken schon im Werden zernichtete. Vermochte er wirklich einmal einen Gedanken klar zu fassen, so schwindelte ihn sogleich, es ging ein Zucken über seine Stirn, und er rief: »Nein! Nein!« Um sich aus der Erregung zu retten, gab er einen Schwall von Worten von sich, ohne Bedeutung und ohne allen Sinn. Wenn Hölderlin wirklich nachzudenken versuchte, kam er von einem ins andere und ermattete. Redete er dagegen Unsinn, plauderte er Bedeutungsloses, dann ruhte sich sein Geist dabei aus. Er mied daher alles, was ihn plagte und sein Denken in Verwirrung brachte. Aus diesem Grunde erinnerte er sich nur ungern an Ereignisse seines früheren Lebens. Lenkte man ihn darauf hin, dann wurde er unruhig, tobte, schrie, ging nächtelang umher, und sein Benehmen wurde unsinniger, als es gewöhnlich war. War er erzürnt und gereizt, dann legte er sich auch zu Bett und schien sich dort sicherer, unangefochtener zu fühlen und den Schmerz besser ertragen zu können.

Hölderlins Verschrobenheiten und Kuriositäten verstand Waiblinger auch als eine Ausgeburt seines Einsiedlerlebens. Er dachte keinen Augenblick daran, daß Hölderlin wirklich geglaubt hätte, mit kaiserlichen und königlichen Majestäten umzugehen.

Hölderlins völlige Zerstreutheit, seine dauernde Beschäftigung mit sich selbst, der völlige Mangel an Interesse für alles, was außer ihm vorging, machten ein Gespräch mit ihm unmöglich. Hinter all dem spürte man aber eine Neigung, sich jedermann in einer unübersteigbaren Ferne zu halten. Was man ihm von den Ereignissen der Außenwelt berichtete, war ihm zu fern, zu fremd, störte ihn zu sehr. Hätte man ihm gesagt, er – Waiblinger – sei gestorben, dann hätte Hölderlin mit großem Affekt ausgerufen: »Herr Jesus, ist er gestorben?«, aber er hätte im Moment dabei nicht das Geringste gefühlt oder gedacht, jene scheinbar teilnehmenden Worte wären nur Form gewesen – Form, die er immer beachten wollte.

Während andere, spätere Pathographen Hölderlin einen organisch Kranken und Verblödeten nannten, sprach Waiblinger von seinem wunderbaren schwermütigen Freund und erblickte in dessen Krankheit »eine geistige Erscheinung ..., die für uns am Ende doch ein Rätsel ist, wir mögen uns mit unserer Weisheit gebärden, wie wir wollen, um sie in ihrem Wesen, in ihren Ursachen und Folgen zu zergliedern und zu beschreiben.«

Soweit Wilhelm Waiblinger.

Pierre Bertaux: Ein Kampf gegen Windmühlen

Aus der Biographie Wilhelm Waiblingers geht nach meiner Meinung eindeutig hervor, daß Hölderlin an einer chronischen Schizophrenie litt. Gleichwohl ist dies nicht unwidersprochen geblieben: Pierre Bertaux, der heute wohl bekannteste Biograph Hölderlins, wendet sich gegen die Darstellung Waiblingers, die nach seiner Meinung nicht ernstzunehmen ist.[21] Waiblinger habe eine Legende in die Welt gesetzt, da Hölderlin nie im psychiatrischen Sinn des Wortes geisteskrank gewesen sei.

Bertaux bestreitet die Authentizität der Schilderung Waiblingers: Er habe Hölderlin nicht mehrere Jahre hindurch regelmäßig, sondern insgesamt vielleicht nur acht- bis zehnmal besucht, seine Informationen würden nicht durchwegs auf eigener Beobachtung beruhen, sondern er habe sie zum Teil von den Pflegepersonen Hölderlins erhalten, einige seiner Angaben zur Lebensgeschichte Hölderlins seien falsch. Sein Hauptargument gegen den wissenschaftlichen Wert der Hölderlin-Studie Waiblingers erblickt er aber darin, daß Waiblinger mit einem Vorurteil an diese Aufgabe herangegangen sei; seine Schilderung sei schon deshalb unbrauchbar, weil er einen »wahnsinnigen« Hölderlin gewollt habe und weil es ihm dann darum gegangen sei, Hölderlins »Wahnsinn« zu beschreiben.

In der Tat war der junge Waiblinger, als er Hölderlin kennenlernte, bereits selbst literarisch tätig, und er hatte den ehrgeizigen Plan, einen Roman zu schreiben, dessen Hauptperson »wahnsinnig« werden sollte. Dies kann man Waiblingers Tagebüchern entnehmen. Aus diesem Grund hatte Waiblinger die Bekanntschaft Hölderlins gesucht. Er hatte auch bald das Vertrauen des kranken Dichters gewonnen und verbrachte viele Stunden in dessen Gesellschaft. Bertaux verübelt es Waiblinger allzusehr, daß dieser aus literarischem Interesse die Bekanntschaft Hölderlins gesucht hatte. Er berücksichtigt nicht, daß Waiblinger als Schriftsteller keine andere Beziehung zu Hölderlin haben konnte, daß gerade sein schriftstellerisches Interesse das Motiv war, den kranken Dichter aufzusuchen. Er hatte sich darauf eingestellt, die Veränderung Hölderlins schriftlich festzuhalten, und es bedurfte keiner phantasievollen Umgestaltung seiner Beobachtungen, um Hölderlin tatsächlich für geisteskrank zu halten.

Aus eben seinem Interesse heraus reagierte Waiblinger auf das Zusammentreffen mit dem kranken Dichter nicht mit Angst, er bekam Gelegenheit, mit ihm zu sprechen und mit ihm zusammenzusein; dadurch hat er zahlreiche Einzelzüge im Verhalten Hölderlins wahrgenommen und festgehalten, von denen er gar nicht wissen konnte, wie sehr sie in ihrer Gesamtheit für das Krankheitsbild der Schizophrenie charakteristisch sind. Bertaux' bösartige Bemerkungen, daß Waiblinger die romantische Konjunktur benutzen und aus der Geschichte Hölderlins Geld herausschlagen wollte, sind keinesfalls stichhaltige Argumente gegen den dokumentarischen Wert seines Berichts. Unabhängig von Waiblingers Annahmen über die Ursachen einer solchen seelischen Veränderung, unabhängig auch von der Ungenauigkeit einiger biographischer Daten, bleibt die Darstellung der Psychose Hölderlins dennoch authentisch, obwohl es natürlich der Erfahrung im persönlichen Umgang mit schizophrenen Menschen bedarf, um die Richtigkeit und den Wert der Beobachtungen Waiblingers zu beurteilen. Bertaux schreibt, daß er sich mit Hölderlin, mit seinem Werk und seiner Lebensgeschichte, seit mehr als fünfzig Jahren befaßt habe und daß ihn die geläufige Vorstellung vom »wahnsinnigen« Hölderlin schon immer gestört habe. Er fühle sich Hölderlin menschlich so nahe, daß ihm seine Person genauso viel, ja vielleicht mehr noch als dessen Dichtung bedeute und daß es ihm immer weniger möglich sei, die Dichtung Hölderlins von dessen Person und dessen Lebensgeschichte zu trennen. Er wollte zeigen, daß man Hölderlin im Rahmen der normalen Psychologie verstehen kann und daß es des Psychiaters und der Psychopathologie hierfür nicht bedarf, ja daß die psychiatrische Beurteilung irreführend und falsch ist.

Unter Benutzung aller erreichbaren Dokumente – und es gibt überraschend viele – bietet er für die gängige psychopathologische Deutung von Hölderlins Leben und Werk eine Alternative an. In seiner großartigen Biographie läßt er das Leben Hölderlins anschaulich vor uns erstehen, wobei er Dokumentation und Interpretation wissenschaftlich einwandfrei auseinanderhält. Aus Bertaux' Biographie geht aber – ganz entgegen seiner Absicht – hervor, daß sich Hölderlin in einer Weise verhielt, die nicht so sehr von seinem Willen abhängig war, wie Bertaux annimmt, und daß Hölderlin in einem Ausmaß seelisch verändert war, wie es mit Enttäuschungen und Schicksalsschlägen eines großen Dichters im Rahmen einer normalen Psychologie nicht ausreichend zu erklären ist. Bertaux' Buch ist eine außergewöhnliche »Krankengeschichte«; man könnte es wohl kaum schöner beschreiben, mit größerer Ausführlichkeit und Genauigkeit belegen und besser verständlich machen, wie ein Mensch – Hölderlin – allmählich in eine schizophrene Psychose hineingerät. In diesem Sinn stellt auch der Psychiater Uwe Henrik Peters fest, Bertaux selbst würde die meisten Argumente dafür liefern, daß Hölderlin schizophren gewesen sei.[22]

Dies trifft auch auf die von Bertaux geschilderten Wortneuschöpfungen Hölderlins zu. Bertaux versucht, diese Neubildungen auf einen sinnvollen und vernünftigen Ursprung zurückzuführen; so interpretiert er den von Hölderlin geschaffenen Ausdruck »Kamalattasprache« als griechischen Ausdruck: Kalamata sei eine griechische Stadt im Peloponnes, Waiblinger könne das Wort unrichtig wiedergegeben haben. Aus diesem und anderen Beispielen leitet Bertaux ab, daß man den Gebrauch dieser sinnvollen Worte nicht als Symptom für eine Schizophrenie interpretieren könne. Dabei übersieht er aber, daß für die schizophrene Psychose nicht Sinn oder Unsinn eines Wortes spricht, sondern vielmehr das Phänomen, daß überhaupt Worte neu gebildet werden. Die Wortschöpfung, die kreative Beziehung zur Sprache, die Tatsache, daß Wörter verwendet werden, die in einer bestimmten Situation ungewöhnlich, überraschend, manchmal ungemein treffend, häufig gänzlich unpassend sind: das ist schizophren. Und insofern bestätigt der Bericht Bertaux' über Hölderlins Wortneubildungen geradezu die allgemeine Ansicht, daß Hölderlin an einer schizophrenen Psychose litt.

Ich habe an anderer Stelle die Zweifel dargelegt, die auch ein Psychiater an dem Begriff »geisteskrank«, an dem Begriff der *psychischen* Krankheit überhaupt haben kann. Ich habe den Vorschlag gemacht, den Begriff der *psychischen* Krankheit fallen zu lassen, obgleich ich an der Realität jenes psychischen Zustandes, den man als schizophrene Psychose bezeichnet, nicht zweifle. Und die Ähnlichkeit Hölderlins in der zweiten Hälfte seines Lebens mit einigen meiner chronisch schizophrenen Patienten ist frappierend: Man denke nur an die hohen Titel, die Hölderlin seinen Besuchern verlieh wie »Eure Heiligkeit«, »Eure Königliche Majestät«, »Herr Baron« usw., an seine fortwährenden tiefen Verbeugungen und die anderen Höflichkeitsfloskeln oder an die Bemerkung, die Hölderlin zwei Jahre vor seinem Tode zu Christoph Theodor Schwab machte: »Ich bin unser Herrgott!«[23] Das alles ist für chronisch schizophrene Patienten höchst charakteristisch, natürlich nur im Kontext des ganzen übrigen Geschehens.

Hölderlin befand sich von einem gewissen Zeitpunkt an in einem veränderten seelischen Zustand, dessen Auftreten und Fortdauer sich aus seiner Veranlagung und seinen Lebensumständen ergab und dessen Beseitigung nicht mehr in seiner Macht lag. Oder anders ausgedrückt: Bei Hölderlin bestand eine Funktionsstörung des Zentralnervensystems, die in ihren Auswirkungen nicht so abnorm war, wie die klassische Psychiatrie annahm (Dementia praecox, schizophrene Verblödung etc.), aber auch nicht so normal oder so wenig abnorm, wie Bertaux in seinem Buch postuliert.

Nach Bertaux besteht die künstlerische Begabung nicht nur in einem Plus, durch das sich Künstler von normalen Menschen unterscheiden; es gehe jenen vielmehr etwas ab. Er spricht von einem Minus und findet dafür das schöne Bild der psychischen »Lücke«, in der sich das künstlerische Talent entwickle. Der Psychoanalytiker Harald

F. Searles[24] nennt diese Lücke eine Ich-Schwäche, und er vertritt die Ansicht, daß die Kreativität sowohl des Schizophrenen als auch des normalen Menschen aus dieser Ich-Schwäche entspringt.

Die heutige Psychiatrie steht auf dem Standpunkt, daß die Menschen einander viel mehr ähnlich als verschieden voneinander sind, gleichgültig, ob sie gesund oder krank sind. Die menschlichen Ähnlichkeiten überwiegen immer die Verschiedenheiten. Es geht uns deshalb heute darum, das Gemeinsame und nicht das Trennende zwischen dem Normalen und dem Schizophrenen festzustellen; denn nur so läßt sich eine positive Beziehung zwischen uns und den schizophrenen Menschen aufbauen. Wenn Bertaux schreibt, Hölderlin besser zu verstehen, würde uns helfen, uns selbst besser zu verstehen, dann muß man auch sagen, einen schizophrenen Menschen besser zu verstehen, würde uns helfen, uns selbst besser zu verstehen.

Die schizophrenen Symptome bei Hölderlin

Christoph Theodor Schwab (1821–1883), der Sohn Gustav Schwabs, hatte Hölderlin mehrmals besucht. Wie dem jungen Waiblinger, der damals bereits tot war, gelang es dem jungen Schwab, zu Hölderlin eine Vertrauensbeziehung herzustellen. Die Tagebuchaufzeichnungen Christoph Schwabs gelten als Dokument erster Hand. In dem Bericht über seinen Besuch bei Hölderlin am 16. Januar 1841 steht der folgende Satz: »Endlich als er mich durchaus forthaben wollte, sagte er, sich als gemeinen Narren verstellend: ›Ich bin unser Herrgott‹, worauf ich endlich, als er noch die Thür aufmachte, unter Verbeugungen schied.«[25] Dazu Bertaux: »Zumindest einmal hat Christoph Schwab das Gefühl gehabt, Hölderlin spiele bewußt den Narren, und zwar um ihn loszuwerden. Wie oft und inwiefern Hölderlin die Narrheit simulierte – den meisten Besuchern gegenüber mit durchgehendem Erfolg – sei dahingestellt. Aber die Frage verdient es, aufgeworfen zu werden.«[26]

Es ist eine landläufige Meinung, daß die Äußerungen schizophrener Patienten ohne Absicht zustandekämen. In Wirklichkeit ist es aber so, daß man bei schizophren psychotischen Menschen im Hinblick auf die sogenannten Freiheitsgrade ihres Handelns alle Übergänge findet, vom reinen Automatismus bis zur freien Willensentscheidung. Das Absichtliche und Bewußte ist also keineswegs unvereinbar mit dem Zustand des Schizophrenen. Im Gegenteil, Reflexion und Hyperreflexion sind sogar besonders charakteristische Phänomene in der schizophrenen Psychose. Schon Lombroso schildert ausführlich den Fall eines schizophrenen Patienten namens Farina, der aus wahnhaften Motiven einen Mord begangen hatte, sich dafür verantwortlich fühlte und seiner Verurteilung dadurch entgehen wollte, daß er Geisteskrankheit simulierte.* Es ist also nicht unmöglich, daß ein Mensch, der an Schizophrenie leidet, »den Geisteskranken spielt«. Mit Simulation und Dissimulation (Vortäuschung und Verheimlichung bestimmter Innenerlebnisse) muß man bei schizophrenen Kranken rechnen. Wenn Hölderlin zu Schwab sagte: »Ich bin unser Herrgott«, dann wollte er sich damit jedoch ganz sicher nicht »als gemeinen Narren« verstellen. Das ist ein völliges Mißverständnis. Nicht Verstellung, sondern Unverstelltheit, eine verblüffende Offenheit und Direktheit – ein weiteres Merkmal in schizophrenen Zuständen – liegt dieser Äußerung zugrunde. Vielleicht wurde Hölderlin durch eine »Stimme« diese Mitteilung gemacht, vielleicht liegt

---

* Vgl. dazu in diesem Buch: ›Genie und Irrsinn‹ (Cesare Lombroso), S. 36 f.

der Äußerung eine plötzliche Eingebung, eine Art Offenbarungserlebnis zugrunde.

Zu Beginn seiner Erkrankung arbeitete Hölderlin an den Christushymnen. (›Die Friedensfeier‹, ›Der Einzige‹, ›Patmos‹ u. a.) In diesen Dichtungen werden die drei Motive Christus, Sprache und Dichter zueinander in Beziehung gesetzt, wobei der Dichter mit der irdischen Mittlerfunktion Christi verwandt erscheint.[27] »Und was ich sah, das Heilige sei mein Wort«, heißt es in der Hymne ›Wie wenn am Feiertage‹, und in dem Gedicht ›An die Parzen‹ heißt es, »doch ist mir einst das Heil'ge, das am Herzen mir liegt, das Gedicht, gelungen ...« Dieser Glaube Hölderlins an die religiöse Aufgabe des Dichters, an seine göttliche Sendung, und seine intensive Beschäftigung mit Christus zu Beginn der Psychose lassen es verständlich erscheinen, daß ihm in deren Spätstadium und am Ende seines Lebens der Gedanke kam, er selbst könnte Christus, unser Herrgott, sein.

Diese Überlegungen bedeuten nun aber wieder nicht, daß nicht auch ein nicht-psychotischer Mensch auf den Gedanken kommen könnte, daß er mit Gott identisch sei, zum Beispiel ein Mystiker. Unter einer gewissen Bedingung konnte auch Angelus Silesius Gott sein: »Eh als ich Ich noch war, da war ich Gott in Gott / Drum kann ich's wieder sein, wenn ich nur mir bin tot.« Auch bei nicht-schizophrenen Menschen können sich die Ich-Grenzen auflösen und können verschwimmen, das Ich kann dann mit allen möglichen fremden Subjekten verschmelzen. Während beim Mystiker das mystische Erleben von der Alltagswirklichkeit scharf abgegrenzt ist, wird es beim Schizophrenen mit dem Alltagsleben vermischt.

Ein anderer Autor, Johann Georg Fischer,[28] berichtet über einen Besuch bei Hölderlin im April 1843:

»Bei meinem letzten Besuch nun bat ich: ›Herr Bibliothekar, ich würde mich glücklich schätzen, wenn Sie mir zu meinem Abschied ein paar Strophen als Andenken schenken wollten.‹ Die Antwort war: ›Wie Euer Heiligkeit befehlen! Soll ich über Griechenland, Frühling, Zeitgeist?‹ Die Freunde flüsterten: Zeitgeist! und ich bat ebenso.

Nun stellte sich der sonst fast immer vorgebeugte Mann in aufrechter Haltung an sein Schreibpult, nahm einen Foliobogen und einen mit der ganzen Fahne versehenen Gänsekiel aus demselben und stellte sich bereit, zu schreiben ... Und nun er schrieb, scandierte er mit der linken Hand jede Zeile, und am Schluß einer jeden drückte sich ihm ein zufriedenes ›Hm!‹ aus der Brust. Nach Beendigung überreichte er mir unter tiefer Verbeugung das Blatt mit den Worten: ›Geruhen Euer Heiligkeit?‹ ... Die Verse lauteten also:

Der Zeitgeist

Die Menschen finden sich in dieser Welt zum Leben,
Wie Jahre sind, wie Zeiten höher streben;
So wie der Wechsel ist, ist übrig vieles Wahre,
Daß Dauer kommt in die verschied'nen Jahre;
Vollkommenheit vereint sich so in diesem Leben,
Daß diesem sich bequemt der Menschen edles Streben.
Mit Unterthänigkeit
24. Mai 1748   Scardanelli

Welche Zeit- und Namenverwechslung!«, schließt Fischer.

Auch die Verleugnung des eigenen Namens und der Gebrauch eines fremden Namens läßt sich in diesem Fall nicht einfach psychologisch erklären, etwa in dem Sinn, daß Hölderlin diese »spätesten Gedichte« nicht mehr zu seinem Werk gehörig betrachtet wissen wollte und daß er deshalb mit dem fremden Namen unterzeichnete, wie Bertaux meint.[29] Hölderlin war vielmehr in seinem ganzen Wesen so gespalten, daß er bald Friedrich Hölderlin, bald Scardanelli sein konnte. Dabei mag die Motivation, die Bertaux dieser Störung der Ich-Identität zugrundelegt, nicht ohne Bedeutung gewesen sein, die Wahl des Namens Scardanelli erfolgte jedoch nicht mit jener Freiheit und Absichtlichkeit, die einen normalen psychischen Zustand kennzeichnet.

In einem früheren Aufsatz schrieb J. G. Fischer:[30]

»Immer war er entgegenkommend, das einemal mit etwas mehr, das anderemal mit weniger Resignation. Die Hände über dem Schlafrock auf dem Rücken gekreuzt, saß oder ging er mit den Besuchern in seinem Zimmer auf und ab. Zwei Besuche sind mir in besonders bedeutsamer Erinnerung. Seine Gedichte waren bei Cotta in Miniaturausgabe erschienen und Christoph Theodor Schwab überreichte ihm ein Exemplar. In demselben hin und her blätternd, sagte er: ›Ja, die Gedichte sind echt, die sind von mir; aber der Name ist gefälscht, ich habe nie Hölderlin geheißen, sondern Scardanelli oder Scarivari oder Salvator Rosa oder so was...‹ Sodann erinnerte ich ihn an seine Diotima. ›Ach‹, sprach er, ›reden Sie mir nicht von Diotima, das war ein Wesen! und wissen Sie: dreizehn Söhne hat sie mir geboren, der eine ist Kaiser von Rußland, der andere König von Spanien, der dritte Sultan, der vierte Papst usw. Und wissen Sie was dann?‹ Nun sprach er folgendes schwäbisch: ›Wisset se, wie d'Schwoba saget: Närret is se worda, närret, närret, närret.‹ Das sprach er so erregt, daß wir gingen, indem er uns mit tiefer Verbeugung an die Tür begleitete.«

Nicht so selten werden sich die schizophrenen Menschen der Veränderung bewußt, die mit ihrer Person vor sich gegangen ist, und wissen, wofür sie von anderen gehalten werden. Diesmal schrieb Hölderlin seiner Diotima zu, was er von sich selber dachte: »Närret is se worda, närret, närret, närret.« Der plötzliche Wechsel von der Hochsprache in die Mundart und die mehrfache Wiederholung des »närret« zeigen die große innere Erregung an, der diese Äußerung entsprang.

Es ist sehr wahrscheinlich, daß Hölderlin auch unter Gehörshalluzinationen litt. »Ich, mein Herr, bin nicht mehr von demselben Namen, ich heiße nun Killalusimeno«, sagte er zu Waiblinger, »Oui, Eure Majestät: Sie sagen so, Sie behaupten so! es geschieht mir nichts.« Das »Sie sagen so, Sie behaupten so!« könnte von Waiblinger mißverstanden und aus diesem Mißverständnis könnte das »Sie« von ihm groß geschrieben worden sein. Das »Sie« könnte sich aber nicht auf die Person Waiblingers, sondern auf die »Stimmen« bezogen haben, die Hölderlin hörte und die ihm die ungewöhnlichen Namen gaben. Chronisch Schizophrene pflegen über solche Eingebungen nicht gerne zu sprechen.

Am 29. Dezember 1808 schrieb Varnhagen von Ense, daß ihn Justinus Kerner zu Hölderlin geführt habe. Über Hölderlins Verhalten berichtet er: Er spreche unaufhörlich, glaube sich von huldigenden Besuchern umgeben, streite mit ihnen, horche auf ihre Einwendungen, widerlege sie mit großer Lebhaftigkeit, erwähne große Werke, die er geschrieben habe, und andere, die er jetzt schreibe. Aus dieser Schilderung könnte man schließen, daß Hölderlin in Form eines Pseudodialogs mit sich selber redete oder aber auch auf Stimmen, die er halluzinierte, antwortete.[31]

Der so oft gehörte Ausspruch Hölderlins: »Es geschieht mir nichts« erinnert mich an eine ähnlich lautende Wendung Oswald Tschirtners, einer meiner Patienten;* Tschirtner benutzte häufig den Ausdruck: »Damit nichts passiert.« In seinem Text ›Die Oktobertage‹ kommt diese Wendung zweimal vor, und zwar unvermittelt. Zu dem Thema ›Eine lange Reise‹ schrieb Oswald Tschirtner: »Es muß alles in Ordnung sein, damit nichts passiert ...« In dem Text ›Der Schlüssel‹ folgen auf die Zehn Gebote Gottes die Sätze: »Damit die Unterlage erhalten bleibt und nichts an Boden fehlt. Und niemand versinkt. Die Erde muß fest ruhen, damit kein Erdbeben entsteht und niemand in den Flammen umkommt ... und niemand erdrückt wird ...«

Als Waiblinger Hölderlin einlud, mit ihm nach Rom zu kommen, lächelte Hölderlin liebenswürdig und sagte: »Ich muß zu Hause bleiben und kann nicht mehr reisen, gnädiger Herr!« Bertaux nimmt an, daß sich Hölderlin gerne noch auf Reisen begeben hätte, die äußeren Umstände es ihm aber nicht erlaubt hätten.[32] Ich bin gegenteiliger Meinung. Einige meiner schizophrenen Patienten lieben Abwechslung und nehmen gerne an einem Ausflug teil, andere wieder wünschen

---

* Vgl. dazu in diesem Buch: Oswald Tschirtner – Frieden, S. 214 ff.

durchaus keine Veränderung, wie etwa Oswald Tschirtner, der auch in manch anderer Hinsicht Ähnlichkeit mit dem kranken Hölderlin hat: die Höflichkeit, die Ängstlichkeit, die Bereitwilligkeit, alles zu tun, was man von ihm verlangt, und dabei der Wunsch, alles Unnötige zu vermeiden und ungestört zu sein. Auf meine Frage, ob er gemeinsam mit anderen Patienten an einem Ausflug teilnehmen möchte, verneinte er; als ich den Grund dafür wissen wollte, sagte er: »Weil man den Standort nicht verläßt!«

Waiblinger schreibt, daß Hölderlin nicht in der Lage gewesen sei, einen Gedanken festzuhalten, sich klar auszudrücken, einen entsprechenden Gedanken anzuknüpfen oder einen Begriff in seine Merkmale zu zerlegen. Ein unglücklicher Widerstreit sei in ihm gewesen, der seine Gedanken schon im Werden zernichtete. Die Idee von Bertaux,[33] daß hier eine entfernte Beziehung zu Hegels dialektischem Denken bestünde, ist insofern nicht ganz von der Hand zu weisen, als man sich vorstellen könnte, daß dem Denken in Form von These und Antithese auch etwas Gefühlsmäßiges, nämlich eine Ambivalenz zugrundeliege. Bei dem von Waiblinger beschriebenen Verhalten Hölderlins ist die Ambivalenz jedoch so groß, daß es zu einer gültigen Feststellung überhaupt nicht mehr kommen kann, weil unmittelbar nach einer Aussage sofort das Gegenteil ausgesagt wird, weil alles unbeständig, nichts fix ist, weil es nichts Definitives gibt. »Der Götze«, schreibt Ernst Herbeck, »macht immer das verkehrte von dem was ist. Sitzt er z. B. am Wagen so läuft er hin und her.« Und wenn Oswald Tschirtner sagt, »es ist Krieg«, und man schaut ihn fragend an, sagt er sofort, »es ist kein Krieg«. Die extreme Ambivalenz ist eine der am tiefsten grundlegenden Störungen der Schizophrenie.*

Die Schilderungen des kranken Hölderlin durch seine Zeitgenossen erinnern mich auch sehr an meinen Patienten Artur**, an dessen manierierte Höflichkeit, an seine Liebenswürdigkeit, an seinen Wortschwall und an den vortragsartigen Redestil mit der Vermischung außerordentlich absurder Aussagen und außerordentlich geistreicher Wendungen.

Immer wieder wird auch auf Hölderlins Mienen- und Mundverzerrungen, seine Zuckungen und Verkrampfungen hingewiesen, zum Beispiel im Brief von Conz an Kerner vom 9. April 1821[34], und auch von Waiblinger. Auch diese Erscheinungen beobachten wir bei unseren schizophrenen Patienten und haben sie schon vor der Ära der Neuroleptica beobachtet; heute sehr häufig als Nebenerscheinung medikamentöser Behandlung auftretend, standen sie damals mit den ma-

---

* Vgl. dazu in diesem Buch: Ernst Herbeck (Alexander) – Kunst-Psychotherapie, S. 270 ff.
** Vgl. dazu in diesem Buch: Artur – Talent und Genie, S. 223 ff.

nierierten Bewegungen der Kranken in einem gewissen Zusammenhang und wurden den katatonen Erscheinungen zugezählt.

Die Briefe, die Hölderlin im Spätstadium der Psychose an die Mutter richtete, sind in ihrer äußersten Knappheit und in der Diskrepanz zwischen der formelhaften Höflichkeit und der vieldeutigen Verdichtung des Briefinhaltes typisch für die schizophrene Seelenstörung:[35]

Geehrteste Frau Mutter!
Ich schreibe Ihnen, wie ich glaube, daß es Ihre Vorschrift und meine Gemäßheit nach dieser ist. Haben Sie Neuigkeiten, so können Sie dieselbigen mir mittheilen.

Ich bin
Ihr
gehorsamster
Sohn
Hölderlin

»Vorschrift« ist insofern eine Übertreibung, als es ja nur der Wunsch der Mutter ist, daß Hölderlin gelegentlich schreibe. »Wie ich glaube«, ist dagegen wieder eine Abschwächung. Hölderlin kennt ja den Wunsch der Mutter, vielleicht will er ihn aber nicht zur Kenntnis nehmen. »Und meine Gemäßheit nach dieser«, das klingt doch sehr geschraubt, distanziert und distanzierend. Der zweite Satz des Briefes müßte wohl eher lauten: Von mir kann ich Ihnen leider keine Neuigkeiten mitteilen, ich würde mich aber freuen, von Ihnen wieder Nachricht zu erhalten. Man darf also vielleicht schließen, daß sich hinter diesem Text Unwille und Ablehnung verbirgt. Das mag weitgehend unabsichtlich und ungewollt geschehen sein, denn die äußere Höflichkeit des Briefes ist sicherlich auch aufrichtig gemeint.

Es ist im Grunde wieder die extreme Ambivalenz, die in diesem Schreiben zum Ausdruck kommt – der Mutter und allem gegenüber; diese Ambivalenz ist ja bis zu einem gewissen Grad begründet, hat doch die Mutter Hölderlin in seinem Asyl bei dem Tischler Zimmer kein einziges Mal besucht; eine Ambivalenz von solchem Tiefgang und solcher Stärke ist aber eben für die schizophrene Psychose kennzeichnend. Man muß den zitierten Brief mit den vielen anderen Briefen vergleichen, die Hölderlin vor seiner Erkrankung an die Mutter geschrieben hat, um die Schwere der Veränderung, die in ihm vorgegangen ist, zu sehen.

Die Psychose Hölderlins im Zusammenhang mit seiner Kreativität

Nachdem Bertaux sämtliche Dokumente in seiner Weise interpretiert und sozusagen die Unschuld seines Mandanten dargelegt hat (denn die Diagnose Schizophrenie kommt nach seiner Meinung einer Verurteilung gleich), fordert er von den Psychiatern den Beweis, daß Hölderlin schizophren gewesen sei, und sollten sie diesen erbringen können, dann wünschte er auch noch zu wissen, ob es einen Zusammenhang zwischen diesem Befund und Hölderlins dichterischem Schaffen gäbe.[36] Ich glaube, daß ein solcher Zusammenhang besteht und daß Hölderlin infolge seiner schizophrenen Psychose zu einem der größten Lyriker deutscher Sprache geworden ist.

Im Dezember 1803 schrieb Hölderlin an den Verleger Wilmans: »Ich bin eben an der Durchsicht einiger Nachtgesänge für Ihren Almanach.« Diese ›Nachtgesänge‹[37] sind neun Gedichte, die im Jahr 1805 in Frankfurt erschienen sind. Es handelt sich um kurze Gedichte, die Hölderlin nach der Trennung von Susette Gontard entworfen und nach deren Tod weiter bearbeitet und für den Druck vorbereitet hat, also in einer Zeit, da Hölderlin die ersten Krankheitsschübe bereits erlebt hatte. In dem Gedicht ›An die Hoffnung‹ heißt es:

Wo bist du? wenig lebt' ich; doch athmet kalt
  Mein Abend schon. Und stille, den Schatten gleich,
    Bin ich schon hier; und schon gesanglos
      Schlummert das schaudernde Herz im Busen.

Im Inhalt der ›Nachtgesänge‹ kündigt sich die bevorstehende Katastrophe an. Und so lautet die letzte Strophe in dem Gedicht ›Ganymed‹:

Der Frühling kömmt. Und jedes, in seiner Art,
  Blüht. Der ist aber ferne; nicht mehr dabei.
    Irr gieng er nun; denn allzugut sind
      Genien; himmlisch Gespräch ist sein nun.

Das Himmlische, Traum, Irrsaal, Schlummer machen sich allerdings auch schon früher als eine Art Gegenwelt zum Blühen und zur Fülle des Lebens bemerkbar. So heißt es im 7. Gesang der Elegie ›Brod und Wein‹, vielleicht im Hinblick auf die Beziehung zu Susette Gontard:

  Nur zu Zeiten erträgt göttliche Fülle der Mensch.
Traum von ihnen ist drauf das Leben. Aber das Irrsaal
  Hilft, wie Schlummer ...

Schon früh, nämlich mit fünfundzwanzig Jahren, äußerte Hölderlin das Gefühl, in der Hälfte des Lebens zu stehen. So schrieb er am 11. Februar 1796 nach Antritt seiner Hofmeisterstelle bei der Familie Gontard an seinen Bruder: »Es war auch Zeit, daß ich mich wieder etwas verjüngte, ich wäre in der Hälfte meiner Tage zum alten Manne geworden.« Ein halbes Jahr früher, nämlich am 4. September 1795, heißt es in einem Brief an Schiller: »Ich friere und starre in dem Winter, der mich umgiebt. So eisern mein Himmel ist, so steinern bin ich.« Am 11. Dezember 1800 schrieb Hölderlin an seine Schwester: »Und in der That, ich fühle mich oft, wie Eis ...«[38]

Hälfte des Lebens

Mit gelben Birnen hänget
Und voll mit wilden Rosen
Das Land in den See,
Ihr holden Schwäne,
Und trunken von Küssen
Tunkt ihr das Haupt
Ins heilignüchterne Wasser.

Weh mir, wo nehm' ich, wenn
Es Winter ist, die Blumen, und wo
Den Sonnenschein,
Und Schatten der Erde?
Die Mauern stehn
Sprachlos und kalt, im Winde
Klirren die Fahnen.

Weniger eindrucksvoll und weniger klar ist das folgende kurze Gedicht, das ebenfalls zu den 1805 publizierten ›Nachtgesängen‹ gehört.

Der Winkel von Hahrdt

Hinunter sinket der Wald,
Und Knospen ähnlich, hängen
Einwärts die Blätter, denen
Blüht unten auf ein Grund,
Nicht gar unmündig.
Da nemlich ist Ulrich
Gegangen; oft sinnt, über den Fußtritt,
Ein groß Schicksaal
Bereit, an übrigem Orte.

Der ›Winkel von Hahrdt‹ ist eine Felsbildung im Wald bei Hardt, unweit von Nürtingen, bestehend aus zwei aneinander lehnenden Gesteinsplatten. Hier hat der Sage nach im Jahre 1519 Herzog Ulrich Zuflucht vor seinen Verfolgern gesucht. Ohne diese Erklärung der Literaturhistoriker wäre das kleine Gedicht freilich kaum verständlich. Eigentümlich unvermittelt tritt der Name Ulrich auf. Seltsam auch das Wort »nicht unmündig«: »etwas zu erzählen wissend«, interpretiert Beißner.[39] Man kann sich vorstellen, daß Goethe mit einem solchen Gedicht nicht viel anzufangen wußte und vielleicht deshalb später einmal in einem Gespräch mit Eckermann das Wort »Lazarettpoesie« erfunden hat.

Auf einem Doppelblatt, auf dem die dritte Fassung des Gedichtes »Dichtermuth/Blödigkeit« steht, findet sich der folgende Entwurf eines Gedichtes. Der Text ist nach dem Tode Susettes Gontards entstanden und ist niemals weiter ausgeführt worden.

An

Elysium
   Dort find ich ja
   Zu euch ihr Todesgötter
   Dort Diotima   Heroen.

Singen möcht ich von dir
   Aber nur Thränen.
     Und in der Nacht in der ich wandle erlöscht mir dein
       Klares Auge!
             himmlischer Geist.

In Hölderlins Biographie gibt es zwei Zäsuren, welche die Abschnitte seines Lebens und seines Schaffens voneinander trennen. Die erste Zäsur bildet seine Rückkehr aus Frankreich und der Tod Susette Gontards im Juni 1802, die zweite Zäsur bildet die erzwungene Abreise aus Homburg, die Unterbringung im Tübinger Klinikum im September 1806 und anschließend bei der Pflegefamilie Zimmer in dem Turm an der ehemaligen Stadtmauer zu Beginn des Jahres 1807. Wir müssen annehmen, daß Hölderlin zumindest seit 1802 an einer schizophrenen Psychose litt und daß er sich im Jahre 1807 bereits im chronischen Stadium der Psychose befand.

Jene Gedichte, die Hölderlin nach seiner Rückkehr aus Frankreich geschrieben oder weiter bearbeitet hat, werden als seine »späte Lyrik« bezeichnet, die im Haus am Neckarufer bei der Pflegefamilie Zimmer entstandenen Gedichte dagegen als seine »späteste Lyrik«. »Die Entdeckung Friedrich Hölderlins ist ein Ereignis des 20. Jahrhunderts«, schreibt Konrad Nussbächer.[40] Er datiert den Beginn dieses Ereignisses mit der von Norbert von Hellingrath 1914 eingeleiteten Gesamtausgabe der Werke. Es gehe seither vor allem um die Auseinandersetzung mit den »großen Gesängen der Spätzeit« – also mit der Zeit der ersten katastrophalen Einbrüche der Psychose.

Die zwischen 1802 und 1805 entstandenen Gedichte Hölderlins sind anders als jene Dichtungen, die Hölderlin vor dem Beginn seiner Erkrankung geschaffen hat: bald überhell, bald in dunklen Worten und Zusammenhängen auftretende Visionen; der Ausdruck wird knapper, gedrängter, der gedankliche Inhalt scheint mehr verdichtet; kurze Sätze oder einzelne Worte unterbrechen den Rhythmus. Dann zerbricht die Form völlig, es entstehen nur mehr Entwürfe und Bruchstücke. Dennoch sind diese späten Hymnen »von erschütternder dichterischer Kraft und Bildgewalt«.[41]

Mit dem Beginn des Krankheitsgeschehens tritt in Hölderlins Dichtungen ein Stilwandel ein; es kommt zur Auflösung jener sprachlichen Bindungen, die die Sprache der Dichtung mit der Alltagssprache gemeinsam hat; seine Lyrik wird dadurch noch lyrischer, aber auch unverständlicher. Hölderlin nimmt so einen Prozeß vorweg, der in unserem Jahrhundert durch die radikalen Expressionisten und Dadaisten zur literarischen Schablone geworden ist und der in der Auflösung der Tonalität in der Musik und des Gegenstandes in der Malerei seine Parallelen hat.

Helm Stierlin[42] meint, es sei nicht schwierig, in Hölderlins später Dichtung schizophrene Züge zu finden. Die häufige Vermengung verschiedener historischer Epochen, verschiedener assoziativer Zusammenhänge, naher und entfernter Dinge führe zu einer oft scheinbar unverbundenen vielschichtigen Komplexität und lasse auf eine Lockerung der Assoziationen und ein Zurücktreten des folgerichtigen Denkens schließen. Gerade das Schizophrene in Hölderlins späten Dichtungen sei jedoch der Grund für seine Modernität. Wenn wir Hölderlins späte Hymnen lesen, schreibt Stierlin, dann fühlten wir uns – trotz der häufigen Bezugnahme auf antike Gottheiten, Mythologien und trotz des gehobenen Stils – viel näher der Welt eines Arnold Schönberg, eines Anton von Webern oder eines James Joyce als jener von Goethe, Schiller oder sogar Beethoven, die seine Zeitgenossen waren.

Zum Begriff des Stilwandels beim Ausbruch oder im Verlauf einer schizophrenen Psychose möchte ich, im Hinblick auf Hölderlin, folgendes sagen: Es handelt sich dabei nicht um eine Veränderung des Stils, wie sie im Lebenswerk eines jeden Künstlers und Schriftstellers zu beobachten ist, die man mit Lebensstadien des Autors, mit werkimmanenten Tendenzen oder mit zeitgenössischen kulturellen Strömungen erklären kann; es handelt sich vielmehr um eine Veränderung der Diktion und Ausdrucksweise, die auf eine psychische Veränderung des Autors zurückzuführen ist. Eine Psychose ist ein Zustand veränderten Bewußtseins; der dabei auftretende Stilwandel ist »zustandsgebunden«.

Man hat viel Mühe darauf verwendet, den »schizophrenen Stil« durch Merkmale zu charakterisieren und als eine spezifische psychopathologische Erscheinung zu definieren. Diese Versuche muß man als gescheitert betrachten. Der Stilwandel, der infolge einer Psychose auf jedem Gebiet künstlerischer Äußerung auftreten kann, ist weder spezifisch für die Psychose, noch ist er durch bestimmte Merkmale von den verschiedensten Ausprägungen kultureller Stile mit Sicherheit abzugrenzen.

Dennoch gibt es einen Unterschied zwischen dem Stil eines Autors, der sich in einem normalen Zustand des Bewußtseins befindet, und dem durch eine Psychose abgewandelten Stil. Dieser Unterschied ließ sich bei jenen Malern am besten aufzeigen, die vor dem Ausbruch einer Psychose in einem naturalistischen Stil gearbeitet hatten und deren Stil in der Psychose ausgesprochen antinaturalistische Züge bekam, wie zum Beispiel bei Carl Fredrik Hill, bei Ernst Josephson oder bei Louis Soutter. Nun kann aber ein nicht naturalistischer Stil auch kulturell bedingt sein und von geistig völlig normalen Künstlern vertreten werden. Es ist daher wesentlich, daß im Falle eines psychotischen Stilwandels die antinaturalistischen Stilelemente nicht von der umgebenden Kultur übernommen, sondern von dem Künstler aus Eigenem hervorgebracht worden sind. Unabhängig von historisch und kulturell definierten Stilbegriffen kann man zwei Stile unterscheiden, deren Differenz psychologisch zu definieren ist. Zur Charakterisierung dieser beiden Stile bieten sich verschiedene psychologische Theorien und Begriffe an.

Entsprechend dem Unterschied zwischen der normalen Gegenstandswahrnehmung und der Halluzination oder zwischen dem Ablauf unseres Erlebens im Wachzustand und im Traum läßt sich ein Stil kennzeichnen, welcher unseren Wahrnehmungen im Wachzustand mehr oder weniger entspricht, und ein davon abweichender traumhaft-halluzinatorischer Stil.

Eine weitere Möglichkeit, die beiden Stile psychologisch zu kennzeichnen, bietet die Gestaltpsychologie. In kreativen Prozessen führt ein Vorgestalterlebnis über die Stufe einer Vorgestalt zur Endgestalt. Die Endgestalt ist das fertige Werk, welches in der Vorgestalt gleichsam keimhaft enthalten ist. Es lassen sich vorgestaltartige literarische Produkte von solchen, denen wir den Charakter einer Endgestalt zubilligen, unterscheiden. Die Vorgestalt hat folgende Merkmale: Anmutungsqualitäten besitzen ein Übergewicht gegenüber Strukturqualitäten (Physiognomisierung); die Gegebenheiten verschmelzen mit ihrem Hintergrund, heben sich nicht klar ab (Kollektivation); das vorgestaltete Material ruft Erlebnisse des Flimmerns, Gleitens und Wogens hervor (Fluktuation); im Erlebenden stellt sich, solange er sich im Stadium der Vorgestaltung befindet, ein ständiger Drang nach weiterer Ausgestaltung ein; er befindet sich in einem Zustand innerer Spannung, oft quälender Angst, lebt in der Furcht, die Endgestalt nicht erreichen zu können, die Aufgabe läßt ihn nicht los, und er fühlt sich unfrei und unfähig, das Gebilde nach eigenem Belieben umzugestalten. Dem gegenüber ist die Endgestalt klar strukturiert, deutlich begrenzt und dadurch von der Umgebung abgehoben, sie verändert sich nicht mehr, ist konstant; ihr Hervorbringer ist beruhigt, innerlich gelöst, die Aufgabe ist erledigt, er hat wieder Distanz und fühlt sich frei.

Es dürfte nicht schwierig sein, die Merkmale der Vorgestalt und des Vorgestalterlebens in den späten Hymnen und den hymnischen Entwürfen Hölderlins (mit ihrer »Nichtendgültigkeitstönung«) aufzuzeigen. Die späten Hymnen haben auf weite Strecken hin traumhaft-halluzinatorischen und vorgestaltartigen Charakter, wogegen jene Gedichte Hölderlins, die vor dem Stilwandel entstanden sind, mehr dem Erlebnisvollzug bei klarem Bewußtsein im Wachzustand entsprechen und im Sinne der Gestaltpsychologie als Endgestalten zu bezeichnen sind.

Wie Stierlin bin ich der Meinung, daß der psychotische Stilwandel Hölderlins »Modernität« bewirkt hat. Es ist aber nicht der Stilwandel allein, wodurch Hölderlin sein heutiger Rang als Lyriker zuteil geworden ist. Die bloße Abwandlung der allgemein verständlichen Sprache macht nämlich noch nicht den großen Dichter. Bei Hölderlin traf vieles zusammen, was die Einmaligkeit seines Werkes und dessen literarische Bedeutung begründet: ererbte Anlagen und Umwelteinflüsse verschiedenster Art. Jene Veranlagung aber, die ihn zum Dichter werden ließ und die im Zusammenwirken mit seinen weiteren Lebensumständen schließlich zum Ausbruch der Psychose geführt hat, scheint ein wesentliches Moment dabei gewesen zu sein. Es liegt mir allerdings fern, die Größe Hölderlins rein psychologisch zu erklären; sie ergibt sich auch aus seiner historisch-kulturellen Position und aus unserer Perspektive.

Die beiden Oden ›Heidelberg‹ und ›Der Abschied‹ hat Hölderlin im Jahre 1800, also nach der Trennung von Susette Gontard, aber noch vor deren Tod vollendet. Ihr Inhalt ist verständlich, ihre Sprache weicht von uns vertrauter poetischer Diktion nicht merklich ab:

Heidelberg

Lange lieb' ich dich schon, möchte dich, mir zur Lust,
  Mutter nennen, und dir schenken ein kunstlos Lied,
    Du, der Vaterlandsstädte
      Ländlichschönste, so viel ich sah.

Wie der Vogel des Walds über die Gipfel fliegt,
  Schwingt sich über den Strom, wo er vorbei dir glänzt,
    Leicht und kräftig die Brüke,
      Die von Wagen und Menschen tönt.

Wie von Göttern gesandt, fesselt' ein Zauber einst
  Auf die Brücke mich an, da ich vorüber gieng,
    Und herein in die Berge
      Mir die reizende Ferne schien,

Und der Jüngling, der Strom, fort in die Ebne zog,
  Traurigfroh, wie das Herz, wenn es, sich selbst zu schön,
    Liebend unterzugehen,
      In die Fluthen der Zeit sich wirft.

Quellen hattest du ihm, hattest dem Flüchtigen
  Kühle Schatten geschenkt, und die Gestade sahn
    All' ihm nach, und es bebte
      Aus den Wellen ihr lieblich Bild.

Aber schwer in das Thal hieng die gigantische,
  Schicksaalskundige Burg nieder bis auf den Grund,
    Von den Wettern zerrissen;
      Doch die ewige Sonne goß

Ihr verjüngendes Licht über das alternde
  Riesenbild, und umher grünte lebendiger
    Epheu; freundliche Wälder
      Rauschten über die Burg herab.

Sträuche blühten herab, bis wo im heitern Thal,
  An den Hügel gelehnt, oder dem Ufer hold,
    Deine fröhlichen Gassen
      Unter duftenden Gärten ruhn.

Der Abschied

Trennen wollten wir uns? wähnten es gut und klug?
  Da wirs thaten, warum schrökte, wie Mord, die That;
    Ach! wir kennen uns wenig,
      Denn es waltet ein Gott in uns.

Den verrathen? ach ihn, welcher uns alles erst,
  Sinn und Leben erschuff, ihn, den beseelenden
    Schuzgott unserer Liebe,
      Diß, diß Eine vermag ich nicht.

Aber anderen Fehl denket der Weltsinn sich,
　Andern ehernen Dienst übt er und anders Recht,
　　Und es listet die Seele
　　　Tag für Tag der Gebrauch uns ab.

Wohl! ich wußt' es zuvor. Seit die gewurzelte
　Ungestalte die Furcht Götter und Menschen trennt,
　　Muß, mit Blut sie zu sühnen,
　　　Muß der Liebenden Herz vergehn.

Laß mich schweigen! o laß nimmer von nun an mich
　Dieses Tödtliche sehn, daß ich im Frieden doch
　　Hin ins Einsame ziehe,
　　　Und noch unser der Abschied sei!

Reich die Schaale mir selbst, daß ich des rettenden
　Heilgen Giftes genug, daß ich des Lethetranks
　　Mit dir trinke, daß alles
　　　Haß und Liebe vergessen sei!

Hingehn will ich. Vieleicht seh' ich in langer Zeit
　Diotima! dich hier. Aber verblutet ist
　　Dann das Wünschen und friedlich
　　　Gleich den Seeligen, fremde gehn

Wir umher, ein Gespräch führet uns ab und auf,
　Sinnend, zögernd, doch izt mahnt die Vergessenen
　　Hier die Stelle des Abschieds,
　　　Es erwarmet ein Herz in uns,

Staunend seh' ich dich an, Stimmen und süßen Sang,
　Wie aus voriger Zeit hör' ich und Saitenspiel,
　　Und die Lilie duftet
　　　Golden über dem Bach uns auf.

Als Beispiele für den Stilwandel, der nach dem Ausbruch der Psychose im Werk Hölderlins zu bemerken ist, mögen die beiden Gedichte ›Der Ister‹ und ›Mnemosyne‹ hier stehen. Man vermutet, daß ›Der Ister‹* im Sommer und ›Mnemosyne‹ im Herbst 1803 entstanden ist. Im Vergleich mit den beiden vorhergehenden sind die beiden folgenden Gedichte weitaus weniger leicht verständlich; das soll nicht heißen, daß sie unverständlich oder gar sinnlos sind. Die Literaturhistoriker geben uns eine Fülle sehr einleuchtender Interpretationen und

---

* »Ister« (Istros) nannten die Griechen die Donau.

können dadurch auch diese späten Gesänge einem Verständnis nahebringen. Dem Psychiater ist es ohne die enge Zusammenarbeit mit dem Sprachwissenschaftler wohl nicht möglich, die Merkmale des psychotischen Stilwandels im einzelnen zu belegen. Er muß sich bei seinem Urteil auf den Gesamteindruck verlassen. Der hermetische Charakter dieser späten Lyrik, das Fragmentarische und Unvollendete, die zahlreichen Fassungen einzelner Hymnen, die Verknappungen und Verdichtungen der Gedanken und das traumhafte Ineinanderfließen der Bilder weisen auf einen zumindest zeitweilig veränderten Zustand des Bewußtseins, das heißt auf die beginnende schizophrene Psychose Hölderlins hin.

Der Ister

   Jetzt komme, Feuer!
Begierig sind wir
Zu schauen den Tag,
Und wenn die Prüfung
Ist durch die Knie gegangen,
Mag einer spüren das Waldgeschrei.
Wir singen aber vom Indus her
Fernangekommen und
Vom Alpheus, lange haben
Das Schikliche wir gesucht,
Nicht ohne Schwingen mag
Zum Nächsten einer greifen
Geradezu
Und kommen auf die andere Seite.
Hier aber wollen wir bauen.
Denn Ströme machen urbar
Das Land. Wenn nemlich Kräuter wachsen
Und an denselben gehn
Im Sommer zu trinken die Thiere,
So gehn auch Menschen daran.

   Man nennet aber diesen den Ister.
Schön wohnt er. Es brennet der Säulen Laub,
Und reget sich. Wild stehn
Sie aufgerichtet, untereinander; darob
Ein zweites Maas, springt vor
Von Felsen das Dach. So wundert
Mich nicht, daß er
Den Herkules zu Gaste geladen,
Fernglänzend, am Olympos drunten,
Da der, sich Schatten zu suchen

Vom heißen Isthmos kam,
Denn voll des Muthes waren
Daselbst sie, es bedarf aber, der Geister wegen,
Der Kühlung auch. Darum zog jener lieber
An die Wasserquellen hieher und gelben Ufer,
Hoch duftend oben, und schwarz
Vom Fichtenwald, wo in den Tiefen
Ein Jäger gern lustwandelt
Mittags, und Wachstum hörbar ist
An harzigen Bäumen des Isters,

   Der scheinet aber fast
Rückwärts zu gehen und
Ich mein, er müsse kommen
Von Osten.
Vieles wäre
Zu sagen davon. Und warum hängt er
An den Bergen gerad? Der andre
Der Rhein ist seitwärts
Hinweggegangen. Umsonst nicht gehn
Im Troknen die Ströme. Aber wie? Ein Zeichen braucht es
Nichts anderes, schlecht und recht, damit es Sonn
Und Mond trag' im Gemüth', untrennbar,
Und fortgeh, Tag und Nacht auch, und
Die Himmlischen warm sich fühlen aneinander.
Darum sind jene auch
Die Freude des Höchsten. Denn wie käm er
Herunter? Und wie Hertha grün,
Sind sie die Kinder des Himmels. Aber allzugedultig
Scheint der mir, nicht
Freier, und fast zu spotten. Nemlich wenn

   Angehen soll der Tag
In der Jugend, wo er zu wachsen
Anfängt, es treibet ein anderer da
Hoch schon die Pracht, und Füllen gleich
In den Zaum knirscht er, und weithin hören
Das Treiben die Lüfte,
Ist der zufrieden;
Es brauchet aber Stiche der Fels
Und Furchen die Erd',
Unwirthbar wär es, ohne Weile;
Was aber jener thuet der Strom,
Weis niemand.

Vermutlich im Herbst des Jahres 1803 entstand Hölderlins letzte Hymne ›Mnemosyne‹. Dieses späte Gedicht handelt vom Tod der homerischen Helden, Achilles, Ajax, Patroklos, an deren Schicksal Hölderlin innigen Anteil nimmt. Mnemosyne heißt Erinnerung; es ist der Name für die Mutter der Musen. Der Schluß des Gedichtes besagt, daß auch Mnemosyne, welche in der Stadt Eleutherä, am Südabhang des Kithärongebirges ihren Wohnsitz hat, stirbt. Das heißt, daß alles heroische und dichterische Bemühen am Ende vergeblich ist und vergessen wird.

Mnemosyne
(Dritte Fassung)

   Reif sind, in Feuer getaucht, gekochet
Die Frücht und auf der Erde geprüfet und ein Gesez ist
Daß alles hineingeht, Schlangen gleich,
Prophetisch, träumend auf
Den Hügeln des Himmels. Und vieles
Wie auf den Schultern eine
Last von Scheitern ist
Zu behalten. Aber bös sind
Die Pfade. Nemlich unrecht,
Wie Rosse, gehn die gefangenen
Element' und alten
Geseze der Erd. Und immer
Ins Ungebundene gehet eine Sehnsucht. Vieles aber ist
Zu behalten. Und Noth die Treue.
Vorwärts aber und rückwärts wollen wir
Nicht sehn. Uns wiegen lassen, wie
Auf schwankem Kahne der See.

   Wie aber liebes? Sonnenschein
Am Boden sehen wir und trokenen Staub
Und heimatlich die Schatten der Wälder und es blühet
An Dächern der Rauch, bei alter Krone
Der Thürme, friedsam; gut sind nemlich
Hat gegenredend die Seele
Ein Himmlisches verwundet, die Tageszeichen.
Denn Schnee, wie Majenblumen
Das Edelmüthige, wo
Es seie, bedeutend, glänzet auf
Der grünen Wiese
Der Alpen, hälftig, da, vom Kreuze redend, das
Gesezt ist unterwegs einmal

Gestorbenen, auf hoher Straß
Ein Wandersmann geht zornig,
Fern ahnend mit
Dem andern, aber was ist diß?

   Am Feigenbaum ist mein
Achilles mir gestorben,
Und Ajax liegt
An den Grotten der See,
An Bächen, benachbart dem Skamandros.
An Schläfen Sausen einst, nach
Der unbewegten Salamis steter
Gewohnheit, in der Fremd', ist groß
Ajax gestorben
Patroklos aber in des Königes Harnisch. Und es starben
Noch andere viel. Am Kithäron aber lag
Eleutherä, der Mnemosyne Stadt. Der auch als
Ablegte den Mantel Gott, das abendliche nachher löste
Die Loken. Himmlische nemlich sind
Unwillig, wenn einer nicht die Seele schonend sich
Zusammengenommen, aber er muß doch; dem
Gleich fehlet die Trauer.

In seinem weiteren Leben wird Hölderlin, die Erinnerung an die tragische Vergangenheit auslöschend, nur mehr die prächtige Natur, die Jahreszeiten und die Vollkommenheit besingen.

Die spätesten Gedichte Hölderlins

Häufig wurde die Ansicht vertreten, daß das Hölderlinsche Werk mit dem Jahre 1806 seinen Abschluß gefunden hat und daß jene Gedichte, die er nachher schrieb, einer Beachtung nicht mehr wert wären. Mit dem Beginn seiner sechsunddreißigjährigen Asylierung habe Hölderlin die dichterische Sprache verloren, sei er als Dichter verstummt. Dafür spricht, daß aus dieser langen Zeit nicht mehr als achtundvierzig relativ kurze Gedichte erhalten sind, von denen Hölderlin dreiundzwanzig mit dem Namen Scardanelli unterzeichnet hat. Und für dieses zwar nicht gänzliche, aber doch weitgehende Ende der dichterischen Produktion spricht auch die psychiatrische Erfahrung, daß professionelle Künstler, die an einer chronischen Psychose leiden, in der überwiegenden Mehrzahl ihre künstlerische Tätigkeit einstellen. Im Werk solcher Künstler, die in der Psychose ihr Schaffen fortsetzen, tritt in der Regel ein auffälliger Stilwandel ein.

Im Falle Hölderlins hat ein Stilwandel bereits sein zwischen 1802 und 1806 entstandenes Spätwerk betroffen. Die »spätesten« Gedichte sind durch einen neuerlichen Stilwandel charakterisiert; sie unterscheiden sich sehr von den »späten« Dichtungen Hölderlins. Die spätesten Gedichte hat Hölderlin unter ganz anderen Umständen geschrieben, nämlich auf Wunsch, als Gelegenheitsgedichte. Während das Spätwerk Hölderlins im Einbruch der Psychose, unter der Einwirkung der ersten psychotischen Schübe entstanden ist, gehören die spätesten Gedichte in das Stadium der chronischen Psychose.

Ganz im Gegensatz zu den freien Rhythmen der späten Hymnen, Entwürfe und Bruchstücke bestehen die spätesten Gedichte Hölderlins aus Reimstrophen und schlichten, um Genauigkeit in Form und Inhalt bemühten Versen. Alles eigene Erleben, alle persönliche Erfahrung hält Hölderlin diesen Versen fern. Sie sind kaum jemals durch eine unmittelbare Anschauung angeregt, schildern nie einen einmaligen Vorgang in seiner Besonderheit, sondern bilden Ketten von Wörtern, die abstrakte Begriffe bezeichnen; viele dieser Wörter tauchen in den spätesten Gedichten zum erstenmal auf: Aussicht, Erhabenheit, Erscheinung, Geistigkeit, Gewogenheit, Innerheit, Menschheit, Vergangenheit, Vertrautheit.

In der Hölderlin-Ausgabe von Christoph Theodor Schwab aus dem Jahre 1846 wurden die beiden folgenden Gedichte aus spätester Zeit zum erstenmal veröffentlicht.[43] Zwei abstrakte Begriffe: die Natur und Vollkommenheit werden darin den Dissonanzen des Lebens entgegengesetzt:

Der Sommer

Wenn dann vorbei des Frühlings Blüthe schwindet,
So ist der Sommer da, der um das Jahr sich windet.
Und wie der Bach das Thal hinuntergleitet,
So ist der Berge Pracht darum verbreitet.
Daß sich das Feld mit Pracht am meisten zeiget,
Ist, wie der Tag, der sich zum Abend neiget;
Wie so das Jahr verweilt, so sind des Sommers Stunden
Und Bilder der Natur dem Menschen oft verschwunden.

d. 24 Mai
  1778.   Scardanelli.

Der Herbst.
Den 16. September 1837.

Die Sagen, die der Erde sich entfernen,
Vom Geiste, der gewesen ist und wiederkehret,
Sie kehren zu der Menschheit sich, und vieles lernen
Wir aus der Zeit, die eilends sich verzehrt.

Die Bilder der Vergangenheit sind nicht verlassen
Von der Natur, als wie die Tag' verblassen
Im hohen Sommer, kehrt der Herbst zur Erde nieder,
Der Geist der Schauer findet sich am Himmel wieder.

In kurzer Zeit hat vieles sich geendet,
Der Landmann, der am Pfluge sich gezeiget,
Er siehet, wie das Jahr sich frohem Ende neiget,
In solchen Bildern ist des Menschen Tag vollendet.

Der Erde Rund mit Felsen ausgezieret
Ist wie die Wolke nicht, die Abends sich verlieret,
Es zeiget sich mit einem goldnen Tage,
Und die Vollkommenheit ist ohne Klage.

Im Jahre 1964 schrieb der polnische Germanist Z. Zygulski: »Die Behauptung könnte zwar widersinnig scheinen, doch dichtete der geisteskranke Hölderlin klarer als der angeblich gesunde.«[44] Wie läßt sich diese Rückkehr zu einer einfachen, verständlichen, oft kindlich klingenden Sprache erklären? Die Hinwendung zu einer Thematik, die alles Tragische ausschließt und nur mehr Harmonie zuläßt? Es handelt sich um einen neuerlichen Stilwandel, der mit der Dynamik des schizophrenen Geschehens und der schizophrenen Persönlichkeitsveränderung zusammenhängt. Menschen, die eine akute schizophrene Psychose mit allen ihren Ängsten und Schrecken durchgemacht haben, entwickeln im chronischen Stadium der Psychose, welches auch ein Stadium der Restitution und der Besserung ist, oft eine Art Leidenschaft für das Normale – für Ruhe und Frieden, Ordnung und Harmonie.

»Und die Vollkommenheit ist ohne Klage« – mit diesen Worten schließt das soeben zitierte Gedicht ›Der Herbst‹. Man müßte sich vielleicht doch fragen, ob diese Feststellung nicht absurd ist, wenn man bedenkt, in welcher äußeren und inneren Situation sich Hölderlin damals befand. Eine ähnlich positive Aussage findet sich auch in den Gedichten Ernst Herbecks häufig. Zu den Leitmotiven seiner Lyrik (besonders seiner frühen Lyrik) gehört nämlich die Feststellung, daß etwas schön ist: »das Leben ist schön«, »der Tod ist schön«, »die Maske ist schön« usw. »Der Wille zur Verharmlosung und sein Scheitern«, schrieb Gerald Froidevaux[45] über dieses Bemühen in der Herbeckschen Lyrik. Ernst Herbeck war sich der Absurdität seines Schönredens allerdings meist bewußt. Seine Bewunderung der Schönheit des Lebens nahm dadurch einen ironischen Charakter an und sollte das Negative auch zum Ausdruck bringen.[46]

Die schizophrene Psychose verleiht Originalität. Die schizophrenen Patienten haben aber auch einen Hang zum Banalen, der eben mit ihrem Wunsch, wieder normal zu sein, zusammenhängt. Man hat deshalb auch nicht ganz zu Unrecht vom Kitschigen und Schwülstigen schizophrener Äußerungen gesprochen.[47] Diese eigentümliche Mischung von Originellem und Banalem in der schizophrenen Psychose ist psychodynamisch zu verstehen: Der Zusammenbruch der im Laufe der Entwicklung und Reifung erreichten Ich-Struktur ruft restitutive Tendenzen hervor. Diese teilweise von selbst auftretenden Vorgänge zur Wiederherstellung des Ichs sind auch dann wirksam, wenn eine Herstellung des ursprünglichen Zustandes nicht wieder erfolgt, das heißt, wenn eine Heilung im klinischen Sinn nicht eintritt, wenn eine »Persönlichkeitsveränderung« bestehen bleibt, beziehungsweise die Psychose chronisch wird. In diesem Falle äußern sich die restitutiven Kräfte einerseits in der Form von Neubildungen auf den verschiedensten seelischen Gebieten (der Sprache, des Denkens, des mimischen und gestischen Ausdrucks, des Zeichnens und überhaupt des Verhaltens) und bringen so die sogenannten produktiven Symptome der chronischen Psychose hervor; dazu gehören alle kreativen Leistungen dieser Patienten auf dem Gebiete der Literatur und Kunst; andererseits greift der Patient im Sinne und zum Zwecke der Wiederherstellung seines Ichs auf, was ihm Beruhigung und Ordnung in seinem

Inneren verspricht, und das ist eben oft das Naheliegende und Banale, oft gerade das, was er vor dem Ausbruch der Psychose von sich gewiesen und verschmäht hat. Die Angst vor der Isolation und der Leere führt bei chronisch Kranken oft zu einer halt- und hilfesuchenden Extraversion. Alle verfügbaren und wenn noch so abgenutzten Klischees werden herangezogen und mitunter eben in übertriebener Weise eingesetzt: Kindliches, in der Schule Erlerntes, Konventionelles; infolge der ebenfalls typischen Offenheit, Schlichtheit und Direktheit schizophrener Menschen und einer mangelhaften Bezugnahme zur kritischen Einstellung ihrer Umwelt tritt manchmal in ihren Äußerungen eine unfreiwillige Komik auf. August Mayer, der im Hause Zimmers gewohnt und Hölderlin öfters besucht hatte, teilte in einem Brief vom 7. Januar 1811 seinem Bruder einige Gedichte Hölderlins mit, darunter auch »einige komische Verse aus einem Gedichte: Der Ruhm«.[48]

Der Ruhm

Es knüpft an Gott der Wohllaut, der geleitet
Ein sehr berühmtes Ohr, denn wunderbar
Ist ein berühmtes Leben groß und klar,
Es geht der Mensch zu Fuße oder reitet.

Der Erde Freuden, Freundlichkeit und Güter,
Der Garten, Baum, der Weinberg mit dem Hüter,
Sie scheinen mir ein Wiederglanz des Himmels,
Gewähret von dem Geist den Söhnen des Gewimmels. –

Wenn Einer ist mit Gütern reich beglüket,
Wenn Obst den Garten ihm, und Gold ausschmüket
Die Wohnung und das Haus, was mag er haben
Noch mehr in dieser Welt, sein Herz zu laben?

Die Reihe der achtundvierzig spätesten Gedichte in der Großen Stuttgarter Hölderlin-Ausgabe schließt mit dem Gedicht ›Die Aussicht‹. Dieses von Hölderlin in seinen letzten Lebenstagen geschriebene Gedicht, vielleicht überhaupt sein letztes, wurde von Roman Jakobson und Grete Lübbe-Grothues zum Gegenstand einer linguistischen Analyse gemacht.[49]

Die Aussicht

Wenn in die Ferne geht der Menschen wohnend Leben,
Wo in die Ferne sich erglänzt die Zeit der Reben,
Ist auch dabei des Sommers leer Gefilde,
Der Wald erscheint mit seinem dunklen Bilde.

Daß die Natur ergänzt das Bild der Zeiten,
Daß die verweilt, sie schnell vorübergleiten,
Ist aus Vollkommenheit, des Himmels Höhe glänzet
Den Menschen dann, wie Bäume Blüth' umkränzet.

d. 24 Mai   Mit Unterthänigkeit
1748.   Scardanelli.

Jakobson und Lübbe-Grothues bringen das Fehlen der Zeigwörter, der Hinweise auf etwas Bestimmtes mit der »Geometrisierung« in den bildnerischen Gestaltungen der Schizophrenen in Zusammenhang. Diese Gedichte würden dadurch zu einer »Mitteilung, die ihre Bedeutung in sich selbst trägt«. Ihre verschiedenen Bestandteile bildeten vielgestaltige Äquivalenzen, und in dem Ineinandergreifen der Teile sowie ihrer Integration zu einem kompositionellen Ganzen bestehe »die magische Anmut dieser vermeintlich naiven Verse«. Im Gegensatz zu den Schwierigkeiten oder der Unfähigkeit Hölderlins, sich im Gespräch mitzuteilen, falle die Mühelosigkeit des Sprechens in den Scardanelli-Gedichten besonders auf.

Die literarische Wertung der spätesten Gedichte Hölderlins war von Anfang an eine sehr unterschiedliche. Während Gustav Schwab und Bettina von Arnim darin noch Tiefe und Anmut des Geistes bewunderten, wollten andere und spätere Autoren »eine tiefe Störung des Sprachgefühls«, ein »Scheitern des sprachlichen Ausdrucks« und »hilflose Banalität« darin erkennen.[50] Als den »wahrscheinlich grimmigsten Versuch, Hölderlins Gedichte ›aus den Jahren des Endzustandes‹ zu entwerten«, bezeichnen Jakobson und Lübbe-Grothues die im Jahre 1909 erschienene Pathographie des Psychiaters Wilhelm Lange, der später durch sein Buch ›Genie, Irrsinn und Ruhm‹ berühmt wurde.[51] Sie zitieren aus dieser Schrift Langes Beurteilung der spätesten Gedichte; man erkennt darin die bis heute übliche Terminologie zur Charakterisierung der schizophrenen Sprache: »Steifheit und Gezwungenheit, geschraubte Sprache, Wortneubildungen und Wortmanieren, ein kindlicher Ton sind allen gemeinsam, ebenso wie Zerfahrenheit, Stereotypien und leere Klangspielereien neben banalen Flickworten und Einschiebseln; das Gefühl für den Unterschied der Sprache der Poesie und der Sprechweise des Alltags, das Stilgefühl ist dem Dichter verlorengegangen, an die Stelle klarer Begriffe treten nur leere Worte ... Der Kreis seiner Interessen ist eingeengt; nur mehr dürftige Gefühlsbeziehungen schimmern in seinen Versen durch.« Ein anderer Autor schrieb im Jahre 1921: »Die systematische Untersuchung dieser Gedichte hätte höchstens ein pathologisches Interesse oder das der Kuriosität«.[52]

Wenn man diesen Urteilen nun die positive Bewertung der Spätwerke Hölderlins gegenüberstellt, dann sollte das den Psychiatern tatsächlich zu denken geben, sie zumindest veranlassen, über ihre Terminologie nachzudenken: »Wie voreingenommen muß man sein, um Kunstgebilden, weil sie der Feder eines Wahnsinnigen entstammen, den Wert abzusprechen«, schrieb Winfried Kudszus.[53] Und Böschenstein kam in seinen Hölderlinstudien ebenfalls zu dem Ergebnis, daß Geisteskrankheit und gültige Poesie einander keineswegs ausschließen.[54] Von Pigenot[55] wurde das Gedicht ›Die Aussicht‹ als »geistig durchklärt«, »feierlich« und »tief ahnungsvoll« bezeichnet. Andere Autoren finden anstatt eines Verfalls neue und originelle Eigenschaften in Hölderlins dichterischer Schlußphase. Hölderlins spätestes Dichten erweise sich bei näherem Zusehen als ein Verfahren von großem Kunstverstand. Das scheinbar kindlich-simple Gedicht werde von einem Sprachgeist geschaffen, der alle Teile konsequent präge. Scheinbare Hilflosigkeiten würden sich als kalkulierte Eingriffe erweisen, scheinbares Entgleiten des Sprachganges als bewußte Regulierung des Systems. Das Gedicht ›Die Aussicht‹ zeige wie andere Scardanelli-Gedichte eine planmäßige Durchformung und einen architektonischen Zusammenhang von großer Vollkommenheit. Nach Jakobson und Lübbe-Grothues[56] herrsche »in Scardanellis Werkstatt eine vergleichbar ähnliche Spannung zwischen strengstem Kanon und einem erstaunlichen Reichtum schöpferischer Abstufungen und Variationen wie in der monumentalen mittelalterlichen Kunst.« Sie betonen die auffallende Diskrepanz von Hölderlins Sprachverhalten im Spätstadium der Psychose. Die aus dieser Zeit erhalten gebliebenen Gedichte werden von den Autoren hochgeschätzt, das Verhalten Hölderlins im Gespräch wird dagegen der Überlieferung gemäß als »ein kunterbunter sinnloser Wortschwall« bezeichnet. Im Gegensatz zu den »Trümmern von Hölderlins alltäglicher Rederei« würden seine poetischen Sprachgebilde »eine unantastbare Einheitlichkeit und Ganzheit« aufweisen. In der von Ruth Wodak[57] verwendeten Terminologie heißt das: Die »monologische Kompetenz« sei bei Hölderlin erhalten geblieben und habe – im Hinblick auf seine spätesten Gedichte – sogar Meisterschaft verraten, die »dialogische Kompetenz« sei dagegen verlorengegangen.

Diese Auffassung könnte zu einer neuartig vereinfachten und falschen Behauptung führen: daß nämlich die spätesten Gedichte Hölderlins »gesund« seien und nur aus seinem früheren Werk, nicht auch aus der Psychose zu verstehen seien, wogegen seine Sprachäußerungen im Dialog einen »krankhaften Verfall« erkennen ließen. Abgesehen davon, daß sich hier wieder einmal die Problematik des Begriffs »Psychopathologie« kundtut, ist anzunehmen, daß man mit Hölderlin für kurze Zeit und über naheliegende Dinge auch normal sprechen konnte. Es ist aber weiter anzunehmen, daß sowohl sein verworrenes Reden wie die stilistischen und inhaltlichen Eigentümlichkeiten seiner spätesten Gedichte nicht unabhängig vom Verlauf jener seelischen Veränderung zustandegekommen sind, die wir als Schizophrenie bezeichnen; beides paßt in das Spätstadium der chronischen Psychose.

Es ist nicht meine Aufgabe, den literarischen Wert der spätesten Lyrik Hölderlins zu beurteilen. Es wäre jedoch denkbar, daß die »mühelose« poetische Sprache mehr der Beruhigung des Dichters diente und deshalb vielleicht so klar und geordnet, so problemlos ist, wogegen die verworrenen Monologe Ausdruck größerer innerer Erregung waren. Die Möglichkeit, daß Hölderlins späteste Gedichte nicht nur für ihn, sondern auch für uns ein sinnvoller Abschluß seines Werkes sein könnten, möchte ich damit jedoch nicht ausschließen; sie waren jedenfalls ein Abschluß. Würden wir nur die Scardanelli-Gedichte kennen, dann gäbe es keinen Hölderlin.

Das Blatt, welches das folgende Gedicht enthält, wird in der Universitätsbibliothek Tübingen aufbewahrt. Es trägt die Bemerkung des Oberbibliothekars: »Vorstehendes Gedicht ist von dem wahnsinnigen Dichter Hölderlen am 27. Mai 1843 aus dem Stegreife niedergeschrieben worden. Die Unterschrift ist die des von ihm in seiner Geisteskrankheit angenommenen Namens. Tübingen, 30. Mai 1843.« Dieses Gedicht ist also wie ›Die Aussicht‹ wenige Tage vor Hölderlins Tod im vierundsiebzigsten Lebensjahr entstanden:

Freundschafft

Wenn Menschen sich aus innrem Werthe kennen,
So können sie sich freudig Freunde nennen,
Das Leben ist den Menschen so bekannter,
Sie finden es im Geist interessanter.

Der hohe Geist ist nicht der Freundschafft ferne,
Die Menschen sind den Harmonien gerne
Und der Vertrautheit hold, daß sie der Bildung leben,
Auch dieses ist der Menschheit so gegeben.

d. 20 Mai
1758.

Mit Unterthänigkeit
Scardanelli.

Hölderlin wurde immer wieder gebeten, etwas zu schreiben, und er erfüllte den Wunsch. Auf Bitten der Besucher und in deren Gegenwart verfaßte er diese spätesten Gedichte ex tempore. Er überreichte das Gedicht hierauf dem Besucher und kümmerte sich nicht darum, was mit dem Manuskript weiter geschah.*

Auf ähnliche Weise sind auch die beiden folgenden Gedichte, die ich zum Abschluß zitieren möchte, entstanden. Sie gehören zu den bekanntesten und schönsten Versen, die Hölderlin als chronisch Schizophrener in dem Haus am Neckarufer geschrieben hat.

Das Angenehme dieser Welt hab' ich genossen,
Die Jugendstunden sind, wie lang! wie lang! verflossen,
April und Mai und Julius sind ferne,
Ich bin nichts mehr, ich lebe nicht mehr gerne!

Am 19. April 1812 schrieb Zimmer der Mutter Hölderlins einen Brief, worin er ihr von einer fieberhaften Erkrankung Hölderlins berichtet. Wie zum Trost schließt er mit der folgenden Mitteilung: »Sein dichterischer Geist zeigt sich noch immer thätig, so sah Er bey mir eine Zeichnung von einem Tempel. Er sagte mir ich solte einen von Holz so machen, ich versetze Ihm drauf daß ich um Brot arbeiten müßte, ich sey nicht so glücklich so in Philosofischer ruhe zu leben wie Er, Gleich versetze Er, Ach ich bin doch ein armer Mensch, und in der nehmlichen Minute schrieb Er mir folgenden Vers mit Bleistift auf ein Brett:

Die Linien des Lebens sind verschieden
Wie Wege sind, und wie der Berge Gränzen.
Was hier wir sind, kann dort ein Gott ergänzen
Mit Harmonien und ewigem Lohn und Frieden.«

---

* Eine ähnliche Art des Schreibens ist bei Ernst Herbeck zu finden; vgl. dazu in diesem Buch: Ernst Herbeck (Alexander). Kunst-Psychotherapie, S. 283.

III
Die Psychose als schöpferischer Zustand
Texte schizophrener Patienten

Hippolyte Taine meinte, die Wahrnehmung sei ihrer Natur nach halluzinatorisch. Die Halluzination, so abnorm sie zu sein scheint, sei die Essenz unseres geistigen Lebens.

Den folgenden Brief des Herrn Wieser bringe ich als ein Beispiel für die Zeit und Raum eliminierende, Logik und Vernunft außer Kraft setzende Ungeheuerlichkeit halluzinatorischen Erlebens. Ich habe den Brief als Beilage zu einer Krankengeschichte aus dem vorigen Jahrhundert im Archiv unserer Anstalt gefunden. Der Krankengeschichte konnte ich entnehmen, daß Thomas Wieser im Jahre 1827 in Böhmen geboren wurde und Lehrer war. Im siebenundvierzigsten Lebensjahr wurde er mißtrauisch und verschlossen und behelligte die Behörden mit Beschwerden über Komplotte, die er aufgedeckt zu haben glaubte, und über erlittenes Unrecht. Er schloß sich in seiner Wohnung ein, genoß große Mengen Alkohol und vernachlässigte seine Pflichten in der Schule. Er wurde deshalb in die Niederösterreichische Landes-Irrenanstalt eingewiesen. Dort stellte man fest, daß bei Thomas Wieser schon jeder Affekt geschwunden war. Er berichtete zwar noch von Verfolgungen, denen er sich ausgesetzt fühlte, sagte aber, es sei ihm dies alles gleichgültig. Er sei jetzt Schul-Justiz-Medizinalrat und Ritter geworden; er habe verschiedene Entdeckungen gemacht; nur durch den Schwund seiner Nase werde er derzeit beunruhigt. Nach halbjähriger Beobachtung wurde Wieser, da sich sein Zustand nicht besserte, in die Niederösterreichische Landes-Irren-Siechen-Versorgungsanstalt in Klosterneuburg überstellt. Hier schrieb er den folgenden Brief.

Sr. Eminenz Cardinal Rauscher in Wien
Thomas Wieser theilt die am 12. Dezember 1874 an seinem Kopfe entdeckte Erscheinung ehrfurchtsvoll mit.

Der k:k: Bezirksschulrath W. hat mich im Jahre 1874 geisteskrank erklärt und mich nach Wien aufs Beobachtungszimmer des k:k: allgemeinen Krankenhauses dienstlich transferieren lassen. Dieses Transferieren hat am 12. Dezember 1874 mittelst Eisenbahn stattgefunden. Drei oder vier Stationen vor Wien, wollte ich mir zufällig die Haare am Kopfe glätten und den Hut abnehmen, oben mit der Hand in die Haare greifend. Als ich an den Scheitel des Kopfes ankam, fühlte ich zwischen den Fingern, am Kopfscheitel eine Kapelle mit 4 Nischen oder Höhlungen. Über diese wunderbare Erscheinung am Kopfe betroffen, setzte ich den Hut auf, ohne ein Wort bis nach Wien mit meinem Begleiter geredet zu haben. Ich war betrübt über die an meinem Kopfe entdeckte Erscheinung, weil ich glaubte, es wird mir für ewige Zeiten ein Auswuchs bleiben. Schmerzen fühlte ich gar keine dabei. In Wien angekommen, wurde ich alsogleich aufs Beobachtungszimmer übergeben. Dort, kaum übernommen, hieß mir ein Wärter: Schnell ihre Kleider ausziehen, und diese hier – nämlich die Spitalskleider anziehen. Nur recht schnell, die Visitte kommt augenblicklich. Ich widersetzte mich gar nicht, und that, was der Wärter mir befohlen hat. Kaum mich ins Bett gelegt, war auch schon die löbliche Visitte da. Bei mir angekommen, war das Erste, was der Herr Professor und Dr. Leidesdorf that – das Untersuchen des Kopfes – und zwar am Scheitel. Um Gottes Willen! Sie haben einen kuriosen Kopf, der ist ja spitzig. So ein Bau eines Kopfes ist mir in meinem Leben nicht vorgekommen! Hierauf sich von mir entfernt und zu ihm begleitenden Assistenz gesagt: Meine Herren! Überzeugen sie sich auch selbst persönlich von dem merkwürdigen Baue dieses Kopfes, damit sie es auch wissen, sehen und einmal nötigen Falles beweisen könnten. Es trat dann der Herr Landesgerichtsarzt und Dr. Schlesinger zu mir und untersuchte meinen Kopf. Traf das Nämliche noch an, was ihm Herr Professor und Dr. Leidesdorf entdeckt hat. Dann kam noch ein dritter Herr Dr. zu mir – den ich beim Zunamen nicht kenne. Fand den nämlichen Erfolg, wie die ersten zwei Herren Doctoren. Die Visitte entfernte sich, ich legte mich nieder, konnte aber gar nicht einschlafen, – worauf ich immer augenblicklich wach wurde. Jetzt, als die Visitte aus dem Beobachtungszimmer entfernt war, untersuchte ich noch einmal selbst den Kopf, entdeckte nichts; die Erscheinung war verloren.

Wäre die löbliche Visitte nur um die Dauer oder Zeit, während welcher ich die Kleidung umwechselte und mich ins Bett legte, später gekommen – so hätte sie gar keine Spur von einer Kapelle oder einer Spitze angetroffen.

Diese erstattete Mittheilung erkläre ich mich zu jedem Augenblicke bereit, in die Hände Sr. Eminenz mit einem feierlichen Eide zu bewahrheiten.

LandesMusterIrrenSiechenAnstalt zu Klosterneuburg
am 26. October 1875

Thomas Wieser
Preelat, Regulator der Flüsse,
Reformator öster:ungar. Spitäler
Schriftsteller
Landesschulinspektor
Ehrenbürger

Theobald P. – der Philosoph

Theobald P. wurde achtzig Jahre alt. Er wurde 1904 nahe bei Wien geboren und starb 1984 in Gugging, wo er die letzten zwei Jahrzehnte seines Lebens verbracht hatte. In dieser Zeit war ihm wiederholt vorgeschlagen worden, in ein Altersheim zu übersiedeln; diesen Vorschlag lehnte er jedoch ab; er wollte nach Hause.

Theobald war nach der Schulentlassung zunächst als Handelsangestellter im Konsumverein angestellt. Mit neunzehn Jahren wurde er definitiver Beamter der Niederösterreichischen Landesregierung; er war hierauf bei verschiedenen Bezirksfürsorgeämtern tätig. Im Alter von neunundzwanzig Jahren machten sich bei Theobald die ersten Anzeichen einer schizophrenen Psychose bemerkbar. Es kam damals zu einer stationären Behandlung an der Wiener psychiatrischen Klinik. In der Zeit von 1933 bis 1950 folgten acht weitere Anstaltsaufenthalte, und zwar im Krankenhaus Mauer bei Amstetten. Im Jahre 1936 wurde Theobald krankheitshalber pensioniert. Unter dem nationalsozialistischen Regime während des Krieges wurde er sterilisiert. 1948 wurde anläßlich der Nachlaßverhandlungen nach dem Tode seines Vaters seine volle Entmündigung gerichtlich beschlossen. In der Begründung dieser Entscheidung heißt es, Theobald P. habe bei seiner Vernehmung vor Gericht erklärt, er sei geschäftsunfähig und könne im Falle der Erbschaft keine Unterschrift abgeben, weil er sterilisiert sei und weil er sich nicht für würdig und berechtigt halte, von seinem Vater etwas zu erben. Es wurde ein Landesbeamter zu seinem Kurator bestellt.

Ab 1950 lebte Theobald P. wieder zu Hause bei seiner Mutter. Als die Mutter 1961 starb, wurde er zunächst von seiner Schwägerin betreut; er hatte keine weiteren Verwandten mehr. Da es mit der Schwägerin jedoch immer wieder zu Auseinandersetzungen kam, Theobald P. wiederholt gefährliche Drohungen äußerte und bei nachhaltigen Kränkungen in den Hungerstreik trat, lehnte die Schwägerin ein weiteres Zusammenleben mit Theobald ab, zumal sie berufstätig war und eine alte Mutter sowie zwei minderjährige Kinder zu betreuen hatte. Theobald P. wurde 1962 in unser Krankenhaus eingewiesen.

Hier lebte er in wechselnder Stimmung, bald ruhig und zufrieden, dann wieder kampfeslustig und gespannt. Es ging ihm nicht um seine Entlassung aus dem psychiatrischen Krankenhaus, denn die Aufnahme in ein Heim lehnte er weiter entschieden ab, sondern um die Rückkehr in sein Elternhaus, wo er das Wohnrecht hatte. Theobald machte in gestochener Schrift viele und umfangreiche Eingaben an das Pflegschaftsgericht, er verweigerte oft tagelang die Nahrungsaufnahme, schlug Fensterscheiben ein und fügte sich absichtlich schwere Verletzungen mit den Scherben zu. Schon bei der Ankunft in unserem Krankenhaus stellten wir etliche Narben an seinen Unterarmen fest, die von derartigen Selbstbeschädigungen während seiner Aufenthalte im Krankenhaus Mauer herrührten; auf die Frage, warum er sich die Schnittverletzungen zugefügt habe, sagte er, »zur Bluterneuerung«.

Wenn es ihm besser ging, las Theobald P. viel in illustrierten Zeitungen. In einer kleinen, stenographischen Schrift stellte er viele Seiten lange Exzerpte her; auch für manche Fernsehsendungen hatte er großes Interesse; er hatte den Drang, sich fortzubilden. Lange Zeit hindurch notierte er mit großer Gewissenhaftigkeit die täglichen Einkaufswünsche sämtlicher Patienten. Er war dann freundlich, zugänglich, schien innerlich ausgeglichen. Nur wenn es um das Thema seiner eigenen Wohnung ging, geriet er in Erregung. Er sprach dann von »Kuratorlethargie« und klagte darüber, daß seine Schwägerin nie für ihn Zeit habe; ihr ganzer Wortschatz bestehe in »ich habe keine Zeit«.

Ich habe zahlreiche Schriften von Theobald P. gelesen, Briefe an Personen und Behörden, Eingaben an das Pflegschaftsgericht und an die Landesregierung, und habe mir davon Auszüge gemacht; einiges davon gebe ich im folgenden wieder. Unter unseren Zeichnern, Dichtern und anderen Künstlern war Theobald P. der Philosoph. Ich habe ihm das auch oft gesagt, und ich glaube, es bestand zwischen uns eine gewisse Sympathie und ein gegenseitiges Verständnis. Was mich so beeindruckte, war seine Wahrheitsliebe und sein leidenschaftliches Gerechtigkeitsempfinden, seine ständige geistige Auseinandersetzung mit der Umwelt und mit sich selbst, das Forschen nach den Ursachen seines Mißgeschicks; dabei eine gewisse schonungslose Offenheit sich selbst und anderen gegenüber, die vielen richtigen psychologischen Beobachtungen, seine originellen Gedanken und treffenden Formulierungen.

Das alles verträgt sich durchaus damit, daß Theobald P. gewisse Gegebenheiten der sozialen Realität nicht sah, daß er sich in das Denken anderer Menschen nicht genügend hineinversetzen und von gewissen eigenen Vorstellungen nicht abgehen konnte. Seine persönliche, private Welt war mit der sozialen und mit der Alltags-Wirklichkeit in wesentlichen Bereichen auseinander gefallen; dadurch kam es zu den Schwierigkeiten im Zusammenleben mit anderen und schließlich zu allen geschilderten Konsequenzen.

Die Fähigkeit und die vermehrte Neigung, eigene Wünsche und Ängste aus dem Bewußtsein zu verdrängen, ist kennzeichnend für die Neurose und für die Normalität. Das Nicht-zur-Kenntnis-Nehmen bestimmter Ausschnitte der gegenständlichen und sozialen Realität ist kennzeichnend für die Psychose und für Genialität. Während die für die soziale Anpassung so günstige Verdrängung individuellerAnsprüche und Interessen häufig zu einer Schwächung der Persönlichkeit und einer Herabsetzung des Selbstbewußtseins führt, hat das Nicht-zur-Kenntnis-Nehmen bestimmter Verhältnisse der äußeren Realität nicht selten etwas Großartiges an sich; Größe und Tragik des Menschen können daraus entspringen. Deswegen können wir im Neurotiker so leicht uns selber erkennen, im Psychotiker dagegen den Menschen, der sich mit der Welt, so wie sie ist, nicht abfindet – und wenn er daran zugrunde geht. Theobald P:

Habe auffallend kleine Hände, weil ich vor 1914, kleine Geldsackerl mit gebranntem Kalk über die Hände gebunden bekam, unter Wasser getaucht, es die Strafe war, für etwas anzueignen, ohne vorher zu fragen.

1934 saß ich reversentlassen zu Hause, da sang meine Mutter vom »Pipihendi jetzt duckst di«, da habe ich so recht gesehen, daß es meiner Umgebung nur darum ging, daß man klein gemacht wird.

Lachen aus Krankheit. Habe mich schon am Anfang meines Berufes nie nach anderen erkundigt, nach anderen gerufen, mich an anderen gemessen oder nach anderen ausgerichtet – niemand kopiert. War dem Staat oder der Gesellschaft gegenüber nie nachtragend und war zur Verträglichkeit in der Familie erzogen. Wollte niemanden belästigen, ging nicht aus. Die Folge der Abgeschlossenheit war krankhaftes Lachen. Von der Gesellschaft zurückgesetzt und jahrelang unter Patienten lebend, beginnt man, das Leben nicht mehr ernst zu nehmen, alles ironisiert man. Vor den Ärzten bei der Visite und in der Kirche lache ich nicht. Am 8. Februar 1938 war es, als ich einer bekannten Persönlichkeit bei der Hauptschule begegnete und mich ein heftiges Lachen überkam.

Schwankende Stimmungen darf ein Geisteskranker nicht haben, das wäre Symptom, während Wetterfühlige sich damit brüsten dürfen.

Aufschreien des Nachts. Hatte zu Hause und in der Psychiatrie die schlechte Gewohnheit nachts aufzuschreien. Hatte 1949 nachts das Fenster geschlossen, damit meine Rufe wie Hilfe, Polizei usw. nicht auf die Straße dringen. Nachdem aber damals gerade eine drückende Hitze war, habe ich es bei geschlossenem Fenster nicht mehr ausgehalten, und schon war ich wieder in der Anstalt.

Facialisschnitt. Damit ich, wenn ich in die Öffentlichkeit kam, am Wege nicht vor mich hin lachen sollte, wollte ich den Facialisschnitt: Kurator Herr Sch., dem ich das vortrug, winkte ab: das ist nichts.

Komplexe gibt es nach einem Kriege genug – Manie, Euphorie, bis ihnen der sogenannte Geisteskranke nicht mehr als Gegenüber erscheint.

Die Weltgesundheitstagung in Wien, Ende der 50er Jahre, brachte den Geisteskranken bestimmt keine Erleichterung. Habe gelesen, das Raumzeitalter verlangt nicht Gefühl, sondern Intelligenz. Die Leute von heute haben für uns keine Zeit. Wenn es statt der strengen Vorschriften einmal heißen würde: Güte und Einsicht.

Lesen. Wenn ich z. B. ein Buch lese, behalte ich das Gelesene jahrzehntelang, vom Fernsehen merke ich mir nichts, vieles nicht einmal für den nächsten Tag. Lese in der Anstalt sehr viel, nicht nur gelegentlich Zeitung. Wenn ich in den Anstalten nach meinen psychiatrischen Strapazen nicht das Lesen von Büchern gehabt hätte, ich wäre schon verzagt.

Der Geisteskranke eine Person. Man ist vielleicht der Meinung, daß, wer einmal geisteskrank erklärt wurde, keine Person mehr sei: *das ist Provinzialismus!*

Ich lasse mich nicht egalisieren! Beim Kranksein gibt es keine Gleichheit, jede Krankheit ist verschieden.

Lachen. Vom Lachen muß man ablenken, ablenkungsmögliche Beschäftigung gewähren. Kein respektschwindendes Absperren vor der Öffentlichkeit, bis zum Scheusein treiben! Das waren die Systeme vor 1914! Und wenn er scheu war, war er auch schon demütig, nur mehr zum Bewundern der Normalen, aber scheinheilig bin ich bis heute nicht.

Zellen- und Gitterbettstrapazen, Schlauchnährung und nasse Ganzpackungen, so ein Leben würde so mancher Normale nicht aushalten!

Bis heute Tausende von Tabletten hier eingenommen (ca 7000).

Astrologie. Habe erfahren, daß ein Kurator irgendeines Entmündigten, damit sein Mündel richtig gelenkt sei, im astrologischen Monatsverzeichnis nachschaut und danach sein Mündel disponiert.

Wenn man längere Zeit in einer Anstalt für Geisteskranke lebt und sich bewußt oder nicht mit anderen Patienten vergleicht, sieht man, daß es gesundheitlich mit einem gar nicht so schlecht bestellt ist.

Rein gelebt. Habe in meinem Leben rein gelebt, in meinem Berufe, zu Hause und in den Anstalten, ohne skatologische Ressentiments.

Schizophrenie. Meine Krankheit, die Schizophrenie, sollte eigentlich neu erfaßt und neu durchgenommen werden, denn das Endstadium der Schizophrenie ist nicht Verblödung. Die Mischung zweier Religionen, zweier Parteien, zweier Ideen ist doch die Schizophrenie. Wenn bei mir die Erkrankung ein politisches Motiv hat, 1919 im Arbeiterkonsumverein in der Kanzlei u. später im westlichen Teil Niederösterreichs in bürgerlicher Gesellschaft, dann müßte sich seit der Umschichtung im März 1970, die eine sozialistische Mehrheit gebracht hat, ein anderes schizophrenes Bild bei mir zeigen, so oder so.

Ein Neurotiker kann selbst keine Schuld ertragen und schiebt eine solche gleich einem anderen zu. Bei uns gibt es auch schon Neurotiker, und das wird es sein, was meine Unterbringung verursacht hat. Neurotiker sind nun einmal Monopolisten, alles gehört nur ihnen, u. Neurotiker brauchen vielleicht eine andere Ordnung.

Muß, mit welchem Symptom immer, ein in die Anstalt Eingelieferter, sein Symptom faktisch sein? Vielleicht hat er überhaupt kein Symptom und sitzt in der Anstalt?

Seit meinem 15. Lebensjahr ist mir mein Beruf nicht schwer gefallen, habe spielend leicht gearbeitet und gerechnet, ohne schwarzen Kaffee im Büro oder Weckamine aus der Apotheke. Die Schuld war nur das schizophrene Lachen, das es in einer Kanzlei nicht geben darf. Neu ist aber, daß ich mich seit März 1972 in einer Situation befinde, wieder mit einem gewissen Ziel, geistig besser als in den Jahrzehnten nach 1938.

Da die Egalisierung der Geisteskranken, dort der geschaffene Kontrast zu den Normalen.

Aber bereits heute muß man wissen, daß man eigentlich gegen die Leute von heute, gegen die »Normal-Welt« erziehen soll.

Angewandte Psychologie gibt es in Österreich nicht. Da brauchten sie Alliierte, die eine Psychologie bewiesen, die auch Laien auffallen mußte. Das nannten sie Befreiung, und bei der russischen Psychologie, beim russischen Offizier war ich nicht krank. Er zeigte mit dem Finger in Richtung Ortschaft: die sind krank!

Wenn einer noch so für den Staat und auch nicht gegen die Gesellschaft war: für Krankenhaus- und Altersheiminsassen gibt es keine Gewerkschaft mehr.

Rekonvaleszenz. Bereiten Sie mir bitte keine neuen Arrangements, weil ich nach Jahrzehnten doch schon älter und krankheitsmüde bin. Wenn das Herz seine Kraft verliert, nützt kein Gesetz mehr.

Viele sind nicht geisteskrank, sondern wurden durch eine monarchistische Ordnung oder häusliche Erziehung, in den Schulen, in der Lehre usw. zur Geisteskrankheit geohrfeigt; heute heißen solche Krankheitserscheinungen Schizophrenie.

Jetzt bin ich 23 Jahre entmündigt u. 23 Jahre unerträgliches Hautjukken an verschiedenen Körperstellen, insb. aber Schamgegendjucken. Diese Qualen, diese Torturen brachte man aus früheren Jahrhunderten daher. Zu Hause habe ich unbewußt im Schlafe an der Schamgegend zu kratzen begonnen u. aus dem Kratzen wurde Onanie. Um mir das zu vertreiben, trug ich des Nachts 2 Nachthemden (mehr hatte ich nicht) u. ein Oberhemd u. drei lange Unterhosen übereinander. Dadurch war es möglich, daß ich elf Jahre vollkommen enthaltsam war.

Jugenderziehung: Wurde im Konsumverein streng gelenkt, dadurch habe ich nicht getrunken u. geraucht u. wurde gewarnt auch mit anderen nicht in ein Bordell zu gehen, ansonsten ich entlassen werde. So war es in der ersten Republik.

NS. Als öffentlicher Beamter war ich meinem Gewissen nach nie Nat= Sozialist, aber ich bin in den 20er Jahren den Deutschnationalen sehr nahe gestanden, ohne Beachtung der aufkommenden Großdeutschen Partei; war nur ein Jahr lang Turner (1923) u. 2 Jahre lang Sänger (1932/33) u. jede radikale Richtung durch Partei oder Vereine hat mir immer widersprochen.

Hypnotisiert. Beim Wechsel meines Dienstortes anfangs 1928, nach unserer Abschiedsfeier, durch übermäßigen Alkoholgenuß u. bes. viel Nikotingenuß disponiert, war ich bei einer Bekannten zu Besuch u. von ihrem sogen. Bruder in Hypnose versetzt worden. Bin ihm aber ausgerissen, verlangte ostentativ meinen Mantel und bin fort, vielleicht geistesgestört, zur Polizei u. erstattete diesbezgl. die Anzeige. Nächsten Tag im Amstettner Spital u. mehrere Sitzungen beim Krankenkassa-Arzt. In der Folgezeit war ich über ein Jahr lang alkoholabstinent.

Wie eine Psychose in der Bevölkerung, so habe ich Ereignisse, habe ich jede Wahl, jeden Umsturz gespürt, hat meinen Geist beeinträchtigt, während andere erst durch solche Ereignisse einen seelischen Ausgleich finden. Während ich früher meist bei Staatskrisen in eine Anstalt für Geisteskranke kam, macht mir heute weder eine Krise noch ein Weinlesefest etwas aus.

In gewissen Zeitabständen soll halt eine Intelligenzprüfung durchgeführt werden, ob man sich verändert, wie man sich verändert hat, aber wenn sich die Öffentlichkeit geändert hat, nennt man das Zeitgeist.

Wenn ich nicht so wahr wäre, wäre ich auch nicht so lange in einer Anstalt gewesen. Wenn ich nicht krank wäre, wäre ich diplomatischer.

Jeder Alkoholiker hat den Wunsch bedient zu werden. Jeder Alkoholiker neigt zur Bequemlichkeit. Bequemlichkeit auf Kosten der Qualität.

Kanzlei-Blödsinn werde ich wahrscheinlich haben und nicht Schizophrenie!

Normal reden ist eigentlich angenehm.

Hatte damals, inmitten frequentierter Kanzleiarbeit einen gewissen Übersinn empfunden.

Man wäre längst aggressiv, wenn man nicht die Selbstironie hätte.

Wie soll man denken: Ruiniertes Glück oder doch mehr Freude am Untergang?

Mein jahrzehntelanges Kranksein war altruistisch. Nehmen Sie mich in den Sozialismus und bewahren Sie mir bitte soziale Sicherheit!

Sozialpolitik kann verwirklicht werden, wenn man die Menschen mag.

Bitte keine Vermassung der Befürsorgten! Vielleicht ist Fürsorge gut, wenn sie einmal mit Respekt betrieben wird.

Es sollte nicht vergessen werden, daß Patienten hier Arbeiten verrichten, die nicht unbedeutend sind.

Und wenn ich diese Gesellschaft einmal negiert hätte, könnte man Vorspann sein, nicht Zweitösterreicher.

Als ich mich Mai 1972 in den Spiegel schaute, hatte ich einen sehr fröhlichen, heiteren Gesichtsausdruck, wie schon seit Jahrzehnten nicht.

Der Mensch lebt, solange er strebt, er strebt, solange er lebt. Der Mensch, der strebt, ist nicht sozial. Der Sozialismus strebt.

Während dem einen die Schale bleibt, lösen sich die anderen den Kern aus. Während andere alles für die Hülle verwenden, der eine den Kern lebt – die Seele.

Bezüglich der Frage, einsam oder allein, kann ich nur sagen, durch mein eigenes Innenleben und sein Ziel werde ich sehr gut allein sein können.

Karl R. – Alles sagen

Karl ist 1940 in Niederösterreich geboren. Er kam im Alter von 26 Jahren in unser Krankenhaus. Während eines akuten Aufflackerns seiner chronischen Psychose wurde Karl von sexuellen Vorstellungen aufs äußerste bedrängt. Alles, was er jemals an sexuellen Phantasien hatte, mußte er in einer Art Bekenntniszwang niederschreiben und dazu Skizzen machen. Dabei traten heftige Schuldgefühle auf. Karl identifizierte sich mit Buddha und Christus und beschäftigte sich in Gedanken und in seinen Zeichnungen mit der Kreuzigung und mit der Kastration. Als sich sein Befinden besserte, schwanden diese Erlebnisse allmählich, es traten die früheren Ich-Ideale, nämlich Spitzensportler und (später) Techniker zu werden, für ihn wieder mehr in den Vordergrund. Als die akute Psychose abgeklungen war, stellte Karl das Zeichnen und Schreiben ein. Er hatte nicht mehr das Bedürfnis, sich in dieser Weise mitteilen zu müssen und fühlte sich dazu auch nicht mehr fähig.

KARL:
ICH WAR IMMER EIN SONDERLING VON KIND AN HAB ICH IMMER SO VIEL HEMMUNGEN UND DER SEX HAT IMMER EINE GROSSE ROLLE GESPIELT AUCH DER SPORT ABER DA WAR ICH GEISTIG UND KÖRPERLICH ZU SCHWACH ÜBERHAUPT WEIL ICH EINEN DICKEN BAUCH HABE UND DÜNNE ARME UND BEINE ICH MÖCHTE ES ABER UMGEKEHRT EINEN DÜNNEN BAUCH UND DICKE ARME UND BEINE DA HABE ICH 4 JAHRE BODY BUILDING BETRIEBEN DAS HAT ABER NICHTS GENÜTZT ICH BIN AUCH RADRENNGEFAHREN ABER AUCH OHNE ERFOLG DENN ICH HAB IMMER EINEN STARKEN SEXUALTRIEB GEHABT UND DAS HAT MICH GEHINDERT ICH HÄTTE BERUFSRADRENNFAHRER WERDEN WOLLEN DA HAB ICH IMMER VIEL ZU VIEL KRÄFTIGUNGSMITTEL GENOMMEN ICH GLAUBE DAS IST MIR IN DEN KOPF GESTIEGEN

Zunächst stellte Karl seine sexuellen Phantasien flüchtig und grob schematisch dar (Abb. 2). Gleichzeitig verurteilte er diese Begierden (»WEICHE. Sattan.«) und klagte sich selber an (»ICH.WAR. SELBST.SATTAN.«). Er hatte einen starken Drang, in seinen Zeichnungen und den dazugeschriebenen Texten sein Innerstes zu offenbaren. Es war nicht psychischer Exhibitionismus, sondern Suche nach

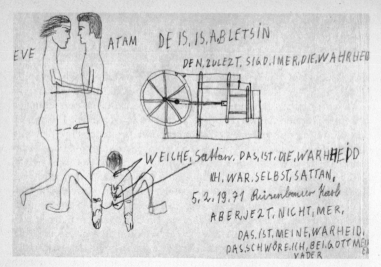

Abb. 2: Karl R.: Koitus und Kolbenmotor. Zeichnung zu Beginn der akuten Psychose, 1971.

einem Halt in dem Chaos von Trieb und Angst im Stadium der akuten Psychose. Karl durchlebte seine sexuellen Wunschvorstellungen dabei noch einmal, verdammte sie aber zugleich und kehrte sich von ihnen ab. Er schrieb:

DAS BLONDE JUNGE WEIB VON HINDEN
BUDDERN.MID.IRE.MID.IRE.SCHIRCHN HAXN
DAS.HAB.ICH.GEDENGD.
DAS.WAR.MEIN.GEHEIMNIS

Die obszönen Worte haben eine besondere, »magische« Kraft. Sie können Vorstellungen von halluzinatorischer Intensität auslösen. Anderseits kann ein halluzinatorischer Erregungszustand das obszöne Wort als die adäquate Bezeichnung nahelegen. Bei Karl wechselt die Emphase des biblischen Wortes damit ab:

KRISDUS.SAGDE.IR.SCHRIFD.GELERDEN.IR
  HEUCHLERRISCHEN.VARISEHER
ICH.HAB.EINMAL.DIE.EICHEL.MID.BRENNESSEL.ABGE-
HAUD.
ICH.HABE.EINEN.WIGSS.BLAZ.GEHABD.UND.
  EINEN.Scheisblaz

ICH.HABE.EINMAL.EINEN.GLEINEN.KIND.DIE.
    FUT.angeschaud.
ICH.BIN.AUF.DEN.GLOO.Sett gessessen und HAB.GEDACHD.
    DER.ORSCH
                und is Oschloch is geschbant
                WEICHE.SADDAN
DAS.SIND.MEINE.LEZDDEN
    GEHHEIMNISSE?

Karl beherrscht die Rechtschreibung ganz gut. In dem psychotischen Zustand war jedoch seine Schreibweise eigentümlich verändert. Er schrieb D statt T, G statt K, B statt P, F statt V usw. Meist folgte er dabei einem einfachen Prinzip: Er machte das Gegenteil dessen, was die orthographische Regel verlangt. Oft schrieb Karl auch, »wie man spricht« (»KRISDUS«). Auch die Regeln für die Dehnung von Vokalen und die Verdoppelung von Konsonanten verkehrte er in ihr Gegenteil. Der schriftliche Ausdruck erscheint dadurch verfremdet und ist manchmal schwer verständlich. Auf die Frage, warum er so schreibe, sagte Karl, das sei die richtige Schreibweise, er habe es nicht anders gelernt. Er sei überhaupt ein dummer Mensch. »Ich weiß unendlich nichts«, sagte er. Das sei ihm so eingefallen. Durch die Interpunktion nach jedem Wort (wie Karl sagte, sei es gleichgültig, ob man das von ihm gesetzte Zeichen als einen Punkt oder als ein Komma ansehe) wird das einzelne Wort hervorgehoben und dadurch die Bedeutung des gesamten Textes gesteigert. Das gleiche wird durch die Verwendung von Großbuchstaben erreicht. Karl spricht solche Texte oft feierlich, mit sehr lauter Stimme. Er hat dabei das Gefühl, Gott spreche aus ihm. Er schrieb einmal: »WORTE.BEGEISTDERN.MICH«.

Es waren aber nicht nur die allgemein üblichen und sozusagen erlaubten Phantasien, die Karl in seinen Zeichnungen und Schriften wiedergab. Seine Ideen und sein Bekenntnisdrang gingen weiter – hauptsächlich ins Anal-Sadistische; sie gingen mit schweren Schuldgefühlen einher:

WIE.ICH.12.JARE.ALD.WAR
HAB.ICH.GEDENGD.EIN.ALDES
WEIB.AUF.DEN.MISTHAUFVEN
    BUTDERN.

ALS.ICH.13.JARE.ALD.WAR.
DACHDE.ICH.SO.EIN.WEIB.GEHÖRD
ZERSCHDÜGELD.DAMID.ICH.DIE.FUT
VON.INNEN.SEHE.

ALS.ICH.14 JARE ALD WAR
DACHDE.ICH.SO.EIN.KLEINGINT.
GEHÖRD.GEMADERD!
UND.SO.WAR.ES.MANCHMAL
SCHBÄDER AUCH.SO!

LASSE.DICH.NICH.DES.BÖSSEN
ÜBERWINDEN.SONDERN.
ÜBERWINTE.DAS BÖSSE.MID.
    GUDEN!

DAS SIND MEINE LEZTEN
GEHEIMNISE?

Auf die Frage, warum er immer schreibe, »das sind meine letzten Geheimnisse«, sagte Karl, später falle ihm ein, daß er noch weitere Geheimnisse habe. Karl kostete seine Erinnerungen auch aus. Er schrieb:

ICH.HABE.EINMAL
EINEN.STIER.DIE.HODDEN
    ANGEGRIFFEN
DAS.HAD.IM.GUD.GEDAN.

Gleich daneben aber findet sich der Satz:

HABEN.WIR.MIDGEFÜL.MID.DEN.EINEN.WIE.MID
DEEN.ANDERREN.DA.DER.GOTTES.SOHN.ERBARMEN
    MID.UNS.ALLEN.HATTE.

Karl bejahte die Frage, ob auch andere Patienten seine Zeichnungen gelegentlich gesehen hätten. Wenn sie darüber lachten, habe er sich nicht geschämt. »Alle sollen es wissen, alle Menschen, damit ich nicht gestraft werde von Gott.« Auf die Frage, ob er auch eine Befriedigung dabei empfinde, wenn er Sexuelles zeichne, sagte Karl: »Das weiß ich nicht.« Dann zeigte er auf die Zeichnung einer Frau mit gespreizten Beinen und sagte: »Das seh' ich schon gern.« In Wirklichkeit habe er es aber noch nie gesehen – »nur Fotos«. Er habe auch noch nie mit einer Frau einen Verkehr gehabt.
    Die Gedankensünden wiegen bei Karl ebenso schwer wie die Taten:

IN.DER.KÜCHE.SIDZZEN
DIE.WEIBER.AUF.ire.ERSH
DAS.HAB.ICH.GEDENGD

Dann schilderte Karl auch seine Taten, onanistische Praktiken in der Zeit vor und nach seiner Erkrankung:

ICH.HAB.IN.SCHNE.GEWIGST
ICH.HAB.IN.DAGD.GEWIGST
ICH.HAB.IN.WALD.GEWIGST
ICH.HAB.IN.FRAUEN.BAD.GEWIGST
ICH.HAB.IN.EINEN.ALDENHAUS.GEWIGST
ICH.HAB.IN.SEE.GEWIGST
ICH.HAB.IN.IRENHAUS.GEWIGST
ABER.WIE.ICH.DIE.DEZENTAN. HAB.ICH
    HAB.ICH.NICH.GEWIGST
    DA.HABE.ICH.DEBRESSIONEN
        GEHABD!
MID.DIE.SARODEN.WAR.ICH
    SELIG

Neben dieses Onaniegedicht zeichnete Karl einen Mann und eine Frau, die einander anschauen. Darüber schrieb er:

IRER.SELBST.WILLEN.SIND.DIE.WESEN.LIEB.ZUEINANDER

Unter die zeichnerische Wiedergabe eines eng umschlungenen Paares schrieb er:

ACH.HIMEL.ACH.HIMEL.WAS.HAB.ICH
GEDAN.GEDAN.DIE.LIEBE.WAR.SCHULD.
DARRAN!

Unter ein sehnsüchtig blickendes Frauengesicht:

DEN FÜR MICH UND FÜR
DICH.IST.DIE.WELD.SO
SCHÖN.WIR.BRAUCHEN
UNS BEIDE.NUR.ANZUSEHN
DEN.FÜR.MICH UND FÜR DICH
GIBT.ES.WIRKLICH.KEIN
BROBLEM?

Karl schrieb:

Frau.H.
MID.IR.HATTE.ICH.DAS
SCHÖNSTE.GEISTIGE

LIEBES.ERLEBNIS
FRAU.H.
ICH.LIEB.SIE.GEISTIG.
VON.ALLEN.SEIDEN
LAUDER.IRE.ILUSIONEN
ABER.WAS.GAN.ICH.MACHEN
SIE.GEFELD.MIR.GEISTIG.IRE
AUGEN.IR.MUND.IRE.HARRE.IRE
SCHEIDE.IR.GESES.IRE.FÜSSE
    UND.SO.WEIDER.
ICH.MÖCHTE.MICH.MIT.IR
    FEREINEN
WEN.ICH.EIN-
E.ANDRE
SOOFT
GESEHEN
HETE.WER
ES.AUCH
NICHT.ANDER
S.GEWESEN

Während die psychotische Erregung allmählich abklang, bildete Karl eine eigene Zeichentechnik aus. Er zog die Konturen genau und kräftig und schattierte die Figuren, um die Muskelpartien plastisch hervortreten zu lassen. Der Akt des Zeichnens wurde von ihm perfektioniert und stand nun im Gegensatz zu der exaltierten Niederschrift am Anfang der Psychose.

Zu diesem Vorgehen schien Karl zum Teil vom Thema veranlaßt worden zu sein. Er zeichnete nämlich jetzt mit Vorliebe den Athleten, den Muskelmann, den body builder, »König aller Sportler«, »Mister Universum aus dem Jahr 2000« (Abb. 3).

Karl war früher selbst Sportler, er war Radrennfahrer, und in seinen Phantasien spielte das Herkulische eine große Rolle. Im Gespräch sagte er: »Ich hab' Momente, wo ich glaub', ich bin Christus ... Einmal hab' ich mich unheimlich stark gefühlt, da hab' ich geglaubt, ich bin Herkules.« Als Karl die in Abb. 3 wiedergegebene Zeichnung schuf, glaubte er nicht mehr, daß er Herkules sei. Er hatte den body builder wie im präpsychotischen Zustand bloß wieder zu seinem Ich-Ideal gemacht. Betrachtet man die zeichnerische Darstellung des »Mister Universum« genauer, dann erkennt man, daß dieser Muskelmann aus erigierten Penissen besteht. Muskel bedeutet für Karl Phallus, Erektion bedeutet Kraft; beides ist für ihn überwertig. Karl hat sogar die Anatomie der Muskeln studiert.

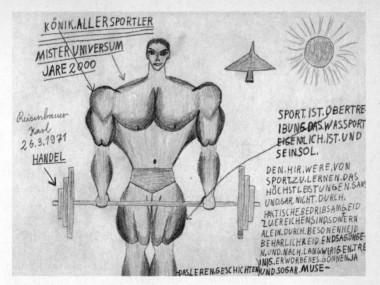

Abb. 3: Karl R.: Mister Universum. Zeichnung von Karl R. im Verlauf der akuten Psychose, 1971.

In seinen Zeichnungen weist er mit einem Pfeil auf einen strotzenden Muskel hin und schreibt dazu »FREUDE«. Zu einer Herkulesdarstellung schreibt er: »WAS NÜTZEN EUCH ALLE.EUSEREN KLIDER.WEN.DAS.INRE.GLIT.DIE.LIEBE.VELD?«

Von dem Wort »GLIT« zeigt ein Pfeil auf die Geschlechtsgegend des Sportlers.

Die »HANDEL« (statt »Hantel«), schwere Gewichte, welche die Athleten in den Händen haben und womit sie zum Muskeltraining gleichförmige Bewegungen ausführen, erinnern an den Onaniekomplex; sie bedeuten eine Sublimierung des masturbatorischen Aktes. Noch deutlicher als der Muskel ist der Vogel, den Karl häufig zeichnet, ein Phallussymbol. Karl schreibt über diesen Vogel, der in Abb. 3 neben der Sonne dargestellt ist, folgendes: Er sei der Stärkste unterm Himmel, er habe zwölfmal soviel Muskelkraft wie der Bicepsmuskel des Athleten.

»Mister Universum« ist vermutlich ein Hermaphrodit: die Form der Brust, die großen Spalten zwischen den Muskelwülsten weisen darauf hin (Abb. 3). Es sind allerdings auch andere Gestaltungen – sie zeigen den trainierenden Sportler in eigentümlichen Stellungen –, die eine feminin-passive Rolle des body builders erkennen lassen. Jedenfalls ist der »Spitzensportler« einsam, das Bild der Frau ist verschwun-

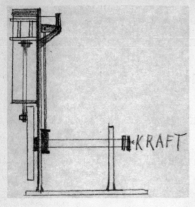

Abb. 4: Karl R.: Kolbenmotor. Zeichnung nach dem Abklingen der akuten Psychose, 1971.

den. Er demonstriert sich und der Welt seinen durch Ausdauer, Anstrengung und Entsagung erzielten Erfolg.

Neben dem Sport ist die Technik Karls zweites Interessengebiet geworden. Er zeichnet Raketen, Düsenflugzeuge, Motore (Abb. 4). Karl sagt, er wäre auch gerne ein Erfinder geworden, aber seine Schulbildung habe dazu nicht gereicht. Schon in Abb. 2 sahen wir neben dem koitierenden Paar die Skizze eines Kolbenmotors. Dieser Motor, auch Dampfmaschinen, flüchtig skizziert und kommentiert, finden sich schon in den dramatischen Zeichnungen am Beginn der Psychose; dazu folgende Bemerkungen: »EWIG.LAUFENTER.VON.GOTT. GESCHAFFERNER.MAGNET.MOTOR«, »ICH.GAN.MIR. NICHT. Vorstellen WIE DISSER MOTDOR LEUFD«, »WAS. KAN.FALSCH.SEIN?«, »WEN.ER.LEUFD.IST.ES.EIN.WUNDER«, »MAGNETT.MOHTOR.IST.HÖGST.LEISTUNG.MOHTOR.EWIKLICH?«

Die Ähnlichkeit der Teile des Kolbenmotors und deren Funktion mit den männlichen und weiblichen Genitalien und deren Tätigkeit liegt auf der Hand. Die unterdrückte infantile Sexualität hat Karls Interesse an der Technik geweckt. Auch Karls »ewig laufender Motor« ist wie der Sportler im Grunde hermaphroditisch, sich selbst genug, einsam.

Damit war die akute Psychose abgeklungen. Geheilt war Karl jedoch nicht. Er ging wieder seiner gewohnten Arbeit nach. Er war verschlossen wie früher. Das Zeichnen und Schreiben stellte er ein. »IM.KOSSMOS.HAD.NUR.DAS.FANDASTISCHE.SCHAUSEN.REAL.ZU.SEIN«, schrieb Karl R. in seiner Psychose.

Otto Prinz – Mein Lied[1]

Otto Prinz erlernte die Fleischhauerei und war in diesem Beruf tätig. Er war ein graziler Mann, ein spiritueller Typ, und man konnte sich nicht vorstellen, wie dieser Beruf zu ihm gepaßt haben sollte. Bei Kriegsbeginn mußte er einrücken. Als er ein halbes Jahr später nach Hause auf Urlaub kam, war er völlig verstört. Er gab auf Fragen seiner Frau keine Antwort und redete wirr. Er hatte ein Heft mit selbst verfaßten Gedichten bei sich, seine Unterschrift lautete: »majestätisch, der König von Baden, Stabsführer, euerer Vater«. Otto Prinz kehrte zur Truppe zurück und kam ins psychiatrische Krankenhaus. Dort erzählte er, er habe als Kind einen Schlag auf die Backe erhalten und sei dadurch zur göttlichen Allmacht geworden. Alles, was er in der Bibel gelesen habe, habe er auf einmal verstanden. Seither müsse er einen Leidensweg gehen, er sei dazu berufen.

Otto Prinz verkündete im Krankenhaus nahezu vierzig Jahre lang seine Ideen, in einem Wortschwall, aber leise und mit gepreßter Stimme, verworren und für die Zuhörer kaum verständlich. Seine Wünsche, die sich auf das tägliche Leben bezogen, konnte er dagegen klar ausdrücken. Er knüpfte auch gerne in einem konventionellen Ton Gespräche an. Damen gegenüber konnte er galant und liebenswürdig sein.

In jüngeren Jahren unternahm er Spaziergänge in der Umgebung des Krankenhauses, durchstreifte Wiesen und Wälder, sammelte Pilze und Beeren und bot sie zum Kauf an. Er spielte auch ein wenig Klavier und sang dazu.

Otto Prinz starb 1980 im Alter von 74 Jahren im Krankenhaus.

In seinen Zeichnungen hat Otto Prinz eine persönliche Mythologie gestaltet: Frauen spielen darin die Hauptrolle. Sie tragen Schwerter, Fahnen, kämpfen und sterben. Otto Prinz stellte oft Frauen und Kreuze dar, einmal sogar gekreuzigte Frauen (Abb. 5). Besonders seine frühen Arbeiten haben sehr viel Atmosphäre. In diesen Zeichnungen findet sich ein besonders hoher Himmel und ein tief liegender Horizont. Erinnerungen an visionäre Erlebnisse gingen in diese Bilder ein. In späterer Zeit zeichnete Prinz auch gerne Bauwerke. Er dachte daran, die von ihm entworfenen Bauten einmal ausführen zu lassen.

Gelegentlich schrieb er Gedichte. Sprache und Rechtschreibung waren dabei stark verändert.

Abb. 5: Otto Prinz: Bleistiftzeichnung ohne Titel, um 1975.

MEIN LIED!

Ich vült als Kiend!
Ihm leben mit!
und vür nach dacht zur Zeit!
Das ende vühr
Und Glauben giebt
Und Ewieger Traum vier bleibht!

Wie währs den hier!
Nach Erben grund
Nach ewieger liebes Gab
das mahn nach so
Was waß wollen wier
Daß mahn nach Glauben ham!

So Glaum wiehr zahm
Und rechten bund
Daß Kiender sehgen köhrd
Zuhm Gloken Glang
Und rechten zum
Und mit den Glauben lerrn

So habm wiehr Gloken
Zum Gebett
Und Glaube noch zuhr Zeit!
Daß freud Glühte
Und Zuhkunft Giebt
Und vühr nach habm er Kreutz

Vatter Unßer

Der du bist im den Himmel
So auch auf Erden
Die Frucht zuh kähren
Zuh komme Unß vür daß Reich
Wie nach wiele Geschehen
So nach zuh ehren
Was nach mein wollen
Auch vür die Völker giebt
Vühret niecht im Versuchung
  dieß gielt vür alle
Sonst müste mahn sagen
Aus Verzweiflung
So sahgt Marie
Ich hab das gsagt
  Du biest den neht gwachsen
Zuhm Glauben der Weld
So Wünsche ich gemeinsame Treue
  Unter waß wollen sie
  Daß ist ohder wahr Gesetz
Waß das Vatterland behdeute
    oder Österreich ist
  Daß Bahradies

    Güter Graffenegg
    Güter Schönpporn
    Und Kolreda.
Eine Stadt Suttenbrunn bauen
Und Groß Steltzendorf
      Otto Prinz

Der Veränderung der Rechtschreibung in den Schriftstücken von Otto Prinz liegen zwei einander entgegengesetzte Vorgänge zugrunde. Der eine besteht in der Lockerung und Auflösung des logisch geordneten und rational kontrollierten Denkens und in dessen Übergang in eine sphärisch-assoziative Abfolge innerer Bilder und Gedanken; dieser Vorstellungsablauf ist mit einem erhöhten Bedeutungsbewußtsein verbunden. Bei genauerem Hinsehen findet man in den Schriften von Otto Prinz jedoch kaum Fehler, die man auf mangelnde Aufmerksamkeit zurückführen kann, kaum Flüchtigkeitsfehler; man findet vielmehr neben orthographisch einwandfrei geschriebenen, auch schwierigen Wörtern (»Versuchung«, »Verzweiflung«, »gemeinsame Treue«), Abänderungen der Rechtschreibung, die eine willkürliche Note haben und immer wieder in gleicher Weise vorkommen (»unß« statt »uns«, »vür« statt »für«, »wahr« statt »war«, »Bahradies«). Ich habe schon im Falle der falschen Rechtschreibung von Karl R. darauf aufmerksam gemacht, daß Karl dabei einem einfachen Prinzip folgt: Er macht einfach das Gegenteil dessen, was die Regel ist. Ein Verhalten, das ständig in gleicher Weise wiederholt wird, bezeichnet man als Stereotypie; wenn die Art und Weise dieses Verhaltens als deutliche Abweichung von irgendeiner Regel erscheint und eine willkürliche Note hat, spricht man von Abänderungsstereotypie. In der Psychiatrie nennt man solche Abänderungsstereotypien auch »Manieren«. Es handelt sich also bei der seltsamen Rechtschreibung von Otto Prinz in der Hauptsache um orthographische Manieren.

Wesentlich für das Verständnis dieses Phänomens ist nun allerdings das Zusammentreffen der Abänderungsstereotypien mit der oben charakterisierten Störung des Erlebnisvollzuges, dem Durcheinander und der Flut inneren Erlebens. Es ergibt sich daraus nämlich der Schluß, daß diese Stereotypien (wie alle Stereotypien) den Versuch einer Gegenregulation darstellen, einer Konsolidierung, eines eigenwilligen Haltfindens und einer Selbstbestätigung in den sich wiederholenden Abweichungen. Aber auch eine Ambivalenz äußert sich darin, das Bedürfnis nach Mitteilung und die gleichzeitige Verneinung dieses Bedürfnisses, indem man die Mitteilung verfremdet und schwer verständlich macht.

Schließlich soll die ungewöhnliche Rechtschreibung aber auch zum Ausdruck bringen, daß es sich dabei um eine höchst bedeutungsvolle Mitteilung handelt. Daraus ergibt sich vielleicht die Annahme des Patienten, daß seine Schreibweise »richtig« und treffend sei. Diese Ansicht erhält in gewissem Sinn eine rationale Rechtfertigung, wenn Otto Prinz (wieder ähnlich wie Karl R. und andere schizophrene Menschen) die Schreibweise der Sprechweise anzugleichen sucht (»ham« statt »haben«, »köhrd« statt »gehört«).

Walter W. – Das Gelenktwerden

Eine Auseinandersetzung mit Jägern in der Nähe seines Heimatortes hatte zu seiner Einweisung geführt. Er hatte sich aus Protest gegen eine Hasenjagd auf einen Feldweg gelegt. Eine Gendarmeriestreife kam vorüber, nahm ihn mit und brachte ihn in das nächste Krankenhaus. Von dort kam er in die Wiener psychiatrische Klinik und von dort zu uns. Es war nicht sein erster Aufenthalt im psychiatrischen Krankenhaus. Walter W. sagte, er fühle sich nicht krank und wünsche seine Entlassung. Er könne von seiner Malerei leben, für seine Bedürfnisse werde es immer reichen. Er lebe sehr bescheiden, unter freiem Himmel fühle er sich am wohlsten. Er habe in Paris als Clochard gelebt und sei dabei sehr glücklich gewesen. Er habe damals auch Anschluß an Hippiekreise gehabt, habe allerdings weder Haschisch noch andere Drogen konsumiert. Die Lebenseinstellung der Hippies habe ihn begeistert. Frei zu sein, bedürfnislos zu sein, alle Lebewesen gleich zu lieben und in Frieden zu leben und jeden so sein zu lassen, wie er wolle, das sei die Art, nach der er leben wolle. Er habe die Erfahrung gemacht, daß er immer wieder mit der Gesellschaft in Konflikt gerate, interniert und nicht verstanden werde. Er wolle nichts anderes, als in Ruhe leben. Er habe auf der ganzen Welt Freunde, er könne überall leben, er sei ein primitiver Mensch, der den Sinn von Landesgrenzen nicht verstehen könne. Darum bewundere er auch die Zigeuner, so leben zu können wie sie, das sei sein Wunsch.

Während eines Ausganges mit Mutter und Tante ließ Walter W. die beiden Frauen im Stich und lief weg. In einem Nachbarort griff ihn die Gendarmerie auf und brachte ihn in die Anstalt zurück. Er sagte, es tue ihm leid, er habe die Mutter nicht belügen wollen, als er versprach, ins Krankenhaus zurückzukehren, aber es habe ihn einfach fortgezogen. Gegen diese Impulse könne er sich nicht wehren.

Ich verstand mich mit Walter W. gut, wir sprachen viel miteinander. Ich regte ihn an, zu zeichnen, zu malen, Gedichte zu schreiben. Er schätzte mein Interesse an seinen künstlerischen Arbeiten. Einmal borgte ich ihm meinen Fotoapparat und schlug ihm vor, in der näheren Umgebung Motive, die ihm bemerkenswert schienen, zu fotografieren. Walter W. kam von diesem Ausflug aber nicht zurück. Er wurde am nächsten Tag in der zwanzig Kilometer entfernten Stadt Tulln von der Gendarmerie festgenommen; wir mußten ihn dort abholen.

Er bedauerte sein neuerliches Fortlaufen. Er sei so sicher gewesen, daß er zu Mittag wieder zurück sein werde, aber die Macht sei stärker gewesen als er. Das fahre ihm in die Glieder, lenke seine Schritte. Der Fotoapparat habe nicht funktioniert, da habe er gezögert, sei einen

Augenblick unentschlossen gewesen. Er wollte zurückgehen, spürte aber plötzlich, wie es ihn umgedreht und in den Wald hineingezogen habe. Neben einer Futterkrippe habe er den Fotoapparat vergraben, die Hand sei ihm dabei gelenkt worden. Er höre nie Stimmen, fühle nur, daß er gelenkt werde, vielleicht durch Telepathie. Die ersten Male sei er darüber erschrocken, jetzt wundere es ihn nicht mehr. Er habe das Gefühl, als wartete jemand auf ihn, aber er treffe ihn nicht. Irgend etwas lenke ihn weg von der menschlichen Gesellschaft, die ganze Natur sei daran beteiligt, die Tiere, die Pflanzen, auch die Steine, aber er komme nie ans Ziel, weil er dauernd Fehler mache, immer wieder an etwas anderes denke, zum Beispiel auch an das Versprechen, das er gegeben habe, zu fotografieren. Deshalb habe er immer wieder gezögert, den Weg nach Tulln fortzusetzen. Er könne sich nicht auf eine Tätigkeit konzentrieren. Seine Aufgabe sei es, die Natur zu erlösen, sie zu beschützen vor den Menschen. Er sei nicht Christus, dieser habe die Menschheit erlöst, er aber solle die Natur erlösen – und sei daran gescheitert. Er habe versagt, weil er eigenmächtig handle und nicht immer der höheren Macht folge, die ihn lenke. So dürfte er zum Beispiel auch nicht essen. Wenn er nicht esse, habe er auch keinen Hunger. Würde niemand essen, müßte es auch niemand, »nichts herein und nichts heraus«. Auch die Tiere müßten nicht fressen und daher auch nicht töten. Solange er nicht esse, würden die Tiere auch nicht fressen, nur wenn er einen Fehler mache, dann komme gleich ein Spatz und fresse einen Wurm.

Er könne nur gelenkt werden, wenn er mit den Wesen der Natur in Verbindung stehe, »die Tiere treiben mich weiter«. Deshalb begegne er ja auch so vielen Tieren. Diese Fähigkeit habe er vielleicht auch daher, daß er im Wald – die ganze Natur sei dabei gewesen – gezeugt worden sei. Die Mutter habe ihm das erzählt.

Auf dem Wege nach Tulln habe er einen vertrockneten Blumenstrauß gefunden und einen Teil der Blumen in eine Pfütze gelegt, damit sie sich wieder erholen, ein paar Blumen habe er liegengelassen, damit andere Menschen auch die Möglichkeit hätten, ein gutes Werk zu tun. Dann aber habe er wieder die verschiedensten Fehler begangen. Er sei auf eine Schnecke getreten und habe das zuwenig bedauert. Das Ganze sei ein Kampf mit dem Teufel. Er hätte die Schnecke essen sollen, damit er mit ihr in Verbindung bleibe. In diesem Fall hätte er seinen Ekel überwinden müssen und hätte essen dürfen. Er habe das schon einmal mit einer Fliege getan, die er versehentlich getötet habe.

Er habe auch immer wieder umkehren wollen, aber die Tiere leiteten ihn weiter, erst ein Hase, der sich auf den Asphalt setzte, als ob er sein Zögern nachäffen wollte, dann zwei Tauben, die sich auf die Straße setzten und ihm den Weg nach Tulln wiesen, schließlich ein Hund, der ihm begegnete. Die Tiere würden ja so wie er gelenkt werden. Als er auf einen Stein stieg, der wegrutschte, da habe er begriffen, die Steine würden auch mittun. Die Steine würden sich ja auch bewegen, ganz minimal, aber auf diese Weise würden sie zeigen, daß auch sie leben. Auf seinem ganzen Weg habe er ein unheimlich angenehmes Gefühl des Gelenktwerdens gehabt.

Walter W. ist 1938 in Niederösterreich geboren. Er besuchte das Gymnasium, war aber ein schlechter Schüler. Er war mehr mit der Natur verbunden: »Das war eine andere Logik als im Gymnasium.« Bei der Matura ist er durchgefallen, zu einer Wiederholungsprüfung nicht mehr angetreten. Er sei froh gewesen, daß er das Ganze hinter sich lassen konnte, es habe ihn nie interessiert. Er wurde Reiseleiter, Tennistrainer, Skilehrer. Zweimal verdingte er sich als Matrose. Sein Traum sei es gewesen, in die Südsee zu fahren und dort zu malen. Er hatte keine Ausbildung als Maler, besuchte aber einige Monate lang die Ecole des Beaux-Arts in Paris. Er verkaufte seine Zeichnungen auf der Straße. Er zeichnete und malte am liebsten nach Motiven, wollte etwas Bestimmtes vor sich haben, Landschaften oder Menschen. Wenn er ein Gedicht schreibe, sei es anders, da habe er nur eine verschwommene Vorstellung, wolle sie in Worte fassen, aber nicht in die abgestandenen, gebrauchten. Er habe ein Gefühl für die Physiognomie, diese drücke er in Worten aus. Im Alter von zwanzig Jahren begann Walter W., gegen den Willen seiner Eltern, ohne Geld in der ganzen Welt umherzuziehen. Er wurde wegen Vagabundage eingesperrt, war in Frankreich zum erstenmal in einer psychiatrischen Anstalt.

Während er sich in Paris aufhielt, lernte er ein Zigeunermädchen kennen und verliebte sich. Sie gingen zu zweit oft stundenlang durch die Straßen und Wege der Vororte, hielten sich an den Händen und erzählten einander viel. Plötzlich war das Mädchen verschwunden, und er geriet nun immer mehr in eine panikartige Situation. Er suchte die Freundin und fühlte sich dabei durch geheime Zeichen geleitet, vor allem durch Papierstückchen auf den Straßen, an den Hauswänden, auch durch Schlagzeilen in den Zeitungen und Abbildungen auf deren Titelseiten. So kam er eines Tages an das Ufer der Seine, außerhalb von Paris, sah im Fluß eine Zeitung treiben mit dem Bild eines Mannes. Und als die Zeitung immer tiefer sank, war das für ihn der Auftrag, gleichsam der höhere Befehl, nun ins Wasser zu springen, um sein Leben zu beenden. Möglicherweise sei jedoch sein Tod von jener höheren Macht, die ihn leitete, gar nicht beabsichtigt gewesen. Denn er sei nach seinem Sprung ins Wasser vollkommen gesund in einem Pariser Krankenhaus wieder zu sich gekommen. Dem Zigeunermädchen fühle er sich bis heute verbunden, obwohl er nicht wisse, ob es noch lebe. Er glaube jedenfalls fest an eine höhere Macht, die die Menschen leite. Diese höhere Macht sei nicht nur Gott, es

Abb. 6: Walter W.: Anatomie. Bleistift, 1971.

gebe auch Götter, die mit den Zigeunern und mit ihm beschäftigt seien.

Seit 1964 war Walter W. immer wieder in psychiatrischen Anstalten in Wien und Niederösterreich hospitalisiert. Wenn er entlassen wurde oder das Krankenhaus eigenmächtig verließ, begab er sich auf Reisen ins Ausland, litt dabei Not, wurde inhaftiert, psychiatriert, abgeschoben und wieder hospitalisiert. Walter W. starb im Alter von zweiundvierzig Jahren in Gugging.

Auf den Spuren der Engel

Schauen die Engel uns zu, wenn sie
schlafen, oder schlafen sie im
Kirchturm und sitzen auf den
Glocken. Kann eine Mauer durchsichtig
werden, damit die Engel durchkönnen
Glauben die Engel an den Storch
oder Maria?
Ich glaube nicht, ich bin kein
Engel, bestimmt keiner.

Der Wandersmann

Warum, warum ist das Wandern nicht mehr
so langsam wie bei den Zigeunern.
Weil die Zigeuner schon überall waren,
und jetzt nicht mehr sind und doch überall
Verflucht hat mich die Zigeunerin in Paris
Als ich ihr in der Kirche kein Geld gab.
    Das war die Richtstätte
    der Zigeuner, nahe den Wolken oder
    nahe dem Meere, je nachdem, welche
Materie sich jeweils interessiert für das Volk
das wandert. Es war die Grundstellung von Golgotha
nur etwas enger. Die Tiere kauerten in der Materie
die nicht spricht, außer man liebt sie. Wie mit
einem verkohlten Stempel geschrieben.

Das Leben der Steine

Die Steine haben fast alle eine
Unterschrift auf ihrem Rücken.
Sie kommen aus dem Märchenland,
wo sie der Landschaft den Namen geben.
Gott hat die Sterne gezählt,
die Steine nicht.

Der Elephant

Wir wohnten in G., gegenüber vom Armenhaus.
Die Friedensglocken hatten schon geläutet, ich hatte
sie zufällig nicht gehört. Jeden Tag läutete ein
Hausierer bei uns an, er war abgemagert wie ein
Skelett. Eines Tages war er etwas verändert, denn
es war nicht der Hausierer, wie sich herausstellte.
Meine Mutter sagte: das ist dein Vater!!
Er hatte kein Gepäck bei sich, er war zu Fuß von
Wien hergekommen. Nur für mich hatte er einen
Elephanten aus Stoff.

Feuer

Meine Schwester hat vor ihrem Selbstmord
einen Brief geschrieben, in dem sie verlangte,
im Feuer ihre Erlösung und in der Asche
ihre Ruhe zu finden.

Die Engel

Obwohl ich in Paris das 6. Gebot veränderte, meine Eltern nur selten mit einem Brief ehrte, schickte mir Gott oft Engel, um mir meinen Weg zu sichern.

Otto Prinz

Der Herr Prinz ist ein Heiliger,
der auf seinen Heiligenschein wartet.

Freiheit

Die Freiheit hat ausgezogene Schuhe.

Ich über mich

Wir zwei sind die einzigen, die wirklich denken.

Gott

Wenn Gott überall ist,
Kann er nicht glücklich werden.
Was für eine unheimliche Geduld
hat er zu warten
Sich endlich auf weniges
zu konzentrieren
Um die Früchte seiner
Schöpfung zu genießen.

Liebe Mama,

Ich glaube, daß ich schon groß genug bin, um dir allein zu schreiben, der Herr Primar hat mich genug trainiert. Er gab mir sehr interessante Titel, und ich habe Gedichte dazu geschrieben. Dir will ich aber in Prosa schreiben. Ich glaube zwar nicht, daß ich schon gesund bin, doch glaube ich, daß ich in unserem Garten eher gesund werden kann, wo ich meine Jugend zum Teil verbrachte.

Dein W.

Ich stehe Kopf

Der Kopf weiß weniger als der Körper,
denn der Körper ist älter.
Der Kopf leiht sich aus, der Körper
gibt zurück. Aber ein Großes hat der
Kopf voraus, er kann Witze machen.

Der Vater

Sie sind jetzt mein
Vater, weil Sie mich verstehen.
Mein leiblicher Vater, als er noch
Beweglich war, hat mich nicht verstanden.
Jetzt nachdem er einen Schlaganfall
gehabt hat, wird er von Gott kontrolliert.
Er kann es sich nun nicht leisten in
meine Gedankenwelt aufzubrechen.

Ich schaue aus meinem Fenster
und sehe den Mond

Er hüpft und nimmt nicht
ganz
Schwere Wolken beschädigen die
Unterlage
Er ist schwerer, als unsere Sorgen
Er schpielt mit der Schlange
Vater, Vater leih ma d Scher.
Er frißt nicht, sondern läßt sich
füttern.

Warum ich van Gogh liebe

Ich liebe die Sonne. Ich kann nicht in sie
eindringen, denn sie ist rund. Auch die Erde ist
rund, doch Erde bröckelt langsam ab.
Lilli, die viel älter war als ich, führte mich
in die van Gogh Ausstellung im Belvedere.
                das ist schon lange her e. Liebeserinnerung

Biographie in Stichworten

22. Dezember 1938 ans Licht, anfangs Leuchte in Volksschule, dem 8jährigen Geleise nach Schottland, halbes Jahr aus dem Geleise der Schule. Leise gesprochene Mathematik im Gymnasium. Nichtmatures Maturalergebnis in Mathematik. Statt Nachprüfung Engagement als Interpret bei einem Interpretanten aus Ceylon. Wegen Imigrantenstop nach Ceylon Visumsverweigerung. Nach Mitgeben der Koffer und Abschied aus Neapel, Autostop. Über Malta, Libyen nach Egypten. Über Sprachstudium zum Kunststudium. Wegen dessen Intensivierung wieder zurück nach Europa. In Wien wieder zurück zu den Reisen in Reisebürorahmen. Auch gerahmte Bilder und Malereistu-

dium. Reisen nach Marokko, Griechenland und Holland. Dann holte mich das Land der Kunst: Frankreich. Bereicherte mich an der Beaux-Arts. Plötzlich Anziehung durch ein mir neues Reich. Dadurch zum Ausziehen des Privatgewandes. Es gibt ein Volk das wandert und dann gibt es Seelenwanderungen, das brachte mich in Konflikt mit der Welt, die über das Wandern den Stab bricht. Mit denen, die glauben, die Welt aufzubauen. Sie bauen sich selbst ab. Das Reich das ich entdeckte ist uralt wie das zweite Samenkorn. Inhaftierung in der Santé in Paris wegen Vagabundage. Ausweisung nach Österreich. Zwangsaufenthalt in Steinhof.

Feststellung

Eine Feststellung stellt nicht fest, sondern läßt locker der Phantasie ihren Lauf. Bar von Beweisen ist alles Gesagte grenzenlos. Die saftig grünen Wiesen, die man nicht vom Chlorophyll herleitet, lassen das Gequake der Frösche und das Gezirpe der Grillen heraushören.

Abb. 7: Walter W.: Flugfelder, die nicht versinken können. Deckfarben, 1971.

Rund und gerade

Wer rollt das Papier der Zeit. Die Tische sind gerade und gerade dort wo die Sessel stehen. Die Rinne des Geistes ist rund wie die Nähe, wie Zitronen ihre Straffheit aufgeben. Was wir anziehen beugt sich und biegt sich. Wir gehen rund um unsere Gelenke, um unsere Gedanken. Das Knie des Abends. Ein Falter faltet den hellen Tag.

Abb. 8: Walter W.: Klampfen sind Mauerhaken, die Zimt und Zucker lösen. Deckfarben, 1971.

Wer sammelt die Schritte die
die kleinen Steine mit dem stummen
Gras vermischen.
Hölzerne Bäume, hölzerne Tische.
Ein Wehen ohne Wind und
der Wind außerdem
Ein Menschliches ohne Mensch und
der Mensch außerdem:
In verwaschengestreiften Anzügen
trägt er sein Schattenbild zur Neige.
Bunte Steine, grünbraune Rasenflächen
Blau wie die Luft am Himmel sind
die Anzüge der Gartenhofmänner.

Abb. 9: Walter W.: Federzeichnung ohne Titel.

Die Gänseblümchenschließgesellschaft
ein Erdbrocken.
Ein Buch liegt auf Säulen.
Behend wie zwei Wassertropfen
umschließen sie das Gelesene.
Das Tischtuch, das durchhängt.
Das Buchstabengeleise.
Auf der Rast ertappte
Honigschwingen.
Die Erde pocht die
Mittagsmelodie.
Ein Netz von Jahren
erreicht seine Buchstaben.

Vision meiner Zukunft

  : zeitlos
Wie eine Vision aus meiner Vergangenheit. Die Venus sah ich zum ersten Mal am Strand von Piräus; dann sah ich sie wieder im Park von St. Cloud am Rande von Paris. Sie schwenkte ihr Badetrikot,

um es zu trocknen. Ich trat hinzu aus
weiter Ferne. Haben Sie keine Angst vor
mir, wenn ich noch naß bin. Als Antwort
machte sie einen Schritt. Wir gingen zum
grünen Pfad und diesen entlang bis zur
Straßenbahn. Der letzte Waggon war nicht
für das Volk zugänglich, doch die griechischen Götter hatten ihn für uns reserviert. Jeder Kuß war ein neuer Höhepunkt.
Wie ich die Zukunft sehe. Nun, einen Höhepunkt kann man nicht wiederholen.
Man muß eine Weile wegschauen, bis
sich die Elemente im ganzen Universum umtauschen.

Das Auge

Das Auge ist ein Edelstein in vielen Farben.
Wenn man weint, kann man nichts dafür.
Ich kann mich an einmal gut erinnern, und
sehe meine Augen vor mir weinen, als ich auf
einer Brücke ein wenig weinte, als ich von
meiner Freundin aus Süd Vietnam Abschied nahm.
Sie schrieb mir viele Briefe, sie glaubte, ich liebe sie,
weil ich beim Abschied weinte.
Doch ich hatte nicht wegen ihr geweint, ich weiß
nicht warum.

Abb. 10: Walter W.: Aquarell ohne Titel.

Friedrich Franz H. – Projektskizzen[2]

Friedrich Franz H. wurde 1934 nahe bei Wien geboren. Er ist der Ansicht, daß er kein erwünschtes Kind gewesen sei. Seine Kindheit sei nicht schön gewesen, der Vater habe ihn oft geschlagen. Er sei schwächlich gewesen, schwächer als andere Kinder, sein Körperbau sei mangelhaft, deshalb habe er auch nie Freunde gehabt, habe es nie gewagt, ein Mädchen anzusprechen. Alle hätten auf ihn herabgeschaut. Er sei immer ruhig und still gewesen, habe nach der Schule die Schuhmacherei gelernt, dann als Hilfsarbeiter gearbeitet. Weil er es bei seinen Eltern nicht mehr ausgehalten habe, sei er 1953 nach Italien gegangen und habe dort gearbeitet. Im Jahre 1956 fuhr er »aus Abenteuerlust« nach Australien, hielt sich meist in Sidney auf, war dort Flaschensortierer, Autogenschweißer, Hilfsarbeiter in einer Autofabrik. Er verdiente gut und trug sich mit dem Gedanken, auf den Fidschiinseln eine Hütte zu erwerben und sich dorthin ganz zurückzuziehen. Es wurde nichts daraus. Im Jahre 1958 mußte er für drei Wochen in ein psychiatrisches Hospital in Townsville. Er hörte Stimmen, die ihn sehr quälten. Im Jahre 1960 verließ er Australien und fuhr nach Hause. Er hatte Heimweh und wollte »vor dem Tod« seine Eltern noch einmal sehen. Zwei Tage nach seiner Heimkehr fügte er sich in selbstmörderischer Absicht eine Schnittwunde am Halse zu, er wurde chirurgisch versorgt und in unser Krankenhaus eingewiesen. Er gab an, daß er Stimmen höre, die ihn aufgefordert hätten, mit dem Leben Schluß zu machen. Er werfe sich vor, daß er überhaupt geboren worden sei, es habe ihn nie jemand gemocht. Die Befehle, die er erhalte, würden durch ein Radio gegeben, möglicherweise von einem Raumschiff aus. Alle seine Bewegungen und seine Gedanken würden auf diese Weise gelenkt werden.

Friedrich Franz H. wurde nach einem dreimonatigen Aufenthalt gebessert nach Hause entlassen, wenige Wochen später jedoch wieder aufgenommen. Um vier Uhr morgens, während die Eltern schliefen, sei neuerlich die Verzweiflung über ihn gekommen. »In einer kleinen momentanen Mißstimmung« befestigte er seine Krawatte am Fensterkreuz und versuchte, sich zu erhängen. Da er aber nicht sofort bewußtlos wurde, überlegte er sich die Sache und befreite sich selbst aus der Schlinge. Am Morgen bemerkte der Vater die Striemen am Hals und veranlaßte die neuerliche Einweisung. Im Krankenhaus sprang Friedrich Franz H. aus einem Fenster im ersten Stock und zog sich einen Trümmerbruch beider Fersenbeine zu. Die Eltern wagten es nicht, ihn wieder nach Hause zu nehmen. Er kam in ein Rehabilitationsheim und von dort in ein Altersheim.

1973 wurde Friedrich Franz H. wegen Streitigkeiten mit zwei Zimmergenossen im Altersheim neuerlich zu uns gebracht. Er war in gehobener Stimmung, redete viel, fragte, ob er etwas vorsingen dürfe. Als ihm dies gestattet wurde, stellte er sich hin, konzentrierte sich einige Sekunden und begann dann mit lauter und tiefer Stimme in englischer Sprache ein Lied zu singen, er fragte hierauf, ob er das Lied auch deutsch singen solle, sang dann das Lied noch einmal, jetzt deutsch, und sagte, daß Text und Melodie von ihm stammen würden. Hierauf meinte er, daß er das gleiche Lied auch mit der Stimme eines Gorillas singen könne, und wünschte auch das vorzuführen. Dazu müsse er sich aber vorher waschen. Er geht dann zum Waschbecken, wäscht sich, stellt sich dann hin, konzentriert sich einige Sekunden und beginnt hierauf fürchterlich und erschreckend zu grölen. Nun will er das gleiche Lied mit der Krokodilsstimme singen. Für die Krokodilsstimme muß er sich zweimal waschen, diese sei so anstrengend, daß er dabei fast einen Anfall bekäme. Nach einiger Konzentration beginnt er, indem er das Gesicht zu einer grauenhaften Grimasse verzieht, stößt einen krächzenden Schrei aus und fährt dann fort wie mit der Stimme des Gorillas. Nachdem dieses Schauspiel zu Ende ist, wünscht er, nun mit der Orchideenstimme singen zu dürfen. Vorher mußte er sich abermals waschen. Die Orchideenstimme ist jedoch nicht leiser oder sanfter als die Stimme des Krokodils und des Gorillas, es besteht überhaupt kein merklicher Unterschied. Zum Abschluß singt Friedrich Franz H. das gleiche Lied noch einmal, »wie ein Ziegelstein«; nun singt er mit besonders »gepreßter« Stimme, nachdem er vorher auf die Herstellung von Ziegeln hingewiesen hatte. Später versuchte er noch, japanisch zu sprechen, dazu mußte er sich »in den Geist der japanischen Sprache versetzen«.

Friedrich Franz H. lebt nun seit zehn Jahren wieder in einem Altersheim. Ich erhalte von ihm Weihnachts- und Osterpostkarten, auch Briefe mit Sentenzen und Gedichten; gelegentlich korrespondieren wir. Unlängst legte ich meinem Brief einen Geldschein bei, worauf sich Friedrich Franz H. prompt bedankte und mir mitteilte, daß er das Geld für die Hungernden in Äthiopien und für die Restaurierung des Stiftes Dürnstein gespendet habe.

Mein Lebenslauf

Ich bin am 14. November 1934 in B. geboren. Wir wohnten zuerst in B. und zogen später nach P. Ich besuchte die Volksschule bis zur achten Schulstufe. Bevor ich aus der Volksschule austrat, hatten wir die Firmung. Ich sagte vor dem Erzbischof Kardinal Dr. Theodor

Innitzer ein Firmungsbegrüßungsgedicht auf. Es wurde mir vom Pfarrer angeraten, Goldschmied zu werden. Ich bekam aber keine Lehrstelle. Ich lernte darauf Schuhmacherei drei Monate lang. Dann besuchte ich noch die Hauptschule, und zwar die halbe dritte Klasse und die ganze vierte Klasse. Ich war auch Pfadfinder der 3. Klasse. Nach der Schulentlassung arbeitete ich eine kurze Zeit in der Käsefabrik in T. Ich wurde dort entlassen und nahm eine Arbeit als Färbereihilfsarbeiter an. Ich machte dort einen gewissen Test im Sinne eines Färbereiwannensprunges. Dieser Test gelang. Ich war auch mit den österreichisch-russischen Färbereiarbeitern bei einer Veranstaltung im Wiener Stadion und besuchte mit ihnen auch Graz, die Hauptstadt der Steiermark. Auf eines wäre noch zurückzukommen, und das ist der Fund eines alten verrosteten Beiles, einer Axt auf dem Dachboden meines Vaters. Es hatte das Aussehen eines alten indianischen Tomahawks. In der Schuhmacherlehre und auch in der Färberei hatte man eigentlich das Gefühl von Lederstrumpf und auch von Pfadfinder. Nach der Entlassung aus der Färberei fuhr ich wegen Schiffahrtsanheuerung nach Genua. Als ich vom Hauptbahnhof in die Stadt ging, wechselte ich zuerst in einer Bank 100 österreichische Schillinge in Lire um. Dann suchte ich das österreichische Konsulat herauszufinden. Ein Junge im Hafen gab mir Auskunft. Ich machte mich auf den Weg dorthin. Das Gartentor des österreichischen Konsulates in der Via Zara 36 war aber verschlossen. Zufällig bemerkte ich, wie in einem Nebengebäude ein Mädchen ein Leintuch ausschüttelte. Ich rief ihr zu, mir ein Glas Wasser zu bringen. Sie kam heraus und brachte mir ein Glas Wasser. Sie nahm mich dann mit nach Hause und stellte mich ihren Eltern vor. Das in der Via Posalunga 23, Genua. Am nächsten Tag sprach ich beim österreichischen Konsulat und bei einer deutschen Schiffsagentur wegen Schiffahrtsanheuerung vor. Doch diese Erkundigungen blieben für mich ergebnislos. Wäre ich etwas früher dorthin gekommen, hätte ich vielleicht auf einem deutschen Schiff eine Arbeit erhalten. Die italienische Familie zeigte mir noch die Stadt Genua, und dann fuhr ich wieder nach Österreich zurück. Ich nahm dann später Arbeitsstellen in verschiedenen Sparten der Wirtschaft an. Ich kaufte mir ein neues Zielfahrrad und einen Philipps-Radioapparat. Ich besuchte mit Freunden die Burg Forchtenstein und den Neusiedlersee und übernachtete in Forchtenau. Mein Sport und meine Freizeitgestaltungen waren Kinobesuche, Judotraining, Tischtennis, Schach und Radfahren. 1953 wurde ich eines Prospektes der Österreichischen Donaudampfschiffahrtsgesellschaft gewahr, worin Matrosen gesucht wurden. Ich bewarb mich und war etwa ein Jahr dabei. In Turnu-Severin (Rumänien) war ich zweimal im Spital. Zu dieser Zeit besuchte ich in Wien einen 14tägigen Autogenschweißkurs. Dann studierte ich noch einige Monate Feinmechanik in der Bundesgewerbeschule. 1956 wanderte ich nach Australien aus. Ich arbeitete ein Jahr in Sydney in der Glasfabrik, dann ein Jahr als Autogenschweißer in einer Elektroherdfabrik und begann einen Elektroschweißkurs am Sydneyer Technical College. Ich arbeitete auch in einer Autofabrik (British-Motor-Corporation), bei einem Kaufmann in C. (North-Queensland) und bei einem Schlosser in Darwin-Northern-Territory. Ich arbeitete in Darwin auch als Hafenarbeiter. Dann flog ich nach Sydney zurück und bald darauf fuhr ich mit einem Schiff nach Neapel – Europa – zurück (Sitmar-Line). Ich wurde darauf wegen eines geisteskranken Zustandes in die Nervenheilanstalt Gugging eingeliefert. Ich blieb dort drei Monate. Nach meiner Entlassung nahm ich eine Arbeitsstelle in einer Kammgarnspinnerei an. Bald darauf mußte ich wieder nach Gugging. Diesmal für 8 Jahre. 1969 kam ich in das Caritasheim in Lanzendorf/NÖ. Ich war dort fast 4 Jahre und arbeitete die meiste Zeit in einem Wiener Fürsorgebetrieb. Ich beschäftigte mich auch mit Zeichnen und Steinbildhauerei nach der Arbeit. 1973 kam ich in das Altersheim H. für zwei Monate und darauf wieder nach Gugging zurück. Ich mache jetzt hier Schreib-, Sing- und Zeichenteste.

Damit wäre der Bericht über meinen Lebenslauf vorläufig abgeschlossen.

Anno domini 23th of October 1973,
Klosterneuburg-Gugging, Lower-Austria
F. F. H.

Das Krokodil, on 23th of August 1973

Das Krokodil ist ein Tropen-Tier. Es lebt bei Tümpeln und Flüssen. Der Herr hat gesagt, du bist das Krokodil, du bist das Sein des Wassers unter der Sonne. Dein Licht denkt zurück in die Urzeit der Menschheit. Es denkt zurück an Dinosaurier und Urechsen. Schachtelhalme und dergleichen. Es berechnet sein Sein für seine Umgebung und für alles andere auf dieser Erde. Es schlittert an den Strand der Wasserläufe und sucht Nahrung. Fische und anderes. Nun weiter *Unorientiertes*.

Das Licht, das wir haben, ist das Auge. Es scheint immerfort die Ewigkeit hindurch. Es ist eine andere Welt, in der wir uns befinden. Einmal haben wir gesagt, wir kommen. Das war das Dasein.

Philosophie über Raumraketen, Konstruktion und Antriebskraft

Wir bauen eine Rakete, sie soll bis in den entferntesten Winkel des Weltalls fliegen. Wie machen wir so etwas? Wie könnte man eine solche Theorie in philosophischen Sätzen niederschreiben und skizzieren? Ich habe da einen Stein, und gebe einen dazu. Wieviele Steine habe ich, einen Stein oder zwei Steine? Wie kann ich zwei Steine haben, wenn ich vorher nur einen Stein gehabt habe? Es gibt viele Zahlen, aber zusammen nur eine Zahl. Wie ist das mit der schnellen Formel und mit der langsamen Formel? Wie ist das? Ist eine kleine Zahl schnell oder eine große Zahl? Eine kleine Zahl besitzt nicht dieselbe Kraftmenge wie eine große Zahl. Doch was wäre, wenn in einer vorhandenen kleinen Zahl eine besondere Kraftunbekannte wäre? Allerdings könnte dasselbe bei einer großen Zahl der Fall sein.

Die internationale kosmische Raumrakete (Verstärkte Lichtbeschleunigungskraft/Gedankenblitz/Sonnenzellen)

Die mathematische Gleichung ist dieselbe wie beim anderen Ich. Nach dieser Theorie gibt es keine Entfernung im Weltenraum. Eine nicht ganz hohe Intelligenz des menschlichen Individuums stellt nämlich beim physikalisch-mathematischen Denken Strecken fest, die für den menschlichen Geist entweder überwindlich oder unüberwindlich sind. Es dürfte demnach eigentlich nicht ganz so sein. Man müßte annehmen, daß der bekannte Ausgangspunkt einer Strecke, wie immer es auch ist, der Ausgangspunkt einer Strecke bleibt und kein Linien- oder Streckennetz bzw. System entsteht. Der Ausgangspunkt als gewisser Schwerpunkt behauptet alles Abgegebene für sich und ist dasselbe. Die physikalische Abgebung kann entweder kleiner oder größer sein. Es könnte sich um einen männlichen und weiblichen kosmischen Schwerpunktfaktor handeln, der ungeheure psychische und physische Energie besitzt. Die Theorie wird damit abgeschlossen, alle kosmischen Kräfte in ein Raumschiff einzubauen, um damit eine ungeheuer schnelle Antriebskraft und Schubwirkung der Rakete zu erzielen.

Der verbotene jüngste Tag

Ich bin da, aber ich weiß nicht, wann ich kommen soll. Ich sehe vor mir die Stunde der Entscheidung, aber ich weiß nicht, wie. Das Denken der Ungewißheit habe ich wie mein Bruder. Der ganze Tag. Ich wende mich zu ihm und spreche mich mit ihm aus. Für die Ewigkeit besteht das Licht. Meines und seines. Unser Licht wird nicht alt – aber es stirbt doch nicht. Es vergeht keine Zeit in der Ewigkeit. Der geistige und physische Aufbau der Menschheit ist immer derselbe. Das elementarische Aufbaubild hat sich nicht verändert. Die Grundstoffe sind immer gleich. Jeder Tag auf der Erde zeigt im grundlegenden immer fast dasselbe Lebensbild. Es ist immer dasselbe. Es dürfte also keinen Zeitablauf nach mathematisch-physikalischen Gesetzen geben. Unser Geist entschwindet jetzt in ein anderes Ich. Irgendwo ist ein Raum, wir gehen dorthin.

Wenn ich zu zwei Augen ein Auge dazudenke, habe ich drei Augen. Das dritte Auge ist die Fortzeugung in der Ewigkeit.

Das Ziel der Menschheit

Die vollkommene, humanitäre, vollwertige Welt, ohne Wahnsinn und Irrsinn, ohne Qualen und Schmerzen. Die Ausheilung aller unheilbaren Krankheiten. Die Augenlichter für die blinden Menschen. Die dritten Zähne für die Erwachsenen. Das andere Denken. Die andere Farbe, das andere Gewicht, das andere Maß und in Stufen so weiter. Die Nachmachung des Seelenlichtes. Der Zusammenschluß von Seelenlichtern zu einem Seelenlicht. Die Unfallverhütung aller Arten des Unfallbereiches, die im stabilen-labilen Winkelbereich liegt. Was schafft unser Geist, was denkt unser Geist in einer Myriade von Jahren?

Ich habe einen Einfall zwischen zwei Schildkröten, die Schildkröte der rechten Hand sieht zu meinem Halse. Die Schildkröte der linken Hand sieht zu meinem Kinn. Meine Hände halten sie. Vor meinem rechten Auge trage ich ein Glas, genauso wie vor meinem linken Auge. Darunter ist meine Nase und mein Mund. Will ich die Schildkröte oder will ich die Schildkröte nicht? Meine Arme sind in der Beuge, sind sie in der Ruhe oder sind sie nicht in der Ruhe? Zwischen meinen gebeugten Armen ist aber Ruhe. Meine Schultern liegen oben, aber der Kopf noch mehr. Ist meine linke Stirnenseite genau so gut wie meine rechte Stirnenseite? Oder ist das irgendwie anders. Meine Stirne trägt bereits Falten, mein Auge auch? Mein Ohr hört und mein Nasenflügel auch? Mein Haar ist eine Pracht, die Schildkröten auch? Ist der Schildkrötenpanzer dasselbe wie das Horn meiner Nägel? Neben mir ist nichts, daher muß ich etwas zusammenfügen. Ist der Mund offen und das Weltall auch, sonst könnte man nicht hinein? Gehen wir wieder etwas tiefer, dann sind wir wieder oben auf den Schultern. Eine Schildkröte sieht auch so aus wie ein Hügel, eine Hand und zwei, das ergibt sieben. Es gibt auch die sieben Hügel von Rom.
                Friedrich Franz H.
                psychiatrisches Krankenhaus in Gugging,
                Klosterneuburg, Niederösterreich

Die vollkommene, humanitäre, vollwertige Welt, ohne Wahnsinn, ohne Irrsinn, ohne Seelenqualen, ohne Schmerzen. Wer zuletzt lacht, lacht am besten. Mit letzter Kraft, die Freude schafft. (Sigmund Freud, Vater der Psychoanalyse).

In der Bibel steht geschrieben: Die ersten werden die letzten sein, und die letzten werden die ersten sein. Also so arg wird es für die ersten normalerweise auch nicht sein.

Der verbotene Jüngste Tag nach Lenin und anderen russischen Denkern.

PROJEKTSKIZZEN
von Friedrich Franz H.
für Ansiedlung von leicht kranken Personen (Psychiatrie und Neurologie) in der Südsee bzw. Patagonien (Südamerika/Santa Rosa) und in der Antarktis (Ross-Inseln und Falkland-Inseln).

Bei der leicht kranken Gruppe (Nerven und Psyche-Wien/Hoff) wäre es endlich in Erwägung zu ziehen, diese auf Inseln bzw. in Patagonien/Südamerika anzusiedeln. Da das Leben dieser Gruppe in der normalen menschlichen Gesellschaft auf die Dauer nicht ganz möglich ist, wäre eine Ansiedlung dieser Gruppe in einem etwas abgeschlossenen Staatsterrain in Erwägung zu ziehen. Der ganze Staatsaufbau müßte allerdings schon wegen der Forschung und Wissenschaft im Normalstaate eine leicht geisteskranke Tendenz aufweisen. Allerdings müßte eine höhere bzw. höchste Intelligenzquote von vorneherein gegeben sein, die aber etwas in eine leicht geisteskranke Natur ausartet. Dieser Weltaufbau wäre utopisch mit leicht geisteskranken Intelligenzeffekten.

Da ein solcher Staat keine zu große Ausdehnung haben dürfte, müßte das Dorf-, Kleinstadt- und Großstadtgefüge etwas stärker und besser sein als im Normalstaate. Jeder Staatsbürger wäre dort frei und Patient zugleich. In den allgemeinen Ruhezeiten wäre dort immer etwas Behandlung einzufügen. Selbstverständlich auch Kontrolle der allgemeinen Psyche. Die leicht geisteskranke Tendenz bleibt dabei aufrecht, sie ist aber von vorneherein genauer eingestellt.

Nun folgt die Theorie über den Staatsaufbau in diesem Krankenstaate (Rot-Kreuz-Staate).

Oeffentliche Verkehrsmittel
Hauptsächlich gute Fahrräder, einfache Schmalspureisenbahnen, Handels- und Passagierschiffe (Segelschiffe, Segelboote). Weiterbewegung in der Oeffentlichkeit auch mit den sogenannten Rollschuhen. Einkapselung des Straßenpassanten in Plastikkugeln und Schaumgummikugeln zur Fortbewegung.

Oeffentliche Unterhaltungsobjekte und Unterhaltungsstätten
Miniaturfernsehsender, Marionettentheater, leicht geisteskranke Artistik und kuenstlerische Darbietungen. Auch der Typ des früheren Hofnarren wäre dafür noch sehr gut.

Erziehungssystem (Pädagogik)
Wie überall auf der Welt, nur etwas nachgiebiger.

Sport
Durch Niederziehen einer Plastiksäule von größerer Höhe könnte ein Volkssegelflugzeugsport eröffnet werden.

Kleidung
Zu erwägen wären Kleider und Anzüge, die die Farbe wechseln, ähnlich wie das Chamäleon.

Schuhe
Es könnten Versuche mit Sprungschuhen gemacht werden (Metallfedern oder anderes elastisches Material). Beim Insekt ist es der Floh und bei den Lurchen der Frosch, die höhere Springdistanzen erreichen.

Unterhaltung
Wasserball mit zwei Arten von Aquariumfischen.

Beobachtungen bei Parfümzusammenstellungen (Wissenschaft)
Was könnte dabei entstehen? Beginnt da irgendeine außergewöhnliche Kraft zu arbeiten, wenn auch in geringstem Ausmaße?

Weltraumfahrt
Die Projektion unseres Seins auf entfernte Planeten und Sonnensysteme durch Lichtwellen, elektromagnetische Wellen, könnte einmal ganz gut sein. Das Denken des sogenannten Gedankenblitzes könnte dabei von Vorteil sein.

Körperliche Ertüchtigung
Für Gymnastik und Leibessport wären auch Haltegriffe an der Wand und Zimmerdecke in Erwägung zu ziehen. Vielleicht wäre auch an Katapultsitze in größeren Zimmern zu denken.

Bergsteigen
Fortbewegung von Menschen und Tieren in Steilhöhen durch sogenannte Eindruckkammern; beim See-Lebewesen durch Ansaugnäpfe.

Wieder zurück in das Erziehungsalter
Auswendiglernen von Bildern genauso wie von Gedichten und mathematischen Formeln. Zerlegung des Bildes in mehrere gerade und krumme Linien. Merkbewußtsein auf die jeweils zerlegte lineare Form placieren, mosaikartige Zusammenfügung zu einem Ganzen.

Post
Ein einfaches, aber doch vorhandenes Postamt. Briefmarken mit internationalen Rot-Kreuz-Bildern, auch mit Abbildungen der österreichischen Friedenspazifistin Berta von Suttner, auch des Schweizer Kinderpädagogen Pestalozzi. Schiffs- und Flugpost, Brieftaubenpost, Flaschenpost.

Every day is it the same, we must try to find out something else. Alle Tage ist es dasselbe, wir müssen versuchen, etwas anderes herauszufinden. Die andere Seite des Lebens. Das andere Leben. The other life.
 Wenn das psychiatrische Krankenhaus darüber nachdenken würde. Das andere Leben, the other life, das wäre doch toll!

Abb. 11: Friedrich Franz H.: Ariadnischer Fadenzug. 1975.

Karl G. – Alles oder nichts

Karl G. ist ein schlanker Mann, stets gepflegt, er legt auf elegante Kleidung größten Wert. Er lebt seit vielen Jahren in unserem Krankenhaus, zur Zeit in einer Wohngemeinschaft, die ihre Unterkunft in einem älteren Gebäude hat. Dort teilt er mit einem anderen Patienten ein kleines Zimmer, welches er peinlich in Ordnung hält. Neben dem Kleiderschrank hat er einen Spiegel anbringen lassen, in welchem er seine ganze Figur betrachten kann. Karl G. ist nicht mittellos, er unterstützt drei ärmere Mitglieder der Wohngemeinschaft, indem er für sie Getränke und Zigaretten kauft. Über seine Mildtätigkeit führt er täglich Buch, und er gibt an, daß er im Laufe der Zeit insgesamt 38000 Schilling für diesen Zweck aufgewendet hat. Karl G. bestellt Kleidungsstücke und Bücher in Versandkaufhäusern. Er kauft mehrbändige Lexika und andere Bücher bildender Art.

Karl G. wurde 1925 in Niederösterreich geboren. Er war kaufmännischer Angestellter. Während des Krieges kam er zum Militär. In der Kriegsgefangenschaft traten zum erstenmal psychische Störungen auf. Wieder in der Heimat, wollte Karl G. seine frühere Tätigkeit nicht mehr ausüben, er bewarb sich um eine Stelle bei der Polizei und hatte den Wunsch, Kriminalbeamter zu werden. Ab 1952 verbrachte Karl G. die meiste Zeit im psychiatrischen Krankenhaus, zunächst waren es nur kurzdauernde Aufenthalte, schließlich kam es zur Dauerhospitalisierung. Karl G. hatte sich daheim in seinem Zimmer verbarrikadiert, hatte Eisenstangen, Spitzhacke, Axt und Messer bei sich und hatte gedroht, die Familie seiner Mutter auszurotten. Die Angehörigen fürchteten sich vor ihm und wollten ihn nicht mehr nach Hause nehmen.

Im Krankenhaus hielt sich Karl G. von der Arbeitstherapie meist fern, er hatte eigene Interessen und konnte sich alleine beschäftigen. Er schrieb viele Briefe in gestochener Schrift. Im Gespräch ist Karl G. höflich, freundlich, mitunter sogar herzlich-jovial, dabei wahrt er aber stets Distanz. Sein Befinden wechselt zwischen Hochgefühl und tiefer Niedergeschlagenheit. In der Hochstimmung überschätzt er die eigenen Möglichkeiten und die anderer Menschen. Den Herrn Bezirksrichter oder den Arzt hält er für allmächtig, er setzt voraus, daß sie in der Lage sind, alle seine Wünsche zu erfüllen. Und er ist nicht gerade zurückhaltend mit seinen Wünschen, sofern er in optimistischer Stimmung ist. Was er wünscht, *muß* geschehen, er will alles kontrollieren. Ist er enttäuscht, weil seine Wünsche nicht erfüllt werden können, dann will er sterben. Er will alles oder nichts. Mit den Verhältnissen, wie sie wirklich sind, findet er sich nicht ab.

Seine Einstellung entspricht der eines Kindes im Stadium der »ambivalenten Symbiose«*.

Karl G.s Schriften haben etwas Märchenhaftes an sich, sie haben einen (unbewußten und ungewollten) metaphorischen Charakter, wie etwa jener Brief, in dem Karl G. von den vielen gegen ihn gerichteten Pistolenanschlägen erzählt, die alle ihr Ziel verfehlten. Eigentümlich ist dabei die stereotype Wiederholung der berichteten Vorfälle und die stereotype Forderung nach einer Bestrafung der Attentäter durch den Herrn Bezirksrichter. Diese Stereotypie und die Überzeugtheit des Briefschreibers von der Tatsächlichkeit der Ereignisse weisen darauf hin, daß es sich hier um subjektive Erlebnisse in einem Zustand veränderten Bewußtseins handelt. Stereotypie und eine erhöhte Intensität des Evidenzerlebens sind für solche Zustände kennzeichnend. Andererseits muß man annehmen, daß sich Karl G. der Ungewöhnlichkeit, ja, ich möchte sagen, der Unwirklichkeit oder Überwirklichkeit seiner Erlebnisse in irgendeiner Weise doch auch bewußt ist; er empfindet und weiß es auch, daß diese Geschehnisse mit dem normalen Bewußtsein nicht zu vereinbaren sind; dennoch hält er sie für wirklicher als die gewöhnliche objektive Welt.

Auf die Frage, welchen Wert das Briefschreiben für Karl G. hat, kann man vielleicht eine Antwort finden, wenn man sich vorzustellen versucht, wie es ihm ergangen wäre, wenn er nicht geschrieben hätte. Es wäre alles in ihm traumhaft-halluzinatorisch geblieben; seine ganze Person wäre darin verstrickt geblieben, er hätte sich davon nicht befreien können. Nun hat er seine Erlebnisse in verständliche Worte gefaßt, in korrekter Form schriftlich niedergelegt, und er hat seine Briefe kompetenten Personen zugestellt. Karl G. muß darüber eine große Befriedigung empfinden; er ist kein Träumer, kein »Narr«; er vermag die Dinge zu objektivieren (wenn auch nur verbal); er ist kein Autist, sondern einer, der sich mitteilt; er steht dadurch wieder mit beiden Füßen auf dem Boden unserer gemeinsamen Welt; sein individuell-subjektives Erleben ist in seinen Schriften festgehalten, es ist dadurch aber auch von seinem aktuellen Erleben und in gewissem Ausmaß auch von seiner Persönlichkeit abgespalten; er hat Abstand gewonnen; die »doppelte Buchführung« funktioniert.

Die Briefe von Karl G. sind – psychologisch gesehen – eine große formale und kommunikative Leistung. Sie zeigen sein Bestreben, seine Ich-Grenzen zu schließen, in die soziale Wirklichkeit wieder einzutreten und ein neues Selbstbewußtsein zu erlangen. Das Schizophren-Psychotische besteht jetzt sozusagen nur mehr darin, daß Karl G. nicht abzuschätzen vermag, wie die Empfänger seiner Briefe auf deren Inhalt reagieren werden. Er ist von seinem inneren Erleben so einge-

---

* Vgl. dazu in diesem Buch: Ernst Herbeck (Alexander) – Kunst-Psychotherapie, S. 271 f.

nommen, daß bei dessen Mitteilung die Rückkoppelung mit der Umgebung fehlt. Und es ist etwas Tragisch-Komisches dabei, daß wir gerade in diesen Briefen, die es ihm ermöglicht haben, sein Verhalten im Alltag zu stabilisieren und ein gewisses inneres Gleichgewicht zu erlangen, besonders auffällige Symptome seiner Störung sehen, die seinen »Wahn« verraten. Es ist auch merkwürdig, daß Karl G. das Briefschreiben nicht einstellt, oder zumindest nicht gänzlich einstellt, auch wenn keinerlei Reaktion darauf erfolgt. Man kann das vielleicht so interpretieren, daß er damit etwas erledigt hat, daß es ihm weniger um die Erreichung seiner Ziele und Durchsetzung seiner Wünsche geht, sondern mehr darum, seine Wünsche und Ängste auszudrücken, um sie loszuwerden.

Eine Neigung, sich in brieflicher Form mitzuteilen, findet man nicht selten bei schizophrenen Patienten. Im Hinblick darauf könnte man die Gedichte und Prosatexte, die andere meiner Patienten auf Wunsch geschrieben haben, auch als evozierte Briefe betrachten.

Man kann Karl G. schwerlich so gut beschreiben, wie er sich in seinen Briefen selbst charakterisiert.

Dienstag, den 21. 2. 1961

Sehr geehrter Herr Doktor!
Teile Ihnen höflichst mit, daß ich seit Kind nur für das Schöne, Gute, Gesittete war und noch immer für die Schönheit, Gutheit und erstklassige Sitte bin. Fühle mich als Stadtmensch, da ich viele Reisen wünsche und wenig von der Welt an diesem Ort sehe nicht wohl. Möchte gerne in die größeren Städte aller Länder fahren und bitte Sie mir behilflich zu sein. Benötige von Ihnen den Entlassungsschein, ein ärztliches Gesundheitsattest mit Durchleuchtungsbefund. Weiters bitte ich Sie mit Ihren medizinischen Kenntnissen als Arzt für meinen Haarboden, den tieferen Haarwurzelschichten, der Kopfhaut zur Straffung und der dreifachen Kopfhaarvermehrung. Dringendst benötige ich die Augenbrauendoppelvermehrung und die dreifache Augenwimpernvermehrung. Die Augen wünsche ich strahlender, klarer, glänzender ohne Äderchendurchsicht. Einen feurigen Blick und große Pupillen. Die Augenwimpern am Unterlid des linken und rechten Auges lang und seidig. Die Beseitigung der Augenschatten, Falten und Säckchen. Die Haut soll glatt, ohne Flecken und Fehler, Sonnenbräune, bronze und rosige Farbe haben. Die Arme, Füße, den Körper gerade und muskulöser, das Körpergewicht wünsche ich mindest 70–75 kg. Die Körpergröße sollte schon 176 sein. Die Körpergröße beträgt derzeit 170 cm. Das Körpergewicht beträgt nur 55,30 kg. Das Körper-Untergewicht ist mir viel zu groß gegen Personen, die 80 kg und gleiche Größe haben. Bitte Sie wöchentlich 1–2 kg Gewichtszunahme.

Hoffe und wünsche, daß Sie meinen Brief befürworten und meine Person heute oder morgen zu meinem 36jährigen Geburtstag entlassen.
Hochachtungsvoll
Karl G.

23. 3. 1977

Sehr geehrter Herr Prim. Dr. Leo Navratil.
Schreibe Ihnen ein paar Lebensabschnitte. Vor meiner Geburt wurde ich von der Frau D. Amalia und Frau H. Therese angegriffen und krank. Die beiden Frauen waren stärker im Geist als ich. Mein Geist war in meiner Kindheit und auch in der Schule gehemmt. Auch im Büro wurde ich von den D.s und H. gestört. H. Michael ist der Sohn von Frau H. in M., welcher mich und meine Freundin mit einem Messer, mein und auch das Leben meiner Freundin bedrohte. Er trieb mich in dem Nebenraum der Feinkosthandlung in eine Ecke und hielt mir das Messer an und sagte, ich stech dich nieder, wenn ich mich rühre. Meine Freundin trieb er in die andere Ecke und drohte auch ihr mit dem Messer, wenn sie sich nicht die Hose auszieht und mit ihm verkehrt, sticht er sie nieder. H. Michael verkehrte ohne daß sie und ich wollten sexuell mit ihr. Bitte Sie Herr Prim. schreiben Sie dies dem Herrn Bezirksrichter in M. und liefern Sie diesen Sexualverbrecher ein. Herr H. Michael stahl in dem Büro, wo ich und meine Freundin beschäftigt waren, 100 Mark aus der Kassa. Wenn Herr Bezirksrichter ihn nicht bestraft und nicht einsperrt, bitte ich Sie die schriftliche Anzeige im Landesgericht vorzunehmen. Laut Stimmen sprengte er von meinem Bruder Adolf das Haus, wo ein Zimmer nicht mehr wohnbar ist. Im Sommer 1949 kehrte ich als Kriegsgefangener heim. Einige Zeit später hielt mir der Herr Johann D. jun. Eisenwarenangestellter die Pistole vor der Geschäftstür des Johann D. sen. an, und wollte mir einen Bauchschuß geben. In der Jugendzeit stahl Johann D. jun. auch oft in der Kasse seines Vaters Johann D. Der Mord-Droher Johann D. muß von Herrn Bezirksrichter in M. eingesperrt werden. Er ist derzeitig der Besitzer des Eisenwarengeschäftes in M., Hauptplatz.

Herr K. Leopold, Kaufmann in der Bahnstraße M. bedrohte mein Leben und wollte mich mit der Pistole in eine Partei zwingen. Auch diesen Herrn K. Leopold muß Herr Bezirksrichter einsperren.

Der Stadtpfarrer in M. wollte meine Freundin zwingen, daß sie mich verbrennt, der Stadtpfarrer vergewaltigte sie und verkehrte sexuell gegen den Willen meiner Freundin. Herr Bezirksrichter muß Herrn Stadtpfarrer lebenslang einsperren.

Mein Bruder Leopold G. fiel mich zweimal an. Zweimal bedrohte er mein Leben, einmal hielt er mir die Pistole an und wollte mir in der

Wohnung meiner Eltern einen Bauchschuß geben. Das zweitemal wollte er mir, im Hof meiner Eltern einen Rückenschuß geben.

Mein Vater wurde krank und Herr Dr. G. in M. kam in die Wohnung meiner Eltern. Ich wohnte neben dem Schlafzimmer meiner Eltern und hörte einen Schuß, mein Vater stöhnte. Ich wartete und ging in die Küche, mein Vater hatte Schmerzen. Wer meinen Vater in den Bauch schoß, weiß ich nicht genau. War es Herr Leopold G. oder war es Herr Dr. G. Mein Vater wurde verbunden und kam in das Bezirkskrankenhaus, wo er nach einigen Monaten starb. Bitte die beiden Herrn die in M. wohnen, von dem Herrn Bezirksrichter einzusperren.

Mein Bruder Josef fuhr mit einem PKW die Schrickerstraße abwärts des Waldes, auf der richtigen Seite, ich fuhr mit dem Fahrrad die Schrickerstraße aufwärts, auf der richtigen Straßenseite. Mein Bruder fuhr auf die falsche Seite, zu mir auf meine richtige Seite, wo ich fuhr, er öffnete das Fenster des Autos, drängte mich knapp vor den Straßengraben und schoß in der Entfernung von ungefähr einem Meter, mit der Pistole auf mich. Ich fuhr weiter und er schoß daneben. Auch diesen Herrn Bruder muß Herr Bezirksrichter einsperren.

Die Frau meines Bruders Josef, wollte mir in der Küche in der Bahnstraße, einen Kopfschuß geben. Einsperren muß sie der Herr Bezirksrichter.

Die Tochter meines Bruders und ich standen einmal vor dem Auto des Bruders. Ein grauer Pkw. fuhr im schnellen Tempo vorbei und schoß, aus dem offenen Fenster, ohne mich und sie zu treffen. Den Täter konnte ich nicht kennen. Vielleicht kann man den Täter ausforschen und einsperren.

In L. fuhr ich mit dem Rad, auf der richtigen Straßenseite, ein Roter-Kr.Wagen fuhr knapp neben mir, drängte mich in den Straßengraben, der Beifahrer öffnete die Tür und schoß auf mich mit der Pistole. Jedoch fuhr ich im Straßengraben weiter und er schoß daneben. Den Täter kannte ich nicht, er war in Rot.-K.-Uniform. Den Täter muß der Bezirksrichter einsperren.

In der Gartengasse fuhr ich mit dem Rad aufwärts und Herr Josef W. schoß von rückwärts auf mich mit der Pistole, doch er schoß fehl. Diesen Pistolentäter muß Herr Bezirksrichter einsperren.

In der Gartengasse im Hofeingang, schoß der Sohn von Frau U. (die Nachbarin) auf mich mit der Pistole, die Kugel ging fehl. Den Pistolentäter muß Herr Bezirksrichter einsperren.

Die Tochter des Herrn M. schoß in der Bahnstraße, wie ich mit dem Rad fuhr, mit der Pistole. Die Kugel traf mich nicht. Gegenwärtig heißt die Mutter von der Tochter, D. und wohnt in M., Hauptplatz. Die Tochter muß Herr Bezirksrichter einsperren.

Bitte Sie Herr Prim. alle anzuzeigen. Von Herrn Bezirksrichter will ich einen Brief, welche Strafen alle bekommen.

Herrn Leopold G. kann ich als gesetzlichen Vertreter nicht annehmen. Er bedrohte meine Eltern und ließ mit Gewalt den Erbvertrag ändern. Laut Erbvertrag gehört nach dem Tod meiner Eltern, das Hofgebäude mir. Das Bezirksgericht M. wußte nicht, daß Herr Leopold G. mit lebensdroher Gewalt, die Änderung von meinen Eltern verlangte. Das Hofgebäude muß ich, nach dem 1. Erbvertrag auf meinen Namen ohne Bezahlung des Gebäudes gerichtlich zurück bekommen.

Als gesetzlichen Vertreter möchte ich Herrn Dr. Zilk. Schreiben Sie Herr Prim., ob Herr Dr. Zilk gewillt ist mein gesetzlicher Vertreter zu werden. Herrn Dr. Zilk lernte ich im Fernsehen kennen. Möchte gern aus dem Landeskrankenhaus entlassen werden.

Ich war im österreichischen Staatsdienst. Kam im Jahr 1945 in die Kriegsgefangenschaft. Über 4 Jahre war ich gefangen. Im Landeskrankenhaus bin ich 16 Jahre gefangen. Ersuche Sie, daß ich im März oder April 1977 entlassen werde. Am 13. II. 1977 waren es schon 20 Jahre, daß ich gefangen bin. In meinem Leben habe ich keinen Mord gemacht und keinen Menschen getötet. Möchte meine Freiheit haben, wie jeder Mensch und nicht in Menschenzwangsaufenthalt sein. Mein Wunsch ist eine brave, temperamentvolle Frau zu bekommen, bei der ich wohnen, essen, trinken und lebenslang sexual verkehren kann. Will meine Flitterwochen, wie jeder Mensch und in allen Bundesländern in Österreich glücklich sein. Die Entlassung in eine nö. Stadt will ich nicht, ich will in ein anderes Bundesland, in die Freiheit für alle Zeiten entlassen werden. Mein Wunsch und Wille ist ein Ein- oder Zweifamilienhaus zu besitzen, wo ich mit einer Frau ein neues, schönes, freies Leben führen kann.

Ersuche um das Recht, wie jeder gesunde Mensch, auch, wenn ich schon über 52 Jahre krank bin. Behandlung brauche ich keine. Eine oder mehrere Einlieferungen kann ich nicht annehmen; liefern sie meine Gegner ein. Ich bin gegen Mord und gegen Verbrechen, sperren sie die Mörder ein und nicht mich.

Bitte sie um schriftliche Anfrage, wer in meinem Garten in der Gartengasse, die Gartenrodung anordnete, warum die Gartenrodung war. Wer das Obst, das Gemüse und Blumen vor der Rodung bekam. Der Nutzen vom Garten, müßte bis heute, ohne die Rodung Schilling 60.000,– sein. Wann bekomme ich diesen Schaden ersetzt. Wer bezahlt mir diesen Schaden. Diese schriftlichen Anfragen bitte ich Sie bei meinem Bruder zu stellen, wenn es dieser weigert beim Bezirksgericht in M. anfordern.

Auch wünsche ich schriftliche Antwort, wie die Feuerversicherungsbeträge vom 1. 1. 1967 bis 31. 3. 1977 lauten.

Die Grundsteuer vom 1. 1. 1967 bis 31. 3. 1977 will ich auch schriftlich von meinem Bruder bekommen. Die genaue Miete jedes Monats von meinem Haus, muß ich auch übermittelt bekommen. Die Mietbeträge vom 1. 1. 1967 – 31. 3. 1977 will ich schriftlich sehen und kontrollieren. Die Namen der Mieter, muß ich auch schriftlich bekommen. Weiters muß mein Bruder Leopold oder meine Schwägerin Martha G. die Bestandsaufnahme von allem was in meiner Wohnung vom Jahr 1949 – 31. 3. 1977 ist, an mich schriftlich senden.

Die Pensionsabschnitte vom 1. 1. 1967 – 31. 3. 77, muß er an mich brieflich senden, daß ich die Beträge kontrollieren kann. Den Stand des Sparkassenbuches, seit der Einzahlung bis 31. 3. 1977, will ich an meine Anschrift schriftlich beantwortet haben. Die Kontonummer und das Kennwort, muß ich brieflich an meine Adresse bekommen.

Den finanziellen Schaden den ich durch meine Krankheit von dem schuldigen Geschlecht D. und dem schuldigen Geschlecht H. bekommen habe, müssen die beiden schuldigen Geschlechter D. und H. bezahlen. Den Betrag in Schilling 4 080 000,– müssen die schuldigen H. und D. an mich durch das Bezirksgericht M. senden. Wenn sie nicht bezahlen, die schuldigen H.- und D.geschlechter lebenslang in Stein a. d. Donau einsperren.

Von Ihnen Herr Prim. bitte ich, wenn Sie die Anzeigen schreiben, eine Durchschrift an mich, damit ich genaue Information habe. Auch bitte ich Sie eine Durchschrift, wenn Sie Herrn Dr. Zilk und an Herrn Leopold G. schreiben.

Ich schwöre, daß die Morddroher die ich schrieb schuldig sind.

Für die schriftlichen Anzeigen und die Briefe an Herrn Dr. Zilk und Herrn Leopold G. dankt Ihnen

Karl G.

11. 6. 1981

Sehr geehrter Herr Landeshauptmann!
Anläßlich des internationalen Jahres der Behinderten frage ich Sie, ob Sie dem Landeskrankenhaus Klosterneuburg ein Hallenbad genehmigen. Das Personal des LKH ist bis auf einige Ärzte für ein Hallenbad, wo sich der Fischteich befindet. Bitte Sie, mir schriftlich zu antworten. Außerdem frage ich Sie: Wann sollen die geistig Behinderten Sexual verkehren, wo sollen die geistig Behinderten Sexual verkehren, mit wem sollen die geistig Behinderten Sexual verkehren und wer vermittelt unentgeltlich den geistig behinderten Männern, die Frauen zum Sexualverkehr.

Ersuche Sie mir alle Fragen, brieflich zu beantworten.

Mit bestem Gruß
Karl G.

2. 5. 1983

Sehr verehrter Herr Primarius!
Anstatt Untersuchungen, Behandlungen, nehme ich eine schmerzlose Todesspritze an, weil mein Leben nutzlos ist. Wünsche und ersuche keine Schmerzen solange als Menschen leben. Mein Fleisch soll keine Zellenabnahme haben und muß ohne Fäulnis, ohne Schmerzen vertrocknen. Ich hatte in meinem Leben 35 Jahre lang Schmerzen und benötige keine Schmerzen. Hatte über 1000 Gesichtsschnitte, viele Körperhautschnitte, viele Spritzenstiche. Meine 231 Knochen sollen, in meiner Gruft im Kierlinger Friedhof mehr als 1000 Jahre sein. Ich schrieb meiner Nichte H. daß ich eine Gruft und einen Marmorstein im Kierlinger Friedhof will. Sie schrieb mir, ich soll selbst in der Kierlinger Friedhofsleitung ansuchen. Ich bin nicht für Einäscherung und bitte Sie sehr verehrter Herr Primarius brieflich zu fragen, ob Sie für mich um eine Gruft in der Kierlinger Friedhofsleitung ansuchen oder ob ich selbst brieflich ansuchen soll? Nachdem meine beiden Brüder kein Mitleid, keine Nächstenliebe, keine Liebe was mich betrifft haben und Sie mich öfters mit der Pistole bedrohten und auch auf mich mit der Pistole schossen, nehme ich mit meinen noch lebenden Brüdern keine Verbindung an und nehme sie nicht als Brüder an.

Schließe mich Ihnen Herr Primarius und anderen Menschen zur Brüderlichkeit an, aber nicht mehr meinen lebenden Brüdern Josef G. und des Leopold G.

Für meine Kierlinger Gruft, den Marmorstein und den Hartholzsarg, habe ich zwei Sparkassenbücher bereit. Sollte mein Spargeld für die Gruft, den Marmorstein, den Hartholzsarg nicht ausreichen, kann meine Nichte mein Haus, meinen Garten verkaufen und das fehlende Geld für die Gruft, den Marmorstein, und den Hartholzsarg darauf bezahlen.

All mein Besitz, den ich in M., mein hiesiges Eigentum habe, gehört nach meinem Tode meiner Nichte und nicht meinen Brüdern.

Bitte Sie sehr verehrter Herr Primarius mir meinen heutigen Brief, brieflich sofort zu beantworten.

Mit freundlichem Gruß
Karl G.

Sehr geehrter Herr Primarius!
Nachdem ich über 54 Jahre krank bin, keine Gesundheit mehr bekomme, keine Lebenslust, Lebensfreude habe, möchte ich von Ihnen, ohne Todesurteil, ohne Todesstrafe, auf meinen freien Wunsch und Willen, die schmerzlose Enthauptung bekommen. Bezahle Ihnen dafür S 50 000,–!

Für Ihre Bemühungen dankt Ihnen mit bestem Gruß.

Karl G.

8. 6. 1983
Der Lenz!
Wie lustig ist es im Frühjahr, im Wonnemonat Mai! Da blühen die schönen Blüten der Obstbäume und die Maiglöckchen in Gärten, auf Wiesen und auch im Wald! Öffnet die Herzen, der Lenz ist da! Wir betrachten die Blumen im Garten, Wiesen und im Walde, wenn alles blüht, der Mensch, die Natur. Die schönen wunderbaren Blumen, die Blütenprächtigen Bäume, das schöne grün in der Natur, tut unserem Auge gut! Überall im Wald, in der Natur jubilieren die Singvögel! Auch wir Menschen sind jetzt fröhlich! Wir singen, musizieren besser, als die jubilierenden, zwitschernden Singvögel in der Natur oder die Kanarienvögel im goldenen Käfig, z'Haus in den Zimmern.

Alle Vögel paaren sich, bauen Nester die schön zierlich sind und brüten. Der liebe Kuckuck legt seine Eier in fremde Nester u. ruft uns guten Menschen, Kuckuck im wunderschönen Walde zu, wenn wir fröhlich durch blühende Felder, Wiesen und grünende Wälder ziehen. Wir bemühen uns der Natur keine Schönheitsschädigung zu geben! Wir lieben die Ruhe, den Frieden, das schöne Wandern auf unserem Fleckchen Erde!

Große Freude haben wir, an unseren guten Kirschen, Weichseln, Marillen, Beeren, die wir brave Menschen genießen. Die Erdbeere ist fleischig, rot, saftig und süß.

Wir alle Europäer sind glücklich zu jeder Frühlingszeit!
Hoch lebe der Lenz in Europa!!!
Karl G.

13. 2. 1983
Sehr verehrter Herr Primarius!
Schreibe Ihnen heute zum Faschingssonntag einige Zeilen. Wie ich zu Hause war nahm ich keine Medikamente ein und es ging mir sehr gut. Bekam von meiner Mutter, die früher bei Herrn Prälat Probst Wiener Küche kochte, das Essen immer sehr gut serviert. Ich hatte ein Alleinzimmer und aß, arbeitete allein. Schrieb einmal 10 Stunden lang, ohne Essen und Trinken, ohne Pause. Arbeitete mit drei Radio-Sender-Anschluß. Saarbrücken, andere deutsche Sender u. österreichische Sender. Einmal arbeitete ich 24 Stunden ohne Schlaf und auch einmal 48 Stunden ohne Schlaf. Ich fühlte mich sehr wohl bei der Arbeit, war nie müde. Ich zeichnete Aktbilder, den Held von Texas, den Walter von der Vogelweide. Malte ein Bild frei ohne vorher das Bild zu zeichnen. Machte eine Wienerin, die ich in der Zeitung mit Bekleidung sah, nackt in eine sehr schöne Gips-Figur. Arbeitete oft schon im Sommer um 2 Uhr früh, in meinem schönen Garten. Habe einige Pflaumenbäume, Apfelbäume, einen Birnbaum, einen Pfirsichbaum, Weintrauben, Johannisbeeren, Ananas-Erdbeeren, Gemüse, Blumen

(hauptsächlich Gladiolen in bunter Pracht und dunkelrote Rosen. Liebte die Gladiolen und die dunkelroten Rosen sehr!) Hatte ein schönes Gartenhaus mit rotem Dach! Auf allen vier Wänden hatte ich Fenster, auch die Tür hatte Glasfenster. Innen hatte ich das Gartenhaus weiß bemalt, die Gartenmöbel hatte ich rot bemalt, und außen hatte ich das Gartenhaus grün bemalt. Einen Gartentisch machte ich mir selbst. Auch machte ich mir Hocker, eine Koje mit Holzfaserplatte u. einen klappbaren Kojen-Tisch, wo ich Holzarbeit machte und das Gipsmodell Frau Wassler Wien ausarbeitete. Als ich aus der Kriegsgefangenschaft heimkehrte, hatte ich keinen Kasten. So machte ich mir aus einem Bett, einen schönen Bücherkasten und lag auf einem Diwan, anstatt in einem Bett. Las am Tag manchmal 200 Bücher. Manchmal mit Sendebegleitung und auch ohne Sendebegleitung.

Hier arbeitete ich im LKH in der Bastelstube. Zeichnete seit dem 19. 9. 1981, die Frau Universum aus Seoul Südkorea, die Germanistik-Studentin von Dänemark, den deutschen Filmstar-Kunstmann, die Miß Austria, die Frau Waltraut Haas mit drei Frisuren, das Lieblingskind des deutschen Films Uschi Glas und viele andere Frauen. Zeichnete ungefähr 38 Aktbilder. Begann am 27. 5. 1982 die erste Architekturzeichnung, welche ich Ihnen heute zeige. Leider hatte ich keinen Zirkel, es fiel mir schwer die Zeichnung ohne Zirkel schön zu arbeiten. Möchte nun gern weiter zeichnen, doch kann ich nicht so lange ich die Triperidol einnehme. Ich kann mich mit den Tropfen nicht konzentrieren, kann nicht zeichnen und nicht gut lesen, auch fällt mir das Rechnen schwer mit den Tropfen.

Bitte Sie verehrter Herr Primarius, daß Sie mir die Tropfen sperren, damit ich wieder zeichnen, lesen, Millionen, Milliarden, Billionen, Trillionen und Quintillionen auf Papier im Kopf rechnen kann. Möchte mich gern weiterbilden. Im Herbst 1983 möchte ich wieder gut gebildet sein, eine schöne Privatwohnung (ein Pensionszimmer) haben, wie es Herr R. Georg bekommt, möchte daß mir Frau L. eine Wohnung oder ein Zimmer vermittelt.

Wünsche Ihnen nun Herr Primarius alles Gute, viel Glück u. Erfolg!

Mit herzlichen Grüßen
Karl G.

Walter Schultz-Fademrecht – Die blaue Distel[3]

Walter Schultz-Fademrecht wurde 1929 in Osterde, im damaligen Ostpreußen, geboren. Er übersiedelte 1935 mit seinen Eltern nach Berlin, im Jahre 1947 schloß er das Realgymnasium mit dem Abitur ab. Er wollte Tierarzt werden; da er aber zum Studium nicht zugelassen wurde, versuchte er sich in verschiedenen anderen Berufen (als Lehrer, als Buchhandlungsgehilfe, als Tierpfleger). Dabei wurde er depressiv und »anders« als bisher. Er war dann in mehreren psychiatrischen Kliniken, zwischendurch aber immer wieder zu Hause bei seiner Mutter. Seit 1964 lebt Schultz-Fademrecht im Landeskrankenhaus Lippstadt-Eickelborn in der Bundesrepublik.

Seine Mutter sandte mir literarische Arbeiten, die ihr Sohn im Krankenhaus und während der Urlaube, die er bei ihr zu Hause verbrachte, geschrieben hatte. Er war während seiner langjährigen Krankheit zum Schriftsteller geworden; aber niemand wollte etwas von ihm drucken. Obwohl die Mutter Textproben an mehrere Verlage gesandt hatte, war bisher nur in der Anstaltszeitung gelegentlich ein Beitrag von ihrem Sohn erschienen.

Im Verlauf meiner Korrespondenz mit Walter Schultz-Fademrecht und dessen Mutter berührte es mich immer wieder sehr, welche große Bedeutung er und seine Mutter der Veröffentlichung seiner Schriften beimaßen. Die Veröffentlichung auch nur eines kurzen Aufsatzes in einer Zeitschrift, die allgemein zugänglich ist (also nicht nur in der Anstaltszeitung), schien für Walter Schultz-Fademrecht von geradezu existentieller Bedeutung zu sein. So schrieb mir seine Mutter in einem Brief vom 10. September 1978: »... sein Schreiben ist sein ganzer Lebensinhalt ... Walter spricht oft von seinem Tod – die erste positive Äußerung tat er seit langem nach dem Erhalt Ihrer Sendung: nun wolle er noch bis 1979 leben, in der Hoffnung, daß Sie wieder etwas von ihm in den ›Protokollen‹ bringen!«

Walter Schultz-Fademrecht ist ein Beispiel dafür, daß manche Menschen einen außerordentlichen Drang haben, sich in literarischer Weise mitzuteilen. Dieser Drang ist an einen besonderen Bewußtseinsmodus geknüpft, der bei psychotischen und nicht-psychotischen Menschen – bei Jugendlichen nicht selten vorübergehend, entwicklungsbedingt – auftreten kann. Dieses »zustandsspezifische Kommunikationsbedürfnis« wendet sich nicht immer an eine bestimmte, sondern oft an eine imaginäre Person in der großen anonymen Öffentlichkeit und kann so die Grenzen, die der unmittelbaren Mitteilung durch Zeit und Raum gesetzt sind, überschreiten.

Von den Arbeiten Walter Schultz-Fademrechts fühlte ich mich stark angesprochen. Es berührte mich die Sachlichkeit der Darstellung und die noble Zurückhaltung bei der Wiedergabe eigener Empfindungen. Dennoch überraschen in den streng gegliederten sprachlichen Gerüsten immer wieder gleichsam Momentaufnahmen inneren Erlebens; und das alles in so überaus knapper Fassung, wobei die Verknappung durch eigenwillige Abkürzungen noch gesteigert wird: Das unpersönliche Fürwort einer, eine, eines wird immer durch die Ziffer 1 wiedergegeben. Es beeindruckte mich in diesen Texten die Genauigkeit der Erinnerung an alle Einzelheiten weit zurückliegender Ereignisse, die hypermnestische Leistung. Walter Schultz-Fademrecht schien die Vergangenheit tatsächlich wie ein aus zahllosen »Novellen« bestehendes Buch vor Augen zu haben.

Ich konnte nur eine geringe Zahl der mir zugesandten Arbeiten in literarischen Zeitschriften veröffentlichen,[3] und auch nur solche, die Schultz-Fademrecht während seiner Kurzurlaube zu Hause mit der Schreibmaschine getippt hatte; denn seine Handschrift ist derart flüchtig, daß man sie nur mit großer Mühe lesen kann; sie verrät die »Flut inneren Erlebens« und die dadurch bedingte Hast der Aufzeichnung.

Das Leben Walter Schultz-Fademrechts besteht aus Novellen; deshalb ist es auch so wichtig für ihn, daß sie gedruckt werden. Die Novellen haben ein Generalthema: Flucht und Rückkehr, meistens zur Mutter. Eine seiner Novellen erinnerte mich an Novalis und an dessen fragmentarischen Roman ›Heinrich von Ofterdingen‹. Anstatt der »blauen Blume« begegnet Walter Schultz-Fademrecht auf seiner abenteuerlichen Reise allerdings einer »blauen Distel«, und seine Eindrücke sind nicht nur bezaubernd, sondern zum Teil auch grausiger als diejenigen des romantischen Heinrich. So kommt Schultz-Fademrecht an einer Stelle vorbei, wo »der Fuchs seine Mahlzeit« hatte; die Überreste eines gerissenen Wildhasen erinnern daran. Der Schluß seiner Erzählung entspricht aber wieder ganz dem Traum von der blauen Blume des Heinrich von Ofterdingen. Während Heinrich in den Blütenblättern ein zartes Gesicht entdeckt, weckt ihn die Stimme seiner Mutter, und er findet sich wieder in der häuslichen Stube, er sagt seiner Mutter freundlich guten Morgen und erwidert ihre herzliche Umarmung. Und so ähnlich schließt auch die folgende Novelle von Walter Schultz-Fademrecht:

Fuchs-Mahlzeit an der westfälischen Grenze. (Novelle).

Einleitung. Die Titel stammen aus der Sonate in d-Moll von Robert Schumann.

A) Molto vivace.
Sommer 1960. Damals wohnte ich mit Mutter in der Sennestadt. Ich wollte gern mal wieder meine alte Heimat, den Kreis Halle/Westfalen, aufsuchen.

So machte ich mich auf die Socken, verließ die Wohnung meiner Mutter und fuhr mit dem Bus der Bielefelder Stadtwerke nach dem Sennefriedhof. – Dort nahm ich die Straßenbahn nach Brackwede/Bhf. In Brackwede kreuzten sich die B 68 und die B 65. Schließlich ging ich hindurch unter der Deutschen Bundesbahn in Brackwede.

Dort, wo die B 68 abging nach Osnabrück, erklomm ich den Bahndamm der Strecke nach Steinhagen–Halle–Bad Rotenfelde. Ich marschierte weiter auf der eingleisigen Strecke Brackwede-Osnabrück. –

B) Semplice.
Bei dem Bhf. Quelle hatte ich 1 allerliebstes Erlebnis: 1 Rebhuhn-Henne mit Küken: doch bald entzog sich die Rebhuhn-Familie meinen Blicken und verbarg sich unter 1 Busch. – Hinter dem Bhf. Steinhagen bog ich links ab und verließ das Gleis der Eisenbahn. Im Wald sah ich wunderschöne Disteln, welche ganz blau blühten.

Doch auf einmal hörte der Wald auf, und ich sah 1 wogendes Roggenfeld, das kurz vor der Ernte stand. Ein Reh flüchtete, so schnell es konnte. – Jetzt kam ich zu der Straße Steinhagen-Brockhagen, wo ich nach links abbog. Ich kam vorbei an einem Institut für Getreide-Saatzucht. 2 Weißrücken-Bussarde stießen schrille Schreie aus.

C) Allegro.
Bei Dunkelwerden passierte ich das westf. Bauerndorf Brockhagen. Jenseits der Asphalt-Chaussee Halle–Brockhagen–Gütersloh schlug ich mich wieder in die Büsche. – Die ganze Nacht marschierte ich durch den Kreis Halle, überquerte die Straße Tatenhausen–Versmold und kam im ersten Frühlicht in die Gegend von Westbarthausen an der Westfälisch-Niedersächsischen Grenze.

Eine Bauern-Maid kam vorbei auf dem Fahrrad. Ich ging ihr nach und kam zu einem Bauernhof. In den Ställen quiekten die Schweine; sonst aber sah ich keine Menschen-Seele. – Wieder an der Eisenbahn Brackwede-Osnabrück.

Neben dem Eisenbahn-Gleis war 1 Schild angebracht: »Betreten der Gleise verboten. Bundesbahn-Direktion Osnabrück«. Nun entschloß ich mich, zu Muttern nach Hause zurückzukehren. – An einem Feldrain, zwischen einer Vieh-Weide und 1 Korn-Feld, kam ich an die Stelle, wo der Fuchs seine Mahlzeit gehalten hatte.

Von einem gerissenen Hasen waren nur noch übrig geblieben 1 Lauf und 1 Hasen-Ohr. Bald danach sah ich noch 1 fetten Hasen davonhoppeln. – Im Bhf. Halle/Westf. trank ich 1 Gläschen »Jägermeister« und rauchte 1 Cigarillo.

D) Finale.
Schließlich war ich zu Hause in der Sennestadt. Ich legte mich auf das Sofa. Mein Herz versagte und ich fiel in einen tiefen Schlaf. Als ich aufwachte, dampfte der Tee auf dem Tisch und meine Mutter war dabei, das Abendbrot zu bereiten
The end;

Meine Löwen.
Novelle aus der Reihe »als Tierpfleger im Berliner Zoo«.

I. Felis leo L. = Löwe.
In den Monaten Juni und Juli 1949 arbeitete ich als Tierpfleger im Vogelhaus des Zoologischen Gartens Berlin. – Aber wegen ausserordentlich guter zoologischer Kenntnisse wurde ich am 1. August zu den grossen Raubtieren versetzt.

Löwen sind schreckliche Raubtiere. Der riesige Rachen und die absolute Mordlust beeindruckten mein Innerstes zutiefst. – Wir hatten 3 Afrikanische Mähnen-Löwen und 1 Löwin. – Schon um 1/2 7 Uhr morgens fuhr ich von zu Hause weg. Fahrt mit der Strassenbahn zum U-Bahnhof »Pankow-Vinetastrasse«. Von dort 40 Minuten Fahrt mit der U-Bahn bis zum Zoo.

Dann begrüsste ich meinen Vorgesetzten, Herrn Gustav Riedel, Raubtierpfleger am Berliner Zoo. Dann kratzte ich mit einem Schieber bei den Löwen den Kot weg. Ihre Exkremente hatten einen scharfen Geruch.

II. Ursus r arctos L. = Eisbär.
Der Eisbär ist das grösste Raubtier der Welt. Er frisst täglich 15 Pfund Pferdefleisch. – Am Vormittag ging ich mit Herrn Riedel auf den Wirtschaftshof, wo 2 Pferde ausgeschlachtet werden mussten für die Fütterung der grossen Raubtiere. – Auch Angehörige der 4 Besatzungsmächte besuchten den Berliner Zoo.

III. Ursus europäicus L. = Braunbär.
Wir hatten 6 Braunbären, welche etwas weniger Fleisch frassen als die Eisbären und Löwen. Bekanntlich ist der Braunbär notfalls auch Vegetarier. – Neujahr 1950 nahm ich von meinen Löwen Abschied. Wegen enormer Kopfschmerzen musste ich mich erneut in Krankenhausbehandlung begeben. – Ich verabschiedete mich auch von Werner Schröder, dem Direktor des Aquariums, der mir seine zauberhaften Karettschildkröten zeigte.
The end.

Der weiße Reiher; (Eine Vision).

I. Wenn der Vollmond durch die Gitter scheint.
Berlin, Herbst 1952. Ich erwachte im Fahrstuhl des St.-Josef-Krankenhauses, auf 1 Kranken-Trage liegend. Ich war völlig »plem-plem«; doch in St. Josef blieb ich nur 1 Nacht in der Zelle, um am nächsten Morgen überführt zu werden nach der Ost-Berliner Heilanstalt »Wuhlgarten« in Bln.-Biesdorf.

Neger-Ärztin Frau Dr. Lammers steckte mich für 10 Tage ins Bett, bis ich wieder aufstehen durfte und nach der Abtlg 8 A kam. Tagsüber saß ich auf 1 Sessel am Eingang des Schlafraumes und döste vor mich hin. Die Bazillen kribbelten mir an der Nase.

Im Flur, auf einer Bank sitzend, konnte ich mich auch vertiefen in die Tägliche Rundschau, die Ost-Berliner Tageszeitung. Abends schien der Voll-Mond durch die vergitterten Fenster. – Der Otto von der Küche kam jeden Tag mit 1 Eimer Karamel-Pudding, der mit Vanille-Soße als Nachspeise gereicht wurde.

II. Massengräber.
(Einleitung nach Rainer Maria Rilke): Aus dunklem Wein und 1000 Rosen rinnt die Stunde rauschend in den Traum der Nacht.

Endlich genehmigte Frau Dr. Lammers, daß ich der Wuhlgarten-Kolonne zugeteilt wurde. Herr Kolonnenführer Kant begrüßte mich jeden Morgen um 8 Uhr an der Treppe.

Ganz hinten im Lager Wuhlgarten befanden sich Massengräber vom letzten Kriege (15000). Überall wucherten wilde Margeriten. Der Grün-Specht suchte dort nach Würmern und der Kuckuck rief. – Wir von der Kolonne befreiten die Gräber vom Unkraut und harkten die Wege.

Die Schweine-Buchten waren total verschlammt. Wir hatten viel Arbeit, um diese zu säubern. An der Schweinebucht an der Gärtnerei sah ich 1 Distel-Falter. Das war 1 herrlich bunter Vanessa-Tag-Schmetterling.

III. Wochenend-Urlaub.
November 1953. Endlich erhielt ich Wochenend-Urlaub. Meine Mutter kam am Sonnabend um 10 Uhr mich nach Hause holen. Pfleger Gerhardt brachte meine Zivil-Sachen aus der Kleider-Kammer.

In Berlin-Biesdorf hatten wir Anschluß mit der S-Bahn. Wir fuhren damit über Ost-Bahnhof nach dem Alexander-Platz. Zu Hause in Niederschönhausen stellte mir meine Mutter Bruder Gerhards Zimmer im Anbau zur Verfügung.

Draußen vor dem Fenster lag Schnee; und siehe da: Auf einmal sah ich im Schnee ganz deutlich die Umrisse eines riesigen Vogels. War das 1 Silber-Reiher etwa? Doch bald darauf lag der Schnee wieder unverändert da.

Seit diesem Tage rauchte ich Zigaretten. Auch Frau Charlotte Östreich schenkte mir an jenem Advents-Sonntag 1 Schachtel Garbaty-Saba als gute Nachbarin.

Dem Elektro-Schock entgangen

Den Sommer und Herbst über war ich freier Bürger der Stadt-Göppingen gewesen und hatte als Bücher-Transporteur für die Buch-Handlung Herwig, Göppingen, Freihof – Ecke Kirch-Strasse gearbeitet. Aber für alle Fälle hatte ich mir in der Eisenwaren-Handlung, Stuttgarter Strasse, 1 Solinger Taschen-Messer gekauft, welches ich mir extra scharf schleifen liess.

Neu-Jahr 1956 wollte ich der Buch-Handlung Herwig kündigen; und zwar aus folgendem Grunde: Ich fühlte in der Scheitelgegend ein unangenehmes »Vibrieren«, weshalb ich wieder die Heilanstalt »Christofsbad« aufsuchen wollte.

Am letzten Tag in der Freiheit – ich weiss es noch ganz genau – fuhr ich mit meiner Mutter nach Eislingen/Fils zum Kino. – Es wurde gegeben 1 Amerikanischer Bunt-Film, der von einem Jungen mit seinem Stier handelte, der ihn vor allem, selbst vor dem bösen Puma, dem Silberlöwen beschützte.

Am 4. Januar 1956 begleitete mich meine Mutter nach der »Privat-Klinik Christofs-Bad« Göppingen. Dort kam ich auf die Schock-Abteilung – mein Bett lag in der Nähe der Schock-Kammer (Elektro-Therapie).

Um diesem zu entgehen, entschloss ich mich, mir mit dem Taschenmesser die Puls-Ader zu öffnen. – 4. Januar 1956, 18 Uhr. Ich ging in den Wasch-Raum und schnitt mir mit aller Kraft in das linke Handgelenk.

Sofort bildete sich auf den Kacheln des Fuss-Bodens 1 grosse Blut-Lache. Es war 1 klaffende Wunde. Herr Oberpfleger Kornbrot war entsetzt und bestellt sofort 1 Taxi, welches mich zur Chirurgischen Ambulanz des Göppinger-Stadt-Krankenhauses bringen sollte.

Herr Pfleger Perschefski, (aus Danzig), begleitete mich im Taxi. Auf den Herrn Chirurgen musste ich 10 Minuten warten. So kam der Chirurg und band sich 1 Plastik-Schürze um. Ich erhielt in das Hand-Gelenk 1 Cocain-Spritze für örtliche Betäubung. Die Augen von Herrn Perschefski leuchteten blau, als der Chirurg die Wunde vernähte.
THE END

When I was jumping out of the window. Roman.
Dieses Buch ist gewidmet Herrn Karl-Heinz Herling, Pfleger am Westfälischen Landes-Krankenhaus Eickelborn.

I. Am 5. Dezember 1971 starb Frau Egert, was ich sehr bedauert habe. Zuletzt hatte ich ihr noch geschickt 1 Päckchen mit 3 Tropischen Getränken = Kakao, Tee und Kaffee. Am 15. Dezember erhielt ich 1 Post-Karte vom 2. Deutschen Fernsehen in Mainz, daß im Wunsch-Konzert 1 Woche vor Weihnachten mein Musik-Wunsch erfüllt würde, das »Air« von Bach nämlich.

Tatsächlich nannte Frau Meynert vom ZDF im »Sonntagskonzert« meinen Namen.

II. Am 23. 12. 1971 ging ich in Weihnachts-Urlaub. Eil-Zug Lippstadt–Paderborn mit E-Lok. Zu Hause in Sennestadt rief ich »pro forma« Brigitte an, die bestimmt von Darmstadt aus Urlaub haben mußte zu Weihnachten.

Ich hörte im Telephon-Hörer ihre Stimme. Während Brigitte die Fest-Tage ihre Ruhe haben wollte, würde sie zwischen Weihnachten und Neujahr gern meine Gesellschaft haben. – Nun aber war ich am 27. Dezember eingeladen bei Onkel Ulrich und Tante Erika in Oberhausen.

III. Am 1. Weihnachts-Feiertag kam Bruder Gerhard mit dem Opel von Münster. Sein Gabentisch war beispiellos = 1 mal Rasierwasser, 2 mal Cigaretten, 1 Schachtel Pralinen und DM 20.–.

Dafür durfte er mit uns auch nach der »Silber-Mühle« fahren, wohin wir fuhren im Opel über Stuckenbrock, Detmold und Horn.

So habe ich die liebe Brigitte im Stich gelassen; das sollte ich nachher bitter bereuen. – Am 27. Dezember fuhr ich mit Mutter im Eilzug nach Oberhausen, um dort mit Onkel Ulrich zu musizieren. Die Violin-Sonate in e-Moll von Mozart ließ mich alles um mich herum vergessen.

Für die DM 20.– wollte ich Schmuck kaufen. Tante Erika riet mir, für Mutter eine Gold-Doublé-Brosche zu kaufen. – Wir übernachteten in Oberhausen. Am anderen Tag war da Vetter Volker Krüger, der das Höhere Lehramt für Geschichte und Französisch am Gymnasium in Duisburg-Meiderich inne hatte. Mit dessen »Audi« fuhren wir nach dem Hirschkamp bei Oberhausen, einem Waldgebiet.

IV. In Oberhausen/Hauptbahnhof fuhr um 17 Uhr ein der Schnellzug Düsseldorf–Hamburg/Altona, den wir bis Bielefeld benutzten. 30. Dezember 1971. Am Vormittag ging ich mit Mutter zum Juwelier

Uppmann, Sennestadt, Ost-Allee. Für DM 8.– kaufte ich eine Gold-Doublé-Brosche.

Ich sträubte mich, nach M9C in Eickelborn zurückzukehren. Bei der geringsten Übertretung kam man in die vergitterte Zelle in M9B. – Neu-Jahr 1972 früh um 6 Uhr machte ich eine Flanke aus dem Fenster meiner Schlafkabine. 2 Stockwerke stürzte ich herab. Auf dem Parterre-Balkon vor dem Schlafzimmer von Herrn Meier kam ich auf. Der Aufprall war sehr schmerzhaft. Schließlich hatten mich auch Mutter und Herr Meier bemerkt.

V. Inzwischen hatte Herr Meier die Tür geöffnet. Ich schleppte mich mit letzter Kraft auf den Vorleger von Herrn Meiers Bett. – Auf der »Unfall–Chirurgie« des Bielefelder Kreis-Krankenhaus in Senne 1 wurden meine Füße geröntgt: Bruch der beiden Fersen-Beine.

Neben mir im Krankenbett lag ein Jugoslawe, der durch einen Feuerwerkskörper in der Neujahrs-Nacht schwere Verbrennungen am Bauch hatte. – Täglich 3 mal erhielt ich an den geschwollenen Füßen kalte Umschläge.

Schluß: (Von den alten Spartanern) »Wanderer, kommst Du nach Sparta, verkündige dorten, Du habest uns hier liegen gesehen, wie das Gesetz es befahl.«

Einige Briefe von Walter Schultz-Fademrecht bringen zum Ausdruck, wieviel ihm an der Publikation seiner Schriften liegt, wie groß sein literarisches Mitteilungsbedürfnis ist:

20. 8. 1977

Lieber Herr Professor!
Ich tippe jetzt doch wieder Novellen für Eure Herrlichkeit. Am Montag verreisen wir nach der Westfälischen Stadt Paderborn. Der Eil-Zug fährt mit 130 Stundenkilometern. Die sommerliche Wärme macht mich glücklich. – Erbarmen Sie sich, Euer Gnaden, daß ich Ihnen noch ein Foto von mir zusende!

Recht schöne Grüße; Ihr
Schultz-Fademrecht

19. August 78

Eure Heiligkeit!
Gnädiger Herr!
1000 mal Dank für die Heft-Illustrierte. – Nun bin ich wieder 1 Stern am Himmel der Schriftstellerei.

Ich meine auch, daß Novellen-Dichter im deutschen Volk sehr dünn gesät sind.

Auch ist meine Mutter sehr schwierig. Soeben telephonierte sie, daß sie nicht weiß, ob sie heute oder erst morgen, Sonntag, mich besuchen kommt.

Mein Augustpensum:
1. Die Krönchen-Natter (Erzählung).
2. Die Mozart-Oper (Roman).

Gestern war Sommerfest. Denken Sie bloß, ich habe getanzt mit Frau Dr. Schuler!

Schöne Grüße von Ihrem dankbaren
W. Schultz-Fademrecht

Zur Zeit bei meiner Mutter in Soest i. W.
Donnerstag, 31. August 1978.

Heiliger Herr Professor!
Als ich vorhin aufstand, hatte ich wieder Schwindel-Gefühle. Beinah bin ich umgekippt. Wahrscheinlich habe ich 1 Herzfehler. Aber, weil Sie mir rieten, ich solle »Produktiv« bleiben, übersende ich Ihnen wieder 2 Romane.

Heute bekommen wir Besuch aus Oberhausen = Onkel Ulrich und Tante Erika. – Westfalen ist 1 Land, wo es viel regnet. – Recht schöne Grüße – auch von meiner Mutter, Ihr dankbarer

W. Schultz-Fademrecht

Freitag, 23. V. 1980

Exklusiv für Herrn Prof. Dr. Leo Navratil
Ich zitiere Schiller:
1. Spät kommt Ihr,
doch Ihr kommt; Der
weite Weg, Graf Isolan,
entschuldigt Euer Säumen.
(Piccolomini, aus ›Wallenstein‹).
2. All mein Sehnen will
ich, all mein Denken in
des Lethe stillen Strom
versenken; aber meine Liebe
nicht.
(Aus dem Gedicht ›Hektor und Andromache‹).

Es wäre mein größtes Glück, weiterhin in Ihrer werten Gunst zu stehen. – Weil ich sehr schwach bin, möchte ich jetzt schließen, weil ich sonst zusammenklappe.

Viele Grüße zu Pfingsten und Dank für alles,

Ihr Walter S. – F.

z. Zt. 477 Soest-Westfalen, 25. VI. 1982

GEDICHT-SEITE

Der Uhu vom Bielefelder Tierpark Olderdissen.
Mit seinen riesigen Glotzaugen starrt er mich an;
doch bald darauf steckt er den Kopf unter die Flügel und fährt
fort zu schlafen.

Sommeranfang (WLK Eickelborn, M5A).
Die jungen Dohlen von diesem Jahr schreien wie verrückt.
Der Mauersegler, der aus dem Nest gefallen, hat mich entzückt.
den Sommer zeigt auch der Jasmin, denn er riecht so schön.
Die Luft draußen ist warm, ja schwül;
mein Herz nicht mehr mitmachen will.

Die Schwarzdrossel.
Der Amselhahn ist so schwarz wie die Nacht.
wer hat ihm das Singen beigebracht?
gold-gelb ist des Amselhahns Schnabel;
darüber schreib' ich jetzt -ne Fabel.
schimpfen tut er wie nischt.
ist er der Unterwelt verpflicht'?

Guten Morgen (WLK Eickelborn, M5B).
Um ⅕5 bin ich meist schon wach.
Gefangenschaft ist eine Schmach.
Halluzinationen ohne Ende.
wann gibt der Tod eine neue Wende?
um ½7 weckt der Bereitschafts-Pfleger.
Es ist der Joachimsmeier-Neger.
Dann nehm ich an dem Esstisch Platz.

GNÄDIGER UND GELIEBTER HERR PROFESSOR! BITTE,
BITTE PUBLIZIEREN SIE MICH! HERZLICHE GRÜSSE
                                    Walter Schultz-Fademrecht

Karl Z. – »Haikus«

Karl Z. wurde 1927 in Wien geboren. Er war nach dem Besuch der Volks- und Hauptschule als Hilfsarbeiter tätig. 1944 wurde er zum deutschen Militär eingezogen. Nach dem Kriege war er zunächst wieder Hilfsarbeiter. 1953 war Karl Z. wegen psychotischer Störungen zum erstenmal in psychiatrischer Behandlung. Von dieser Zeit an war er ohne berufliche Tätigkeit und verbrachte die meiste Zeit im Krankenhaus; er erhielt aber immer wieder Urlaub, um nach Hause zu seiner Mutter zu fahren.

Karl Z. war stets freundlich, aber still und ohne Initiative. Er hatte oft Beschwerden körperlicher und seelischer Art. Einmal klagte er über Herzschmerzen. Auf die Frage, wie der Schmerz sei, sagte er: »rosa«; es sei ein wundes Gefühl.

Es war schwierig, Karl zum Gedichteschreiben zu veranlassen; er sagte immer: »Ich kann es nicht.« Das Nachdenken, besonders aber der Entschluß zum Nachdenken schien für ihn sehr anstrengend zu sein. Wenn er der Aufgabe nachgekommen war, hatte er aber doch manchmal ein geheimes Vergnügen daran. »Die Lust zum Schreiben kann auch während des Schreibens erst eintreten«, heißt es in einem seiner Texte. Karls schriftliche Äußerungen sind besonders knapp, auf das Allernötigste beschränkt; sie sind schlicht, ihr Inhalt ist oft banal. Karl Z. kannte Haikus, die japanischen Dreizeiler, nicht; manche seiner Zeilen erinnern jedoch daran. Die Eigenart von Karls dichterischer Produktion hängt mit seinem psychotisch veränderten Bewußtseinszustand zusammen. Dafür sprechen auch orthographische Skurrilitäten, verschnörkelte Formulierungen, Agrammatismen, bizarre Einfälle und Paralogien.

Karl Z. lebte in den siebziger Jahren wieder zu Hause bei seiner Mutter und hatte eine Anstellung als Museumswärter.

Die Dame.

Ich glaube zuerst ist es eine Bekanntschaft mit einem
Mädchen und diese Bekanntschaft wird durch eine
Trennung vielleicht durch einen Schlangenbiß verursacht,
und das später wiedersehen ist noch irgendwie
beeinflußt und somit kann vielleicht das Wort
Dame in irgend einer Beziehung in erscheinung
treten.

Das Auge.

Das Auge kann man im Spiegel beobachten
durch das bewußtsein nimmt es verschiedene
Formen an.
Es kann unter Umständen ersatzaugen
geben wo man ein paar Monate Blind
herumgeht.

Der Abend.

Der Abend bringt die Blumen wieder zur
knospe, der laue Wind verleitet zu einem
Spaziergang, rasch zieht der Abend voreüber
und die Nacht brach herein.

Das Leben.

Das Leben ist überraschend
und manchmal denkt man etwas klein
aber in Ewigkeit ist
es sehr schön.

Der Winter.

Der Winter hat vielerlei Ansichten.
Im Winter liebe ich ein Ordnungsgefühl.

Das Herz.

Das Herz ist etwas was man nicht
abfühlen kann.

Das Gras.

Das Gras ist Greün und bedekt
die Oberfläche der Erde.

Der Roman.

Der Roman ist eine Liebe zu nicht dagewesenem.
Die Lust zu schreiben kann auch während des
Schreibens erst eintreten. Eine Voraussetzung ist ein
bestimmtes Ruhegefühl.

Das Ich lebt von Phantasie
und von Reue und von
überlassenen bewegungen.

Der Tod hat im Leben viele ereignisse
in Ewigkeit ist er ein einfaches.

Der Schnee kann auch mit Musik-
stimmung betrachtet werden.

Das Handwagerl.

Das Handwagerl macht einen erheblichen Lärm
wenn man es zieht. Die Räder des Handwagerls
sind aus Holz oder aus Eisen, je länger man
fährt umso angenehmer wird das geräusch.

Die 7 Todsünden

1. Todsünde: Das Gewissen an seine Gesundheit aufzugeben.
2. Todsünde: Den Nächsten nicht zu beachten denken.
3. Todsünde: Gleichgültig der Natur gegenüberzustehen.
4. Todsünde: Seinem Körper Schaden zuzufügen.
5. Todsünde: Deinem Nächsten ein Leid zuzufügen.
6. Todsünde: Die Kunst zu verwerfen.
7. Todsünde: Die Liebe aufzugeben.

Oswald Tschirtner – Frieden

Als ich Oswald Tschirtner fragte, was sein größter Wunsch sei, sagte er: »Frieden. Frieden soll sein!« Auch sein zweitgrößter Wunsch sei Frieden; und nach dem dritten Wunsch gefragt, sagte er nach einer langen Pause und wiederholtem Fragen, »Frieden«. »Das war ja der erste und zweite«, meinte ich. »War der erste und zweite«, sagte Tschirtner, »ja, wieder Frieden!«.

Oswald Tschirtner wurde am 24. Mai 1920 in Perchtoldsdorf bei Wien geboren. Er stammt aus einer streng katholischen Familie, zwei seiner Angehörigen hatten geistliche Berufe. Während seiner Gymnasialzeit war Oswald Tschirtner in einem erzbischöflichen Knabenseminar im Internat. Er machte das Abitur mit Auszeichnung und wollte Priester werden. Nach Absolvierung des deutschen Reichsarbeitsdienstes – es war bereits Krieg – wurde Tschirtner zum Theologiestudium jedoch nicht zugelassen. Er studierte deshalb zweieinhalb Semester Chemie, dann mußte er einrücken. Da er sich zur Offizierslaufbahn nicht verpflichten wollte, verblieb er im Mannschaftsstand und war bei Kriegsende Obergefreiter. Er geriet in französische Kriegsgefangenschaft, verbrachte ein Jahr in einem Gefangenenlager in Südfrankreich und wurde im August 1946 an die österreichische Grenze abgeschoben.

Schon in Vorarlberg wurde er durch sein Verhalten auffällig und in ein psychiatrisches Krankenhaus eingeliefert. Von dort holten ihn Mutter und Schwester nach Hause. Daheim traten heftige Erregungszustände auf; Tschirtner schrie laut, er habe die Pest, und rannte im Haus umher. Er wurde deshalb unmittelbar nach seiner Heimkehr in die Psychiatrische Universitätsklinik in Wien aufgenommen.

Dort wurde Tschirtner bald ruhiger; er schien seelisch schwer gestört. Er sagte: »Herr Doktor, ich möchte nur tun, was Gott von mir will. Ich höre eine Stimme, die sagt, ich werde mich umbringen. Aber das ist doch wider das fünfte Gebot! Herr Doktor, ich kenn' mich nicht wieder!«

Er äußerte auch die Befürchtung, daß er zum Tode verurteilt sei. Als er die Ärzte über diese Äußerung sprechen hörte, sagte er: »Warum bin ich zum Tode verurteilt? Es ist nicht richtig ... es ist alles Liebe und Friede ... nein, ich bin nicht der Führer ... darf ich bitte nach Hause ... in die geliebte Heimat?«

Nach seiner Entlassung aus der Klinik war Tschirtner mehrere Monate zu Hause bei seiner Familie; dann mußte er wieder in die Klinik. Er war oft schlaflos, kniete in der Küche nieder und betete laut; mit den Angehörigen sprach er tagelang kein Wort; wenn sie ihm zuredeten, wurde er erregt, er schüttete dem Vater Wasser ins Gesicht und schlug die Schwestern.

Seit 1947 ist Oswald Tschirtner dauernd hospitalisiert. Er ist all die Jahre hindurch von seinen Angehörigen regelmäßig besucht worden. Wenn er bei den gemeinsamen Spaziergängen im Klinikgarten gefragt wurde, ob er daheim einen Besuch machen wolle, verneinte er. Er betete viel, litt an schweren Angstzuständen und Schuldgefühlen; er stand dauernd unter dem Einfluß verwirrender und bedrohlicher Halluzinationen.

Im Jahre 1954 wurde Tschirtner in das Niederösterreichische Landeskrankenhaus für Psychiatrie und Neurologie Klosterneuburg-Gugging überstellt. Er lebt heute dort im Haus der Künstler.

Oswald Tschirtner gehört zu jenen chronisch schizophrenen Patienten, die sich von der Außenwelt weitgehend zurückgezogen haben, die einfache Aufträge wie automatisch ausführen und denen nahezu jede Eigeninitiative fehlt. Als ich ihn einmal fragte, was er am liebsten tue, sagte er (leise): »Sitzen«. Er gab die gleiche Antwort etwas lauter, als ich meine Frage wiederholte. Er sei ruhig, wenn er sitze, sein Befinden sei dabei erträglich; es kämen ihm dabei keine Gedanken.

In einem kurzen Gespräch sagte Tschirtner einmal: »Ich bin Traurigkeit. Der Tod stimmt zur Traurigkeit. Es gibt kein Entrinnen.« Auf die Frage, ob er einen Plan für die Zukunft habe, sagte er: »Fliegen!« Und dann: »In caritate servire!« Auf die Frage, ob er im Krankenhaus bleiben wolle, sagte er: »Mein Gewissen sagt, ich soll hier bleiben ... Ich büße eine Strafe ab für die Sünden aller Menschen.« »Wie Christus?« »Ja!« »Sind Sie Christus?« »Nein! Büßen für Vergehen! Büßen ist heilsam!«

Man darf jedoch nicht glauben, daß die Äußerungen Tschirtners immer so klar und verständlich sind; oft bestehen seine Antworten nur aus echoartigen Wiederholungen, stereotypen Leerformeln, unverbindlichen Einwortsätzen.

Auf rein rationalem Weg kann man die seelischen Störungen, die wir Psychose nennen, recht gut definieren und feststellen. Die naturwissenschaftliche Psychiatrie hat bereits mehr als ein Jahrhundert lang auf diese Weise geforscht und gearbeitet, in jüngster Zeit mit recht komplizierten experimentell-statistischen Methoden.

Die seelische und geistige Kapazität schizophrener Menschen, die trotz dieser objektivierbaren Störungen vorhanden ist, kann man dagegen nur intuitiv erfassen. Das ist einer der Gründe dafür, daß sich heute viele Künstler zu den künstlerisch tätigen schizophrenen Patienten hingezogen fühlen und oft gerade jene Äußerungen, die uns leer, unklar und abstrus erscheinen, bewundern. Man kann zum geistigen Leben Schizophrener leichter Zugang gewinnen, wenn man an ihre Äußerungen ähnlich wie an moderne Kunst herangeht.

Die Annahme, daß künstlerische Begabung stets mit einem entsprechenden Schaffensdrang verbunden sei, ist ein weit verbreiteter Irrtum. Ich will nicht bestreiten, daß in einzelnen Fällen – besonders bei Hochbegabten – eine solche Beziehung besteht, bin jedoch überzeugt, daß im allgemeinen die Korrelation zwischen künstlerischer Betätigung und künstlerischer Begabung nicht sehr hoch ist. Durch meine kunst-psychotherapeutische Arbeit mit Oswald Tschirtner – wie durch jene mit Ernst Herbeck – glaube ich, den Nachweis erbracht zu haben, daß schizophrene Menschen zu künstlerisch und literarisch relevanten Leistungen fähig sein können, auch wenn ihnen die Eigeninitiative zur Manifestation dieser Fähigkeiten völlig fehlt und sie zu jeder einzelnen Arbeit einer äußeren Anregung bedürfen. Auf der anderen Seite kann man bei Patienten und Nicht-Patienten immer wieder beobachten, daß auch ein ausgeprägter künstlerischer oder literarischer Schaffensdrang keine Gewähr für eine bedeutende Leistung bietet.

Oswald Tschirtner ist trotz seiner mangelnden Initiative ein völlig eigenständiger Künstler. Sein Stil ist unbeeinflußt von zeitgenössischer oder traditioneller Kunst, stammt ganz aus seiner eigenen Persönlichkeit und seiner seelischen Verfassung. Man kann den Stil seines graphischen Werkes und den seiner schriftstellerischen Arbeiten einen »halluzinatorischen Stil« nennen. Ein psychotisch veränderter Erlebnisvollzug, ein veränderter Zustand des Bewußtseins liegt diesem Stil zugrunde; dieser Stil ist »zustandsgebunden«. Darüber hinaus haben die Arbeiten Tschirtners jedoch einen ganz persönlichen Stil, der individuell und einmalig ist; darin liegt die künstlerische Essenz vor allem seines graphischen Werkes.

Oswald Tschirtner hat als Zeichner große Anerkennung gewonnen. Er nahm an allen Ausstellungen der Gugginger Künstler teil und hatte 1980 eine Ausstellung gemeinsam mit Johann Hauser im Museum des Zwanzigsten Jahrhunderts in Wien. Seine Arbeiten werden von Museen angekauft und erzielen im Kunsthandel einen beachtlichen Preis. Gemeinsam mit Ernst Herbeck hat Tschirtner einen von ihm illustrierten Gedichtband herausgegeben. Seine Person und sein Werk sind in zahlreichen Publikationen beschrieben und dokumentiert.[5]

Während das graphische Werk Oswald Tschirtners ziemlich umfangreich ist, ist seine literarische Produktion relativ gering. Das liegt daran, daß Tschirtner eben zu jeder einzelnen graphischen Arbeit oder schriftlichen Äußerung aufgefordert werden muß; da mir seine Texte weniger bedeutend als seine Zeichnungen schienen, habe ich die Entstehung des graphischen Werkes gefördert, ihn aber nur selten gebeten, etwas zu schreiben.

Tschirtners Texte sind »Montagen« aus einem sprachlichen Material, welches er seit seiner Jugend im Gedächtnis hat; nur selten schiebt er etwas Persönliches, einen plötzlichen Einfall, eine eigene Formulierung – meist ganz unerwartet – ein. Ungewöhnlich und oft absurd ist überhaupt die Zusammensetzung der verschiedenen Textstellen. Zitate aus Gebeten, Liedern und Gedichten, die Zehn Gebote Gottes spielen dabei die Hauptrolle; mitunter empfindet man in der abstrusen Kombinatorik ein Aufbäumen gegen die religiösen Inhalte, die ja als eine Art Panzer seine Person umgeben und abdichten; man spürt so etwas wie Blasphemie – aber vielleicht legt man das nur in seine Texte hinein.

Tschirtner schreibt sehr rasch und neigt zu dauernden Wiederholungen, besonders bestimmter Sätze: so kehren beispielsweise die Zehn Gebote immer wieder, deren Reihenfolge er jedoch häufig verändert; das fünfte Gebot hat eine bevorzugte Stellung dabei. Tschirtner liest seine Schriften mit leiser Stimme, schnell und monoton, wie Litaneien. Er empfindet die Schutzfunktion der Wiederholung des gleichen, der Stereotypie. Zu einer seiner Zeichnungen, die eine Vielzahl elongierter kopffüßlerartiger Menschen zeigt, sagte er: »So bin ich, immer gleich!« Es geht ihm nicht um Neuartiges, um Erfindungen, im Gegenteil: Er will das Gelernte, das Geläufige, das Überkommene festhalten und bewahren. Er schreibt: »... Wörter aus meiner Schule. In Sparta war es verboten, an den bestehenden Einrichtungen etwas zu ändern, wer sich dem widersetzte, wurde bestraft.«

Tschirtner glaubt, daß man durch das Einhalten von Geboten, durch Folgen und Gehorchen aus dem Chaos zur Ordnung gelangen kann. Die große Bedeutung, die er dem Begriff der Ordnung beimißt, zeigt sich in zahlreichen seiner Äußerungen. In dem Text ›Der Körper‹ heißt es am Anfang: »Er atmet, hält Ordnung, ist fleißig«, und am Schluß: »Er arbeitet gerne. Hält viel auf Reinheit und Tugend. Ist ordnungsliebend, ist fleißig.« Aus dem Aufsatz ›Der Schlüssel‹: »Es muß Ordnung sein und überall allüberall tönt Preis und Dank empor.« Aus dem Aufsatz ›Der Esel‹: »Halte immerdar Ordnung im Leben und es wird dir wohlergehen.« Und das Gedicht ›Das Kind‹ beginnt mit dem Satz: »Das Kind wird unter Aufsicht der Eltern geboren und kommt in ein Spital, wo es sich an die Ordnung gewöhnen soll.« In den darauf folgenden Zeilen wird noch dreimal die Ordnung erwähnt: »... denke immer daran, gut zu sein und Ordnung zu halten, damit nichts passiert.« »Halte Ordnung in Deinem Leben, du brauchst sie ja.« »Ordnung ist alles im Leben.«

Was der künstlerische Erfolg für Oswald Tschirtner selbst bedeutet, kann man nicht leicht abschätzen. Das Lob nach Fertigstellung einer Arbeit nimmt er mit Befriedigung zur Kenntnis. Man hat dabei den Eindruck, daß er froh ist, wieder eine Aufgabe bewältigt zu haben, weil er im Grunde jede neue Aufgabe fürchtet. Die immer wieder erlebte Anerkennung und Bewunderung durch zahlreiche Bekannte und fremde Besucher ist aber sicher an ihm nicht spurlos vorübergegangen; Tschirtner ist in den letzten Jahren weniger gehemmt, er wirkt etwas lockerer und freier. Am wichtigsten ist ihm allerdings ein geregelter Tagesablauf. Er will »das Gleichgewicht halten«; nur wenn er sehr dazu gedrängt wird, nimmt er an Ausflügen teil; er möchte »seinen Standort nicht verändern«.

Es besteht kein Zweifel, daß Tschirtners Seelenleben – trotz medikamentöser Behandlung – immer noch schwer gestört ist; und daß er darunter leidet. Er hat Angst »vor dem Galgen«, vor dem Tod, vor Gott; sein höfliches, freundliches Benehmen wird manchmal, selten, von plötzlich einschießenden Erregungen unterbrochen, wobei er – anscheinend unter dem Einfluß halluzinatorischen Erlebens – wild umherläuft und rülpsende Laute ausstößt; bald ist er jedoch wieder ruhig, entgegenkommend und beflissen.

Oswald Tschirtner hat die Strategie der Nichtverteidigung gewählt. Er ist »bei allen Patienten sehr beliebt, weil er jedem recht gibt«, heißt es. Ernst Herbeck schrieb über ihn: »Er ist ein guter Bub und ist desto besser gesittet als wir alle ...« Oswald Tschirtner löst gerne Kreuzworträtsel, er läßt sich von Edmund Mach animieren, mit ihm Ball zu spielen, er trinkt gerne in einer kleineren Runde mit uns Kaffee; er kann auch lächeln.

Selbstbiographie

geb. 1920 in Perchtoldsdorf. in die Volksschule gegangen und in die Hauptschule. Es ging mir in der Kindheit gut. Dann kam ich ins humanistische Gymnasium, Matura vorzüglich. Dann kam der Arbeitsdienst. Dann kam ich zum Militär und in die Gefangenschaft. In der Gefangenschaft hatte ich Hunger. Aber es war erträglich. Nach dem Krieg wollte ich Theologie studieren. Ich war noch nicht reif dafür. Für alle muß man da sein. Fehlen darf nichts. Man muß die Gebote halten. 7. Du sollst nicht stehlen. 8. Du sollst kein falsches Zeugnis geben wider Deinen Nächsten. 9. Du sollst nicht begehren Deines Nächsten Hausfrau. 10. Du sollst nicht begehren Deines Nächsten Gut. 5. Du sollst nicht töten. 6. Du sollst nicht Unkeuschheit treiben. Friede soll sein. Si vis pacem, para pacem.
Wenn du Frieden willst, bereite Frieden.

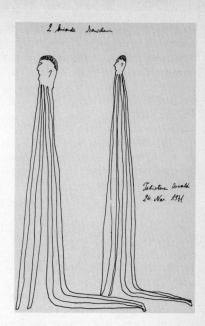

Abb. 12. Oswald Tschirtner:
2 kniende Menschen.
Feder und Tusche, 1971.

Schwaene im See

Der Schwan hat etwas Majestätisches. Er kann schwimmen. Ist ein armes Tier. Ich habe Mitleid mit den Schwänen. Er ist weiß und rein. Er hat Schwimmhäute an den Füßen. Er ist unschuldig. Genau wie ich unschuldig bin. Man läßt ihn leben. Er lebt gerne, wie ich. Ich bin für Frieden. Er wahrscheinlich auch. Zum Frieden führe mich Jesus.

Der Traum

Traumhaft ist alles Erleben. Der Traum ist ein Erlebnis. Träume sind Schäume. Träumen kann man nur beim Schlafen. Im wachen Zustand nie. Man wird geweckt und ist wach. Der Traum ist ein Nachleben. Sehr richtig. Steht in der Welt richtig. Bemühe dich zu schreiben. Sei gesund und rüstig und ehrlich. Du sollst nicht töten. Du sollst nicht Unkeuschheit treiben. Du sollst nicht stehlen. Werde ein anständiger Mensch. Träume richtig. Sei ehrlich mit dir selbst. Gib Frieden. Friede ist ihr erst Geläute. Gib acht, daß du nur gute Träume hast, kein Kopfweh hast. Sei rein. Sei stets hilfsbereit und es wird dir wohlergehen auf Erden. Sei gesund. Du sollst Vater und Mutter ehren, auf daß du lange lebest und es dir wohlergehe auf Erden. Es ist ein Gott. In Gott sind 3 Personen. Der Vater, der Sohn und der Heilige Geist. Gib acht, daß dir nichts passiert. Sei nicht ordinär. Habe die Gedanken beisammen.

Der Mensch

das friedsamste Wesen,
das ich kenne
geboren zum Frieden
Zum Frieden führe
mich Jesus

Der Löwe

Der Löwe ist das Symbol für Stärke
und Macht. Er wird in den Käfig
gesperrt, um vor ihm sicher zu sein.
Er wird König der Wüste genannt.
Er zählt unter die Raubtiere und ist
im zoologischen Garten in Schönbrunn
zu sehen, damit er keine Macht mehr hat.
Friede soll sein. Zum Frieden führe
mich Jesus. Amen. 7. Du sollst
nicht stehlen. 8. Du sollst kein falsches
Zeugnis geben wider Deinen Nächsten.
9. Du sollst nicht begehren Deines Nächsten
Hausfrau.
10. Du sollst nicht begehren Deines Nächsten
Gut.
5. Du sollst nicht töten.
6. Du sollst nicht Unkeuschheit treiben.

Wie ein Adler

Das ganze beruht auf Gleichgewicht. Darf nicht gefährlich sein. Ist zähmbar. Fliegt in die Höhe, der Sonne entgegen. Lebt auf Bäumen. Ist friedliebend. 7. Du sollst nicht stehlen. 8. Du sollst kein falsches Zeugnis geben wider Deinen Nächsten. 9. Du sollst nicht begehren Deines Nächsten Hausfrau. 10. Du sollst nicht begehren Deines Nächsten Gut.

Die Seerose

liegt im Wasser, blüht im Wasser
lebt im Wasser, ist eine Wasserpflanze
braucht braucht Wasser, geht ohne Wasser
                              zugrunde

Die Rose

Die Rose riecht, die Rose sticht. Mein Jesus Barmherzigkeit.

Schmerz

Schmerz ist unangenehm. Man spürt ihn kaum. Ich wünsche jedem alles Gute, der bei Schmerz helfen kann. Ich bin für Frieden. Jeder ist für den Frieden. Vielleicht verschwindet so jeder Schmerz. Ich wünsche es. Jedem alles Gute. Tugend nur besteht und bleibt. Mächtiges Herz, Gütiges Herz, bitte für mein armes Herz.

Die Liebe

Die Liebe tut dem Nächsten nichts Böses
so ist die Liebe die Erfüllung des Gesetzes.
5. Du sollst nicht töten.
6. Du sollst nicht Unkeuschheit treiben.
7. Du sollst kein falsches Zeugnis geben wider deinen Nächsten.
9. Du sollst nicht begehren deines Nächsten Hausfrau.
10. Du sollst nicht begehren deines Nächsten Gut.
Daß niemand zerdrückt wird.
Daß die Kranken gesund werden.
Mens sana in corpore sano.
Ein gesunder Geist in einem gesunden
Körper. Und führe uns nicht in Versuchung,
sondern erlöse uns von dem Übel. Amen.

Meine Eindrücke im Safaripark

Habe Pfauen gesehen, Affen, eine Giraffe, Löwen, Elefanten. Affen sprangen auf den Wagen, in dem wir fuhren. Anschließend fuhren wir in ein Restaurant und aßen Apfelsaft, Schnitzel und Salat. Dann wieder in ein anderes Restaurant und aßen Kaffee und Mehlspeise. Hernach waren wir am Flugplatz Schwechat. Dann fuhren wir wieder heim. Es war schon spät. Daheim hatte ich Besuch. Ich zog mich um und war wieder der Alte. Es war sehr schön. Ich hatte gute Kameraden. Ferner sah ich noch ein Nashorn. Ich danke für alles Schöne, das ich hier genießen durfte und verbleibe in Dankbarkeit Euer Sohn Oswald Tschirtner. In einem Jagdschloß war ich auch in Marchegg. Ich will doch wieder gesund werden. Das größte Gut ist die Gesundheit. Gestorben bin ich noch nicht und kommts zum Scheiden nimm mich auf ins ewge Heimatland. Auch Enten und eine Gans waren zu sehen. Die Löwen waren in ihrer Unterkunft. Trank auch ein Coca Cola.

Oswald Tschirtner

Artur – Talent und Genie

Artur* wurde am 2. April 1925 in Wien geboren. Er besuchte das Realgymnasium in Mödling und Wien, legte 1943 die Reifeprüfung ab und mußte im selben Jahr zur deutschen Wehrmacht einrücken. Er war in Rußland im Einsatz, wurde in Stalingrad verwundet und war im Anschluß daran zum erstenmal auf einer psychiatrischen Station in Behandlung.

Nach dem Kriege begann Artur, Medizin zu studieren. Er legte die vorklinischen Prüfungen ab und beschäftigte sich auch noch längere Zeit mit klinischen Fächern, vor allem mit pathologischer Anatomie und Pharmakologie; er trat aber zu keiner Prüfung mehr an und konnte das Studium nicht abschließen. Neben dem Studium musizierte er eifrig, er war ein guter Violin- und ein ausgezeichneter Klavierspieler. In einer Autobiographie schreibt er: »Nach Kriegsende gab ich Klavierkonzerte in Bayern und in Wien. Ich studierte zwölf Semester an der Medizinischen Fakultät Medizin und in der Kreuzgasse anthroposophische Medizin. Ich erfand verschiedene neuartige Arzneimittel und befaßte mich damit sehr lange; technische Behelfe dazu erzeugte ich ebenso. Vieles davon erforderte jahrelange Konzentration und Pausen.«

Artur lebte bei seiner Mutter in einer Villa in Perchtoldsdorf. Sein Vater war gestorben, als Artur noch ein Kind war. Sein Bruder war im Krieg gefallen. Artur hat nie einen Beruf ausgeübt. Seit 1955 war er häufig in stationärer psychiatrischer Behandlung.

Artur besaß daheim einen Märklin-Baukasten, mit dem er seltsame Gegenstände konstruierte. Der Baukasten war für ihn ein eigenes »Planetarium«, eine eigene Welt. Er gehe nie aus dem Haus, sagte er, um nicht sein ganzes Planetarium umzuändern. »Inwiefern? Was ist Ihr Planetarium? Was ist das?« »Das Planetarium besteht aus meinem Baukasten. Da bin ich schon genau, weil einzeln als Planetarist dazustehen, da muß man schon aufpassen!« »Haben Sie Pläne für die nächste Zeit?« »Den Tagesplan!« »Wie läuft der ab?« »In manchmal kuriosen Märklinbeispielen.« Artur meinte, man könne mit dem Märklin-Baukasten »praktisch alles herstellen«: nicht nur technische Dinge, auch Blumen, Bäume, Schneebälle, Teppiche, anatomische Präparate, ja sogar – einen Sohn. Im Krankenhaus hat er in vielen Zeichnungen Projekte für seinen Baukasten entworfen. Seine Einfälle hatten etwas

---

* Artur ist der Künstlername von Hagen Reck, der ihn in dieser Schreibweise selbst gewählt hat. Er ist aber damit einverstanden, daß bei Ausstellungen und Publikationen sein richtiger Name genannt wird.

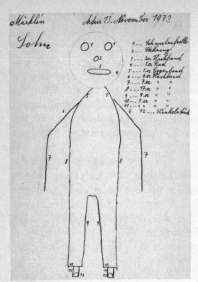

Abb. 13: Artur: Märklin-Sohn. Bleistift und Kugelschreiber.

Spielerisches und oft auch etwas Komisches an sich und waren nicht immer so ernst gemeint, wie es den Anschein hatte.

Artur schien in seinem »Planetarium« im Gleichgewicht zu sein. Er war stets in leicht gehobener Stimmung. Er spielte auf Wunsch Klavier; er rauchte seine Pfeife; er war imstande, in einer entsprechenden Situation strahlend sicher aufzutreten.

Artur erwähnte einmal, daß er auch dichten könne, und zwar außer in Deutsch auch in Englisch und Latein. Auf die Bitte, ein Gedicht zu schreiben, worin alle drei Sprachen vorkämen, schrieb er:

Mischmasch

Oculus est in tempore nostro.
We have been always in quarrel.
Und sehen dabei immer den Tempel.

Ich habe Artur hierauf gebeten, über die verschiedensten Themen Gedichte zu machen. Er kam stets mit großer Freude und dichtete schwungvoll und eifrig. Er ermüdete dabei nicht. Niemals mußte er längere Zeit nachdenken. Ohne Zaudern oder Stocken fiel ihm immer etwas ein.

Einmal hat Artur im Krankenhaus innerhalb von drei Wochen 113 kürzere und 21 längere Gedichte verfaßt. Artur soll auch zu Hause viel, ganze Hefte voll geschrieben haben. Es konnte aber niemand seine Texte lesen, da er sich einer stenographischen Geheimschrift bediente. Ein literarisches Werk, irgendwelche verwertbare Manuskripte, spontan geschriebene Gedichte existieren nicht.

In unserem Kreis hat Artur seine Gedichte gerne vorgelesen. Freunde unserer Künstler, vor allem literarisch tätige Personen, haben seine Intelligenz und geistige Produktivität bewundert, wenngleich er in seinen Gedichten oft zu sehr zu Klangassoziationen und Reimereien neigte und die Logik wenig beachtete.

Wenn man bedenkt, daß Artur Sätze wie diesen gleichsam im Fluge niedergeschrieben hat, kann man sich über die Schnelligkeit und Treffsicherheit seines Denkens nur wundern:

Der Bindfaden

Ist er manchmal lästig
hängt er an der Weste.
Ist er fester,
feiert man Feste.

Hatte Artur sein Gedicht fertig, dann überreichte er es mit einer eigentümlich manierierten, liebenswürdigen Geste. Über ein Lob freute er sich sehr.

Wie er dichtete und wie er sein Dichten auffaßte, was es ihm bedeutete, schilderte er selbst so:

Artur, der Dichter

Oft fällt es ihm leicht,
gar Antwort erheischt,
denn Dichtung ist Fürsprache
und schöne Absicht,
die einmal gelingt,
wenn man sie mit sich bringt.
Der Auftrag ist es,
am Auftrag liegt es,
wenn der Stift übers Papier fliegt
oder durch Worte man sich kriegt.
Es ist oft wundersam schwer,
wie Einfachheit bleiben soll sehr,
wie Schwierigkeit umfacht,
das Wort überdacht,
das Wort überlegt
und Stifte hegt.
Wenn gar nichts soll gelingen,

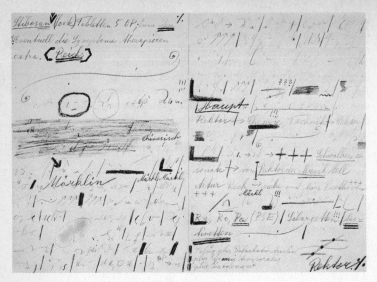

Abb. 14: Arturs schriftliche Aufzeichnungen.

das Wort soll überdingen,
das nennt man dann Wortmalerei
und Tongebrauch Ei.

Im Gespräch war Artur nur über kurze Strecken völlig klar und verständlich. Bald mischten sich unpassende, phantastische und skurrile Äußerungen in seine Rede, dabei ging der logische Zusammenhang immer mehr verloren. Artur redete laut und deutlich, meist Hochdeutsch, in einer Art Vortragsstil. Er beteiligte sich auch gerne an Diskussionen, wenn man ihn dazu einlud und bereit war, ihm zuzuhören. Das streckenweise unzusammenhängende Reden soll vom Beginn seiner seelischen Störungen an vorhanden gewesen sein.

Arturs Mutter war Gymnasialprofessorin gewesen. Sie war bereits pensioniert, als ich sie kennenlernte; sie betreute ihren Sohn, so gut es ging. Wenn sich sein Zustand verschlechterte, kam er zur Behandlung ins Krankenhaus. Als ich ihn einmal fragte, ob er auch zu einem anderen Menschen eine Beziehung habe, sagte er, er habe zu allen Menschen eine Beziehung. Er habe Kontakt, wenn er auf die Straße blicke. Das gebe mehr Kontakt, als wenn man dreißig Monate lang mit einer Person in einer Stube zusammenlebe. Da habe man oft gar keinen Kontakt mehr. Man brauche sich nicht unbedingt so nahe zu sein. »Es genügt, daß man einen Kontakt hat, wenn man auf die Straße blickt.« Auf die Frage »Wie wird's weitergehen?«, meinte er: »Märklinisierend, pianisierend, vielleicht auch einmal stenographierend. Das weiß ich aber noch nicht. Na, ich werd's mir noch überlegen. Na, auf jeden Fall irgendwie weiter. Märklin... und... und... Chopin...«

Arturs Mutter wurde in höherem Alter nach einem Schlaganfall in die geriatrische Abteilung unseres Krankenhauses eingewiesen, wo sie bald darauf starb. Artur befand sich auf der von mir geleiteten psychiatrischen Station. Ich begleitete ihn zu seiner Mutter, die bereits im Koma lag. Artur ließ sich während des Besuches keine innere Bewegung anmerken. Als wir durch den Garten zurück zu unserem Pavillon gingen, erwähnte ich, in der Absicht, ihn zu trösten, daß auch mein Vater vor kurzem gestorben sei; darauf sagte Artur mit größter Anteilnahme: »Kann ich Ihnen irgendwie behilflich sein, Herr Primarius?«

Nach dem Tode der Mutter war Artur noch einige Zeit Patient in unserem Krankenhaus. Er wurde hierauf auf Wunsch seines Kurators in ein privates Sanatorium verlegt. Ich habe ihn seither nicht mehr gesehen.

Liebes Schnucki-Schnuppi!

Bin in Gugging und denke immer
an Dich.
Betreibe etwas Anatomie und
wiederholenderweise Topographische
Anatomie (im chirurgischen Ermessen).
Zuhause habe ich den Märklin,
der gibt mir Architekturgrundge-
halt für das Gebäude des Menschen.
Die technischen Möglichkeiten
sind oft wunderbare und grenzen
an die Unendlichkeit des menschlichen Seins und seiner Bauart,
Bauweise und Baumöglichkeit.
     Lieben Kuß
         Dein Artur

Der gestrige Tag: Radio
                          gehört
Beobachtung   von Lastwägen
Beobachtung   von Geschwindigkeits-
verschiebungen während einer Kurve.

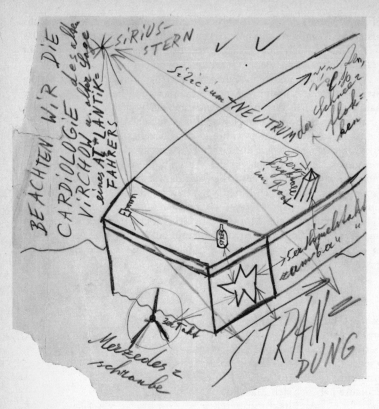

Abb. 15: Artur: Technische Erfindung. Bleistift.

Märklin: Einzelteile. Jene sind Bestandteile
von jedem Kasten, bestehen aus bestem Stahl,
sind in größter Ordnung in verschiedenen
Kästen.

Kirchenhaus, Kapelle: Bestehend aus den Märklin-Einzelteilen 4 Stück 7 Lochbogenband, 5 × 7 Rechteckplatten 2 Stück, einer Sektorplatte als Dach, einem 17 Loch Winkelträger als Sicherung.

Marokkanische Mauer: Bestehend aus einer Anzahl 3er Flachbändern im rechten Winkel angelegt, einigen Stützen und 5 × 11 Rechteckplatten als Auflage.

Windmühle: Eine 5 × 11 Rechteckplatte als Grund, 5 × 5 Seitenplatten aus Aluminium, vier 2,5er Winkelträger als Windmühlenträger, zwei 11er Flachbänder als Achsenträger für das 5 Lochrad mit den vier Windmühlenflügeln drauf.

Talent und Genie

Talent ist Begabung
Genie ist Gestattung

Artur und Alexander

Artur war Dichter
und kein Vernichter
Alexander war groß
zu allem bloß!

Der Zwerg

Ein Zwerglein treu
Das Meldeamt.
Er geht durchs Feuer.
Im Gartenzwang.

Der Rathaushund

Ein Hund hat sein spezielles Dienstgebiet,
olfactorisch, trigeminal, olfactotrigeminal.

Das Kaffeehaus

Einwandfrei
Vogelpreis
Einmaleins,
das Zwillingsei!

Der Löwe

braungefärbt
zeitangepaßt
Wüstentier.

Der Elefant

langsam
trabend
herzhaft.

Abb. 16: Artur: Ohne Titel.

Grau

Grau ist Nebel
Grau ist Schloß
Das ist England
Gut bei Roß
    Grau Maschine
    Grau die Tiefe

Das Auge

Das Auge ist das Weltenauge
und sieht nicht durch die Knochenmauer
Will schauen es abstrakt
Es blickt zum Himmelstrakt.

Die Teeschale

Das Schälchen ist der Zauber,
das Schälchen ist der Reiß!
Wo kommt die schöne Frau her?
Ist ihr Weg noch weit?

Das Teegeheimnis

Im Tee ist Theophyllin
und auch Theobromin,
ist er chinesisch,
wird man pathetisch!

Das Teegeheimnis

Tee ist das Feld,
welches braucht kein Geld,
welches braucht die Menschen,
die sich nun ergänzen.

Das Teegeheimnis

Tee ist der Meuchelmord,
welcher einbricht in Todeshort,
welcher einbricht in die Folteraxt,
wenn du ihn offen wagst!

Das Teegeheimnis

Tee ist die Absicht,
die Worte bricht!
Tee ist das Instrument,
welches einbricht ins
          Seelensakrament.

Das Teegeheimnis

Tee ist fürsorglich,
Tee ist mütterlich,
Tee ist Geheimnis
und wird es oft zum
          Schweignis.

Wetter gebräuchlich
Zweige erhäuchlich
Tabak man bräuchte,
wie es mich deuchte.

Stefansdom
kugelig schon
werden immer suchen dort
sind nicht alle Kreuze fort.
Gotik dort – Musik am Ort
Dort ist auch die Kugel fort.

Inspiration

Inspiration ist Meldung
Meldung aus der Versenkung
Meldung aus dem Treuherz,
aber ohne Scherz.

Artur beschäftigt sich gerne mit Anatomie, pathologischer Anatomie
und Pharmakologie. Hier einige von ihm zusammengestellte Rezepte:

Sorgen: Coramin
      1 Tropfen Nitroglyzerin
               verdünnt

Enzianwasser
Kamillen concentrierter Tee
Baldrian-Äther-Alkohol
Veilchen
Kohlröschen
          Dr. Reck

Schnupfen: Lugolsche Lösung 1:500
           1 Farnkraut in Schnaps
             (1:100)
           Huflattich-Zinnkraut-Linden-
           blüten-Tee
           Weide (= Salyx) am Popsch
           ins Bett in der Nacht
                Dr. Reck

Betrübt: Mistel der Weißföhre
           ,,   ,, Buche
         Cedernöl
         Das alles mit Blitzwasser inhalieren
         oder in der Pfeife rauchen
                Dr. Reck

10 Lebensregeln

 1. Lebensregel: Das Maß
 2. Lebensregel: Wenig sprechen
 3. Lebensregel: Viel schlafen
 4. Lebensregel: Fleißig sein, wie die Bienen
 5. Lebensregel: Vorsicht zur Außenwelt
 6. Lebensregel: Die Einsicht
 7. Lebensregel: Die Unterhaltung
 8. Lebensregel: Der Naturschutz
 9. Lebensregel: Die Weisheit
10. Lebensregel: Die Absicherung

Die 7 Todsünden

1. Todsünde: Die Abkehr
2. Todsünde: Die Verleumdung
3. Todsünde: Die Frechheit
4. Todsünde: Der Kurzschlaf
5. Todsünde: Die Unordnung
6. Todsünde: Das Nicht-Aufpassen auf sich
7. Todsünde: Die Einbildung

Johann Garber – Das »Zerreißen der Menschen«[6]

Johann Garber wurde 1947 in Wiener Neustadt geboren. Er wuchs bei seiner Großmutter und in Jugendheimen auf und besuchte dort die Sonderschule. Er sollte Maler und Anstreicher werden, brach diese Lehre aber frühzeitig ab und arbeitete bei einer Baufirma. Er leistete hierauf neun Monate lang bei den Pionieren seinen Militärdienst. Im Alter von neunzehn Jahren war er zum erstenmal in psychiatrischer Behandlung. Seit 1968 lebt er mit einer einjährigen Unterbrechung – er war damals in einem Rehabilitationsheim – in unserem Krankenhaus.

Johann Garber ist der Jüngste im Haus der Künstler. Er bastelt gerne, schreibt und zeichnet viel. Er denkt sich Geschichten aus und schreibt sie nieder, notiert Liedertexte und Sinnsprüche, die er gehört oder gelesen hat. Gerne gibt er seine Schriften und Zeichnungen weiter, oder er heftet sie an das Wandbrett. Er wird von unerfüllbaren sexuellen Wünschen und Vorstellungen geplagt und oft wird er dadurch veranlaßt, zu zeichnen oder zu schreiben.

Garber empfindet manchmal Haß, »eine Ausströmung, eine komische Ausstrahlung aus dem Kopf«, die sich gegen alle Menschen richte. Es sei ein erotischer Haß und ein Frauenhaß. Es kämen Wolken, Gefühlswolken, Fahnen, Wolkenteile, ein komisches Gefühl im Ge-

Abb. 17: Johann Garber: Sexi-Blatt. Bleistift, 1985.

hirn, dann müsse er denken, immer dasselbe, nie das andere, daß er nur mehr so dahindöse und ihn nichts mehr freue.

Zeitweise hat Johann Garber lebhafte Erscheinungen visueller Art, die von ihm auch willentlich hervorgerufen werden können. Es sind eigenartige Lichtphänomene und explosionsartige Vorgänge, wobei Menschen und Gegenstände zerreißen. Wenn sich ein Mensch bewegt, sieht Garber eine Lichterscheinung an verschiedenen Körperstellen, einen »Feuerstrahl«. Es kommt auch vor, daß dieser Mensch in der Mitte auseinanderreißt und kleine Stücke in der Luft umherfliegen oder daß ein Auge seines Gegenübers plötzlich aus dem Gesicht herausfliegt und in sein Auge hinein. Wenn Garber eine Person anschaut, die ihm gegenüber sitzt, und wenn er denkt, diese Person hat eine lange Nase, dann fährt die Nase aus dem Gesicht heraus und wird fast einen Meter lang.

Obwohl Johann Garber alle diese Vorgänge in der Außenwelt wahrnimmt, weiß er, daß es sich dabei um Erscheinungen handelt, die mit seinem Denken zusammenhängen und die er zum Teil willkürlich lenken kann. Es sind keine eigentlichen Halluzinationen, sondern »subjektive Anschauungsbilder«, eidetische Erlebnisse, die auch bei gesunden Kindern manchmal auftreten und die bei Naturvölkern häufiger als in unserer Zivilisation sind. Einmal bemerkte ich, daß Johann Garber, am Fenster lehnend, in den Wald hinaus redete. Auf meine Frage, mit wem er sich unterhalte, sagte er, daß er mit den Vögeln spreche.

Johann Garber kennt auch eine »Gefühlssprache«. Sie werde ihm durch einen Punkt vermittelt, der vom Hinterkopf durch den Kopf nach vorne komme; dieser Gefühlspunkt sage ihm, was andere denken; es sei ein leises Sprechen, man höre es nicht, aber man fühle es, eine Gefühlssprache.

Seine größte Befürchtung sei, meinte Garber, »daß alles zerreißt«, daß die Fetzen fliegen, daß die Anziehungskraft in seinem Gehirn immer mehr steige, so daß alles zu ihm herbeigezogen werde, »die Augen und alles. Der reißt weg, der Kopf von einem andern Herrn, von einem andern Menschen, und kommt zu mir hergeflogen, fliegt in meinen Leib hinein ... die Augen, aber der Kopf auch und der ganze Mensch auch.«

Meine Seele
Die Seele ist meistens gut zu mir. Aber wenn sie was falsches, eine schlechte sache oder eine Schlechte wahrnehmung spürt, da ist in meinem Körper kein gutes Seelengefühl spürbar. Wenn ich eine Streiterei sehe oder höre, dann ist meine Seele schlecht dran, dann habe ich ein sehr schlechts gefühl, seelengefühl. Meine Seele ist sehr warm im Körper. Wenn man stirbt, dann geht ein schwarzer Schatten weg vom

Körper, das ist die Seele. Wenn ich meine Seele in meinem Körper spüre, das ist so, wie wenn mein Körper voller lauter warmes Wasser wäre, und wie wenn in meinem Körper viel warme Luft drinnen wäre. Schlechte Sachen spüre ich immer in meinem Seelenkörper als tiefer zwiekender diefer schmerz. Wenn ich was gutes und schönes erlebe, dann hat mein Körper ein gutes Seelengefühl. Wenn sich das gute und schöne Seelengefühl ganz verstärkt, dann gebe ich das gute Seelengefühl an die Menschen von der Welt ab und schenk es ihnen, das ist der Körpergeist, die Seele. Wenn ich ein sehr heißes Seelengefühl und ein Seelenglücksgefühl habe, dann mache ich mit meinen Gedanken einen Ruck, da denke ich gerade, und dann fliegt der Seelengeistschatten zu den von mir gesehenen Menschen, in ihren Körper hinein und mache mit dem Seelengeistschatten ein gutes Glücksgefühl bei den Menschen. Mein Seelengefühl ist ein großes menschliches Glück! Meine Seele macht mich gottesglücklich, weil ich viel Schatten sehe, und weil sich meine Seele viel rührt und umher springt in meinem Körper. Meine Seele ist in meinem Körper als lebender Gehirngeist zu spüren. Meine Seele ist immer gut aufgelegt und freut sich auf jedes gute essen und trinken. Meine Seele spürt die guten Freuden der in der nähe befindlichen Menschen, und der liebhabenden Menschen. Meine Seele braucht immer guten Lebensgeist. Die Seele hilft mir die verbindung mit Gott zusammenzuhalten. Meine Seele spürt jedes Gottes und Menschen Gefühlswolken, spürt schatten in meinem Körper oder Seelenwolkengefühle. Meine Seele hilft mir zu guten Freuden und gutem Göttlichen und Menschlich-geistigem dasein. Die Seele spüre ich als

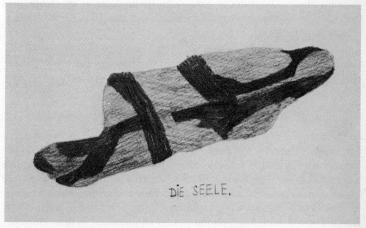

Abb. 18: Johann Garber: Die Seele. Bleistift, um 1979.

warme Luft in meinem Körper. Die Seele macht mir auch bei sexueller Tätigkeit ein gutes Gefühl. Die Seele ist in mir drinnen und wenn ich sterbe, dann fliegt sie wie ein Schatten von mir heraus.

Alles was da ist blüht ! Die Erde glänzt manchmal wenn es Regnet ! Alles grüne ist zum greifen nah ! Alles Gelbe blüht im Sonnenschein ! Die Nacht ist so rosig blau und einsam ! Dunkel weht der Wind dahin und war so nett zum spüren, er saß da ! Der ast bog sich gut über die Mauer hinweg ! Die Taube flehte leise mit dem Schnabel, alles ward lieb, der Vogelzug begann zu singen ! Mein traum war schön ! Es war wie im Mai !

                            Gedichtet von Garber Johann

Die gute Natur, ist sehr genau, zu berechnen und spaltet sich in zwei Teile !! Der abgang der seele, ist, rot grau und schwarz, die Rote Seele, spricht viel von leid freud und Glück und auch hoffnung ! Es gab viele Wunder, auf dem Erdball, eines sah ich, den schimmernden Himmel, Licht brennen, aus Schatten, und Strahlen, von der Sonne ! Der Punkt, der goldene, in der Luft, war schön ! Die gedanken, fielen herab, in einen leeren Luftkorb, einen halb gebrochenen, nur ein paar Sekunden, war das zu sehen, es ist der Gottes-Heiligen Schein und kleine Luft Sterne !! Zum Beispiel, Herrn von Hauser, Herr Hauser Gott, berührt inzwischen, viele wege, der guten und kranken, Halsbrecherischen gedanken, fortpflanzungsfähigen, gedanken, sie die Gedanken, plietzen, ständig, wie ein Donnerplietz, durch den Kopf, und durch das blutgetränkte, gehirn Fleisch, die feinen Blutadern, in Kopf, Gehirn und Geißt !!

                    Die Erzählung gemacht und geschrieben von
                    Hrn. Johann Garber !! – !!

Gedichte und Geschichte !
Alles liebe und gute von oben ! Mein Märchen ist wahr ! Die Liebe kommt von hüben und drüben her, der es ist, ist da ! Es wurde grau am, überm Himmel ! Wer es war, ist dort ! ich bin genau der große Meister und Kardinal ! Ich wurde geboren und gezeugt ! Es war ein Tag, an dem ich die Liebe fand ! Ich wurde drüben hereingeführt ! Und saß nachts nackt auf dem Sessel ! Es war die Ente, die schnatterte ! Die Gans ruft laut um Hilfe und flattert mit den Flügeln ! Der Baum dreht sich im Wirbelwind ! Alles ist grün und gelb ! Die Vögel zwietschern und sausen durch die Lüffte ! Es war ein Tag, an dem ich

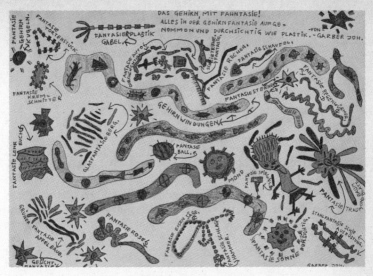

Abb. 19: Johann Garber: Gehirnwindungen. Bleistift und Farbstifte, 1980.

träumte ! Es war 1 Uhr nachts und das Meer fing an zu reden und zu rauschen ! Die Tage und Nächte waren sehr lang ! Der Herr Krischanitz Maxi oder Franzi war lautlos und entzückt von der Umgebung, er lauerte auf einen Gockelhahn ! Er war berühmt durch das nichts und was des Sehens ! Die Hände des Herrn Maxi waren weiß, blaß und gelb ! Die Liebe stotterte leise auf den Ästen der Bäume ! Manchmal hörte die Nachtigall auf zu rufen ! Ich sitze da und trottele und denke vor mich hin ! Der Nasse Weg war glitschig und feucht wie ein nasses Tuch ! Es war lang und schön der Nachmittag ! Der Herr Berger Walter war gut und laut zum Hören und zum Sehen da ! Man spürte hinter und vor ihm die große Geschichte des Gehens ! Der Herr Tillo saß blütenweiß und voller Scharm auf dem Sessel ! Die Nacht wurde glühend heiß, durch den Mond ! Die Sterne lagen da, als gäbe es nur, lauter Mehl und Zucker ! Es war als saß der flüchtige Wind im Blättersattel ! Der Frühling wurde glaubwürdig – wahr ! Die Sonne senkte sich am Abendhimmel ! Die Steine wurden locker und zum spüren nah ! Alles glänzte wie sich der Wind im Wasser spiegelte ! Alles war groß und klein zugleich ! Ich saß da und dachte, von wem ich was hörte oder spürte ! Alles war leicht lieb gelb oder grün ! Meine Augen staunten und kamen ganz weit heraus ! Das war die Liebe zu dem Himmel und zu der lebendigen Hölle ! Die Luftbewegung war gut zum Hinnehmen ! Der Wirbelwind sagte Dank für die Liebe der

Menschen ! Es begann das große Glück in der kleinen Ecke ! Die Liebe sahe ich lieben und träumen ! Es war als wollte ich das Blatt vom Baume reißen ! Ich wollte den Atem anheben als ich viel Luft bekam ! Ich kam klar zum stehen ! Gut ! auf !
Gedichtet von Garber Johann

Mein Traum als Gott auf der Welt !
Ich träumte ich sei Gott auf der Welt ! So hat der Traum angefangen ! In einem Haus saß ich mit der Helga in der Nacht beisammen ! In der Küche war es, an einem Tisch bei elektrischem lichte ! Es war so, ich gab mir eine Spritze in den linken Zeigefinger, dann War ich auf der stelle Gott, Jesus Christus, das alles hat mir die Helga angeschafft ! Am Vortag sah ich die Helga noch und grüßte sie ! Das Haus war von meinem verstorbenen Vater von dem der Traum ausging. Ich wachte auf als ich das träumte ! Ich ward Gott und bin Gott ! Gut ! Es war um ½ 1 Uhr nachts.
Garber Johann

Leben läßt uns Gott, aber sterben, müssen wir Selber ! Der alleingang, des Messias ist Schön ! Wir sterben nicht, sondern wir Leben Ewig, in Fleisch und Blut ! Der gedanke vom »Ich« grenzt, sich bei Gott und beim Menschen ! Alles was blüht, ist Liebe !! Wir lieben uns Täglich, aufs Wieldeste !! Alles was, die Welt, besitzt gehört dem Menschen und auch Gott !! Das Wesen Gott und Mensch ist unzertrennlich !! Die Liebe, hält uns jung und hübsch ! Alles, was Lebt, ist unvergänglich !! Wir beten zu Gott und dem Menschen !! Die Furchtlose Gewalt, beherrscht uns !! Der Mensch, realisierte, die Welt !! Wer auch, einen Grund hat, der soll auch lachen, über den Lachgrund !
GEDICHT VON HRN. JOHANN GARBER = ENDE =

August Walla – Die »andere« Welt[7]

August Walla wurde 1936 in Klosterneuburg geboren. Er war ein uneheliches Kind und das einzige Kind seiner Mutter. Seine Eltern lebten nicht zusammen. August hat seinen Vater nie näher kennengelernt, er gibt an, daß er ihn als Kind öfters gesehen habe. Er ist in der Obhut seiner Großmutter aufgewachsen, da die Mutter berufstätig war. Der Tod der Großmutter im Juli 1943 war ein schwerer psychischer Schock für ihn. Als August zwei Monate später in die erste Klasse der Volksschule eintreten mußte, konnte er dort nicht mitlernen. Er kritzelte seine Hefte voll und sagte: »Alles, was rot ist, ist teuflisch!« August Walla wurde in eine Erziehungsanstalt eingewiesen, in eine Nervenklinik zu stationärer Beobachtung aufgenommen und hierauf in ein Kinderheim mit Hilfsschule überstellt. Erst im Frühjahr 1945 konnte ihn seine Mutter nach Hause nehmen. Möglicherweise ist bei August Walla schon nach dem Tode der Großmutter, also im siebenten Lebensjahr, eine schizophrene Psychose ausgebrochen. Das wäre ein ungewöhnlich früher Krankheitsbeginn.

August Walla hat bis zu seinem sechzehnten Lebensjahr die Hilfsschule besucht. Er hat nie eine berufliche Tätigkeit ausgeübt. Ein Jahr nach der Schulentlassung war er zum erstenmal im psychiatrischen Krankenhaus. Es folgten weitere Krankenhausaufenthalte. Die meiste Zeit lebte August Walla aber zu Hause bei seiner Mutter. Unbeeinflußt von äußeren Anregungen, schuf er sich in seiner Wohnung und vor allem in seinem Schrebergarten an der Donau eine eigene Welt, die man eine Wahnwelt, aber auch eine Kunstwelt nennen kann. Er wurde zu einem Sammler und Bastler und häufte alle möglichen weggeworfenen Gegenstände, die er bei seinen Streifzügen fand, in seinem Garten und in seiner Wohnung auf. Er schrieb und zeichnete viel, schrieb seltsame Wörter auf die Gegenstände seiner Umgebung, auf Türen, Bleche, Bretter, Baumstämme und sogar auf die Asphaltstraße. Er verwendete dazu Wörterbücher der verschiedensten Fremdsprachen und entwickelte geradezu eine Leidenschaft für fremdsprachige Wörterbücher.

Es spricht manches dafür, daß August Walla schon im Kindesalter eine Art Weltuntergang erlebt hat. Von diesem Augenblick an setzten bei ihm intensive Bemühungen ein, eine eigene Welt für sich zu schaffen, eine andere Welt, eine private, subjektive Wirklichkeit. Seit damals hat er immer wieder den Wunsch geäußert, seinen Namen zu ändern. Statt Walla wollte er Wallrra heißen; anstelle seiner drei richtigen Vornamen August Alois Georg wünschte er die Namen Russo Felix Hans Isidor; er nannte sich auch Apryct Hbocefso, und er ließ sich »umtaufen« in »Gott Sseznes«. In den Schriften August Wallas findet sich die Bemerkung, daß er keinen Beruf übernehmen werde »mit Zwang«, sondern nur einen Beruf, der ihm gefällt. So würde er zum Beispiel »in seinem irdischen Beruf« gerne ein jüngerer Jägersbursche sein, noch lieber wäre es ihm aber, könnte er im Ewigkeitendeland Apppanyen ein Ewigkeitendejäger sein. Der liebe Jesus, Gottessohn und Heiland, wisse, wo sich das Ewigkeitendeland befinde, oben am unendlichen hohen Himmel, im Urwald dort wolle er die Ewigkeitendetiere jagen.

Die »andere Welt« sucht August aber auch in allen Ländern dieser »Erdenkugel«, und er will vielleicht nur deshalb alle Sprachen lernen, um in den fernen Ländern ein neues Zuhause zu finden: »lerne allerliebstens weltallendeländische zigeunerische fremdsprachliche Fremdsprache immer. Lerne gerne doch makaoisch, russisch, japanisch, holländisch, spanisch, iranisch, italienisch, schwedisch, servokroatisch, und noch weiters so weiters, und so weiters.«

In dem abgebildeten Schriftstück (Abb. 20), welches Walla auf einen runden Karton mit der Schreibmaschine getippt hat, begründet er seinen Wunsch, in das »heiße Land Kongo« zu reisen damit, daß er an »Hautunreinlichkeiten« leide (er leidet an Psoriasis).

Wir nehmen an, daß es für August Walla von Anfang an schwierig war, ein einheitliches Ich aufzubauen, und daß im Verlaufe seiner kindlichen Entwicklung verschiedene Ereignisse und Erlebnisse die Überwindung innerer Konflikte immer mehr erschwert haben. Noch vor Eintritt der Pubertät führten jene Vorfälle, die den Zwiespalt in seinem Leben genährt hatten, zu einer so weitgehenden Spaltung seiner Persönlichkeit, daß eine Reintegration auf dem Boden der Realität nicht mehr möglich war, der »point of no return« in seinem Lebenslauf war erreicht, die schizophrene Psychose war manifest.

Walla stand aber auch noch nach dem Ausbruch der Psychose mit seiner Umwelt in Verbindung, nicht jede Beziehung ging verloren. In der Hilfsschule hatte er so manches gelernt, vor allem Lesen und Schreiben, aber auch Zeichnen, und er hatte sich gewisse Kenntnisse angeeignet. Das verwendete er nun nach eigenen Ideen und Bedürfnissen, eigenmächtig und eigenwillig wandelte er das Gelernte ab; er war dabei erfinderisch und äußerst produktiv. So ist durch die zunehmende Stilisierung seiner Kinderschrift seine Kalligraphie entstanden. August Walla ist ein Schriftkünstler geworden; und er hat ohne jedes künstlerische Vorbild auch noch andere Ausdrucks- und Gestaltungsweisen erfunden, die man besonders zeitgenössischer Kunst zur Seite stellen kann.

August Walla konnte viele praktische Beziehungen zu seiner natürlichen und sozialen Umwelt aber auch dadurch aufrechterhalten, daß er nicht dauernd hospitalisiert war, sondern trotz häufiger Kranken-

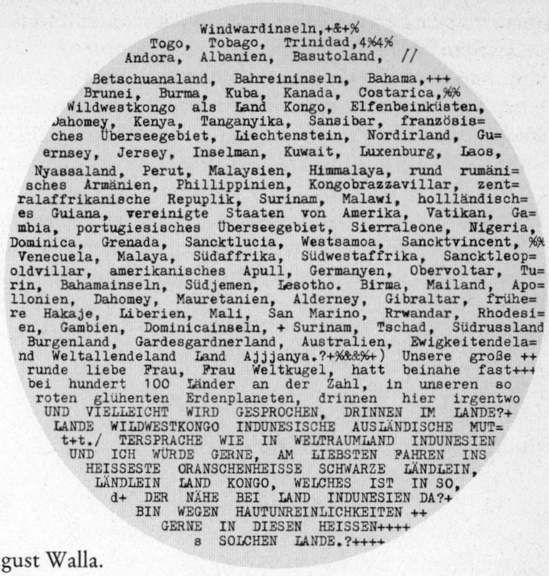

```
                    Windwardinseln,+&+%
            Togo,  Tobago,  Trinidad,4%4%
         Andora,  Albanien,  Basutoland,  //
        Betschuanaland,  Bahreininseln,  Bahama,+++
      Brunei,  Burma,  Kuba,  Kanada,  Costarica,%%
      Wildwestkongo  als  Land  Kongo,  Elfenbeinküsten,
      Dahomey,  Kenya,  Tanganyika,  Sansibar,  französis=
      ches  Überseegebiet,  Liechtenstein,  Nordirland,  Gu=
      ernsey,  Jersey,  Inselman,  Kuwait,  Luxemburg,  Laos,
      Nyassaland,  Perut,  Malaysien,  Himmalaya,  rund  rumäni=
      sches  Armänien,  Phillippinien,  Kongobrazzavillar,  zent=
      ralaffrikanische  Republik,  Surinam,  Malawi,  holländisch=
      es  Guiana,  vereinigte  Staaten  von  Amerika,  Vatikan,  Ga=
      mbia,  portugiesisches  Überseegebiet,  Sierraleone,  Nigeria,
      Dominica,  Grenada,  Sancktlucia,  Westsamoa,  Sancktvincent, %%
      Venecuela,  Malaya,  Südaffrika,  Südwestaffrika,  Sancktleop=
      oldvillar,  amerikanisches  Apull,  Germanyen,  Obervoltar,  Tu=
      rin,  Bahamainseln,  Südjemen,  Lesotho.  Birma,  Mailand,  Apo=
      llonien,  Dahomey,  Mauretanien,  Alderney,  Gibraltar,  frühe=
      re  Hakaje,  Liberien,  Mali,  San  Marino,  Rrwandar,  Rhodesi=
      en,  Gambien,  Dominicainseln, + Surinam,  Tschad,  Südrussland
      Burgenland,  Gardesgardnerland,  Australien,  Ewigkeitendela=
      nd  Weltallendeland  Land  Ajjjanya.?+%%&%+) Unsere  große ++
      runde  liebe  Frau,  Frau  Weltkugel,  hatt  beinahe  fast+++
       bei  hundert  100  Länder  an  der  Zahl,  in  unseren  so
         roten  glühenden  Erdenplaneten,  drinnen  hier  irgentwo
           UND  VIELLEICHT  WIRD  GESPROCHEN,  DRINNEN  IM  LANDE?+
            LANDE  WILDWESTKONGO  INDUNESISCHE  AUSLÄNDISCHE  MUT=
              t+t,/  TERSPRACHE  WIE  IN  WELTRAUMLAND  INDUNESIEN
              UND  ICH  WÜRDE  GERNE,  AM  LIEBSTEN  FAHREN  INS
                HEISSESTE  ORANSCHENHEISSE  SCHWARZE  LÄNDLEIN,
                 LÄNDLEIN  LAND  KONGO,  WELCHES  IST  IN  SO,
                  d+  DER  NÄHE  BEI  LAND  INDUNESIEN  DA?+
                    BIN  WEGEN  HAUTUNREINLICHKEITEN ++
                     GERNE  IN  DIESEN  HEISSEN++++
                       s  SOLCHEN  LANDE.?++++
```

Abb. 20:
Schriftbild von August Walla.

hausaufenthalte die meiste Zeit seines Lebens mit seiner Mutter im gemeinsamen Haushalt lebte und in seinem Schrebergarten in der Donau-Au ein freies Leben führte. Da Mutter und Sohn eine Rente bezogen, litten sie keine Not; die Mutter war sparsam. Lebensmittel und verschiedene Gegenstände, die August wünschte, konnten gekauft werden. Obgleich er vom Wert des Geldes keine richtige Vorstellung hat, kaufte er auch selber ein: Wörterbücher, Pinsel und Farben, Hefte, Bleistifte und Farbstifte, Tinte und Federn, und später, mit Hilfe der Mutter, sogar mehrere Schreibmaschinen, Musikinstrumente und schließlich ein Funkgerät.

August erlernte weder das Ziehharmonikaspiel, noch das Trompetenspiel, aber er besaß diese Instrumente, zog an der Ziehharmonika, griff in die Tasten und blies mit vollen Backen in die Trompete hinein. Auch mit dem Funkgerät wußte er nicht richtig umzugehen, dennoch hatte er die Absicht, Anfragen per Funk zu stellen, auf Antwort hoffend. Mit der Schreibmaschine notierte er »Funkgerätfragen«: »Wie hoch ist der Steffan,; als Kirchen in österreichischen Hauptbezirck Stadt Wien, von Land Österreich.?:%) Wieviel Kältegrade hat es doch in Rußland,«!;« oder: »Wer ist größer als der liebe Gott Sabaoth Zebaoth Cion in heiligen göttlichen gepriesenen Himmelsreich bei den Engeln dort.:?«

Die folgende Frage läßt erkennen, daß August Walla den Widerspruch zwischen der objektiven Wirklichkeit und der eigenen mythologischen Vorstellungswelt doch stark empfindet: »Was hilft, christliches heiliges Gebet, nach dem man zum Verspeisen abgeschlachtet hat einen größeren Hasen als verspeisbares eßbares Kaninchen, als einen Maunder doch, wenn man danach schlachtet den Hasen, und betet für seine tierische Kaninchenseele.?:/+)« – Die sechs Satzzeichen am Ende der Frage, deren richtige Verwendung August nicht kennt, haben für ihn mehr physiognomischen Charakter, dienen der Hervorhebung und Verstärkung und werden auch als Zierat verwendet, sowohl in der Handschrift als auch beim Schreiben mit der Schreibmaschine.

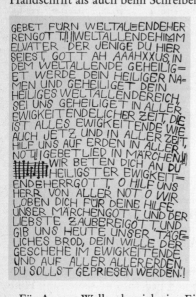

Abb. 21:
Schriftbild von August Walla.

Für August Walla, der sich eine Eigenwelt der Phantasie so ziemlich von Grund auf geschaffen hat, sind schon die Grundelemente der Schriftstellerei, nämlich die einzelnen Buchstaben und Satzzeichen besonders wichtig; sie sind die Träger mythischer, magischer und rationaler Bedeutungen, können sowohl ursprüngliche wie rationale Symbole sein. Es besteht bei Walla noch eine innige Verbindung von Schrift und Zeichen, von Schrift und Zeichnung; Zeichen und Zeichnung gehen ineinander über, sind eins.

Walla spricht von »heiligen Zeichen«. Er neigt dazu, einzelne Buchstaben abzuwandeln, ihre Formen zu verändern. Ein H, bei welchem einer der beiden Längsbalken an einem Ende nach innen gebogen ist, ist das Zeichen für »Hölle«. August Walla hat am Donau-Ufer Steine so in den Sand gelegt, daß sie dieses Zeichen bildeten; er verwendet es aber auch sehr häufig in seinen Schriften (Abb. 22). In einem seiner

Abb. 22: Das Zeichen »Hölle« von August Walla.

Hefte fand ich ein Blatt mit den Überschriften ›Phantasiezahlen‹ und ›Phantasiebuchstaben‹; er hatte versucht, neue Ziffern und Buchstaben zu erfinden (Abb. 23).

Die große Bedeutung, die Walla den einzelnen Buchstaben beimißt, zeigt sich auch darin, daß er beim Schreiben mancher Wörter einzelne Buchstaben nicht bloß verdoppelt, sondern verdreifacht und vervierfacht. Einem von ihm gezeichneten Leoparden gibt er den Namen »Mullloo«; er kennt einen »Ewigkeitendegeist Iilllkrii Saddddra.!« Im physiognomischen Erleben hat eben auch das Wort ein Gesicht und ist nicht bloß ein Zeichen, hinter dem eine bestimmte Bedeutung steht.

Der Psychoanalytiker Hans Christoffel[8] hat den Drang zu schreiben als eine Sublimierung infantiler Sexualität, vor allem der sogenannten Harntriebhaftigkeit aufgefaßt; er glaubte, urophile und uropolemische Tendenzen darin zu erkennen. Im Falle August Wallas ist dies ziemlich wahrscheinlich: Ein besonderes Interesse am Harnlassen und am Urin ist bei ihm sehr deutlich. Ich habe im Katalog ›Die Künstler aus Gugging‹ Motive aus seinem Werk, die Christoffels Theorie stützen können, zusammengestellt und möchte hier darauf nicht näher eingehen.

Als einen Hinweis in dieser Richtung sollte man aber doch vielleicht

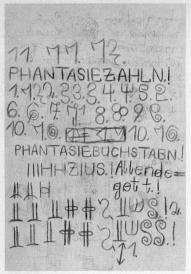

Abb. 23: Phantasiezahlen und Phantasiebuchstaben von August Walla.

auch die Tatsache betrachten, daß Walla zum Schreiben nicht unbedingt Papier benötigt; er schreibt auf alle möglichen Materialien und Objekte, oft auch mit Pinsel und Farbe, und sein Schreiben wird dadurch – man könnte fast sagen – landschaftsgestaltend; einer exhibitionistischen Tendenz ist dabei zu verdanken, daß seine Texte an die Öffentlichkeit gelangen: Walla schreibt auf die Asphaltstraße, er beschriftet Bäume, er schreibt auf Türen, Mauerwände und Zäune, er beschriftet weggeworfene und von ihm gefundene Gegenstände: Kartons, Kunststoffe, Bretter, Bleche, eine Ofentüre, einen Waschmaschinendeckel, die Rückseite eines zerbrochenen Spiegels. Diese Objekte stellt er in der Wohnung oder in seinem Garten auf, veranlaßt seine Mutter, die Gegenstände zu halten und zu zeigen, und fotografiert sie dabei; oder er hält die Tafeln selbst und läßt sich von der Mutter fotografieren. Wegen Baum- und Straßenmalereien hat Walla oft Beanstandungen gehabt; er läßt sich trotzdem davon nicht abbringen und verrät eine gewisse Polemik damit. Dabei muß betont werden, daß August Walla weder durch die heutigen »Sprayer« noch durch die Mode der Graffiti, noch durch Land Art oder dergleichen beeinflußt worden ist.

Die Worte, welche Walla auf die Objekte schreibt, sind meist rätselhaft und geheimnisvoll, er entnimmt sie – oft verballhornt – seinen Wörterbüchern. Auf eine schwarze Ofentüre schreibt er mit weißer Farbe »ASAP RUGI« und setzt das Zeichen Hölle dazu; auf einem schmalen Brett findet sich das Wort »KEMODOLAN.?«, auf einem anderen das Wort »TONNERU«, wieder auf einem anderen steht »EHRENLOS.?«, und wieder ist das Zeichen Hölle dabei. Leichter verständlich sind für uns die folgenden Worte, die auf ein quadratisches, braun gestrichenes Blech mit weißer Farbe geschrieben sind: »AQUA TOQUE FLUFIUS VITA.«! Walla wollte damit sagen, daß nur an der Donau für ihn das Leben ist. Auf der Rückseite eines von ihm bemalten Ofenschirmes steht das Wort »Cmept-har.«, daneben befindet sich ein Teufelskopf und das Zeichen Hölle. Nicht selten schichtet Walla auf einem Objekt auch mehrere Schriften palimpsestartig übereinander.

Auf die Frage, wer seine fremdsprachlichen Texte verstehen könne, sagte Walla: »Dolmetscher«. Es geht ihm also gar nicht darum, daß die Leser diese Wörter verstehen; er will die Leute bloß beeindrucken, neugierig machen und vor ein Rätsel stellen.

Die schriftkünstlerische Begabung August Wallas äußert sich nicht nur in der Gestaltung der einzelnen Schriftzeichen, sondern in der Ausfüllung und Komposition des gesamten Raumes, den der Schriftträger bietet.

Ein längerer fremd- und geheimsprachlicher Text, den Walla zu Papier gebracht hat, lautet so:

Bejhoctpkoheu Bejhoctb-
koheunaoa Bejhoctbkoheu-
amor Amor Naoa lijhieliile
Shaadeaa Ccöödh Cavar
hnktö noxäajn cjnätbcr.?

Auch dieser Text scheint eine eher willkürliche Zusammensetzung einzelner Buchstaben zu sein; solche Wörter können nur geschrieben, aber nicht gesprochen werden. Wenn man Walla ersucht, den Text vorzulesen, dann liest er das Geschriebene so, daß er die Laute, die durch die einzelnen Buchstaben symbolisiert werden, nicht verschleift, sondern mehr oder weniger getrennt voneinander ausspricht.

Die von ihm selbst gebildete geheime Sprache scheint sich für Gebete besonders zu eignen, vor allem das Lateinische:

Gebetlied gegen Klopfen am Gange.!
Armeseelengebetlied für Frau
Jelinek, und Weiker, des Türerüt-
teln.! Verabschiedungsgebet. Latei-
nisch.! Corporos Corporor Jelinek
et Corboror Iscrix, Corporor Sararillhs
Sararillhcorporor. Sararillhsancto

Sanctotuo Jelinek et Tuo Weiker,
Sancto Corbororsancto. Corbororsancto
Caelesexillentia Caeles Sararillh.?
corporeus Stückler Corbor. Corporor
Stückler, cöpis cöpis Sararillh. Coronatio Sararillhcoronatio saecu Coronatio, Interprätätiö Cosmonatürainterprätätö Polusinterprätätiö Caelesinterprätätiö.!

Viele Schriften August Wallas haben einen gewissen lexikalischen Charakter. Es finden sich deutsche Wörter und deren fremdsprachliche oder pseudofremdsprachliche Idiome; dabei kommt es häufig zu Wiederholungen:

Testiculo Wallatesticulo Testiculo Wallartesticulo.! Hodensack Wallatesticulo Hodensack Wallarhodensack. Micciön micciön Wallar August.! Brunzen brunzen Wallar August.!

Aber auch im Deutschen neigt Walla dazu, Wörter, die ihn innerlich beschäftigen, aneinanderzureihen. So schreibt er zum Beispiel alle Wörter auf, die ihm zu einem bestimmten Thema einfallen:

Diebesstahl, Strolcherei, Stritzilei, Gaunerei, Aktentatt, Raubverbrechen, Sträflichkeit, Lumperei, Rauberei, Lakelei, Banditenheit, Untatt, Zuchthäuslerei, Bücherei, Gesindelheit, Falottentatt, Gewalttätigkeit, Meuchelmord, Mord, doppelmord, Massenmord, Raubüberfall, Kriminalverbrechen, Polizeiwiederlichkeit, Apachelichkeit, Hundlingstatt, Hundetatt, Würgerei, Sittlichkeitsverbrechen, Gemeinheitsverbrechen, Misshandlungen, Tiranei, Marterei, Tierequälerei, Beleidigungswortverbrechen, Aufbrecherei, Brandstifterei, Beschädigung.

Ein anderes Mal zählt Walla wieder verschiedene Grußformeln auf, die ihm bekannt sind:

Grüße.! Guten Tag, Servus, Adjöö, Auf Wiedersehen, Auf Wiederschauen, Grüß Gott, Hawwjderri, gute Nacht, guten Abend, Guten Morgen, heil Stalin, Sieg Heil, Heil Hitler, Heil Adolfe, Grüß dich Gott.!

Und dann wieder:

Schweinische kommunistische religionslose wörter.! Lulu Euter Fut Euter Euteut Tofftoff pfu pfuideixerl Wiernitz.? Brrd brrd hüüo hüüo Pprr Pprr.?

Abb. 24: Schriftbild von August Walla.

Für den Arzt schreibt er alle Beschwerden auf, an denen er leidet und die ihm Kummer machen:

Herzbeschwerden allerlei von mir auch.! Herzquetschungsgefühle, zuhoher Bluttruk, Schwindligkeiten, erhitzte zuhohe Fiebertemperatur, Atembeschwerden, Ängstlichkeiten, ärgere Schwächegefühler, unnatürliche so Abgespanntheit, Brechreizgefühle, Bauchschmerzen, Durchfall, zuschwaches Herzklopfen, Violette Herzwasseradern, manchmal Schlaflosigkeit auch.?

Walla bildet auch gerne Wortreihen, wobei er die Wörter nach irgendeinem Prinzip spielerisch abwandelt:

Teuflinen, Teufeln, Russinen, Russen, Englinen, Engeln, Kapitalistinen, Kapitalisten.!

Oder:

Kreyssky Brunnoe, Muhri Franze, Kohl Franze, Hitler Adolfe, Idollojonowitsch Staline, Lenine, Josef Franze.!«, oder: »Lumpo Deppo Brunzo Russo Servo Lucio Teuflo sind einige sowjetische Kosesnamen.

August Walla vermag aber die Sprache auch in grammatikalisch strukturierter Form zu gebrauchen, zum Zweck eines verständlichen Berichtes. Oft finden sich tagebuchartige Eintragungen in seinen Schriften:

Abb. 25: Das Zimmer von August Walla im »Haus der Künstler«, 1985.

Sonntag an 24 September Jahr 1977.! Igel mit Igelnamen Njpppj habe gefangen ich in Unterkritzendorf in der Bäckergasse, am Abend um 7 Uhr heute, nach Waldandachtsausflug. Meinen Igelburschen habe getauft ich finnlandisch mitm Vornamen Siili.! Siili.! SIILI.! Siili.!

Ich habe am Sonntag dem neunten 9 November im Jahre neunzehnhundertsiebzig 1970, zwei grüne Bäume mit silbernem heiligem Kreuz bemalet in der Au wo.!

Seit November 1983 lebt August Walla wieder in unserem Krankenhaus. Seine Mutter befand sich im 88. Lebensjahr, sie war sehr vergeßlich geworden und war nicht mehr imstande, den Haushalt zu führen. August war ohne seine Mutter hilflos. Wir nahmen daher beide in unser Haus der Künstler auf, sie erhielten ein eigenes Zimmer. August genoß die größte Freizügigkeit, und wir versuchten, beiden das Leben so angenehm wie möglich zu gestalten. Wir stellten es August anheim, das Zimmer auszumalen, er hatte auch die Möglichkeit, die Außenwände des Hauses und ein Gartenhäuschen zu beschriften und zu bemalen. Er ist dennoch unglücklich, vor allem, seitdem die Mutter wegen zunehmender Pflegebedürftigkeit in die geriatrische Abteilung verlegt werden mußte. August kann sie täglich besuchen, aber was er sich im Grunde seines Herzens sehnlichst wünscht, bringt er in seinen Schriften zum Ausdruck:

Abb. 26: Schriftbild am Gartenhaus von August Walla.

Märchen von August Walla
Es war in Märchenklosterneuburg in der Märchenwelt, also zur einer Zeit als dieser Märchenherrgott, Herr Zebaoth, die Welt königlich regieret, und göttlich verzaubert die Welt, durch sein göttlichen kirchlichen heiligen Zauberschlüssel.!

Es war einmal, es war einmal als der liebe Gott erschaffen hat viele brave Zauberer und viele brave Zauberinen als Hexen, da hat die Ewigkeit sich geöffnet als Weltall geöffnet, und ein Loch bekommen, und heraus, kommt aus dem Ewigkeitendeloch der Weltallendegott Prophet Saaadtdan, in richtiggeschrieben Sadtdan der heilige Sadtd, und ging min Herrn Zebaoth, hinunter vom Himmel auf die Erden, auf die Arneckerstraße, in der Au da, und begegnet meine Mutter Aloisia wahrlich, begegnete am Weg meine brave Mutter Aloisia Walla, Gott Sabaoth gibt meiner 39-jährigen jüngern Mutter einen silbernen göttlichen mächtigen Zauberlöffel, und Gott der Herr sprach zu meiner Mutter, liebe Frau, nihm mein Löffel und zaubere dir da eine Schrebergartenhütten aus goldmetallernen goldernen Ziegeln, und lasse Haus mit Goldfarbe auswendig bemalen, Mutter zauberte im nuh eine goldene Schrebergartenhütte samt Garten dazu, und zauberte, mir Sohn, eine kurze dikke liellare Schwimmhose, so hellviolette noch her.

Fritz Koller – Ein freundlicher Mensch[9]

Fritz Koller wurde am 11. April 1929 in Wolfpassing in Niederösterreich als Sohn eines Landwirtes geboren. Er hat fünf Jahre die Volksschule und zwei Jahre die Hauptschule besucht; wegen Schwierigkeiten im Rechnen mußte er zwei Klassen wiederholen. Er half in der väterlichen Landwirtschaft mit und arbeitete später auch in einer Gärtnerei und bei der Wildbachverbauung. Kurz vor Kriegsende wurde er, im Alter von sechzehn Jahren, während des Einmarsches der russischen Armee zum deutschen Volkssturm eingezogen. Die schrecklichen Erlebnisse und die Angst, die er damals hatte, tauchten später immer wieder in seiner Erinnerung auf und erregten ihn sehr. Wieder zu Hause, hörte er Stimmen und Funksprüche, saß im Bett und hielt sich die Ohren zu; er fürchtete, erschossen zu werden. Mit siebzehn kam er deshalb zum erstenmal ins psychiatrische Krankenhaus. Seit 1950 ist Fritz Koller dauernd hospitalisiert. Er befand sich schon lange Zeit im Krankenhaus, als er – etwa um 1970 – zum Zeichnen angeregt wurde und als ein völlig eigenständiger Zeichner im Kreis der Gugginger Künstler Aufnahme fand. Fritz Koller lebt jetzt im Haus der Künstler. Er nimmt regelmäßig an unseren Ausstellungen teil; im Jahre 1981 hatte er eine Einzelausstellung in einer Wiener Kunstgalerie; seine Arbeiten wurden vom Wiener Museum moderner Kunst und von der Neuen Galerie der Stadt Linz angekauft.

Fritz Koller ist ein Pykniker mit gemütlichem Temperament und beträchtlichem Übergewicht; er ißt und trinkt gerne, zu gerne. In jüngster Zeit wurde er, wenn er zum Zeichnen nicht disponiert war, von meinem Mitarbeiter Dr. Johann Feilacher aufgefordert, über irgendein Thema einen kurzen Text zu schreiben. Diese Texte wirken kindlich-naiv; sie lassen erkennen, daß Koller noch über zahlreiche Kenntnisse verfügt, die er in seiner Jugend auf dem Bauernhof der Eltern und in der Schule erworben hat. Man kann diesen Schriften außerdem entnehmen, daß er sich an seinem jetzigen Aufenthaltsort sehr geborgen fühlt, besonders unter der mütterlichen Obhut der in unserem Haus der Künstler tätigen Schwestern; offenbar hat Fritz Koller ein starkes Bedürfnis nach mütterlicher Geborgenheit. Dieser Wunsch kann wohl nicht deutlicher, aber auch nicht kindlicher ausgedrückt werden als in den Gedichten an die beiden Schwestern:

Die Schwester Johanna ist
eine liebe Frau. Sie hilft
beim Ankleiden. Sie gibt
uns viel zu essen. Beson-

der Gutes. Schöne Semmeln
gibt sie uns gerne. Sie
gibt uns das Nachtmahl.
Sie deckt uns gerne zu.
Sie kümmert sich um Ihre
Kranken. Sie ist eine liebe
Person. Es grüßt Sie Ihr
Fritz Koller.

Unsere Schwester Doris ist
eine hübsche Frau. Sie
gibt uns Kuchen und Kaffee.
Auch eine Torte gibt sie uns.
Sie kümmert sich recht um
Ihre Patienten. Sie ist sehr lie-
bevoll. Sie ist eine sehr schöne
Frau. Sie ist sehr lieb zu uns.
Wir singen mit ihr. Wir
lachen und schallen mit
Ihr. Die Besten Weihnachtsgrüße
von Fritz Koller. 24. Dez. 1984.

Am stärksten berührt hat mich aber der folgende Text:

Die russischen Flugzeuge sind
die besten. Sie fliegen über
den Wald. Werfen keine Bomben.
Sie sind sehr schön. Sie sausen
über den Wipfeln des Waldes.

Der Pilot ist ein freundlicher
Mensch. Er läßt sein Maschinengewehr knattern. Ansonsten
ist alles ruhig. Viele Grüße
ihr Fritz Koller. 12. Dezember 1984.

Man muß wissen, daß Koller die Kriegsereignisse des Jahres 1945 als Sechzehnjähriger miterlebt hat und daß der Ausbruch der Psychose mit seinen Erlebnissen in dieser Zeit in Beziehung steht. Er hatte Angst vor den russischen Flugzeugen, die über seinen Heimatort flogen und in unmittelbarer Nähe eine Bombe abwarfen. In seinem Text schreibt er jedoch: »Werfen keine Bomben ... Sie sind sehr schön.« Schließlich fügt er zwei Aussagen aneinander, die einander sehr zu widersprechen scheinen: »Der Pilot ist ein freundlicher Mensch. Er läßt sein Maschinengewehr knattern.« Da stimmt etwas nicht; ein Pilot, der sein Maschinengewehr knattern läßt, ist kein freundlicher Mensch – im Gegenteil. Welche psychologische Situation könnte der Inkonsistenz dieser beiden Sätze zugrundeliegen? Wie ist diese Äußerung zu verstehen?

Fritz Koller wollte hier keinen Spaß machen; seine Aussage ist sicher nicht ironisch gemeint. Er hat diesen Text ernst und mit großer Naivität vorgelesen. Er wollte auch nicht zum Ausdruck bringen, daß ein Flugzeugführer, der im Kriegsfall mit dem Maschinengewehr auf Menschen schießt, zu Hause oder im Kreis seiner Kameraden ein freundlicher Mensch sein kann; der Text befindet sich nicht auf einem derartigen Reflexionsniveau. Auch die vorhergehenden Aussagen wie »Werfen keine Bomben« sprechen dafür, daß es sich hier eher um eine Wunscherfüllung in der Phantasie und um eine Verleugnung der Bedrohung handelt, die Koller erlebt hat und woran er sich immer noch erinnert.

Man muß sich vielleicht vorstellen, daß Fritz Koller vor dem Ausbruch seiner Psychose mit den Menschen seiner Umgebung noch in einer mehr symbiotischen Beziehung stand, die Welt – besonders in emotioneller Hinsicht – noch ein ungeteiltes Ganzes für ihn war. Er hatte jenes Stadium der Individuation, in dem alles durch die Vernunft eingeteilt wird, noch nicht erreicht. Er konnte daher auch nicht realisieren, daß ein Mensch einmal gut und ein anderes Mal böse sein kann, daß es Menschen gibt, die sich ihm gegenüber wohlwollend verhalten, und andere, die ihn unter Umständen bedrohen. Für ihn war entweder alles gut oder alles böse. Und weil er nicht imstande war, die Gespaltenheit der Welt zu ertragen und sich ein entsprechendes vernünftiges Modell dafür zu bilden, wurde er selbst gespalten, schizophren. Diese Gespaltenheit hat er mit seinem Text in den Piloten projiziert.

Nach heutiger Auffassung liegt der Schizophrenie eine Ich-Schwäche zugrunde. Diese Ich-Schwäche äußert sich zum Beispiel in der Unfähigkeit zu erkennen (und zu akzeptieren), daß die Welt Angenehmes und Unangenehmes für uns bereit hält. Ein in sich gefestigter Mensch mit einem starken Ich, der ausreichend gute Erfahrungen von früher Kindheit an gemacht hat, findet sich damit ab; seine Frustrationsschwelle liegt relativ hoch; sein Verhalten wird von der Vernunft gelenkt. Fritz Koller fehlt diese Fähigkeit. Er möchte, daß alle Menschen gut zu ihm sind; das Schlimme, das er erlebt hat, will er vergessen. Da ihm das aber nicht ganz gelingt, das Negative vielmehr immer wieder in unheimlicher Weise in sein Bewußtsein dringt, bleibt er psychotisch.

Nach Michel Foucault[10] kann einzig und allein der reale Konflikt der Existenzbedingungen als Strukturmodell für die Paradoxe der schizophrenen Welt dienen, »... die wirkliche Kausalität eines Uni-

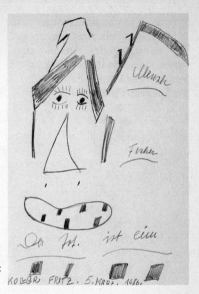

Abb. 27: Fritz Koller: Der Tod ist ein fescher Mensch. Bleistift, 1986.

versums, das von sich aus nicht in der Lage ist, eine Lösung anzubieten für die Widersprüche, die es selbst hat entstehen lassen.«

Ein weiteres Beispiel für die Vereinigung des Unvereinbaren (»concordia discors«) ist auch der Titel einer Zeichnung, die Fritz Koller kürzlich hergestellt hat. Der Titel der Zeichnung lautet: ›Der Tod ist ein fescher Mensch‹. Diesem Versuch einer Integration auch der extremsten Gegensätze widerstreitet die Zeichnung, in der die dargestellte Figur zerstückelt ist (Abb. 27).

Der Mensch sucht durch ein vernünftiges Verhalten diese Widersprüche zu entschärfen, Gegensätze auszugleichen oder zumindest erträglich zu machen. Der Höhepunkt der Vernünftigkeit, des Rationalismus, besteht in der völligen Verleugnung von Gut und Böse, der radikalen Psychologisierung allen Erlebens, in einer Betrachtung der Welt sozusagen von außen her, als unbeteiligter Zuschauer, objektiv. Früher oder später meldet sich jedoch wieder die Subjektivität. Extremer Objektivismus und extremer Subjektivismus kommen bei schizophrenen Menschen oft nebeneinander vor.

Eine Schnecke kriecht den Berg hinan. In Laub und Wald. Auch
auf Kellern und Hütten kann
man sie finden. Dann kommen
die Raben und sie fressen sie

alle auf. Sie verkriechen sich
in Wald und Fels. Sie fressen
Würmer und Käfer. Ansonsten
sind sie ein Friedliches Volk.
Viele Grüße von Koller Fritz.
29. Februar 1985.

IV
Die Dichter Edmund Mach und Ernst Herbeck

Im letzten Kapitel möchte ich über zwei schizophrene Patienten berichten, die im Rahmen therapeutisch-rehabilitativer Bemühungen das Selbstbewußtsein und den sozialen Status des Schriftstellers erlangt haben. Ernst Herbeck und Edmund Mach waren vor ihrer Erkrankung nicht literarisch tätig; sie haben auch in ihrer Jugend keine Gedichte geschrieben. Als Voraussetzung brachten beide eine gewisse sprachliche Begabung mit. Ernst Herbeck hat die Volks- und Hauptschule und eine Klasse der Handelsschule besucht, er war ein guter Schüler. Edmund Mach hat das Gymnasium abgeschlossen und hat hierauf einige Semester Geschichte und Englisch studiert; infolge seiner Erkrankung konnte er aber das Hochschulstudium nicht beenden.

Die Kreativität, deren es neben den sprachlichen Voraussetzungen bedarf, um ein literarisch interessantes Gedicht zu schreiben, verdanken Ernst Herbeck und Edmund Mach ihrem Leiden, der Psychose. Ich habe an anderer Stelle näher ausgeführt, wie problematisch es ist, von psychischer Krankheit zu sprechen, und wie sehr wir dazu neigen, mit dem Begriff der Krankheit und ganz besonders mit dem Begriff der Geisteskrankheit ausschließlich negative Konnotationen zu verbinden. Mit meiner ganzen kunsttherapeutischen Arbeit und auch mit deren Darstellung in diesem Buch wollte ich zeigen, daß die Psychose nicht nur eine seelische Störung und Behinderung, sondern auch ein schöpferischer Zustand ist, mit der Kreativität nicht-psychotischer Menschen durchaus vergleichbar.

Edmund Mach und Ernst Herbeck wurden, als sie sich bereits im chronischen Stadium der Psychose befanden, im Krankenhaus zum Schreiben angeregt, und sie benötigen diese Anregung bis heute. Ich möchte besonders am Beispiel meiner therapeutischen Beziehung zu Ernst Herbeck darlegen, inwiefern sein Schreiben auch als ein Ergebnis einer Therapie zu betrachten ist; auch der Begriff »Kunst-Psychotherapie«, wie ich ihn verstehe, soll damit illustriert werden.

Ernst Herbeck und Edmund Mach bedürfen aber nicht nur zum Schreiben der Begleitung des Therapeuten. Auch bei der Vermittlung zwischen dem Autor und seinem Publikum brauchen sie dessen Initiative und Hilfe. Der Therapeut ist der erste Rezipient ihrer Dichtungen. Von ihm hängt es ab, was einer größeren Öffentlichkeit unterbreitet wird. Es kommt hier ein Moment ins Spiel, durch das sich unser Begriff der Kunsttherapie von der Kunsttherapie im üblichen Sinn unterscheidet. Im allgemeinen versteht man unter Kunsttherapie ein bildnerisches oder literarisches Schaffen, bei dem es auf den therapeutischen Effekt dieser Tätigkeit allein ankommt und die künstlerische oder literarische Bedeutung der Ergebnisse irrelevant ist.

Hier in Gugging haben wir uns die Aufgabe gestellt, gemeinsam mit unseren begabten Patienten einen Beitrag zur zeitgenössischen Kunst und Literatur zu liefern. Dazu bedarf es eines engen Zusammenwirkens zwischen den Autoren, also unseren Patienten, und ihren Therapeuten. Das therapeutische setting ermöglicht dieses Zusammenwirken, und die über Jahre sich erstreckende Arzt-Patient-Beziehung gibt die Zeit, welche der Patient braucht, um ein gewisses Œuvre zu schaffen. Aufgabe des Therapeuten ist es dann, die Arbeiten des Patienten, soweit er es für richtig hält, bekannt zu machen. Dabei stellt sich heraus, ob das entstandene Werk literarisches oder künstlerisches Interesse findet.

Ernst Herbeck und Edmund Mach konnten ihre gesammelten Schriften selbst in Buchform herausgeben, sie sind in der Öffentlichkeit aufgetreten, haben in Filmen mitgewirkt, bedeutende Schriftsteller und Rezensenten haben ihnen Anerkennung gezollt, sie lesen immer wieder in kleinerem Kreis aus ihren Werken vor. Beide Patienten wurden zu Mitgliedern der Grazer Autorenversammlung, der größten Schriftstellervereinigung Österreichs, gewählt. Sie leben derzeit in unserem Haus der Künstler.

Kunst und Literatur sind historisch-kulturelle Erscheinungen; ob der Beitrag eines einzelnen darin einen gewissen Bestand und damit auch eine gewisse Historizität erlangt, hängt nicht bloß von seinem Willen und seinem Ehrgeiz ab, sondern – auf längere Sicht ausschließlich – vom Urteil der Rezipienten.

Die Art-brut-Künstler und auch unsere literarisch tätigen Patienten überlassen es von Anfang an anderen zu entscheiden, ob ihre Arbeiten von künstlerischem oder literarischem Interesse sind. Sie sind zu einer Bewertung ihrer Werke, wozu es ja gewisser Kenntnisse auf dem Gebiet der Kunst oder Literatur bedarf, nicht imstande. Das setzt in meinen Augen die Bedeutung ihrer Arbeiten jedoch nicht herab.

Die Annahme, daß die Werke dieser Menschen direkt aus dem Unbewußten hervorgehen würden und ohne Überlegung zustandekämen, ist falsch. Es ist auch nicht richtig, daß es sich dabei um eine Kunst ohne jede Beziehung zu einem Publikum, um eine rein monologische Kunst handelt; denn auch die psychotischen Menschen haben bei ihren Äußerungen einen Empfänger im Sinn. Was ihnen fehlt, ist bloß die richtie Bezugnahme zu den sozialen und rationalen Gegebenheiten; oft sind ihre Ideen unrealistisch und ihre Mitteilungen schwer verständlich. Das hindert sie jedoch nicht daran, Zeichnungen und Gedichte von großer Originalität und höchster Authentizität zu schaffen.

Was uns die Kunst der Patienten zu zeigen vermag, ist »das Schizophrene«, das in uns allen ist, in der Gesellschaft und in jedem einzelnen: das Paradox, die Widersprüchlichkeit, die scheinbar unvereinbaren Gegensätze – und auch die Sehnsucht, das Bemühen und den oft scheiternden Versuch, den Widerspruch im eigenen Inneren und in der Welt zu überwinden.

Edmund Mach – Buchstaben Florenz

Die literarische Tätigkeit Edmund Machs begann im Jahre 1965 während eines Aufenthaltes im psychiatrischen Krankenhaus. Edmund Mach kam jeden Morgen in mein Arbeitszimmer. Papier und Kugelschreiber lagen bereit. Ich nannte ihm einen Titel, er begann hierauf sofort zu schreiben. Er stockte während des Schreibens nur selten, mußte kaum jemals einhalten, um nachzudenken. Er schrieb alles nieder, wie es ihm einfiel, meist eine Seite voll. Er las dann den Text vor.

Der Dichter

Ist langsam beginnend
schreibend
in seinen Zeilen verharrend
bis Ende kommend
das ist der Dichter

Zu näheren Reimen muß
er sich mühen
um die Romantik zu berechnen
die nahe ist

Er berührt eindeutig
das Gedicht in Gedichtform
und eigen sind die Reime
die umspielen sein Gedicht

Edmund Mach hatte vorher nie geschrieben. Die Genauigkeit der Aussage, die Rhythmik des Textes, die Wiederbringung des ersten Wortes am Schluß der ersten Strophe, die Eigenwilligkeit der Partizipialkonstruktion, die Alliterationen in der zweiten Strophe, das sind poetische Qualitäten, die sich ganz von selbst eingestellt hatten, ohne bewußte Nachahmung literarischer Vorbilder.

Mach korrigiert nie etwas, streicht nichts, überarbeitet seine Schriften nicht. Seine Dichtung ist sein Gedankenstrom, zu Worten geformt und schriftlich fixiert. Er hatte nie das Bestreben, seine Schriften selbst aufzubewahren, sie zu sammeln, weiter zu bearbeiten oder sich um eine Publikation zu bemühen. Er übergab mir den Text, und damit war alles weitere mir überlassen.

Seit dem Jahre 1967 wurden literarische Arbeiten von Edmund Mach, Gedichte und kurze Prosatexte, in verschiedenen Büchern und

Zeitschriften veröffentlicht, anfangs unter dem Pseudonym Otto, dann unter dem von ihm selbst gewählten Pseudonym Aloisius Schnedel, schließlich unter seinem richtigen Namen. Im Jahre 1982 konnten diese Arbeiten zusammen mit einer größeren Zahl noch unveröffentlichter Texte in einem Buch gesammelt herausgegeben werden. Edmund Mach hat den Verlagsvertrag mit Hilfe seiner Rechtsvertreter selbst abgeschlossen; sein Autorenrecht ist ihm somit voll gewahrt. Das Buch hat den Titel ›Buchstaben Florenz‹[1]. Der Titel stammt aus dem Gedicht ›Über die Philologie der menschlichen Aussprache‹. Dort heißt es: »Manchmal, um meine Einrichtung zu streifen, kommt die Philologie einem als Buchstaben Florenz vor.«

Edmund Mach hat an öffentlichen Lesungen im Krankenhaus und in der Galerie nächst St. Stephan teilgenommen. Er hat auch in zwei Filmen mitgewirkt, und zwar in dem Film ›Mitteilungen aus der Isolation‹ (1971), den Ferry Radax hergestellt hat, und in dem Film von Heinz Bütler ›Zur Besserung der Person‹ (1981).

Edmund Mach wurde am 3. Oktober 1929 in Wien geboren. Er besuchte das Gymnasium und begann nach der Reifeprüfung ein Hochschulstudium. Er studierte sechs Semester Englisch und Geschichte, legte dann aber keine Prüfungen mehr ab. Er hatte keine Lust am Studium und war als Tennislehrer tätig. Er wohnte in Untermiete, getrennt von seinen Eltern. Im Alter von achtundzwanzig Jahren kam er in das psychiatrische Krankenhaus. Er sagte, es fehle ihm an Lebensmut. Es sei ihm in letzter Zeit alles unwirklich, wie im Traum vorgekommen. Er könne sich gar nicht an alles erinnern. Manches wäre da wirr in letzter Zeit. Auch sein Unterbewußtsein sei nicht in Ordnung. Auf die Frage, warum er in das Krankenhaus gekommen sei, sagte er: »In puncto Logik habe ich das A und B unsicher in der Hand, daraus ergibt sich ein falsches C.«

Von 1957 bis 1984 wurde Edmund Mach insgesamt dreizehnmal im Niederösterreichischen Landeskrankenhaus für Psychiatrie und Neurologie Klosterneuburg-Gugging stationär behandelt, meist etliche Monate hindurch. Nach den ersten Aufenthalten war Mach wieder als Tennislehrer tätig. Als er keine Schüler mehr fand, trug er sich mit dem Gedanken, nach Amerika auszuwandern; er wollte dort Holzfäller sein. Er wohnte wieder bei seinen Eltern, ging viel spazieren, lag häufig im Bett. Wenn ihm der Vater zuredete, er solle arbeiten, sagte er: »Danke, danke!« Er sprach auch mit den Eltern nur mehr das Allernötigste.

Im Jahre 1965 starb Machs Vater, zwei Jahre später seine Mutter. Als er im Juli 1968 wieder einmal aus dem Krankenhaus entlassen werden sollte – nach seinem siebenten Aufenthalt –, mußte er deshalb im Bezirksaltersheim seines Heimatortes Gloggnitz untergebracht werden. Seither pendelt Mach zwischen dem Altersheim und dem

Krankenhaus; für eine berufliche Rehabilitation, ein selbständiges Leben in eigener Wohnung oder bei Verwandten bestand keine Möglichkeit mehr. Derzeit lebt Edmund Mach in unserem Haus der Künstler.

In einer depressiven Verstimmung sagte Edmund Mach einmal zu seiner Mutter: »Ich verdiene mir doch das Essen gar nicht.« Darauf die Mutter: »Aber du wirst es dir wieder verdienen.« Darauf er: »Eigentlich bin ich schon zehn Jahre tot.«

Resignation und eine eigentümliche Art, sie zu überspielen, kennzeichnet Machs heutigen Zustand. Er meint, daß sein Leben »ein bisserl verpfuscht« sei, weil er weder im Studium noch als Tennislehrer vorangekommen sei. »Zwanzig Jahre bin ich schon von einer Nervenheilanstalt in die andere ...«, sagte er.

Edmund Mach war ein Einzelkind. Er bedauert es nicht, daß er keine Geschwister hat. Er hat außer einer Tante keine näheren Verwandten mehr. »Wenn man halt die Mutter und den Vater verliert, da ist man halt traurig, nicht?« »Meine Mutter, die hätte Sie gerne gesehen«, sagte er einmal zu mir, »Sie wären von ihr begeistert gewesen, weil sie so nett war.« Mach hat auch keinen Freund und keine Freundin. Er begründet es damit, daß auch sein Vater, der im Ersten Weltkrieg eingerückt war, niemanden gehabt habe und daß er gesagt habe, man könne »ohne Freundin durchstehen«. Auf die Frage, ob es nicht normal sei, wenn ein Mann eine Freundin habe, meinte Mach: »Na ja, vielleicht in Amerika.«

Seine Eltern hätten »verschmitzt« gelacht, als er die Absicht geäußert habe, zu studieren und Mittelschulprofessor zu werden. Das wäre die größte Freude für seinen Vater gewesen, meinte Mach. Seine Familie habe vis à vis von jenem Altersheim (Mach sagt »Armenhaus«) gewohnt, wo er jetzt seit Jahren untergebracht ist. Als er noch zur Schule ging, habe sein Vater zu ihm gesagt: »Edi, wenn du schlecht lernst, kommst du ins Armenhaus!« Das sei nun eingetroffen.

Sein Wunschtraum, Amerika, ist auch heute noch seine große Utopie. Als ich ihn einmal fragte, ob er glaube, daß es außer dieser Welt noch andere Welten gibt, sagte er: »Na ja, es gibt Amerika.« Er sei weniger für das Metaphysische, mehr für die Realität.

Als Mach schon mehrere Jahre lang psychotisch erkrankt war, trat er die Reise nach Amerika einmal wirklich an; er fuhr mit der Bahn nach Neapel und wollte dort eine Schiffskarte lösen; da er jedoch kein Visum hatte, mußte er umkehren. Die Rückkehr von diesem abenteuerlichen Ausreise- und Ausreißversuch bezeichnete Mach als das schlimmste Erlebnis in seinem Leben: Seine Mutter sei »zufällig« im Bahnhof gewesen, als sein Zug ankam, sie habe »ihn nicht erkannt«, sie hätten »einander ein Busserl gegeben« und dann habe ihm die Mutter »einen fürchterlichen Krach« gemacht – weil er weggefahren sei, ohne ihr etwas zu sagen, ohne Visum; sie hätte ihm das Visum besorgt, wenn er etwas gesagt hätte; er aber habe es »nur gestreift«, seine Absicht nur angedeutet, und nicht weiter darüber gesprochen. Zehn Tage später sei die Mutter ins Spital gekommen, und dort sei sie gestorben. Er habe mehr an seiner Mutter gehangen als an seinem Vater.

Edmund Mach ist ein großer, kräftiger Mann. Er ißt gerne, raucht gerne, trinkt gerne Coca Cola; er spielt Karten und unterhält sich gerne. Fremden Besuchern gegenüber gibt er sich bis zur Übertriebenheit bescheiden; als ehemaliger Student ist er bemüht, ein besonders gutes Benehmen an den Tag zu legen. Er achtet dann auf seine Kleidung und auf sein Aussehen, macht Komplimente und küßt Damen die Hand.

Edmund Mach sagt, er fühle sich nicht krank, auch seelisch nicht gestört, in seiner Person nicht verändert. Er hoffe, einmal weiterstudieren zu können, er glaube, daß er noch ein guter Sportlehrer werden könne, daß er an Tennisturnieren teilnehmen und damit viel Geld verdienen könne. Er wolle bei einer Bekannten zur Untermiete wohnen, »in die Mitte des Lebens, des Wiener Lebens wieder einsteigen«, dann könne er vielleicht doch auch noch einmal nach Amerika kommen.

Als Edmund Mach gebeten wurde, zwanzig Exemplare seines Buches ›Buchstaben Florenz‹ zu signieren, meinte er, es sei für ihn »eine Weihestunde«. Er hatte mehr als zwanzig Jahre hindurch keine Gelegenheit mehr gehabt, Tennis zu spielen. Für das erste Buchhonorar kaufte er einen Tennisdreß. In gar nicht so schlechter Kondition, mit dreiundfünfzig Jahren, spielte er nun wieder.

Auf die Frage eines Interviewers, welchen Stellenwert er seinem Buch in der zeitgenössischen Literatur gebe, sagte er: »Na, an erster Stelle!« Als er gefragt wurde, was ihm das Schreiben bedeute, sagte Mach: »Es ist ganz nützlich, man bekommt Geld dafür. Ich habe viele Gedichte geschrieben, man tastet sich halt vor, eben keine Lieder, sondern Gedichte. Schubert hat Lieder geschrieben.«

Auf die Frage, wie er über das Erscheinen seines Buches denke, meinte er: »Na ja, ich war überrascht, es ist ein bisserl ein Krixelkraxel, wenn das hineinkommt..., aber ich habe jeden Tag eine dreiviertel Stunde hart geschrieben.« Welche Literatur er gelesen habe? Er habe ›Pole Poppenspäler‹ und ›Die Katze auf dem heißen Blechdach‹ gelesen, auch geschichtliche Bücher. Goethe sei nicht sein Schwarm gewesen, Lessing habe ihm besser gefallen. Auf die Frage, wer sein Lieblingsschriftsteller sei, sagte er: »Ja, ich habe doch selber Bücher geschrieben, Mach, ja!«

Die seelische Störung Edmund Machs, seine Psychose, hat einen phasenhaften Verlauf. Auf mehr akute Zustände, von monatelanger

Dauer, folgen Intervalle, in denen sich Mach relativ wohl befindet und sein Denken und Verhalten mehr geordnet ist. Dieser Wechsel in seinem Befinden äußert sich nicht zuletzt auch in den häufigen Wiederaufnahmen in das Krankenhaus und in den Entlassungen, sobald eine dauerhafte Besserung eingetreten ist.

In den Gedichten Edmund Machs spiegelt sich sein seelischer Zustand, der Grad der Veränderung seines Bewußtseins. In den akuten Phasen fehlt seinen Texten oft der Zusammenhang, treten zahlreiche Agrammatismen und Wortneubildungen auf. Leichter zugänglich und verständlicher sind jene Texte, die Edmund Mach bei ruhigerer Gemütslage, in besserer psychischer Verfassung schreibt. Er ist dann meist auch in gehobener Stimmung, und er gewinnt den Leser immer wieder durch überraschende Wendungen, humorvolle Pointen, karikaturistische Details einer von ihm wiedergegebenen Situation. Es ist ein trockener Humor in seinen Äußerungen und eine Komik, bei der man nicht immer weiß, was dabei Absicht und was unabsichtlich ist. Das Komische geht leicht in das Groteske über.

Im folgenden werden einige kurze Texte wiedergegeben, die Edmund Mach während seines jüngsten Krankenhausaufenthaltes 1984/85 in unserem Haus der Künstler geschrieben hat. Sie werden hier zum erstenmal veröffentlicht.

Das Salz.

Salz ebnet die Mahlzeit
ist wie Pfeffer zur Zu-
bereitung da.
Für Salz setzen sich die
Salinen.
Die Salzstadt Amerikas
  ist Saltlake City

Der schwarze Engel

Eine Eisenherz Figur
von dem berühmten Verlag Radebeul
Ein Engel der über unserem
Familienbett gehangen
ob er schwarz war
verschönert schon
im Bettkreis der Familie
  etwaiger Helfer auch?

Die Finsternis

Finster ist es für die Partner
wenn man gute Karten hat

Vor dem Dunkel Gegenteil
von Hell also Finstersein
fürchtet sich das Kind

Ein dunkles Wort

Es ist eine Wortverdammnis
wenn ein dunkles Wort gesprochen wird
man hat helle od gute W. lieber

Das Wort

Wenn Rudl spricht
freut man sich
Das Wort bestätigt
  den Menschen

Das Licht

Das Licht wurde erfunden
von Newton
Es das Kind schaltet
  und es werde Licht

Der Freund

Hilft und beispiellos
wie er gewinnt umküßt
er die Person
Cibebenhaft seine Erscheinung
Gewinnend sein Ausdruck

Der Mensch

Der Mensch ist eine Appellierung
an Gott.
Er soll verzeihen und
freundlich und nett ausschauen
Er soll übergreifen, komme
zu Gott.

Die Freude

Wenn man eine Spur
Mocca trinkt überrammelt
man es es ist die »schlechte
Freude« Gute Freude ist
einsames Lächeln bei Anderen

Ein fernes Land

Weit ausgreifend aus
den Niederungen hervorscheinend
das ist Amerika.
Es ist jedem Einwanderer
erquickend anzusehen
Auch ich möchte ins Ferne
Land einmal nach Amerika

Die einsame Insel

Tief eingebettet
am Rande des Mittelalters
da liegt die Insel Elba
die von Napoleon
bewohnt wird

Mein Herz
(Für Friederike Mayröcker)

Mein Herz geht gut.
Es ist nicht besonders schön
hält aber alle Anforderungen
der Herzschwäche der Herz
Emporheit aus. Bei Reimen
umschließt das Herz eine
fiktive Wunde

Blau

Blaue Essenzen
Manche Damen tragen blaue Schuhe
Blau sieht man wenn man etwas
vorhat.
    Blau bedeutet dem
    Draufgänger Mach etwas
        Mach PEPI Mach Vikerl
        MACH Franz

Grün

Grün war die Farbe
der Zigarettenschachtel
Grün war das Anziehen
der Monroe das sie zu
Ihren Aufführungen brauchte
Grün stand ihr gut

Kleiner Mann

Der Mann ist das wichtigste
Der kleine setzt den Versteller an
damit er nicht abhanden kann
Es gibt kleine Männer die
ohne Bedeutung sind.
Und kleine Männer nach
der Größe.

Guten Morgen

Allseits bereit
den Gruß in der Tasche
Frohweg der tiefe Sinn
Laßt prüdern im
Vorbeigehen
Geh genehm den Morgen an.

Guten Abend

Das Tagwerk verbracht
schwer zu Tragen den
ganzen Tag
Tanzende Wiener
bereiten sich bei und an
Cafeehäusern vor
um die Preference zu bestreiten.

Gute Nacht

Wenn du kein Schwerenöter
philosophisch gesehen bist
Ist die Nacht das Ende
des Tages. Des Tages der
Tag ist vollendet. Und
gleichmäßig war der Tag
Gute fesche Nacht.

Der Zaubergarten

De' suite welch Faszination
Ein Gemälde von einer Wiese
Ein Bild eines Zubehörs Wander
Garten, wo außer der Wiese
Bäume sind, die dastehen

Der Turm

Der Turm – fest steht er
im Boden. Bauer od
Erbauer haben Ihn gemacht
Da müssen die Hilfsarbeiter
kräftig in die Hände ge-
spuckt haben um Ihn zu erbauen
               um Ihn auszubauen
               zu vollenden.

Das Haus.

Wird mundartlich
Clossett genannt.
Das Haus an und für sich
ist bedeckt mit Leuten

Der Morgen
(Für Ursula Schwab)

Antreffend wie ein Blitz
vom Himmel, Frühlings
parallel. Acceptabel nach
schöner Nacht. Das Tauige
zu sehen. Bei einem Schluckerl
Kaffee dabeigesessen.

Die Seerose

Eine Seerose ist bei der
Überfahrt nach der Überfahrt
nach Amerika zu erkennen
Innen weiß schwimmt
sie mit dem Weißen Hai
dastehend

Der Traum
(Für Ernst Jandl)

Ebenstößer der Nacht
etwas Positives mitunter
Inzwischenfäller freundlich
mitunter vom Schläfer
abonniert.
Bringt Humor der Nacht
und bringt den Schläfer
in der Nacht durch.

Die Nacht

Der Nachthimmel verfinstert
sich am Abend. Der Tag
hält das Helle des Tages heran
Die Nacht selbst gehört zum
Schlafen. Die Nacht ist eine
Art Umformer; – Der Tag ein
Anformer

Der Knopf

Der Knopf umstrahlt
den Mantel
Eigen sind die Themen
die er aufwirft
Einen Knopf kann MAN ansehen
nähen und im Auge behalten

Die Uhr

Die Uhr hält die Welt zusammen
es ist meine Uhr.
Die Uhr umspielt die
Gesetze der Welt.
    Es umfaßt die Hand
        als Halte

Tapferkeit

Die Tapferkeitsmedaillen
hängen nach und noch
von meinem Vater im
Glaskasten. Tapferkeit
halten es geht Pepi

Die Freude

  Amerikaner haben
Freude wenn sie mit
Österreichern sprechen
den Eurasischen Dialekt
annehmen. Zudem
noch das GLÜCK

Das Schweigen

  Das Schweigen kommt
vom Walde. Das Schweigen
im Walde. Man redet

nicht da schweigt man.
Schweigen Vorsatz
           Verräter

Das Wort

Das Wort hatte Opapa
gegen Omama. Dann
nahm mein Vater
das Wort. Es war ein
strenges Wort

Die Tür

  Ein eventuelles
Gegenstück dem Altar
Gemüse für den Spiegel
so sagt man
Von der Angel ein
Vorsteller

Das erste Veilchen

Knapp den Frühling
  ausfüllend.
kann durch einen
Möglichkeitsbesucher
es gefunden werden.

Den Marmor umrahmt es
  und gibt gute Peitsche
    dem Glaskasten.

Ernst Herbeck (Alexander) – Kunst-Psychotherapie

Im folgenden möchte ich anhand meiner Erfahrungen mit dem Dichter Ernst Herbeck ein psychodynamisches Modell seiner Störung aufzeigen und mein therapeutisches Vorgehen und dessen Ziel kurz schildern. Nicht ganz zu Unrecht ist die Dicht- und Zeichenkunst der Gugginger Patienten als »art à deux« bezeichnet worden.[2] Dieser Begriff, der auf die Miturheberschaft des Anregers der Arbeiten abzielt, läßt gleichzeitig erkennen, daß den so entstandenen künstlerischen und literarischen Schöpfungen eine therapeutische Beziehung zugrundeliegt.

Der wohl bekannteste zeitgenössische Schizophrenieforscher, Manfred Bleuler, ist der Ansicht, daß in der schizophrenen Psychose nicht etwas völlig Neues entsteht, etwas, das wir nicht alle in uns haben. »Beim Gesunden kommt schizophrenieähnliches Leben neben und hinter dem gesunden Leben vor – wie beim Schizophrenen hinter und neben seiner Schizophrenie gesundes Leben nachweisbar bleibt«, schreibt Bleuler.[3] Der Gesunde trägt den Schizophrenen, und der Schizophrene den Gesunden hinter der äußeren Fassade in sich, und die Psychose entsteht dann, wenn das Schizophrene, das wir alle in uns haben, überbordet.

Das Gesunde in uns sind jene Kräfte, die unser Verhalten an die Umwelt anpassen und dadurch unsere Existenz und vor allem auch unsere Gemeinschaft mit den Mitmenschen sichern. In dem gesunden Teil unserer Persönlichkeit werden die Gegensätze und Disharmonien so weit ausgeglichen, geglättet und gebändigt, wie es zum Fortkommen im Leben notwendig ist. In unserer schizophrenen Innenwelt sind dagegen die Widersprüche, die in unserem Wesen vorhanden sind, nicht überbrückt – sie ist eine Welt der Zerrissenheit und der klaffenden Gegensätze.

Die erbliche Anlage zur Schizophrenie besteht nach Bleuler aller Wahrscheinlichkeit nach in einer schlechten Vereinbarkeit, einer Disharmonie vererbter Entwicklungs- und Reaktionsbereitschaften. Nach seiner Ansicht liegt der Schizophrenie eine erbliche Disposition zugrunde, die an sich nicht krankhaft ist. Es ist vielleicht eine allzu große Verschiedenheit, eine allzu schwierige Vereinbarkeit im einzelnen völlig gesunder Anlagen, auf der die Veranlagung zur Schizophrenie beruht.

Die schizophrene Psychose entsteht aufgrund einer solchen Veranlagung durch eine Häufung bedrückender und verletzender Situationen im Leben eines Menschen. Zur Psychose führen bei entsprechender Veranlagung alle Lebenserfahrungen, welche die gewöhnliche

Ordnung, die Harmonisierung und die Ausrichtung auf Gemeinschaft und Existenzsicherung erschweren, die Synthese von Empfinden, Fühlen und Denken und die Bildung einer einheitlichen Persönlichkeit stören. Es gibt jedoch keine Lebenssituationen, die bei allen Menschen eine schizophrene Psychose zur Folge haben.

»Die Schizophrenie ist eine zu weit reichende Gespaltenheit der Person ..., das Unglück im Lebensschicksal, das aufgrund einer solchen Anlage zur Schizophrenie führt, liegt darin, daß der spätere Schizophrene allzu andauernd und allzu sehr widersprechenden intellektuellen und emotionellen Erfahrungen ausgesetzt ist.«[4]

Bleuler wendet sich gegen die Annahme eines krankmachenden Gens und gegen die Suche nach ganz speziellen Lebenserfahrungen des späteren Schizophrenen: »Meiner Meinung nach fördert alles, was während der Lebensentwicklung zerreißt und spaltet, zu große innere Gegensätze schafft, die Einheitlichkeit stört, das Abgleiten in die Schizophrenie, gleichermaßen, wann es erlebt wird, ob es sich mehr auf intellektuelles oder emotionelles Erleben bezieht, ob es von der einen oder anderen Fehlhaltung von Vater oder Mutter oder von Dysharmonien in ihrer gegenseitigen Beziehung ausgeht oder ob es an anderen Nahestehenden erlebt wird.«[5] Bleuler weist auch darauf hin, daß man Anlage und Umwelt im Hinblick auf die Schizophrenie nicht voneinander trennen kann: die disharmonische Anlage schafft eine ungünstige Umwelt – die ungünstige Umwelt ruft bei dem disharmonisch Veranlagten die Psychose hervor.

Wo immer wir persönliche Dispositionen zur Schizophrenie erkennen, bestehen sie in persönlichen Disharmonien, in Neigungen zu inneren Gegensätzlichkeiten. Daraus leitet Bleuler auch die Prinzipien für das psychotherapeutische Vorgehen ab: eine klare, feste Beziehung zwischen dem Patienten und dem Therapeuten, eine Vertrauensbeziehung, wobei der Grad des persönlichen Abstandes persönlich zu gestalten ist; Anregung und Beruhigung nach persönlichen Bedürfnissen; die Eingliederung unter andere Menschen und die Betätigung der eigenen Kräfte, entsprechend den persönlichen Talenten und Interessen; die Konfrontation mit Verantwortung und auch mit Gefahren; die psychotherapeutischen Einflüsse müssen also die gleichen sein, die auch im Laufe der normalen Entwicklung von Kindheit an dazu beitragen, innere und äußere Konflikte ertragen zu lernen und ein einheitliches Ich entstehen zu lassen, eine selbständige Persönlichkeit zu werden.[6]

Der amerikanische Psychoanalytiker Harold F. Searles[7] vertritt die Auffassung, daß zwischen dem Ich des Therapeuten und dem Ich des schizophrenen Patienten kein so großer Unterschied besteht, wie man früher angenommen hat, weil nämlich beide die gleichen Entwicklungsstadien durchlaufen haben: die präambivalente Symbiose, die ambivalente Symbiose, Autismus und Individuation. Bei beiden ist die Selbstwerdung nur unvollkommen geglückt, bei beiden ist eine Ich-Schwäche und eine Neigung zur Zersplitterung des Ichs bestehen geblieben. Die Integration des Therapeuten in sich selbst und in die mitmenschliche Umgebung ist bloß ein wenig besser, sein Ich dadurch etwas mehr gefestigt als das Ich des Patienten.

Unter »präambivalenter Symbiose« versteht man ein hingebungsvolles Einssein zwischen Mutter und Kind, besonders am Anfang des Lebens. Auf dieser Stufe ist das Ich des Säuglings noch nicht genügend ausgebildet, um die Mutter und die übrige Welt vom eigenen Körper getrennt zu erfassen, um eine Subjekt-Objekt-Trennung durchzuführen.

Viele Psychologen vertreten die Ansicht, daß diese früheste Kind-Mutter-Beziehung für die weitere Entwicklung jedes Menschen von großer Bedeutung ist. Ein starkes, gut integriertes Ich kann man nur werden, wenn die zu Beginn des Lebens bestehende Symbiose genügend positiv erlebt wird; nur dadurch kann der Mensch jenes »Urvertrauen« erwerben, welches er im späteren Leben benötigt, um zu anderen Menschen positive Beziehungen aufzubauen und um unter den Bedrückungen und Verlusten, die ihn im Laufe des Lebens treffen können, nicht zusammenzubrechen und zu verzweifeln.

Die »ambivalente Symbiose« entsteht dadurch, daß die Mutter entweder von Anfang an oder auf die Dauer nicht in der Lage ist, dem Kind jenes Ausmaß an Liebe und Geborgenheit zu geben, wonach es verlangt; auf Wunscherfüllung folgt Enttäuschung, auf liebevolle Zuwendung schmerzhaftes Entbehren. Entsprechend dem Verhalten der Mutter und der angeborenen Empfindsamkeit des Kindes wird das Kind nun seiner Mutter und allen späteren Beziehungspersonen gegenüber eine mehr oder minder starke Ambivalenz entwickeln. Und wenn es die heftigen und gegensätzlichen Gefühlsregungen – Lust und Unlust, Liebe und Haß – nicht mehr ertragen kann, wendet es sich von der äußeren Welt ab und tritt in das Stadium des Autismus ein.

Das Kind hat nun ein Alter erreicht, in dem es sein eigenes Ich von dem der anderen Menschen und von den Dingen allmählich abzugrenzen lernt. Das autistische Ich ist jedoch ein schlecht integriertes, ein gespaltenes, fragmentiertes Ich. Es besteht aus einer Ansammlung verschiedener Introjekte (zum Beispiel aus der »guten« und der »bösen« Mutter), die nicht vereinigt werden können und zu selbständiger Personifizierung neigen. Tritt zum Beispiel im späteren Leben eine Psychose auf, dann kann der psychotische Mensch zu der wahnhaften Überzeugung gelangen, gleichzeitig Gott und Teufel zu sein; so nennt sich August Walla »Teufelgott«.

Das Ziel der normalen Entwicklung ist die Individuation: ein selbständiges Individuum, das in der Lage ist, mit anderen Menschen auszukommen und in der realen Welt sich zu behaupten; dazu müssen die unerträglichen Ambivalenzen überwunden werden, die autistische Welt muß in den Hintergrund treten, eine gewisse innere Einheitlichkeit muß zustandegekommen sein.

In der Psychose fällt der Mensch von einer bereits erreichten Stufe der Individuation wieder in das Stadium der ambivalenten Symbiose und des Autismus zurück. In der autistischen Welt hat der Mensch das Gefühl, daß er nicht Teil eines Ganzen ist, sondern Fragment einer zerbrochenen Ganzheit, daß er selbst nicht ein Ganzes ist, sondern aus Fragmenten eines zerbrochenen Ganzen besteht. Das autistische Ich ist auch ungenügend abgegrenzt gegenüber der Außenwelt. Der Schizophrene verwechselt innere mit äußeren Vorgängen, kann Subjektives und Objektives nicht richtig voneinander unterscheiden. Schizophrene Menschen sind für Widersprüche besonders empfindlich und leiden mehr als andere darunter. Ihre Vorliebe für das Paradox, die Darstellung einer verkehrten Welt – sei es als Poesie oder als Wahn – sind jedoch nicht nur Reflexion ihres gespaltenen Innenlebens, sondern auch ein Versuch, die Ambivalenz zu überwinden und zu einer inneren Einheit zu gelangen.

Wichtig scheint mir bei diesem psychodynamischen Modell die Annahme Searles', daß jeder Mensch die gleichen Entwicklungsstadien durchläuft und daß das Ziel der Selbstwerdung immer nur mangelhaft und niemals unwiderruflich erreicht wird, daß bei jedem Menschen deshalb eine Ich-Schwäche vorhanden ist und eine Neigung, zwischen Symbiose, Autismus und Re-Individuation zu pendeln. Beim späteren Schizophrenen läuft nur alles viel dramatischer, viel zugespitzter ab, bis es schließlich zum Zerbrechen der mühevoll errichteten Einheit des Ichs und zur Psychose kommt. Diese Labilität, oder besser gesagt, diese Dynamik des Ich-Gefüges hat aber auch etwas Positives an sich: Wir können dadurch nämlich auch jenen Zustand wiedererleben, den wir in früher Kindheit als präambivalente Symbiose kennengelernt haben. Und diese Fähigkeit, mit einem anderen Menschen oder mit der Welt in eine positiv erlebte symbiotische Beziehung zu treten, ermöglicht Kreativität und Psychotherapie.

Die dargelegte Auffassung, daß wir uns alle zeitweilig im Stadium der ambivalenten Symbiose und des Autismus befinden oder – mit den Worten Bleulers – daß wir alle »das Schizophrene« in uns haben, legt die Frage nahe, ob die Betrachtung der Welt und des Lebens vom Standpunkt eines integrierten, an die äußere Realität angepaßten Ichs zutrifft oder ob hier die Perspektive eines weniger gut integrierten, mehr ambivalenten und autistischen Ichs die richtige ist. Ein Mensch, bei dem die Ambivalenz etwas mehr überwiegt, könnte die Meinung vertreten, daß das normale Bewußtsein des seelisch ausgeglichenen und sozial angepaßten Menschen eine Art Dämmerzustand ist, in dem dieser Mensch die Widersprüche, die in unserer Welt wirklich vorhanden sind, ihre unvereinbaren Realitäten nicht sieht und sich damit auch nicht befassen will, um in seinem kleinen Umkreis, hier und jetzt, in Ruhe und Frieden leben zu können. Die Frage ist berechtigt, ja sie muß sogar gestellt werden: Ob nicht das Schizophrene in uns und in den psychotischen Menschen eben diese Wirklichkeiten abbildet, von denen wir, solange wir uns in einem normalen Zustand des Bewußtseins befinden, getrennt sind und auch nichts wissen wollen.

Bleuler meint, es sei nicht selbstverständlich, daß sich aus verschiedenartigen menschlichen Anlagebereitschaften eine einheitliche Persönlichkeit bildet und trotz ungünstiger Lebensumstände erhalten bleibt. Vielleicht ist die Schizophrenie keine Krankheit, sondern eine ungünstige Variante der Persönlichkeitsentwicklung. Vielleicht ist die »Individuation«, die die Idealnorm menschlicher Reife und das Ziel der Psychotherapie ist, ein Höhepunkt im Lebenslauf eines Menschen, der auch von den »Normalen« nur annähernd erreicht und nie vollkommen verwirklicht werden kann, wenn es – wie Searles meint – jedem Menschen beschieden ist, zwischen Symbiose, Ambivalenz, Autismus und Individuation hin und her zu wandern.

Ernst Herbeck wurde 1920 in Stockerau, nahe bei Wien, geboren. Schon als Kind und später als Erwachsener mußte er wegen einer Lippen-Kiefer-Gaumenspalte mehrmals operiert werden. Diese angeborene Fehlbildung, die damit einhergehende Sprechstörung und die eingreifenden Operationen waren eine schwere psychische Belastung für ihn. Er war dadurch in der Schule und in der Berufsausbildung behindert. Später sollte er schreiben:

Die Gespaltenheit ist Arbeit der Ärzte.
Diese wird auf den Nenner gebracht
die Gespaltenheit ist eine Operation.
Und die Kinder wissen es schon.

Er schrieb auch:

Nicht jeder Mensch hat einen Mund
mancher Mund ist disqualifiziert
oder operiert. So wie bei mir ...

Und er schrieb:

Das Gesicht ist der erste Blickfänger
                    der Menschen.

Ernst Herbeck besuchte nach der Hauptschule ein Jahr lang die Handelsschule. Er war ein guter Schüler. Als er zwanzig Jahre alt war, kam er zum erstenmal in psychiatrische Behandlung. Er war damals – während des Krieges – als Hilfsarbeiter in einem Rüstungswerk beschäftigt. In der Klinik berichtete er, daß er von einem Mädchen hypnotisiert werde. Er höre die Stimme des Mädchens über jede Entfernung hinweg und fühle sich dadurch beeinflußt.

Bei einem neuerlichen Klinikaufenthalt zwei Jahre später klagte er darüber, daß ihm diese Person die Gedanken aussetze, so daß er plötzlich nicht mehr weiterdenken könne, und daß sie ihm in jeder Hinsicht ihren Willen aufzwinge. Manchmal müsse er sich auf ihren Befehl ohrfeigen, manchmal lasse sie ihn nicht essen. Er sagte, er müsse an die Realität dieser Beeinflussung glauben, da er bei klarem Verstand sei.

Nach seiner Entlassung aus der Klinik arbeitete Herbeck wieder in einer Munitionsfabrik. Im Oktober 1944 wurde er zum deutschen Militär eingezogen, im März 1945 wurde er als wehrdienstuntauglich entlassen. Im September des gleichen Jahres erfolgte die dritte Aufnahme in die Klinik. Herbeck war gegen seinen Vater tätlich geworden und hatte sich hierauf selbst geschlagen. Auf die Frage, warum er seinen Vater angegriffen habe, sagte er, der Vater gehe gegen ihn auch tätlich vor: »Er zersetzt mir die Nerven, er drückt mich auf den Kopf, er hypnotisiert mich auch. Er denkt so scharf, und davon bekomme ich Kopfweh...« Im Mai 1946 wurde Herbeck zum viertenmal aufgenommen. Er sagte, er fühle sich als Fremdkörper in der Gesellschaft und spüre die von dort ausgehende Beeinflussung fast dauernd. »Ich werde ferngelenkt,« meinte er, »ich weiß nicht, von wem das ausgeht.« Auf die Frage, ob er sich körperlich verändert fühle, sagte er: »Es ist mehr in den Augen. Es ist, wie wenn ein feines Netz vor den Augen wäre.« Etwas später sagte er: »Ich bin nichts mehr wert, ich kann mich nicht einordnen.«

Seit 1946 ist Herbeck mit einer einjährigen Unterbrechung dauernd hospitalisiert. In den ersten Jahren seines Krankenhausaufenthaltes halluzinierte er ständig und war häufig erregt. Er warf Teller und Geschirr zu Boden und fuhr mit dem Kopf gegen die Wand. Er trommelte mit den Füßen gegen die Türen und schlug Fenster ein. Im Krankensaal auf und ab gehend, schimpfte er leise vor sich hin; oft schlug er sich selbst heftig ins Gesicht.

Im Jahre 1950 wurde Ernst Herbeck entmündigt, sein Vater wurde als Kurator eingesetzt. Mit der Zeit wurde Herbeck ruhiger, er leidet jedoch bis heute an Sinnestäuschungen, vor allem des Körpergefühls, er spürt Menschen und Tiere in seinem Leib und braucht eine dauernde medikamentöse Behandlung. Dadurch fühlt er sich zeitweise wohler und freier.

Abb. 28: Ernst Herbeck: Frau. Bleistift, 1958.

Mitte der fünfziger Jahre habe ich Ernst Herbeck näher kennengelernt. Der mündliche Kontakt war schwierig, da Herbeck infolge seiner Gaumenspalte schlecht artikulierte, nur kurze Antworten gab und spontan überhaupt nicht redete. Ich versuchte, zu ihm eine Beziehung herzustellen, indem ich ihn bat, etwas zu zeichnen, einen Lebenslauf zu verfassen, einen Brief oder einen kurzen Bericht zu schreiben. Ich redete ihm auch zu, sich nicht so völlig abzuschließen und mit den Menschen seiner Umgebung ein wenig Kontakt zu pflegen. Wie wenig Herbeck dazu gewillt und in der Lage war, zeigte sich bald; immerhin tat er so, als wolle er meinem Wunsch entsprechen, und es kam dadurch zumindest zwischen uns eine Beziehung zustande. Er schrieb mir:

Gugging, 8. 8. 54

Geehrter Herr Oberarzt
Bemühe mich mit Pfleger und
Patienten in Fühlung zu kommen
daß sich meine Sprechhindernisse
und meine Seelischen Hämmnissen
lockern. Mit meinem Aufenthalt
auf Abt. 5 bin ich sehr zufrieden.

Was Verpflegung anlangt habe
ich gut und reichlich. Schlafe sehr
gut. Es sind bloß einige Mit-
Patienten die auf mein Leiden
keinen Rücksicht nehmen.
  Aber meine Hoffnung ist es
daß, sich mein Sprechen und
meine seelische Zurückhaltung
geben wird, daß sich den bösen
Nörglern an meinem Sprach-
fehlern beweisen kann, daß ich
selbst mitgeholfen habe zu meiner
Gesundung.
  Füer Ihre Mithilfe Herr Ober-
Arzt Dankhe ich herzlich und bitte
Sie weiter um ärztliche Hilfe
        In innerster Dankbar-
        keit einer Ihrer ärmsten
        Patienten
                Ernst Herbeck

Im Jahre 1958 stellte Herbeck eine Zeichnung her, die durch die Diskrepanz zwischen dem naturalistischen Sujet (»Frau«) und der Geometrie der Darstellung, durch die vorhandenen Deformationen und durch ihre rätselhafte Symbolik besonders schizophren und manieristisch wirkt (Abb. 28).

Ein Jahr später entstand eine noch ungewöhnlichere Zeichnung, und zwar bei der Aufgabe, einen Mann und eine Frau zu zeichnen (Abb. 29). Während die männliche Figur karikiert erscheint, aber im großen und ganzen doch als solche erkennbar ist, ist die weibliche Figur durch eine Art Ausschneidebogen repräsentiert, dessen Felder die Aufschriften der »Bestandteile« tragen, aus denen ein Mensch – eine Frau – besteht. Man könnte denken, daß diese ironische, ja zynische Darstellung mit voller Absicht zustandegekommen ist. Das Gefühl einer Fragmentierung der Person und der künstlichen Zusammensetzung der Teile versinnbildlicht sich jedenfalls darin.

Am 15. Mai 1960 schrieb Ernst Herbeck, von mir dazu angeregt, den folgenden »Brief« an einen »Freund« auf die vier Seiten zweier kleiner Zettel. Auch der nunmehr auftretende Sprachzerfall hat eine willkürliche Note.

Lieber Dart!

Es geht mir gut.
möchte wieder laufen
aber im Barth. Bach,
komme bald heim. Ich
habe keine Heimweh ein
bißßchen Zahn. Lieber A.
half ich beim ballspiel
wieder nicht? ab. Dorf.
hole beine ab. bei Dir. Es
ist keine Zeitung da!
Zeit habe ich auch keine
dafür kann ich nichts.
Ball au. Platz 1 frei. B.
    6 P.

Es mag sein aber nie
abes macht sich! Dein Polti
geht nicht her. Das Herz
geht eher aber die Rad-
siehte gesehen geht auch
da sie in 30 cm abseits
zieht. Baum Gruppe an.
der Straße da ich nichts
sehr bestimmt. Der Bub
hat mehr vom Leben da
seine Mädel nicht hören.
Augenblick liebt Es er
und weg geht durch den
Bkock gerade aus zu der
Dir. Eh' es magy
ich lesen
seim. da di chere not..–

Gurke möreder mich nie
mict de Gewehr da sie
gelt sind. geladen lob
auch imém. loben St.
mache. in deine Miart.
eher 5 Minuten zu bar.
Bad rauche nicht. Da
keime Ort. Auch keime
Bohmen«. Da Deutscher

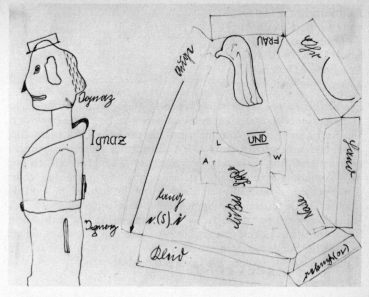

Abb. 29: Ernst Herbeck: Mann und Frau. Kugelschreiber, 1959.

Tagje Örfall im mopped.
Parppe. inder Art frech
ist. send ich nicht keine
Panne habe. Sie holt. – W.
mit Tags sehr darauf.
da sie nicht will. Auch war
ich eher schön E. – Ende
        uEer Ernst

gelt gabe es keines Besatz
Spatzgelt. A. Aber gilt.
Bad. da webt der wind.
schilling. Österreich alles in
Ordnung ist. dort auf
hier nicht da. Echter neu
ich neid kann es sein.
möcht nacher ham. dor
traf ich in. Dorf aufwärts
fahren CBB Bahn die hier
ist. Über grat Michael
St. Wolfgang und Attersee

Bald aufgehen die Sonne.
und dein Bart ist ab. Auch
die gefan – gernegroß.gen.
Schaft Dieb. ist bald zu
   Ende.? Dein Ernst

Die Freiheitsgrade des Schizophrenen sind im Hinblick auf einzelne Handlungen oder Äußerungen oft schwierig zu beurteilen; es gibt da alle Abstufungen vom Automatismus bis zur freien Willensentscheidung, und nicht selten kommt eine Äußerung, die ausgesprochen schizophren erscheint, mehr oder weniger gewollt und eine an sich normale Äußerung automatisch, das heißt ohne oder gegen den Willen des Patienten zustande. Es zeigte sich jedenfalls, daß der in dem Brief ›Lieber Dart!‹ feststellbare Sprachzerfall kein endgültiger war; die »Sprachverwirrtheit« war offenbar situativ ausgelöst und wahrscheinlich auch Ausdruck eines mehr akut psychotischen Zustandes, sie war »zustandsgebunden«. Denn einige Zeit später hat Herbeck auf Wunsch die beiden folgenden Texte geschrieben.

1. Der Ablauf des gestrigen Tages
   Ein Erlebnisbericht

Ich stand in der Früh auf – um sechs Uhr
kam die Dienstübernahme. Dann gingen
wir zu Tisch. Der Herr Oberpfleger teilte
die Pulver für die Patienten aus.
Ich bekam – ein Decentan und ein
Discipal. Als ich aufstand, ging ich mich
waschen. Das Wasser war kalt. Um halb-
sieben kam der Kaffee; dazu bekamen
wir je ein Stück Brot. Dann bin ich nicht
zur Arbeit gegangen, weil ich gewartet habe –
bis der Herr Primar kommt. Und er
kam aber nicht. Dann ging ich am Gang
spazieren. Um zwölf Uhr kam das Mittag-
essen. Es gab Krautfleckerl und Rindsuppe.
Vor halb sieben holte ich mir 10 Austria
Zigaretten. Um ein Uhr gingen wir zur Arbeit.
Wir hatten Kartoffel ausgeklaubt. Bis
fünf Uhr. Dann gingen wir Nachhause. –
Die Kartoffel hatten wir in Säcke eingefüllt
und abgewogen. Dann rauchte ich ein

paar Zigaretten. Um fünf kam
das Nachtmahl, es gab Bohnensuppe
mit Nudeln darin. Um sechs Uhr gingen wir
schlafen. Dann kam die Dienstübernahme
und der Nachtdienst. (7^h)

2. Der Herbst

Der Herbst ist ein Odem des Jahres.
Er wird eingeleitet von der Ab-
löse des Sommers. Er beginnt
am 23. September bei Vollmond –
und Regen; wie es heuer war.
es fallen die Blätter von
den Bäumen und Sträuchern;
Der Wald verfärbt sein
Kleid, wird gelb, braun, und
hellgelb und gold. Die Jagden
beginnen. Der Jäger geht zur Jagd.
Die Jäger bilden Kreisjagden und
schiessen die Hasen ab. Auch der
Hase hat ein dichteres Fell bekommen. Ebenso die Rebhühner,
Fasane und Rehe. Die Bauern
pflügen ihre Felder bei dichtem
Nebel wieder für den Frühling.
Dann fällt der Schnee und bedeckt die abgekühlte Erde. Das
war der Herbst.

In den frühen sechziger Jahren hat Ernst Herbeck auf meinen Wunsch und nach Themaangabe die ersten Gedichte geschrieben. Ich legte einen kleinen weißen Zeichenkarton vor ihn hin und bat ihn, ein kurzes Gedicht darauf zu schreiben. Ich nannte ihm den Titel: ›Der Morgen‹.

Es entstand ein Sprachgebilde, das für die Abwandlung der Sprache bei Schizophrenen charakteristisch ist. Ich habe die wenigen Zeilen jedoch als einen Text mit ungewöhnlichen lyrischen Qualitäten angesehen:

Der Morgen

Im Herbst da reiht der
                Feenwind
da sich im Schnee die
Mähnen treffen.
Amseln pfeifen heer
im Wind und fressen.

Und Herbeck schrieb weiter Gedichte, wie diese:

Frühling

Der Herr Fäller war im Wahld
und sie der Bauer war im Wald
da sah er wie im Wagen rollte
wo das Herz im Herzen Holz schlug.
tik targ wo auch ein Knorr zu
                hören war
und hielt sie ganz wunderbar
                ihm Frühling.
über's ganze Jahr.

Die Rose

Die Resenrose im Herbst auch blüht
Der Weidmann in die welken
  Augen leht.
stumm sehen dich die Augen an.
der stumme Blick der Rose.
Die Blätter der Rose waren blind.
lagen auf der Erde.
Und warten der Landschaft kühlen
                Wind.

Die Hoffnung

Die Anmut der Frau.
Der Wille zur Schönheit
Die Schlauheit die Hoffnung.
Die Hoffnung das Glück.
Der Schuh drückt sehr.
Die Hoffnung drückt das Herz.
Das Herz tut weh.
Dauernd ist es der Tod.
Die Schönheit zur Hoffnung.

Das Schweigen
Das Schwere ist das Schweigen
im Sommer und im Winter.
so ist es auf der Erde
Darauf liegt Eis und Schnee

Das Alles ist recht Wichtig.
und überrascht uns sehr
Das ist nicht im Rasen-Rosen
Das sagen wir nicht mehr.

Ernst Herbeck muß von Anfang an gespürt haben, wie sehr mich seine Worte beeindruckten, denn er ging immer wieder auf meine Bitte, etwas zu schreiben, ein. Und er hat auf diese Weise im Laufe der Zeit mehr von sich mitgeteilt, als er mündlich jemals hätte sagen können.

Diese Art ritualisierter Kommunikation besteht zwischen uns mit Unterbrechungen bis heute. Die Aufgabe, etwas zu schreiben, lockt Herbeck aus seiner Isolation heraus, meine Gegenwart gibt ihm Geborgenheit, das Thema, das ich nenne, ist für ihn Provokation und Frage, er nimmt mit seinem Text dazu Stellung.

Ernst Herbeck hat die Möglichkeit, in seinen Gedichten – die oft auch nicht-poetische kurze Texte sind – alles zu sagen, was er sagen will. Die Bezeichnung Gedicht erlaubt ihm Andeutungen, indirekte Aussagen, symbolische Mitteilungen. Ich nehme sie zur Kenntnis, indem ich vor ihm den Text lese oder ihn bitte, mir vorzulesen, was er geschrieben hat. Über das fertige Gedicht wird nicht mehr geredet; es behält den Charakter einer Gabe aufgrund meiner Bitte. Da ich keine Fragen stelle, braucht Herbeck sich auch nicht zu rechtfertigen oder näher zu erklären; die Bedeutung seiner Äußerungen bleibt seinem und meinem Verständnis vorbehalten.

Ernst Herbeck hat keine Beziehung zur Literatur. Er liest wenig und hat bis heute nur auf Aufforderung, niemals spontan geschrieben. Aufgrund ihrer Eigenständigkeit und Originalität kann man seine Texte mit Art brut vergleichen.

Wie bei jedem Ritual ist auch bei unserem Schreiben das setting von Bedeutung. Meist sitzt Ernst Herbeck mir gegenüber. Das Schreibmaterial ist vorbereitet. Meine Aufmerksamkeit ist ihm zugewendet. Ich lenke ihn nicht durch irgendeine Tätigkeit von seiner Aufgabe ab. Es darf keine dritte Person im Zimmer sein oder störend eintreten, auf keinen Fall eine Person, mit der Herbeck konkurriert oder auf die er eifersüchtig ist wie zum Beispiel Johann Hauser.

Die psychotherapeutische Effizienz dieser Beziehung beruht nicht zuletzt auf deren langer Dauer und Konstanz; die Beziehung hat einen freundschaftlichen Charakter, wenngleich sie schon aufgrund der äußeren Umstände eine therapeutische ist, mit spezifischen Distanzphänomenen und meinem ständigen Versuch, die jeweilige Situation zu reflektieren, mein Verhalten zu korrigieren und dem therapeutischen Ziel unterzuordnen. Da ich nicht nur der Kunsttherapeut, sondern auch der behandelnde Arzt von Ernst Herbeck bin, habe ich die Möglichkeit, auch außerhalb der Schreibzeremonie mich ständig zu bemühen, unser Vertrauensverhältnis zu pflegen und aufrechtzuhalten.

Ernst Herbeck hat ein besonderes Verhältnis zur Sprache. Er hat eine außergewöhnliche sprachliche Begabung, bei deren Entstehung die angeborene Gaumenspalte und die damit verbundene Sprechstörung sicherlich eine Rolle gespielt haben.* Herbecks poetisches Werk verdankt jedoch ebensoviel seiner schizophrenen Psychose. Es besteht in der Hauptsache in der Formulierung seiner Ambivalenz, deren gedanklicher und sprachlicher Bearbeitung. Unter psychotherapeutischem Aspekt kann man sagen, daß die Äußerung dieser Ambivalenz und deren poetische Gestaltung auch deren teilweise Überwindung ist und einen kleinen Schritt im therapeutischen Geschehen darstellt.

Man darf eine ambivalente Einstellung zu den Menschen und zur Welt nicht als etwas bloß Negatives betrachten. Der positive Anteil ist genauso stark wie der negative. Und er enthält das Verlangen, die Sehnsucht des Schizophrenen nach Zuwendung, Vertrauen, Gemeinschaft, macht therapeutischen Kontakt möglich.

Ich habe erwähnt, daß ich Ernst Herbeck meist das Thema angebe. Er schreibt dieses Thema als einen Titel des Gedichtes nieder. Die Themaangabe hat zunächst die Aufgabe zu stimulieren. Bei der Auswahl des Themas, die intuitiv erfolgt, ist jedoch Verschiedenes zu berücksichtigen. Anfangs nannte ich mehr allgemeine unverbindliche Themen: der Morgen, der Frühling, der Herbst; später, als Herbeck schon mehr Mut zum Schreiben hatte, mehr provozierende: der Traum, die Maske, das Leben; dann auch: der Patient, der Arzt. Bei allzu großer Provokation mußte ich jedoch darauf gefaßt sein, daß Herbeck die Aufgabe verweigerte oder mit irgendeiner Banalität, etwas Beiläufigem, darauf reagierte. Meist ließ er sich aber gerne herausfordern und reagierte auch entsprechend.

Als ich ihm, angeregt durch Peter Handkes ›Publikumsbeschimpfung‹, einmal den Titel ansagte: ›Ausführliche Beschimpfung der hiesigen Anstalt, der Patienten, des Pflegepersonals, der Ärzte durch Alexander‹, schrieb er:

---

* Es ist vielleicht nicht uninteressant, daß auch der berühmte mittelalterliche Dichter Walther von der Vogelweide an einer Hasenscharte gelitten haben soll: »Ich bin aller manne schoeneste niht«. (Vgl. H. F. Friedrich: Walther von der Vogelweide. 2. Aufl., Neustadt a. d. Aisch 1979, S. 67ff.).

Leo der XIII. leck mich in Orsch und
dradie von mir ich will dich
nicht mehr sehen und bemüßen.
den ihr alle die mich kennen
sind mir viel zu blöd und
dradie wieder. Ehr der Herr
Arzt Dr. N. Navratil, kann
es ganz besonders für ...

Als ich ihm einige Zeit später ein kleines Buch vorlegte, mit der Bitte, für mich etwas hineinzuschreiben, schrieb er:

Dem Herrn Primar für allezeit sind zu helfen gern bereit
Alexander

Ernst Herbecks Gedicht ›Der Patient‹ ist oft zitiert worden. Er wußte nichts von Antipsychiatrie und Etikettierungstheorie, als er diese Verse ganz aus eigenem Erleben und Denken heraus schrieb:

Der Patient

die Katze ist ein Lamm des Friedens.
so denkt ein Dichter seiner Zeit.
die im inneren Zeichen eines Psychiaters
einer eigenen Welt gehorcht, – dem Patienten.
der Arzt zieht die Nummer dann
dem Patienten eine neue Seele an.
der im neuen Geiste einer Krankheit,
immer weiterziehen soll.

Ernst Herbeck ist aber auch imstande, auf indirekte Weise, vorsichtig umschreibend, in versteckter und doch offenkundiger Symbolik an unserer Beziehung Kritik zu üben. Er schreibt:

Der Tanzbär

Der Tanzbär ist ein musika-
lischer Bär. Er tanzt auf
seinen Hintertatzen. Er
wird begleitet von einem
Bärenaufseher. Einem Manne
der den Bären das Tanzen
lehrt und führt. Der Bär
ist sehr begabt.

Die Ambivalenz bezieht sich beim schizophrenen Menschen aber auf alles und jedes, und sie ist in manchen psychotischen Zuständen so stark, daß jede Entscheidung, jedes Handeln, jede Feststellung unmöglich wird; sie erscheint aber auch in ganz feinen, relativ unbedeutenden Äußerungen, zum Beispiel in Herbecks Gedicht:

Eine getupfte Krawatte

Eine getupfte Krawatte ist ein
Augenstern des Schmuckes der
Hemden. Sie ist besonders herrlich gegenüber den gestreiften
weniger schönen, oder doch
auch schönen Krawatten.

Deutlicher ausgesprochen ist die Ambivalenz in dem folgenden Gedicht:

Liebe auf den letzten Blick

Hoffnung auf Liebe, eine ältere Frau.
  Sie wußte es genau.
Und sie kam fast zu spät –
die Liebe, auf den letzten Blick

Er, ein Chef in einer Firma,
liebte sie – oder fast nicht!
Und sie liebten sich auf den letzten Blick.

Es ließen sich noch zahlreiche Beispiele dafür anführen, wie sich die Ambivalenz in den Texten Ernst Herbecks äußert; der Leser seiner Gedichte wird immer wieder auf derartige Fügungen stoßen. Ich habe erwähnt, daß wir alle diese Gespaltenheit in uns haben, daß wir in unserer Kindheit das Stadium der ambivalenten Symbiose durchschritten haben und daß wir auch als Erwachsene gelegentlich in diesen Zustand wieder zurückfallen. Beim Schizophrenen und beim Dichter ist die Ambivalenz nur besonders stark ausgeprägt. Die Dichtung dient dazu, die negativen Gefühlsregungen den nächsten Beziehungspersonen und dem Leben gegenüber zu überwinden und das innere Gleichgewicht wieder herzustellen.

  Am 1. August 1977 hatte ich mit Ernst Herbeck ein Gespräch:[8]

N: Wie lange sind Sie schon hier im Krankenhaus?
H: Seit 1946.
N: Sind Sie freiwillig oder sind Sie unfreiwillig hier?
H: Ich bin nicht freiwillig hier. Meine Mutter hat mich hergegeben.

N: Was hätte sie machen sollen?
H: Mich wieder mit nach Hause nehmen.
N: Und sie hat Sie nicht nach Hause genommen?
H: Nein.
N: Warum nicht?
H: Des san ja kane Eltern!
N: Sind Sie von Ihren Eltern enttäuscht worden?
H: Ja.
N: Nun sind die Eltern gestorben. Ich könnte Sie ja entlassen.
   Aber was würden Sie dann tun?
H: Verstecken.
N: Wo?
H: Im Keller.
N: Warum verstecken?
H: Daß mich niemand sieht.
N: Warum soll Sie niemand sehen?
H: Das ist ja nur eine Erschwernis, das Sehen.
N: Inwiefern ist das eine Erschwernis?
H: Das Grüßen und das Danken, das mag ich nicht.
N: Sie grüßen die Leute nicht gerne?
H: Nein.
N: Schauen Sie gar niemanden an?
H: Nein.

Tags darauf schrieb Ernst Herbeck das folgende Gedicht. Er hatte den Titel selbst gewählt:

Der Abend!

Guten Tag, grüßt ein
  Herr, eine Dame
Überm Weg besonders
                schön.

Dankend bekam der
  Herr die Antwort
Guten Tag sagte sie
  in den kühlen Abend
                hinein

Der Humor ist ein »höchststehender Abwehrmechanismus«, ein Triumph des Lustprinzips über die Ungunst der realen Verhältnisse und ein Überwinder des Ambivalenzkonfliktes.[9] Humor hat eine befreiende und erleichternde Wirkung. Im Humor tritt der Mensch aus der Alltagswelt heraus, transzendiert er sie.[10]

Searles[11] schreibt, man dürfe nicht alles, was der schizophrene Patient sagt, so verzweifelt ernst nehmen. Es gibt eine Methode des spielerischen Umganges mit den nicht selten komischen Einfällen des Patienten, die heilsam ist.

Zu dem Thema ›Selbstbewußtsein‹ schrieb Ernst Herbeck:

Wenn man raucht erübrigt es sich.

Und zu dem Thema ›Ich weine‹:

Ich weine dann wenn ich
kein Geld habe. Wenn ich
Geld habe hört das Weinen
auf. Oder wenn ich nichts
zu Rauchen habe. Ich weine
tief bedrückt.

Er schrieb:

Haareschneiden

Haareschneiden macht einem sehr
                                   bequem.
Wenn er schneidet, so gefällt man
                                Ihm.
                       Dem Friseur.
Sind die Haare kurz, so gefällt man
                                ihm.
Sind die Haare kurz, so ist es
                              einem Wurst.

Und über den Humor:

Der Humor
Wenn das Herz gesund ist,
lacht es.
die Folge davon ist, wenn er
spricht –, daß er es humoristisch
meint.

Nach Freud[12] ist die Kunst eine Illusion, eine der Realitätsprüfung entzogene »Schonung« seelischen Seins; nach Winnicott[13] ein »intermediärer Raum«, ein »Übergangsphänomen«. Ich bin zwar der Meinung, daß jede künstlerische Gestaltung auch schon eine teilweise Realitätsbewältigung ist, indem sie Struktur und den Wunsch nach Kommunikation enthält, für ein glückliches Leben reicht der künstlerische Schaffensprozeß allein aber offenbar nicht aus. Freud betont daher,[14] daß der Künstler der Dankbarkeit und Bewunderung seiner Mitmenschen bedarf, um das zu erreichen, was er wirklich braucht und will. Das Leben in der Phantasie ist nicht das ganze Leben.

Es war daher von Anfang an – oder besser gesagt, von dem Augenblick an, da ich erkannt hatte, daß Ernst Herbeck trotz aller Schizophrenie und infolge seiner Schizophrenie ein hochbegabter Dichter ist – mein Wunsch und meine Absicht, ihm diese Anerkennung als Dichter, so gut ich konnte und so weit es möglich war, zu vermitteln. Das war ein langwieriger Prozeß, der aber in einem nicht vorhersehbaren Ausmaß erfolgreich war.

1966 habe ich zum erstenmal Gedichte von Ernst Herbeck unter dem Pseudonym Alexander veröffentlicht.[15] Ich wollte damit zeigen, daß die schizophrenen Sprachphänomene auch poetische Sprachphänomene sind. Die Aufnahme, die das Buch fand, bestätigte meine Vermutung: Viele Menschen waren von dem poetischen Gehalt der Texte Ernst Herbecks stark berührt.

Als ich Herbeck so nebenbei einmal fragte, ob er einverstanden sei, daß wir seine Gedichte als Buch herausgeben, bejahte er meine Frage. Ich sprach hierauf längere Zeit nicht mehr über dieses Thema. Eines Tages sprach Herbeck etwas von einem Buch. Ich kann mich an den genauen Wortlaut nicht mehr erinnern, seiner Bemerkung war jedoch zu entnehmen, daß er das Buch erwarte. Er schrieb auch das folgende:

Der Psychiater.

Der Psychiater ist der Sorge des
        Patienten.
Der Psychiater dankt und denkt über
        den Patienten.
Der Psychiater denkt und schützt die
        Worte des Patienten.

Im Jahre 1977 erschien das Buch ›Alexanders poetische Texte‹.[16] Der Titel des Buches war auf Wunsch des Verlages entstanden. Der Name Alexander war durch die Erstveröffentlichung und verschiedene kleinere Publikationen bereits bekannt geworden. In einer Vorbemerkung schrieben wir jetzt jedoch: »Der Autor wünscht, daß sein richtiger Name nun genannt wird: Ernst Herbeck, geboren 1920 in Stockerau. Seit 1946 lebt er als Patient im Niederösterreichischen Landeskrankenhaus für Psychiatrie und Neurologie Klosterneuburg.« In einem

Anhang nahmen sieben bekannte Schriftsteller zu den Texten Herbecks Stellung.

Als das Buch erschienen war, veranstalteten wir eine kleine Feier, wobei Herbeck zahlreiche Bücher signierte und überreichte. Er las trotz seiner Sprechbehinderung daraus vor, später gab er auch Interviews für Rundfunk und Fernsehen.*

Ernst Herbeck wurde zum Mitglied der Grazer Autorenversammlung, der größten österreichischen Schriftstellervereinigung, gewählt. Ein Jahr später erschien das Buch ›Bebende Herzen im Leibe der Hunde‹; es enthielt Gedichte von Ernst Herbeck und Federzeichnungen von Oswald Tschirtner.[17]

1980 wurde Herbeck, seinem Wunsch entsprechend, aus dem Krankenhaus entlassen und in einem Altersheim untergebracht. Ein Jahr später wurde seine Entmündigung aufgehoben, unter anderem mit dem Hinweis auf seine erfolgreiche literarische Tätigkeit. Im Altersheim fühlte sich Herbeck aber nicht wohl. Er war dort einsamer als zuvor. Seit August 1981 befindet er sich freiwillig wieder bei uns im Krankenhaus. Er lebt jetzt im Haus der Künstler.

Nachdem das Buch ›Alexanders poetische Texte‹ seit längerer Zeit vergriffen war, konnte Herbeck eine Auswahl seiner Schriften nun selbst neu herausgeben. Das neue Buch trägt den Titel ›Alexander‹.[18] Als nicht mehr Entmündigter hat Herbeck den Verlagsvertrag selbst unterschrieben, er empfängt selbst die Honorarabrechnung; sein Urheberrecht ist gesichert.

Die äußere Lage Ernst Herbecks hat sich insofern nicht verändert, als er immer noch Patient des Krankenhauses ist, wenngleich unter wesentlich anderen Umständen. Er leidet auch immer noch an Halluzinationen und bedarf einer medikamentösen Behandlung. Sein Befinden schwankt innerhalb kurzer Zeiträume, bald ist er frei von Sinnestäuschungen und fühlt sich dabei recht wohl, bald ist er halluzinant, wirkt dabei bedrückt und gequält.

Nach seiner Rückkehr aus dem Pensionistenheim im Jahre 1981 war

---

* Ich möchte an dieser Stelle anmerken, daß mir das Verhalten des Schriftstellers Heinar Kipphardt ein zusätzlicher Ansporn war, die Anerkennung Herbecks als Autor durchzusetzen. Kipphardt hatte aufgrund der vorliegenden Publikationen in seinem psychiatriekritischen Roman ›März‹ (1978), in einem Fernsehspiel und einem Theaterstück (H. Kipphardt: März. Ein Künstlerleben. Köln 1980) die Person Ernst Herbecks als Vorbild für seinen Helden genommen und zahlreiche Verse und Gedichte in seine Texte montiert, so als ob er deren geistiger Urheber wäre. Auch in einem Gedichtband (H. Kipphardt: Angelsbrucker Notizen. München 1977) druckte er etliche Gedichte Herbecks ab, wobei er nun, um den Schein der Korrektheit zu wahren, die Autorschaft Herbecks bei einem Teil der Gedichte erwähnte. Herbeck weiß von der Sache nichts; es würde ihm auch nicht viel bedeuten: würde man es ihm mitteilen, würde er es lediglich als eine zusätzliche Beraubung empfinden, zusätzlich zu den vielen Deprivationen, aus denen sein Leben von Anfang an bestanden hat.

es schwierig, unser Schreibritual wieder aufzunehmen. Ernst Herbeck war selbständiger geworden; er wollte sich nicht mehr in die gleiche Abhängigkeit begeben, und ich wollte sie ihm nicht zumuten. Wir hatten damit aber die Basis unserer Kommunikation verloren. Herbeck kam öfters in mein Zimmer, setzte sich und rauchte eine Zigarette. Gelegentlich entstanden noch einzelne Gedichte, zum Beispiel:

Der Engel

Der Schutzengel ist ein ra-
sender Narr. Er fliegt und
schützt alles für sich. Er
tötet alle die nichts haben.
die, die etwas schulden –
oder auch schuldig sind tötet
er nicht. Sie gehören alle
Ihm.

Wenn ich Herbeck fragte, ob er etwas schreiben wolle, sagte er, nein, es falle ihm nichts mehr ein; er könne es nicht mehr. Einmal versuchte er es, aber er schrieb:

ich kann heute leider nicht
weil mir eher das Herz zerbricht
sag zum Schreiben lieber nein
sonst ist alles allgemein.

Ich habe Herbeck hierauf nicht mehr gedrängt zu schreiben. Ich habe ihn aber, wie auch schon früher, häufig gebeten, aus bestimmten Anlässen, bei Besuchen, das eine oder andere Mal auch außerhalb des Krankenhauses aus seinen Büchern vorzulesen. Und er hat dieser Bitte immer entsprochen – auch wenn es ihm schlecht ging, wenn er depressiv war und sichtlich an Halluzinationen litt. Es schien mir oft wie ein Ersatz für das frühere gemeinsame Schreiben, denn meine Bitte wurde nie von ihm abgelehnt, obwohl er keineswegs immer vorlas, wenn er von anderer Seite darum ersucht wurde.

Wenn man bedenkt, wieviel Anerkennung und Bewunderung Ernst Herbeck nicht nur von mir erfahren hat, sondern – vor allem in den letzten Jahren – auch von vielen Menschen, die uns besucht haben und denen er vorgelesen hat, dann kann man kaum annehmen, daß diese allgemeine Wertschätzung spurlos an ihm vorübergegangen und nicht auch eine Hilfe für ihn gewesen ist.

Eines Tages – es ist noch nicht lange her – stand Ernst Herbeck in meinem Zimmer und fragte, ob ich auf ihn böse sei. Ich sah keinerlei unmittelbaren Anlaß. Der Grund für diese Frage schien darin zu liegen, daß unsere Beziehung doch wesentlich dünner geworden war.

Ernst Herbeck war immer besonders kooperativ, wenn sich Frauen um ihn bemühten. Er war dann stets zu gemeinsamen Ausgängen und Kaffeehausbesuchen bereit, und ich habe solche Unternehmungen im stillen gefördert. Zu unserer Mitarbeiterin Schwester Johanna empfand Herbeck besondere Zuneigung; diese bat ihn eines Tages, er möge ihr etwas in ihr Stammbuch schreiben. Er schrieb:

Zweiunddreißig Jahre
sind es her, eine lange
        Zeit,
wenn ich früher gratu-
lieren könnte: hätte
ich mich sehr gefreut.
    7. Sept. 1984
        Ernst Herbeck

Einen Monat später hatte Ernst Herbeck Geburtstag. Auf die Bitte der Schwester Johanna schrieb er zu diesem Thema:

Zum Geburtstagsfest:
Heute in einer Woche ist der 9.
                    Oktober.
Da habe ich meinen Geburtstag.
Ich werde 64 Jahre alt. Ich fühle mich
aber nicht so alt wie ich bin.

Nachdem sich nun gezeigt hatte, daß Ernst Herbeck noch durchaus in der Lage war zu schreiben, ermutigte ich Schwester Johanna, Ernst Herbeck weitere Anregungen zu geben.

Wenige Tage später lag auf meinem Schreibtisch ein seltsames Gedicht, welches Ernst Herbeck auf Anregung von Schwester Johanna geschrieben hatte:

Das Empyrum.

Heil unserer Mutter! Ein werdendes
Kind im Leibe der Mutter. Als ich
ein Empyrum war, hat sie mich
operiert. Ich kann meine Nase
nicht vergessen. Armes Empyrum. –
Die Zeit des Lebens. Die Zeit der
Vernunft. Die Zeit des Wiedersehens
auf Erden.

Ich fragte, wie Herbeck zu dem ungewöhnlichen Thema gekommen sei, und Schwester Johanna sagte mir, sie habe Herbeck gebeten, über das werdende Kind, das Kind im Mutterleibe etwas zu schreiben. Das Thema sei ihr eingefallen, weil ihre Tochter ein Kind erwarte. Herbeck habe offenbar das Wort Embryo gesucht und anstelle dieses Wortes ›Das Empyrum‹ geschrieben.

Ich breche hier die Schilderung ab. Wir sind bereits in der Gegenwart, und ich weiß nicht, wie es weitergehen wird. Dem Gedicht ‚Das Empyrum‘ ist zu entnehmen, daß Herbeck für die Fehlbildung an seinem Mund immer noch seine Mutter verantwortlich macht. Wir werden uns weiter um eine Verständigung bemühen. Ernst Herbeck wird ein schizophrener Patient bleiben; er bleibt aber auch ein Dichter. Als ich ihn einmal fragte, was nach unserem Tode mit uns sein wird, sagte er: »vielleicht eine Legende ...«

Anmerkungen

I Schizophrenie und Dichtkunst – eine Einführung

1 A. Hauser: Sozialgeschichte der Kunst und Literatur. München 1967.
2 V. v. Weizsäcker: Pathosophie. Göttingen 1956.
3 E. Canetti: Wortanfälle. In: E. Canetti: Das Gewissen der Worte. Essays. München 1978.
4 Zit. nach: W. Lange-Eichbaum: Genie, Irrsinn und Ruhm. Eine Pathographie des Genies. Hrsg. von W. Kurth. 4. Aufl. München/Basel 1956, S. 171 ff.
5 G. Scholem: Zur Kabbala und ihrer Symbolik. Frankfurt a. M. 1981.
6 H. Rust: Das Zungenreden. Eine Studie zur kritischen Religionspsychologie. Grenzfragen des Nerven- und Seelenlebens. München 1924.
7 Ebenda.
8 Th. Spoerri: Sprachphänomene und Psychose. Basel/New York 1964.
9 Zit. nach: O. Bumke: Lehrbuch der Geisteskrankheiten. München 1924.
10 Zit. nach: H. Rust: Das Zungenreden. Eine Studie zur kritischen Religionspsychologie. Grenzfragen des Nerven- und Seelenlebens. München 1924.
11 O. Pfister: Die psychologische Enträtselung der religiösen Glossolalie und der automatischen Kryptographie. Leipzig/Wien 1912.
12 J. Stuchlik: Notes on the Psychology of Origin and Formation of Neomorphisms of Language. In: Confinia psychiat., Bd. 7/1964, Basel/New York, S. 216–233.
13 R. Müller-Freienfels: Psychologie der Kunst. 2. Aufl., Leipzig/Berlin 1923.
14 O. Pfister: Die psychologische Enträtselung der religiösen Glossolalie und der automatischen Kryptographie. Leipzig/Wien 1912.
15 Ebenda, S. 94.
16 P. Schifferli (Hrsg.): Das war Dada. Dichtungen und Dokumente. München 1963.
17 C. Hohnbaum: Über die poetische Ekstase im fieberhaften Irreseyn. In: Zeitschrift für psychische Ärzte, Bd. 3/1820, Heft 3, S. 311.
18 C. Lombroso: Genie und Irrsinn. Hrsg. von A. Courth. Leipzig 1887.
19 W. Lange-Eichbaum: Genie, Irrsinn und Ruhm. Eine Pathographie des Genies. Hrsg. von W. Kurth. 4. Aufl., München/Basel 1956.
20 O. Binder: Die Dichtkunst bei Geisteskranken in ihren Beziehungen zu der Frage ›Genie und Irresein‹. In: Medicinisches Correspondenz-Blatt des Württembergischen ärztlichen Landesvereins, Bd. 43/1893, S. 217, 225, 233, 241, 249.
21 A. Mette: Über Beziehungen zwischen Spracheigentümlichkeiten Schizophrener und dichterischer Produktion. Dessau 1928.
22 M. Réjà: L'art chez les fous. Paris 1908/1909.
23 H. Prinzhorn: Bildnerei der Geisteskranken. Berlin 1922.
24 Vgl. R. Fischer: Über das Rhythmisch-Ornamentale im Halluzinato-

risch-Schöpferischen. In: Confinia psychiat., Bd. 13/1970, Basel/New York, S. 1–25; ders.: A Cartography of the Ecstatic and Meditative States. The experimental and experiental features of a perception-hallucination continuum are considered. In: Science, Nr. 4012, Bd. 174/1971, S. 897–904; ders.: Cartography of Inner Space. In: R. K. Siegel/L. J. West (Hrsg.): Hallucinations. Behavior, Experience and Theory. New York 1975.

25 E. Reichel (Hrsg.): Lichtenbergs ausgewählte Schriften. Leipzig o. J.
26 Ebenda.
27 H. Lenz: Vergleichende Psychiatrie. Wien 1964.
28 Zit. nach: F. Kemp: Logan Pearsall Smith. In: Internationales Jahrbuch für Literatur. ensemble 12. München 1981.
29 H. S. Sullivan: The interpersonal theory of psychiatry. London 1955.
30 H. Selbach: Zur Regelkreis-Dynamik psychischer Funktionen. In: Dialektik und Dynamik der Person. Festschrift für R. Heiss. Köln 1963.
31 Vgl. L. Navratil: Psychose und Kreativität. In: A. Bader (Hrsg.): Geisteskrankheit, bildnerischer Ausdruck und Kunst. Bern/Stuttgart/Wien 1975; ders.: Über Schizophrenie und Die Federzeichnungen des Patienten O. T. München 1974; ders.: Theorie der Kreativität. In: A. Bader/L. Navratil: Zwischen Wahn und Wirklichkeit. Kunst – Psychose – Kreativität. Luzern/Frankfurt a. M. 1976; ders.: Die Künstler aus Gugging. Mit einem Anhang: Zur Theorie der Kreativität. Wien/Berlin 1983.
32 L. Navratil (Hrsg.): Alexanders poetische Texte. München 1977.
33 R. Volmat: L'art psychopathologique. Paris 1956.
34 L. Navratil: Schizophrenie und Sprache. Schizophrenie und Kunst. München 1976.
35 G. R. Hocke: Die Welt als Labyrinth. Manier und Manie in der europäischen Kunst. Hamburg 1957.
36 H. Rennert: Die Merkmale schizophrener Bildnerei. Jena 1962.
37 O. F. P. Maran: Ein Urteil von Künstlern und Laien über moderne Malerei ohne Rücksicht auf den psychischen Zustand des Malers. In: Confinia psychiat., Bd. 13/1970, S. 145–155.
38 Eine ausgezeichnete Einführung bietet der Katalog des Museums: Collection de l'Art brut. Lausanne 1976; die Publikationsreihe ›L'Art brut‹ gibt in bisher zwölf Faszikeln ein anschauliches Bild der sich ständig erweiternden Sammlung (Faszikel 12: Gugging). Sie ist ebenfalls in der Collection de l'Art brut zu beziehen; vgl. weiter: Michel Thévoz: L'Art brut. Genf 1975; L'Art brut. Catalogue Musée des Arts décoratifs. Mit einem Vorwort von Jean Dubuffet. Paris 1967; Catalogue de la Collection de l'Art Brut. Publications de la Compagnie de L'Art Brut. Paris 1971.
39 Sigmund Freud: Der Realitätsverlust bei Neurose und Psychose. In: Gesammelte Werke. Bd. 13. 8. Aufl., Frankfurt a. M. 1976.
40 Ich folge dabei in der Hauptsache E. H. Ackerknecht: Kurze Geschichte der Psychiatrie. Stuttgart 1957.
41 H. A. Adam: Über Geisteskrankheit in alter und neuer Zeit. Regensburg 1928.
42 E. H. Ackerknecht: Kurze Geschichte der Psychiatrie. Stuttgart 1957.
43 W. Griesinger: Die Pathologie und Therapie der psychischen Krankheiten. Stuttgart 1845.

44 E. H. Ackerknecht: Kurze Geschichte der Psychiatrie. Stuttgart 1957, S. 67.
45 C. Ernst: Der Exorzismus. In: Die Psychologie des 20. Jahrhunderts. Bd. XV: Transzendenz, Imagination und Kreativität. Zürich 1979, S. 717–725.
46 Th. S. Szasz: Der Mythus von den seelischen Krankheiten. In: H. Keupp (Hrsg.): Der Krankheitsmythus in der Psychopathologie. München/Berlin/Wien 1972.
47 F. Deich: Psychiatrie und Politik. In: Psychiatrie heute. Psychiatrie und ihre Grenzgebiete. Schriftenreihe der Bayerischen Landesärztekammer, Heft 1/1963, S. 261.
48 P. L. Berger: Auf den Spuren der Engel. Die moderne Gesellschaft und die Wiederentdeckung der Transzendenz. Frankfurt a. M. 1970.
49 E. Herbeck: Alexander. Ausgewählte Texte 1961–1981. Salzburg/Wien 1982.
50 M. Bleuler: Ursache und Wesen der schizophrenen Geistesstörung. Deutsche medizinische Wochenschrift, Bd. 89/1964, S. 1865–1870 und S. 1947–1952; auszugsweise wiedergegeben in: A. Bader (Hrsg.): Geisteskrankheit, bildnerischer Ausdruck und Kunst. Bern/Stuttgart/Wien 1975, S. 145–154; ders.: Die schizophrenen Geistesstörungen im Lichte langjähriger Kranken- und Familiengeschichten. Stuttgart 1972, S. 607–613.
51 E. Bleuler: Lehrbuch der Psychiatrie. 15. Aufl., Berlin/Heidelberg/New York 1983.
52 H. Katschnig (Hrsg.): Die andere Seite der Schizophrenie. Patienten zu Hause. München/Wien 1977.
53 M. Bleuler: Die schizophrenen Geistesstörungen im Lichte langjähriger Kranken- und Familiengeschichten. Stuttgart 1972; ders.: Das alte und das neue Bild des Schizophrenen. In: Schweizer Archiv für Neurologie, Neurochirurgie und Psychiatrie. Bd. 135/1984, Heft 1, S. 143–149; ders.: On Schizophrenic Psychoses. In: The American Journal of Psychiatry, 11/1979, S. 1403–1409.
54 Vgl. M. Bleuler: Die schizophrenen Geistesstörungen im Lichte langjähriger Kranken- und Familiengeschichten. Stuttgart 1972; ders.: Ursache und Wesen der schizophrenen Geistesstörungen: In: Deutsche Medizinische Wochenschrift, Bd. 89/1964, S. 1865-1870 und S. 1947–1952.
55 J. Glatzel: Antipsychiatrie. Psychiatrie in der Kritik. Stuttgart 1975.
56 N. Hasenfus/P. Magaro: Creativity and Schizophrenia: An Equality of Empirical Constructs. In: The British Journal of Psychiatry, 129/1976, S. 346–349.
57 R. D. Laing: Phänomenologie der Erfahrung. Frankfurt a. M. 1969, S. 60.
58 Zit. nach: H. Katschnig (Hrsg.): Die andere Seite der Schizophrenie. Patienten zu Hause. München/Wien 1977, S. 26
59 J. K. Wing: Schizophrenie in Selbstzeugnissen. In: H. Katschnig (Hrsg.): Die andere Seite der Schizophrenie. Patienten zu Hause. München/Wien 1977.
60 Th. S. Szasz: Psychiatrie, die verschleierte Macht. Freiburg 1975.
61 F. Basaglia (Hrsg.): Was ist Psychiatrie? Frankfurt a. M. 1974.
62 S. J. Keith u. a.: Special report: schizophrenia 1976. In: Schizophrenia bulletin 2/1976.

63 Ebenda.
64 Medical Tribune 41/1984, S. 11.

II Der größte Lyriker deutscher Sprache: Friedrich Hölderlin

1 P. Bertaux: Friedrich Hölderlin. Frankfurt a. M. 1981, S. 312.
2 H. Stierlin: Lyrical Creativity and Schizophrenic Psychosis as Reflected in Friedrich Hölderlin's Fate. In: Emery E. George (Hrsg.): Friedrich Hölderlin – an early modern. Ann Arbor 1972.
3 Friedrich Hölderlin: Briefe. Hrsg. von F. Seebass. Wien/Leipzig, o. J.
4 Briefwechsel zwischen Schiller und Goethe. Hrsg. von E. v. Bracken. Berlin o. J. (Die Zitate sind dem Briefwechsel vom Juni 1797 entnommen.)
5 P. Bertaux: Friedrich Hölderlin. Frankfurt a. M. 1981, S. 516.
6 Ebenda, S. 519.
7 Zit. nach: E. K. Fischer: Hölderlin. Berlin 1938.
8 P. Bertaux: Friedrich Hölderlin. Frankfurt a. M. 1981, S. 526.
9 Friedrich Hölderlin: Sämtliche Werke. Historisch-kritische Ausgabe. 3. Aufl., Berlin 1943.
10 P. Bertaux: Friedrich Hölderlin. Frankfurt a. M. 1981, S. 547.
11 Ebenda, S. 552.
12 Ebenda, S. 556.
13 Zit. nach: E. K. Fischer: Hölderlin. Berlin 1938.
14 P. Bertaux: Friedrich Hölderlin. Frankfurt a. M. 1981, S. 583 ff.
15 Friedrich Hölderlin: Briefe. Hrsg. von F. Seebass. Wien/Leipzig o. J.
16 P. Bertaux: Friedrich Hölderlin. Frankfurt a. M. 1981, S. 594 f.
17 Hölderlin. Sämtliche Werke. Kleine Stuttgarter Ausgabe. Hrsg. von F. Beißner. Stuttgart 1951.
18 Vgl. A. Beck (Hrsg.): Hölderlin. Chronik seines Lebens. Frankfurt a. M. 1975, S. 95.
19 P. Bertaux: Friedrich Hölderlin. Frankfurt a. M. 1981, S. 217.
20 Wilhelm Waiblinger: Friedrich Hölderlins Leben, Dichtung und Wahnsinn. Hrsg. von A. Beck. Marbach 1851; vgl. auch: Wilhelm Waiblinger: Der kranke Hölderlin. Hrsg. von P. Friedrich. Marbach 1951.
21 Wilhelm Waiblinger: Friedrich Hölderlins Leben, Dichtung und Wahnsinn. Mit einem Nachwort von Pierre Bertaux. Würmlingen 1982.
22 U. H. Peters: Hölderlin. Wider die These vom edlen Simulanten. Reinbek 1982.
23 Zit. nach: P. Bertaux: Friedrich Hölderlin. Frankfurt a. M. 1981, S. 204.
24 H. F. Searles: Über die therapeutische Symbiose. In: G. Ammon (Hrsg.): Psychotherapie der Psychosen. München 1975.
25 Zit. nach: P. Bertaux: Friedrich Hölderlin. Frankfurt a. M. 1981, S. 204.
26 Ebenda.
27 W. Kudszus: Sprachverlust und Sinnwandel. Zur späten und spätesten Lyrik Hölderlins. Stuttgart 1969.
28 Zit. nach: P. Bertaux: Friedrich Hölderlin. Frankfurt a. M. 1981, S. 220 f.
29 Ebenda, S. 245.
30 Ebenda, S. 221.
31 Ebenda, S. 217.

32 Ebenda, S. 278 ff.
33 Ebenda, S. 320 f.
34 Ebenda, S. 218.
35 Hölderlin. Sämtliche Werke. Kleine Stuttgarter Ausgabe. Hrsg. von F. Beißner. Bd. VI: Briefe. Stuttgart 1959.
36 P. Bertaux: Friedrich Hölderlin. Frankfurt a. M. 1981, S. 40.
37 Hölderlin. Sämtliche Werke. Kleine Stuttgarter Ausgabe. Hrsg. von F. Beißner. Stuttgart 1951.
38 Friedrich Hölderlin: Briefe. Hrsg. von F. Seebass. Wien/Leipzig, o. J.
39 Hölderlin. Sämtliche Werke. Kleine Stuttgarter Ausgabe. Hrsg. von F. Beißner. Stuttgart 1951.
40 Friedrich Hölderlin: Gedichte. Mit einem Nachwort von K. Nussbächer. Stuttgart 1981, S. 205–227.
41 Ebenda.
42 H. Stierlin: Lyrical Creativity and Schizophrenic Psychosis as Reflected in Friedrich Hölderlin's Fate. In: Emery E. George (Hrsg.): Friedrich Hölderlin – an early modern. Ann Arbor 1972.
43 Ch. Th. Schwab (Hrsg.): Friedrich Hölderlins sämmtliche Werke. Zweiter Band. Nachlaß und Biographie. Stuttgart/Tübingen 1846, S. 345–347.
44 Zit. nach: R. Jakobson/G. Lübbe-Grothues: Ein Blick auf ›Die Aussicht‹ von Hölderlin. In: R. Jakobson: Hölderlin – Klee – Brecht. Zur Wortkunst dreier Gedichte. Hrsg. von E. Holenstein. Frankfurt a. M. 1976.
45 G. Froidevaux: Der Wille zur Verharmlosung und sein Scheitern. Gedichte von Ernst Herbeck und Zeichnungen von Oswald Tschirtner. In: Frankfurter Allgemeine Zeitung, Nr. 265 vom 13. November 1979.
46 Ernst Herbeck: Alexander. Ausgewählte Texte 1961–1981. Salzburg/Wien 1982.
47 H. Rennert: Die Merkmale schizophrener Bildhauerei. 2. Aufl., Jena 1966.
48 Hölderlin. Sämtliche Werke. Kleine Stuttgarter Ausgabe. Hrsg. von F. Beißner. Stuttgart 1951.
49 R. Jakobson/G. Lübbe-Grothues: Ein Blick auf ›Die Aussicht‹ von Hölderlin. In: R. Jakobson: Hölderlin – Klee – Brecht. Zur Wortkunst dreier Gedichte. Hrsg. von E. Holenstein. Frankfurt a. M. 1976.
50 A. Bader/L. Navratil: Zwischen Wahn und Wirklichkeit. Kunst – Psychose – Kreativität. Luzern/Frankfurt a. M. 1976.
51 W. Lange-Eichbaum: Genie, Irrsinn und Ruhm. Eine Pathographie des Genies. Hrsg. von W. Kurth. 4. Aufl. München/Basel 1956.
52 Zit. nach: R. Jakobson/G. Lübbe-Grothues: Ein Blick auf ›Die Aussicht‹ von Hölderlin. In: R. Jakobson: Hölderlin – Klee – Brecht. Zur Wortkunst dreier Gedichte. Frankfurt a. M. 1976.
53 W. Kudszus: Sprachverlust und Sinnwandel. Zur späten und spätesten Lyrik Hölderlins. Stuttgart 1969.
54 Zit. nach: U. H. Peters: Hölderlin. Wider die These vom edlen Simulanten. Reinbek 1982.
55 Zit. nach: R. Jakobson/G. Lübbe-Grothues: Ein Blick auf ›Die Aussicht‹ von Hölderlin. In: R. Jakobson: Hölderlin – Klee – Brecht. Zur Wortkunst dreier Gedichte. Frankfurt a. M. 1976.

56 Ebenda.
57 R. Wodak: Das Wort in der Gruppe. Linguistische Studien zur therapeutischen Kommunikation. Wien 1981.

III Die Psychose als schöpferischer Zustand – Texte schizophrener Patienten

1 L. Navratil: Die Künstler aus Gugging. Wien/Berlin 1983, S. 285–300.
2 Einige der Texte von Friedrich Franz H. sind zum erstenmal erschienen in dem Katalog: Der Himmel Elleno. Zustandsgebundene Kunst. Zeichnungen und Malereien aus dem Niederösterreichischen Landeskrankenhaus für Psychiatrie und Neurologie Klosterneuburg. Hrsg. von Otto Breicha. Graz 1975.
3 Vgl. W. Schultz-Fademrecht: Bericht über eine Flucht. In: Protokolle '75. Wiener Halbjahresschrift für Literatur, bildende Kunst und Musik. Hrsg. von O. Breicha in Verbindung mit dem Museum des 20. Jahrhunderts. Wien/München 1975; ders.: Die Schwaben sind auch nette Menschen. Kurznovellen. In: Protokolle '77. Wiener Halbjahresschrift für Literatur, bildende Kunst und Musik. Hrsg. von O. Breicha. Wien/München 1977; ders.: Der Stier und der Puma. In: Heft. Hrsg. von M. Schweizer/B. Sauter. Schaffhausen 1978; ders.: Die blaue Distel. In: Hermannstraße 14. Halbjahrsschrift für Literatur. Hrsg. von H. Heißenbüttel/B. Jentzsch. Heft 4/1980, S. 103–105.
4 Vgl. L. Navratil: a + b leuchten im Klee. Psychopathologische Texte. München 1971.
5 Vgl. E. Herbeck/O. Tschirtner: Bebende Herzen im Leibe der Hunde. Hrsg. von L. Navratil. München 1979; L. Navratil: Über Schizophrenie und Die Federzeichnungen des Patienten O. T. München 1974; ders.: Kunst – die Brücke zwischen Normalität und Psychose. In: du. Die Kunstzeitschrift, 9/1979, Zürich, S. 46–51; ders.: Gespräche mit Schizophrenen. München 1978, S. 115–143; ders.: Psychose und Transzendenz. In: Kunst und Kirche 2/1980, S. 91–95; ders.: Die Künstler aus Gugging. Wien/Berlin 1983, S. 333–350; ders.: a + b leuchten im Klee. Psychopathologische Texte. München 1971; A. Bader/L. Navratil: Zwischen Wahn und Wirklichkeit. Kunst – Psychose – Kreativität. Luzern/Frankfurt a. M. 1976, S. 247–253; D. Ronte (Hrsg.): Oswald Tschirtner. Mit Texten von L. Navratil und D. Ronte. Schriftenreihe des Museums moderner Kunst 12/1980, Wien 1980; P. Baum (Hrsg.): Sammlung Leo Navratil. Arbeiten aus dem Niederösterreichischen Landeskrankenhaus für Psychiatrie und Neurologie Klosterneuburg. Linz 1980; M. Thévoz: Oswald Tschirtner. In: L'Art Brut. Fascicule 12: Gugging. Lausanne 1983, S. 54–71; H. Bütler: Zur Besserung der Person. Bern 1982, S. 69–92.
6 Vgl. L. Navratil: Gespräche mit Schizophrenen. München 1978, S. 103–114; ders.: Die Künstler aus Gugging. Wien/Berlin 1983, S. 147–160; ders.: Johann Garber. In: L'Art Brut. Fascicule 12: Gugging. Lausanne 1983, S. 72–77; Johann Garber, in: Katalog der Galerie Heike Curtze. Düsseldorf/Wien 1982.
7 Vgl. L. Navratil: a + b leuchten im Klee. Psychopathologische Texte. München 1971, S. 64–67; ders.: Gespräche mit Schizophrenen. München

1978, S. 66–79; ders.: Kunst – die Brücke zwischen Normalität und Psychose. In: du. Die Kunstzeitschrift 9/1979, S. 38–43; ders.: Die Künstler aus Gugging. Wien/Berlin 1983, S. 351–390; Th. Breymann: August Walla. In: L'Art Brut, Fascicule 12: Gugging. Lausanne 1983, S. 36–53; A. Bader/ L. Navratil: Zwischen Wahn und Wirklichkeit. Kunst – Psychose – Kreativität. Luzern/Frankfurt a. M. 1976, S. 243–246; P. Baum (Hrsg.): Sammlung Leo Navratil. Arbeiten aus dem Niederösterreichischen Landeskrankenhaus für Psychiatrie und Neurologie Klosterneuburg. Linz 1980, S. 59–63; H. Bütler: Zur Besserung der Person. Bern 1982, S. 93–119.

8 H. Christoffel: Trieb und Kultur. Basel 1944.

9 L. Navratil: Kunst – die Brücke zwischen Normalität und Psychose. In: du. Die Kunstzeitschrift, 9/1979, S. 60f.; ders.: Die Künstler aus Gugging. Wien/Berlin 1983, S. 225–235; P. Baum (Hrsg.): Sammlung Leo Navratil. Arbeiten aus dem Niederösterreichischen Landeskrankenhaus für Psychiatrie und Neurologie Klosterneuburg. Linz 1980, S. 41f.; Fritz Koller, in: Katalog der Galerie Heike Curtze. Wien/Düsseldorf 1982.

10 M. Foucault: Psychologie und Geisteskrankheit. Frankfurt a. M. 1968, S. 127 u. 129.

IV Die Dichter Edmund Mach und Ernst Herbeck

1 Edmund Mach: Buchstaben Florenz. Wien/Berlin 1982; vgl. auch L. Navratil: Die Künstler aus Gugging. Wien/Berlin 1983, S. 253–258 (dort auch weitere Veröffentlichungen von und über Edmund Mach.)

2 A. Marksteiner: Kunstpsychotherapie und Psychiatrisches Krankenhaus. In: L. Navratil: Die Künstler aus Gugging. Wien/Berlin 1983, S. 17f.

3 M. Bleuler: Ursache und Wesen der schizophrenen Geistesstörung. In: Deutsche Medizinische Wochenschrift, Bd. 89/1964, S. 1865–1870 u. S. 1947–1952.

4 Ebenda.

5 Ebenda.

6 Vgl. ebenda, sowie M. Bleuler: On Schizophrenic Psychoses. In: The American Journal of Psychiatry, 11/1979, S. 1403–1409.

7 H. F. Searles: Über die therapeutische Symbiose. In: G. Ammon (Hrsg.): Psychotherapie der Psychosen. München 1975.

8 L. Navratil: Gespräche mit Schizophrenen. München 1978.

9 H. Strotzka: Versuch über den Humor. In: Psyche, 10/1957, S. 597–609.

10 P. L. Berger: Auf den Spuren der Engel. Die moderne Gesellschaft und die Wiederentdeckung der Transzendenz. Frankfurt 1970.

11 H. F. Searles: Über schizophrene Kommunikation. In: Psyche, 17/1963/ 64, S. 197–217 u. S. 292–315.

12 S. Freud: Das Unbehagen in der Kultur. In: Gesammelte Werke, Bd. XIV, Frankfurt a. M. 1968.

13 D. W. Winnicott: Vom Spiel zur Kreativität. Stuttgart 1979. Teilweise abgedruckt in: H. Kraft (Hrsg.): Psychoanalyse, Kunst und Kreativität. Die Entwicklung der analytischen Kunstpsychologie seit Freud. Köln 1984.

14 S. Freud: Vorlesungen zur Einführung in die Psychoanalyse. Leipzig/Wien/Zürich 1922, S. 396 f.
15 L. Navratil: Schizophrenie und Sprache. München 1966.
16 L. Navratil (Hrsg.): Alexanders poetische Texte. München 1977.
17 E. Herbeck/O. Tschirtner: Bebende Herzen im Leibe der Hunde. München 1979.
18 E. Herbeck: Alexander. Ausgewählte Texte 1961–1981. Salzburg/Wien 1982. (Weitere Veröffentlichungen von und über Ernst Herbeck vgl. L. Navratil: Die Künstler aus Gugging. Wien/Berlin 1983, S. 201 f.)

Die Geschichte über Karl R. veröffentlichte ich zum erstenmal in: Der befreite Eros. Hrsg. von Anton Grabner-Haider und Kurt Lüthi. Mainz 1972. Sie wurde mit freundlicher Genehmigung des Matthias-Grünewald-Verlages in veränderter Form hier wiedergegeben.

Folgende Textstellen wurden mit freundlicher Genehmigung des Hanser Verlages meinem Buch ›a + b leuchten im Klee. Psychopathologische Texte.‹ entnommen: Brief von Thomas Wieser (S. 149 f.), Brief von Karl G. (S. 193 f.), ›Gebetlied gegen Klopfen am Gange.!‹ (S. 245 f.) ›Die Dame‹, ›Das Auge‹, ›Der Abend‹, ›Das Leben‹, ›Der Winter‹, ›Das Herz‹, ›Das Gras‹, ›Der Roman‹, ›Das Handwagerl‹ (S. 211–213), ›Wie ein Adler‹ (S. 220), ›Der Traum‹ (S. 221), ›Mischmasch‹ (S. 224).

dialog und praxis

Psychologie · Therapie · Lebenshilfe

Erich Fromm:
Psychoanalyse und
Ethik
dtv 15003

Erich Fromm:
Psychoanalyse und
Religion
dtv 15006

Erich Fromm:
Über den Ungehorsam
dtv 15011

Eva Jaeggi:
Wir Menschenbummler
dtv 15014

Arno Gruen:
Der Verrat am Selbst
dtv 15016

Jerome D. Frank:
Die Heiler
dtv 15001